# LES
# REPRÉSENTANTS DU PEUPLE
## EN MISSION
### ET
## LA JUSTICE RÉVOLUTIONNAIRE
### DANS LES DÉPARTEMENTS
#### EN L'AN II (1793-1794)

PAR

## HENRI WALLON
MEMBRE DE L'INSTITUT

---

TOME CINQUIÈME

LA LORRAINE, LE NORD ET LE PAS-DE-CALAIS
LES CHATIMENTS

---

PARIS
LIBRAIRIE HACHETTE ET C<sup>ie</sup>
79, BOULEVARD SAINT-GERMAIN, 79
---
1890

# LES
# REPRÉSENTANTS DU PEUPLE
### EN MISSION
#### ET
# LA JUSTICE RÉVOLUTIONNAIRE
### DANS LES DÉPARTEMENTS
#### EN L'AN II (1793-1794)

## OUVRAGES DU MÊME AUTEUR :

**Histoire du tribunal révolutionnaire de Paris**, avec le journal de ses actes. 6 vol. in-8, brochés.................................... 45 fr.

**La révolution du 31 mai et le fédéralisme en 1793**, ou la France vaincue par la Commune de Paris. 2 vol........................... 15 fr.

**La Terreur.** Études critiques sur l'histoire de la Révolution française. 2 vol. in-18 jésus, brochés................................. 7 fr.

**Histoire de l'Esclavage dans l'Antiquité.** 2ᵉ édition. 3 volumes in-8, brochés................................................. 22 fr. 50

**Géographie politique des temps modernes.** 3ᵉ éd. 1 vol. in-12.... 2 fr. 50

**Jeanne d'Arc.** Ouvrage qui a obtenu le grand prix Gobert à l'Académie française. 5ᵉ édition. 2 vol. in-12, brochés.................. 7 fr.

**Richard II.** Épisode de la rivalité de la France et de l'Angleterre. 2 vol. in-8, brochés......................................... 15 fr.

**Saint Louis et son temps.** 2ᵉ édition. 2 vol. in-8............... 15 fr.

**Éloges académiques** (comte Beugnot, Ch. Magnin, Stanislas Julien, Guigniaut, vicomte de Rougé, Ch. Lenormant, Naudet, Caussin de Perceval, F. de Saulcy, Paulin Paris). 2 vol. in-18 jésus, brochés........... 7 fr.

**La Sainte Bible** résumée dans son histoire et dans ses enseignements (Ancien et Nouveau Testament). Ouvrage approuvé par NN. SS. les Archevêques de Paris et de Cambrai. 2ᵉ édition. 2 vol. in-12, brochés.. 7 fr.

**De l'autorité de l'Évangile.** Examen critique de l'authenticité des textes et de la vérité des récits évangéliques. Ouvrage approuvé par Mgr l'Archevêque de Paris. 3ᵉ édition, refondue et complétée par l'examen des derniers ouvrages publiés contre l'autorité des Évangiles. 1 vol. in-12, broché......................................................... 4 fr.

**Les Saints Évangiles.** Traduction tirée de Bossuet, avec des réflexions prises du même auteur. Ouvrage approuvé par Mgr l'Archevêque de Paris. 2 vol. in-8, brochés................................... 12 fr.

**Vie de N.-S. Jésus-Christ**, selon la concordance des quatre Évangélistes avec une introduction et des notes. 1 vol. in-18............. 3 fr. 50

# LES
# REPRÉSENTANTS DU PEUPLE
## EN MISSION
## ET
# LA JUSTICE RÉVOLUTIONNAIRE
### DANS LES DÉPARTEMENTS
#### EN L'AN II (1793-1794)

PAR

## HENRI WALLON
MEMBRE DE L'INSTITUT

---

TOME CINQUIÈME
LA LORRAINE, LE NORD ET LE PAS-DE-CALAIS
LES CHATIMENTS

---

PARIS
LIBRAIRIE HACHETTE ET C<sup>ie</sup>
79, BOULEVARD SAINT-GERMAIN, 79
—
1890
Droits de traduction et de reproduction réservés.

# LES REPRÉSENTANTS EN MISSION

ET

LA JUSTICE RÉVOLUTIONNAIRE DANS LES DÉPARTEMENTS

EN L'AN II (1793-1794)

## CHAPITRE XXXIII

### LES DÉPARTEMENTS DE LA LORRAINE ET LES ARDENNES

### I

#### Vosges.

La Lorraine n'avait pas montré moins de patriotisme que l'Alsace. Dans le département des Vosges, à la première nouvelle de la trahison de Dumouriez, plus de douze cents citoyens, réunis au siège de la Société populaire, s'étaient mis spontanément en réquisition permanente et formés en quatre divisions qui se rassemblaient tous les jours, à heure fixe, armés, équipés, le sac au dos, prêts à partir, ayant leurs vivres tout préparés [1].

La mission des représentants chargés du recrutement, Roux et Perrin, au 9 mars, lors de la levée des 300 000 hommes, n'avait donc pas rencontré de résistance. On devait penser qu'on trouverait les mêmes facilités pour la levée

---

[1]. Mention honorable leur fut décernée à la Convention dans la séance du 12 avril 1793. (*Moniteur* du 14, t. XVI, p. 125.)

en masse de la première réquisition, décrétée le 23 août au cri de : « La patrie en danger! » et proclamée à Épinal, par le représentant Guyardin (31 août); et il en fut ainsi dans la plupart des districts des Vosges. Mais à Saint-Dié le départ des jeunes gens fut marqué par un sanglant épisode : il y eut, précisément à l'anniversaire des journées de septembre, un lugubre retentissement des massacres de 1792 à Paris. Là aussi quelques-uns se dirent : « Il ne faut point partir en laissant l'ennemi derrière nous »; l'ennemi, c'étaient les suspects, et ils se portèrent à l'évêché, où les suspects étaient détenus. A Saint-Dié, heureusement, les membres de la commune n'étaient pas complices (encore moins instigateurs) d'une foule égarée. Les prisonniers trouvèrent moyen de fuir : un seul fut arrêté dans sa fuite, Hugo, seigneur de Spitzemberg; ramené dans la place, il fut mis en pièces après une longue et cruelle agonie (1$^{er}$ septembre), et pendant deux jours la ville fut comme livrée au pillage. Ce meurtre ne fut pas le seul. Un capitaine des canonniers, excellent patriote, François Ribeaucourt, avait voulu s'opposer à l'enlèvement des canons : maltraité, forcé de fuir, il fut arrêté aussi le surlendemain (on l'avait accusé d'avoir appelé aux armes les populations de la montagne), ramené à grand'peine à l'hôtel de ville par la gendarmerie, qui se retira, croyant sa mission terminée. Mais la grille, qui seule le protégeait désormais, fut forcée, et le prisonnier enlevé, égorgé à la place où, l'avant-veille, Hugo avait péri. Le lendemain 4 septembre, quand le représentant Guyardin arriva à Épinal, l'émeute était dissipée. On ne trouva aucun coupable. Quatre ou cinq mois plus tard, le 7 pluviôse an II (26 janvier 1794), si on en parla à la Convention, ce fut pour en faire une émeute contre-révolutionnaire [1].

La Révolution n'avait rencontré aucun adversaire militant dans les Vosges. Même le 31 mai avait été accepté

---

1. Voy. le livre de M. Bouvier, fait sur les pièces officielles : *les Vosges pendant la Révolution*, p. 234-250.

sans débats, et Julien, dans son rapport sur les administrations rebelles, citait le département comme le meilleur entre les bons. Cela n'avait pas empêché Guyardin de trouver des suspects à mettre en prison : on vient de voir ce qui avait failli en résulter à Saint-Dié. L'émeute finie, le représentant invita par une proclamation les fugitifs à se constituer prisonniers : ils n'en eurent garde.

Les réquisitions de vivres, de fourrages, de chevaux, de voitures étaient surtout l'objet de la mission des représentants sur cette frontière : il en fallait fournir aux armées. Les communes n'en avaient déjà pas trop pour leurs propres besoins : de là des remontrances, sinon des résistances au sein des populations; de là des causes de suspicion pour les officiers municipaux, des motifs de destitution. On avait d'autres moyens contre les prêtres, même constitutionnels, regardés toujours comme le principe de toutes les conspirations et la cause de tous les maux. L'Église devait payer pour tout. Un arrêté de Milhaud et Guyardin daté de Strasbourg, 17 brumaire (7 novembre), mais applicable aussi aux Vosges, ordonnait que les ornements « scandaleux » d'or et d'argent seraient enlevés aux églises et apportés sur l'autel de la patrie. Voilà pour les choses; quant aux personnes :

Les ministres qui par l'acte sublime du mariage ou par le concours de leurs lumières briseront le bandeau de l'erreur, apprendront au peuple la sainte vérité et tâcheront de réparer les maux affreux que l'hypocrisie de leurs prédécesseurs a vomis sur la surface de la terre, seront regardés comme les apôtres de l'humanité, et recommandés à la générosité nationale.

Digne prix de leur apostasie! Pour les autres, ils devaient être déportés. — « C'était une mesure bien anodine! » dit M. Bouvier en citant cet arrêté [1].

Faure, délégué dans les départements de la Moselle, de la Meurthe, des Vosges et de la Haute-Marne, pour une

---

[1]. *Les Vosges pendant la Révolution*, p. 262.

levée de cavaliers, demandait, le 5 brumaire (26 octobre), qu'on étendît ses pouvoirs ou qu'on envoyât dans ces départements, où ses prédécesseurs n'avaient fait que paraître, un représentant pour recevoir les pétitions, plaintes et dénonciations qui abondaient de toutes parts[1]. Les pouvoirs qu'il sollicitait lui furent donnés, et c'est à Nancy qu'il établit le centre de son proconsulat; mais nous le voyons, le 29 du 1er mois (20 octobre 1793), à Épinal, dont il vante le patriotisme. On le trouve aussi, le mois suivant, à Mirecourt, qui lui donna plus de sujets de plainte. C'est de là qu'il envoya au tribunal révolutionnaire de Paris l'ancien maire, le curé et plusieurs juges, accusés, entre autres choses, d'avoir laissé remonter les cloches aux clochers des églises. L'envoi au tribunal révolutionnaire de Paris, c'était généralement la mort; et le procès-verbal du jugement, signé par le président Dumas et le greffier de Perme, leur applique cette peine : ils furent acquittés pourtant, ainsi que le montre le texte de la sentence, et renvoyés sous l'œil du Comité de surveillance de Mirecourt[2].

Faure, secondé par deux agents, l'un, ancien prêtre, qui fit partie de la Propagande à Strasbourg, l'autre, ancien membre de conseil général, procéda largement aux épurations dans les districts, dans les municipalités et dans les tribunaux[3]. Mais ce n'étaient pas seulement les contre-révolutionnaires qui l'occupaient, et c'est à Nancy qu'il faudra le suivre pour apprécier dans son ensemble le rôle qu'il remplit. La proclamation du gouvernement révolutionnaire, « cette grande mesure de salut public » au jugement

---

1. Arch. nat., AF II, 246, à la date.
2. Voy. Arch. nat., W, dossier 310, pièce 9 (procès-verbal) et pièce 19 (sentence); *Histoire du tribunal révolutionnaire de Paris*, t. II, p. 534. Cela explique la confusion faite par M. Bouvier quand il dit : « Ils échappèrent par miracle, car leur dossier aux Archives nationales renferme la minute de leur condamnation... » (p. 263).
3. Épinal, 29 du 1er mois. (Arch. nat., AF II, 150, vendémiaire, pièce 267; 22, 28 et 29 nivôse. *Ibid.*, 146, aux dates.)

de M. Bouvier¹, ne pouvait que fortifier ce système. Foussedoire, envoyé pour l'établir dans les Vosges, n'eut pas grand'peine à l'imposer². Le département l'accueillit comme il avait accepté le 31 mai, comme il accepta le culte de la Raison, puis la proclamation de l'Être suprême : un peu moins chaudement pourtant qu'il n'accepta le 9 thermidor. La Société des Jacobins, bien qu'alliée aux Jacobins de Paris, fit son acte d'adhésion comme les autres, plus chaleureusement même que les autres. Il faut dire que les Jacobins n'avaient jamais été bien dominants dans le pays. Après le 9 thermidor, quand ailleurs on suspecta les Sociétés populaires, les représentants en mission dans les Vosges travaillent à les réveiller. C'est ce que fit Michaud, qui, de la Meuse, vint à Épinal vers la fin de vendémiaire an III. Il ordonna même que tous les chefs-lieux de canton auraient un club où les instituteurs conduiraient leurs élèves, prohibant du reste le colportage des livres « propres à entretenir le peuple dans les erreurs de la superstition » (fin de brumaire)³. Il reforma entièrement à neuf la Société populaire d'Épinal (26 brumaire, 16 novembre 1794). Mais dès le 20 frimaire (10 décembre), l'élection du bureau ne pouvait avoir lieu, faute d'un nombre suffisant de membres présents. Le 5 pluviôse (24 janvier 1795), il n'y a dans la salle que le président, le secrétaire et un sociétaire. La Société traîna encore trois ou quatre mois, à force d'appels. Le 30 prairial (18 juin 1795), il n'y avait plus en séance que le président et les secrétaires : ils proclamèrent, à l'unanimité, la dissolution de la société⁴.

1. P. 262.
2. Arch. nat., AF II, 157, 17 pluviôse (à Libremont = Remiremont), etc.; 154, pluviôse, pièce 214. — La commune de Mirecourt avait obtenu des représentants la faculté d'établir une taxe de 50 000 francs sur les riches égoïstes, les célibataires et les contre-révolutionnaires; elle en demanda la confirmation à la Convention. La demande fut renvoyée au Comité de salut public, séance du 12 nivôse (1ᵉʳ janvier 1794), *Moniteur* du 14 nivôse, t. XIX, p. 114.
3. Bouvier, p. 288.
4. Bouvier, p. 289-297.

Michaud avait cédé depuis longtemps la place à Bailly qui, envoyé dans les départements des Haut et Bas-Rhin, Mont-Terrible, Jura et Vosges, s'était annoncé le 23 frimaire an III (13 décembre 1794) par cette proclamation :

Le règne de la Terreur n'est plus! Celui de la justice lui succède.

La justice révolutionnaire ne compte point un grand nombre de victimes dans les Vosges. Le tribunal criminel du département, séant à Mirecourt, prononça, du 24 brumaire au 22 prairial (14 novembre 1793 — 10 juin 1794), neuf condamnations à mort : elles frappèrent des prêtres ou leurs domestiques, même une pauvre servante, pour le crime irrémissible de déporté ou d'émigré rentré[1]. Il y en aurait eu davantage, sans doute, si une évasion de prisonniers, qui eut lieu dans la nuit du 31 juillet au 1ᵉʳ août, n'en avait mis une trentaine hors de cause. Il est vrai que d'autres que des prêtres furent renvoyés devant le tribunal révolutionnaire de Paris[2], et l'on n'en revenait

---

1. Le tribunal criminel des Vosges, qui siégeait à Mirecourt, fut d'abord présidé par Lepaige, qui, destitué par Faure, eut pour successeur Dieudonné (17 frimaire, 7 décembre 1793). L'accusateur public, depuis le commencement de 1793, était Grandjean. Ses premières victimes furent deux prêtres : François ROSSELANGE, ex-curé de Villers-lez-Nancy (soixante-cinq ans), et J.-B. MENGIN (quarante ans), déportés rentrés (14 novembre 1793), puis deux autres prêtres, Nicolas ANTOINE, ex-curé de Dompierre (quarante-cinq ans), et Dominique CLAUDEL, vicaire de Ménil-lez-Remiremont (soixante-cinq ans) (24 germinal, 13 avril 1794). Le 29 floréal (18 mai), ce n'est plus un prêtre, mais une servante de curé (trente ans); enfin, le 22 prairial (10 juin), deux prêtres encore et leurs deux domestiques pour le crime d'être rentrés. (Bouvier, p. 213, et Arch. nat., BB³, carton 15.) — Les dossiers de ces jugements sont au greffe du tribunal d'Épinal.

2. Il y en eut onze du département des Vosges qui y furent condamnés : COLLINET DE LA SALLE DE CROXVILLE (1ᵉʳ août 1793); N. fr. BARTHÉLEMY, curé de Senonges (12 octobre); le conventionnel NOEL, du parti de la Gironde (8 décembre 1793); le colonel Laurent MIGOT (24 janvier 1794); Joseph ARNOULD, de Mirecourt, soldat (27 ventôse, 17 mars 1794); Jean-François DURAND, de Neufchâteau (15 floréal, 4 mai); François LALLEMAND, capitaine, âgé de vingt-trois ans (2 thermidor, 20 juillet); Jean-Nicolas VOYANT, ex-curé (trente-sept ans) (7 thermidor, 25 juillet); puis, avec Robespierre, le 10 thermidor (28 juillet) : Jean-Antoine LUTILLIER, de la commune de Paris; le 12 (30 juillet), dans la grande immolation de la Commune : Louis NICOLAS, imprimeur, un des scellés de Robespierre; et, un peu plus tard, avec Fou-

guère. On en revint quelquefois pourtant, comme nous l'avons dit des accusés de Mirecourt; mais c'est une preuve de la légèreté avec laquelle les représentants faisaient quelquefois ces envois homicides.

Comme en Alsace, beaucoup de prêtres avaient profité du voisinage de la Suisse, pays neutre, pour y chercher un refuge. Leur retour fut un objet d'inquiétudes pour les pouvoirs publics jusqu'en l'an V[1].

## II

### Meurthe.

Le département de la Meurthe s'était rendu suspect de modérantisme par le caractère même de Nancy, naguère la capitale du roi Stanislas, et plus récemment la patrie de Salles, un des hommes marquants dans le parti de la Gironde. J'ai dit ailleurs l'attitude que le conseil général du département avait prise à la veille et au lendemain du 31 mai, et comment, là ainsi qu'en beaucoup d'autres lieux, on s'efforça de conjurer par les adresses les plus soumises les rigueurs de la Convention[2].

Malgré ces manifestations, la ville fut pourtant menacée d'un grand péril, et une sentence de mort allait être suspendue sur les têtes de ses principaux citoyens.

Un agent du pouvoir exécutif, nommé Mauger, venait d'être envoyé à Nancy, homme d'une moralité douteuse, mais d'une grande énergie, et qui rallia facilement le petit nombre de ceux qui, dans la ville, inclinaient vers la

---

quier-Tinville (17 floréal an III, 6 mai 1795), Léopold RENAUDIN, l'un des juges du tribunal révolutionnaire. (Bouvier, p. 215-218.) — On les trouvera à leur date dans l'*Histoire du tribunal révolutionnaire de Paris*.

1. Le 16 nivôse an V, Perrin annonce au Conseil des Cinq-Cents, qu'ils y ont apporté le trouble et la discorde; ce qui donna l'occasion à Lamarque de réclamer un prompt rapport sur la législation concernant les prêtres déportés. (*Moniteur* du 22 nivôse an V (11 janvier 1797), n° 512, t. XXVIII, p. 522.)

2. Voy. *la Révolution du 31 mai et le fédéralisme en 1793*, t. I, p. 365-378.

Montagne. Le département avait été renouvelé; mais la Société populaire comptait toujours des hommes d'opinion plus modérée[1]. Mauger résolut de l'épurer : le 27 juillet, quatre-vingt-dix-huit membres furent chassés de la Société, dont quarante-cinq « fonctionnaires publics, ex-députés aux Assemblées législative et constituante, négociants, prêtres, suppléants à la Convention, tous enfin, dit plus tard Julien dans son rapport, « composant une espèce d'hommes dont les qualités morales et les inclinations perverses semblent en opposition avec l'ordre de choses nouvellement établi[2] ».

On fit deux catégories des exclus : les meneurs et les menés; et pourtant le sans-culotte Philip se plaint que des suspects y restèrent encore. Il est vrai que bien peu de gens pouvaient être réputés purs auprès du sans-culotte Philip[3].

Les exclus trouvèrent un autre lieu de réunion chez une femme qui tenait boutique de libraire[4]. Ils avaient d'ailleurs des amis dans la municipalité qui ne partageait pas encore les doctrines des jacobins, et elle en donna la preuve. Elle refusa d'assister à la fête funéraire organisée en l'honneur de Marat. L'indignation fut grande dans la Société populaire. Mauger y tint des discours violents. En présence de cette attitude menaçante, la municipalité fit commander la force armée. Voulait-elle se défendre, voulait-elle attaquer? Elle avait résolu de faire arrêter Mauger, ce qu'elle fit dans la nuit du 16 au 17 août, et peut-être, en prévision du mouvement que ce coup de force pouvait produire, ne songeait-elle qu'à se défendre;

1. Voy. la note I, aux Appendices.
2. Séance du 24 août 1793, *Moniteur* du 26, t. XVII, p. 481.
3. *Exposé succinct des événements contre-révolutionnaires arrivés à Nancy pendant le séjour qu'a fait dans cette commune le représentant du peuple Balthazard Faure, servant de réfutation à la partie du rapport justificatif qu'a fait à la Convention nationale ce mandataire du souverain relativement à ces événements*, par le sans-culotte Philip, p. 9. (Bibl. nat., Lb⁴⁴ 3768, Nancy, 127 pages in-12.)
4. Philip, *l. l.*, p. 12.

mais on l'accusa d'avoir voulu attaquer, ce qu'en tout cas elle ne fit point, car les canonniers étaient allés rejoindre la Société populaire¹. La Société n'en appela pas moins à sa grande patronne, la société mère de Paris, et le 22 août les Jacobins en corps se présentèrent devant la Convention demandant vengeance :

Citoyens représentants, disaient-ils, parmi les attentats commis contre la révolution, le plus grand sans doute est la persécution exercée contre les sociétés populaires. Ébranler ces colonnes de la Constitution, c'est saper le fondement de la liberté. Une loi porte la peine de mort contre ceux qui tenteraient de détruire ces foyers de patriotisme. Nous demandons l'exécution de cette loi. Nous vous dénonçons la municipalité de Nancy qui a voulu dissoudre la Société populaire de cette ville. Nous déposons sur le bureau les pièces qui constatent ce fait. Citoyens, votre intention n'étant point de favoriser les conspirateurs, nous espérons que vous prendrez notre pétition en considération ².

Et l'affaire fut renvoyée à l'examen du Comité de sûreté générale.

Julien (de Toulouse) fit, au nom de ce Comité, un rapport dans la séance du 24 août. Il adoptait la version la plus défavorable et provoquait par sa conclusion aux résolutions les plus terribles ³.

Les conclusions du Comité n'allaient pas pourtant aussi loin que les réclamations des Jacobins. Le décret qu'il proposa et fit accepter mettait en liberté Mauger, traduisait le procureur de la commune et deux officiers municipaux

---

1. Philip, *l. l.*, p. 16 et suiv.
2. Séance du 22 août 1793, *Moniteur* du 23, t. XVII, p. 439.
3. « Citoyens, disait-il, en faisant un acte de justice, vous devez frapper un grand coup... La municipalité de Nancy voulait dissoudre la Société populaire; elle ne voulait plus de sentinelle vigilante de ses actions, elle voulait fasciner les yeux du peuple pour le tromper plus facilement. Si elle n'a pas réussi, en est-elle moins coupable, et Mauger n'est-il pas encore dans les fers? On veut offrir en holocauste, sur l'autel du fanatisme et de l'aristocratie, le sang des républicains qui ne pactisent pas avec les traîtres. Qu'ils tremblent! le jour des vengeances est arrivé, la Constitution est acceptée. » (*Moniteur* du 26 août, t. XVII, p. 484.)

de Nancy à la barre de la Convention, destituait le directeur des postes, le secrétaire greffier de la municipalité et le conseil général de la commune (exceptant pourtant les amis), et décidait que deux représentants iraient incessamment à Nancy pour renouveler les autorités constituées, selon le besoin [1].

Quand on fit ce décret, songeait-on aux deux représentants Richaud et Soubrany qui se trouvaient alors dans ces parages? Il est probable qu'ils en reçurent la mission : car on voit les administrateurs du directoire de la Meurthe, qu'ils avaient établis, destitués plus tard par Saint-Just et Le Bas sur la plainte d'administrateurs des subsistances qui craignaient eux-mêmes d'être dénoncés [2]. Toujours est-il que ce furent eux qui allèrent à Nancy; et si on en juge par les dates, ils durent même devancer, en vertu de leurs pouvoirs généraux, la mission spéciale qui leur était donnée : on les voit réorganiser le directoire du département, le 23 août, le tribunal, le 24 août, et le conseil général du département, le 24 septembre [3]. Ils en parlent eux-mêmes dans une lettre du 29 octobre (8 du 2ᵉ mois) au Comité de salut public, et ils accomplirent l'ordre de la Convention en mettant en liberté Mauger :

Nous rendîmes une justice éclatante au citoyen Mauger, qui avait été arbitrairement mis en arrestation [4].

Mais il y avait en outre dans le département un représentant chargé de remonter la cavalerie, que nous avons rencontré tout à l'heure, Faure, député de la Haute-Loire. Il avait plu aux patriotes, il avait gagné leur confiance; et quand ils éprouvèrent le besoin de faire renouveler encore

---

1. Séance du 24 août 1793, *Moniteur* du 26, t. XVII, p. 484-485.
2. C'est ce que dit Mallarmé dans la séance du 9 nivôse, 29 décembre 1793, *Moniteur* du 10 nivôse, t. XIX, p. 83. Voy. ci-après, p. 14, note 2.
3. Ehrmann signe avec Soubrany et Richaud les trois arrêtés. (Arch. nat., AF II, 122, dossier *Ehrmann, Richaud et Soubrany*, aux dates.)
4. Lettre de Richaud, Ehrmann et Soubrany. (*Ibid.*, carton 112, à la date.)

une fois les autorités de la ville, ce fut à lui qu'ils songèrent; ce fut lui que, sur leur demande, Barère, le 14 brumaire (4 novembre 1793), fit désigner pour cette opération, avec des pouvoirs illimités [1].

Faure semblait bien fait pour répondre aux espérances des Jacobins. Il avait donné des gages aux plus avancés. Après la loi des suspects, lorsqu'on mit en exercice les quatre sections nouvellement créées du tribunal révolutionnaire, Faure trouvait que cela n'était point assez. Il disait que le tribunal révolutionnaire n'avait de révolutionnaire que le nom, et, dans la séance du 27 septembre 1793, il avait proposé une procédure qui eût été comme un premier essai de la loi du 22 prairial :

Le jour du jugement arrivé, les juges et les jurés rendus dans la salle d'audience, le greffier lira l'acte d'accusation. Cet acte lu et tous les témoins placés devant les jurés en présence du prévenu, l'accusateur public dira au prévenu : On vous accuse de tel fait. L'accusé répondra seul et sans défenseur. Sa réponse sera affirmative ou négative.

En cas d'affirmative, tout est dit; en cas de négative, on entend les témoins :

Les débats terminés en cette forme, il ne fait aucun discours de défense générale de la part du défenseur.
Le président ne fera non plus aucune récapitulation générale des faits; mais les jurés, pleins de ce qu'ils auront entendus, se retireront pour leurs débats particuliers en la forme ordinaire [2].

Ce fut peu de temps après, à peine sorti du Comité de législation auquel il avait été adjoint pour l'examen de son projet de décret, qu'il était parti pour Nancy. Avant de recevoir la mission que Barère lui avait fait conférer, il avait pu voir dans quel état se trouvait le pays depuis que Mauger, rendu à la liberté, triomphait insolemment de ses

---

1. *Moniteur* du 16 brumaire (6 novembre 1793), t. XVIII, p. 347; cf. Philip, *l. l.*, p. 20.
2. *Moniteur* du 28 septembre, t. XVII, p. 757-758.

ennemis; et ce spectacle, faut-il le dire? l'avait dégoûté des patriotes. On en peut juger par le tableau qu'il en fit plus tard, lorsqu'il eut à justifier sa conduite [1] : c'est une réplique à des attaques, et il faut tenir compte de ce caractère de son rapport, comme de l'époque où il fut rédigé, en pleine réaction thermidorienne; mais ses assertions sont, sur bien des points, confirmées par celles du sans-culotte Philip lui-même qui entreprit de lui répondre.

Quoi qu'il en soit des bonnes relations qu'il eut d'abord, selon Philip, avec les patriotes, maîtres de la ville [2], il avait été en mesure de les juger. C'était au premier rang Mauger, Marat-Mauger comme il s'était appelé lui-même; et il avait souffert que son buste fût placé auprès de celui de Marat par le servile enthousiasme des satellites de sa dictature [3]. Il avait un conseil de douze dont il semblait prendre l'avis et qui, partageant ses pillages et ses débauches, ne faisaient qu'autoriser tous ses caprices, « cour crapuleuse et déhontée », dit Faure; au nombre de ces acolytes, Philip, venu de Strasbourg à Nancy comme garde-magasin, « homme atroce, né pour le crime » : c'est celui qui, répondant à Faure, n'a que trop confirmé ses appréciations, au moins sur Mauger; Fabvé, président du tribunal criminel, « plus rusé, avec des dehors séduisants », infatué de sa présidence : — « Je plane, disait-il un jour à la Société populaire, sur toutes les autorités constituées; personne n'a le droit de m'attaquer »; — c'est lui qui, selon Philip, était allé à Paris demander pour Faure des pouvoirs illimités; Glassan, Brisse, acteur, « transplanté des tréteaux de Paris à Nancy », — « célibataire immoral, aussi faux patriote que mauvais comédien », revêtu du triple pouvoir de maire, de membre du Comité de surveillance et du conseil suprême de Mauger, un maire, humble valet de

---

1. Séance du 21 pluviôse an III (12 février 1795). (*Moniteur* du 26, t. XXIII, p. 415.)
2. Philip, *l. l.*, p. 27.
3. C'est ce que disent Richaud, Ehrmann et Soubrany eux-mêmes dans leur lettre du 29 octobre, citée plus haut.

ses administrés, qui, dans une fête publique, s'écriait : « Peuple, veux-tu que je garde mon écharpe à la cérémonie ou que je la quitte? Tu es souverain. Parle, et j'obéirai. »

Mauger régnait par la Société populaire :

Là les citoyens étaient désignés et proscrits; là on arrêtait la mort des uns et la déportation des autres; les juifs étaient proscrits en masse; là on arrêtait les taxes arbitraires, et Mauger, à la tête de son conseil, s'en établissait le receveur et le distributeur, sans tenir de registre de recette ni de dépense; là on proposait, tantôt de faire sauter la maison d'arrêt avec un baril de poudre, et tantôt de transférer les détenus et de les égorger en route [1].

Les vues de Faure sur l'accélération de la justice révolutionnaire étaient bien dépassées! Juger, c'est le premier apanage du pouvoir souverain. Mauger en prenait tout à son aise :

Souvent, au milieu de la nuit, il faisait tirer de la maison d'arrêt et traduire chez lui ces malheureuses victimes; et là, étendu dans son lit, son poignard sous le chevet, une femme déhontée à ses côtés, le verre et les bouteilles sur la table de nuit, décoré d'un ruban tricolore et d'une médaille de juge pour accabler de sa puissance, il mettait à prix la liberté et la vie.

Il jugeait aussi, disons-le, dans son conseil de sans-culottes, car ce conseil faisait office de tribunal :

C'est dans le domicile de Mauger qu'il tenait ses séances; c'est là que ce dictateur prononçait ses arrêts; c'est de là qu'il frappait et absolvait, suivant les sacrifices pécuniaires. Ses ordres étaient donnés dans le style des tyrans; il en existe ainsi conçus : « Marat Mauger, de l'avis de son conseil, enjoint au gardien de la maison d'arrêt de mettre en liberté », etc.

Et cette bande avait ses suppôts dans les divers districts: à Marsal, Dumont, que Mauger appelait le seul patriote de la ville et qui, à ce titre, s'en était fait le despote; à Dieuze,

---

1. Même séance du 21 pluviôse an III, *Moniteur*, t. XXIII, p. 446.

l'ex-chevalier Durozet, ayant quitté ses habits de soie pour se faire sans-culotte, et Cunin, ex-législateur royaliste, devenu terroriste; à Saint-Avold, à Sarreguemines, autres gens pareils, régulateurs de l'opinion publique et à qui tous étaient forcés d'obéir :

Tout, dit Faure, était préparé pour le crime, organisé pour la dévastation, disposé pour le meurtre, l'incendie et le pillage, lorsque je me mis en devoir d'arrêter le complément du mal.

Il avait des pouvoirs illimités, mais d'autres en avaient également, et les représentants délégués près les armées ne reconnaissaient même à leur action aucune limite de lieu : si bien que les départements frontières recevaient des ordres dictatoriaux de partout [1]. Tandis que Faure se croyait maître à Nancy, il voyait, d'une part, Lacoste et Mallarmé y établir un Comité de surveillance révolutionnaire et, d'autre part, Saint-Just et Le Bas y exercer aussi leurs pouvoirs extraordinaires. Ces deux derniers envoyaient l'ordre d'y lever une contribution de cinq millions sur les riches, de destituer les membres du directoire et de les traduire à Paris, comme ayant négligé les approvisionnements de l'armée : des fournisseurs, qui avaient manqué à leurs engagements, avaient rejeté sur eux la faute dont ils auraient dû répondre eux-mêmes [2].

1. Dans une lettre au Comité de salut public, datée de Nancy, le 4ᵉ jour du 2ᵉ mois (23 octobre), Faure émettait cette réflexion sur la répartition des représentants en mission : « Je dois vous dire, citoyens collègues, qu'il vaudrait mieux, ce me semble, qu'il y eût moins de représentants dans le Rhin et qu'il y en eût deux dans les départements de la Moselle, la Meurthe et les Vosges ou la Haute-Marne, pour qu'il y eût une correspondance suivie des uns aux autres, mais il faudroit de vrais montagnards, instruits et prudents. Je m'aperçois aussi que l'on désireroit un peu plus de moralité. Je ne veux être le censeur d'aucun de mes collègues, ayant plus de besoin de censure qu'eux; mais le salut de ma patrie m'oblige à vous dire la vérité. » (Arch. nat., AF II, 151, brumaire, pièce 11.)
2. Philip, l. l., p. 31. — « Les représentants du peuple, envoyés extraordinaires à l'armée du Rhin, convaincus de la mauvaise foi de l'administration du département de la Meurthe qui n'a fait qu'avec mollesse, et pour éluder la responsabilité, ses réquisitions pour obtenir les contingents en grains et fourrages;... Convaincus qu'il existe parmi quelques

Les grands meneurs de Nancy n'avaient eu garde de ne point prendre leur part dans les bénéfices de l'administration. Mauger s'était fait nommer directeur des salines de Dieuze, comme d'autres des salines de Moyenvic, de Château-Salins, etc., et c'est ce qui le perdit. Éloigné, il voyait s'évanouir tout l'ascendant qui tenait les opprimés dans une consternation muette. On parla; ses prévarications et celles de ses agents furent révélées, et Philip lui-même, le principal de ses acolytes, les dénonça : il s'en vante au moins dans son écrit contre Faure[1]. Le représentant Faure fit opérer une saisie chez Mauger; il y acquit la preuve de ses concussions, et le traduisit avec sa femme devant le tribunal révolutionnaire de Paris (1er frimaire 21 novembre[2]).

Tous les vrais sans-culottes y applaudirent[3]. Mais il n'était pas possible qu'on oubliât ce qu'ils avaient fait eux-mêmes. Ce fut un déchaînement universel contre les amis de Mauger, et Philip, par ses dénonciations, ne réussit point à s'y soustraire. Faure se rendit à la Société

---

administrations, une coalition pour affamer l'armée, cassent lesdits administrateurs de la Meurthe, arrêtent qu'ils seront traduits au Comité de sûreté générale de la Convention pour y rendre compte de leur conduite.

« Le Comité de surveillance de Nancy nommera une commission de douze citoyens révolutionnaires pour remplacer l'administration de la Meurthe.

« Le citoyen Reukin, agent du conseil provisoire exécutif, est chargé de mettre à exécution le présent arrêté. »

Strasbourg, 22 brumaire an 2e (12 novembre 1793).

SAINT-JUST, LE BAS.

(Dépôt de la Guerre, armée du Rhin, à la date.)

1. Philip, *l. l.*, p. 30.
2. Arch. nat., AF II, 152, frimaire, pièce 23. — L'arrêté de mise en arrestation de Mauger et de sa femme est du 29 brumaire. (*Ibid.*, pièce 21.) Le 5 frimaire (25 novembre), Faure, craignant les intrigues du personnage, écrit au Comité : « Ne vous laissez pas surprendre, chers collègues, par ce scélérat Marat Mauger, et ses affidés à Nancy. » (*Ibid.*, p. 92.) — Cf. 9 frimaire (29 novembre), pièce 133.
3. Philip, *l. l.*, p. 35. — C'est à cette époque que doit se rapporter l'adresse de *la Société populaire révolutionnaire de Nancy aux Sociétés populaires de la République*. (Bibl. nat., Lb40 1018.) — On y exalte le triomphe de Faure sur Mauger.

populaire où la majorité, aussi bien que les tribunes, prenait désormais parti contre la dictature de Mauger. Il s'entendit avec elle pour composer un nouveau comité de surveillance et établir un tribunal révolutionnaire, afin de juger les prévaricateurs [1]. « Dès ce jour, dit Philip, commença la persécution des patriotes [2]. » Philip lui-même essaya de tenir tête au mouvement. Il cria à la contre-révolution. Il osa même écrire à Faure pour lui dire qu'il craignait qu'elle ne s'établît à Nancy, comme jadis à Lyon, et s'attira cette verte réplique (6 frimaire, 26 novembre 1793) :

J'observe tout, citoyen, rien ne m'échappe. Depuis 1788 j'ai combattu l'aristocratie et je la combattrai toujours, ainsi que les fripons, tels que Mauger, et ses amis, tels que Durosel. S'il y a ici une contre-révolution actuelle, c'est celle de la friponnerie, et je vois à regret que ceux qui fréquentaient le plus Mauger se taisent sur son compte.

Au surplus, je ne m'en tiens pas aux paroles, mais aux faits, et j'agis en connoissance de cause. L'aristocratie ne triomphera pas, sois-en sûr; mais j'établirai le règne de la liberté, de l'égalité et de la probité. Enfin, que les innocents soient tranquilles, je saurai les connoître ainsi que les coupables.

Salut et fraternité,

FAURE [3].

Et le lendemain Philip était arrêté ainsi que Febvé et plusieurs autres. Ses protestations demeurèrent sans effet [4].

1. « Considérant que la création de ce tribunal est d'autant plus nécessaire qu'il est utile de punir les traîtres, sous les yeux des hommes faibles qu'ils ont pu séduire ou tenté d'égarer, et qu'à cet avantage se joint celui d'épargner les fonds de la République en diminuant les frais de voyage à Paris d'un grand nombre de coupables et de témoins. » Le tribunal jugeait dans les formes sommaires des jugements révolutionnaires et sans jurés. — Le Comité de salut public, informé, approuva. L'institution du tribunal révolutionnaire est du 28 brumaire (18 novembre); elle fut suivie de l'établissement d'un Comité révolutionnaire, 3 frimaire (23 novembre), et de la réorganisation de l'administration du département, 11 frimaire (1 décembre). (Arch. nat., AF II, 122, dossier 7, aux dates.)

2. Philip, *l. l.*, p. 38.

3. Philip, n° 6, p. 80.

4. *Ibid.*, p. 42. — Le 4 décembre (14 frimaire), le ministre Bouchotte écrit à Berger, agent du Conseil exécutif : « Continue de déjouer les

Ce jour même, Faure donnait une garantie de plus à ses desseins. Il reconstituait la Société populaire de Nancy. Il la composait, dit Philip, de fédéralistes, de tous ceux qui avaient refusé leur signature à l'adresse d'adhésion au 31 mai, et il lui donna le nom de Société populaire *révolutionnaire*, pour mieux tromper le peuple, nous dit son haineux adversaire. Sous ce titre, ajoute-t-il, elle reçut « tout ce que Nancy renfermait de riches aristocrates, de fédéralistes, de modérés [1] ». Retenons ce dernier mot, qui était vrai sans doute, mais qui était alors un titre de proscription.

Il n'est pas besoin de dire que Faure, dans tous ses actes et ses écrits, gardait toujours l'attitude d'un montagnard. Dans une sorte de monitoire qu'il adressa à l'administration départementale, il ne manquait pas de dire : « Que chacun soit un Brutus »; et parmi ses griefs contre Mauger était celui d'avoir prétendu aux honneurs de Marat : « Comment, disait-il aux administrateurs, son buste est-il à côté de celui de Marat, votre véritable ami? [2] »

La réaction suivait son cours : Brisse était destitué de ses fonctions de maire, qu'il ne devait, disait Faure, qu'à ses intrigues, et les révolutionnaires les plus prononcés étaient arrêtés [3]. Mais cela était-il durable quand la Terreur ne faisait pour ainsi dire que de commencer à Paris, que l'an II n'était qu'à ses débuts, que la sanglante année 1794 s'ouvrait à peine? Faure était bien naïf, s'il avait pu croire que Mauger et ses amis, qu'il avait envoyés à Fouquier-Tinville, seraient l'objet des rigueurs du tribunal révolutionnaire de Paris. Ils y furent acquittés avec éclat le 1er pluviôse (20 janvier 1794), sauf Mauger lui-même qui était

---

manœuvres des malveillants à Nancy; il est bon d'approfondir la conduite de Mauger, fais tout ce qui dépendra de toi pour y parvenir. » (Dépôt de la Guerre, armée du Rhin, à la date.)

1. Philip, *l. l.*, p. 44.
2. *Ibid.*, p. 44, et n° 8, p. 85.
3. *Ibid.*, p. 45-48.

mort en prison[1]; et à Nancy, Lacoste et Baudot, qui n'avaient cessé de contre-carrer Faure[2], s'empressèrent, quand il fut parti, de remettre toutes choses sur l'ancien pied. « Ils avaient, dit Philip, reconnu les fédéralistes sous le bonnet rouge. » La scène changea donc comme par un coup de baguette. Brisse, l'ancien acteur, remis en liberté, redevint maire; Philip et les autres sortirent de prison et y firent place à plusieurs des conseillers de Faure[3]; Febvé, acquitté par le tribunal révolutionnaire de Paris et rétabli dans ses fonctions de président du tribunal criminel par décret de la Convention nationale, fut nommé par les représentants Lacoste, Baudot et Bar, président de la

---

1. *Histoire du tribunal révolutionnaire de Paris*, t. II, p. 535. (Arch. nat., W, 312, 423, dossier *Mauger*, etc.) Dans l'acte d'accusation (pièce 3), Mauger figurait en tête :
« Pierre-Auguste Mauger, ayant pris le prénom de Marat et se disant commissaire du Conseil exécutif dans le département de la Meurthe »; et l'accusation qui, naturellement, tendait à la condamnation, ne l'épargna point, quoique mort, en raison de la cause :
« Pierre-Auguste Mauger,... homme imprégné de tous les vices... La nature a soustrait Mauger à la vengeance de la loi, et les oreilles ne seroient pas souillées du récit de ses crimes, s'il n'avoit eu des complices. »
— Vers le même temps, les patriotes de Nancy faisaient connaître à la commune de Paris leur régénération et en recevaient des compliments. (Séance du 3 pluviôse, *Moniteur* du 5 (24 janvier 1794), t. XIX, p. 278.)

2. Ils écrivent de Strasbourg, 2 pluviôse, au Comité de salut public, pour lui dépeindre l'état déplorable de l'esprit public à Nancy : « Notre collègue Faure dont les intentions ne doivent pas être suspectes, mais qui s'est abandonné au plus perfide feuillantisme, a fait incarcérer les patriotes avec complaisance. Mauger, républicain prononcé dans ses discours, s'est laissé corrompre, et de là on a conclu que ceux qui avoient tenu le même langage avoient participé aux mêmes actions. Nous avons fait sortir les patriotes de prison et les aristocrates ont pris leur place. » — Ils ajoutent que les patriotes sont abîmés sous le poids des riches. Un agent a été envoyé par Faure à Strasbourg pour arrêter les administrateurs patriotes, qui avaient protesté contre les arrêtés fédéralistes, etc. « Nous avons pris un arrêté pour que les autorités civiles et militaires de la Meurthe nous communiquent les arrêtés pris par Faure, et qu'elles ne les exécutent à l'avenir qu'après cette communication, afin que les opérations ne soient pas contrariées. » (Arch. nat., AF II, 154, pluviôse, pièce 24.) — Voy. aussi l'*Extrait du registre des procès-verbaux des séances de la Société républicaine des amis de la liberté établie à Nancy, réintégrée par les représentants Lacoste, Baudot et Bar*, 27 pluviôse an II. (Bibl. nat., Lb⁴⁰ 1015.)

3. Philip, *l. l.*, p. 53.

Société populaire régénérée[1]. Enfin au tribunal révolutionnaire de Faure, qui n'avait guère fait que poursuivre les concussionnaires et les pillards, était substituée une commission extraordinaire dont on attendait d'autres services[2].

Le débat pouvait être transféré sur un autre théâtre et tourner mal pour l'ancien délégué de la Convention, comme pour ceux qui lui avaient prêté leur concours. Faure, dès son retour, publia un mémoire où il allait au-devant de l'attaque. On l'accusait d'être modéré, d'avoir persécuté les patriotes, ménagé les aristocrates, pris pour conseils des suspects. Modéré! Il avait commencé par appeler auprès de lui Mauger et ceux qui passaient pour les meilleurs sans-culottes; mais lorsque Mauger lui eut été dénoncé, même par les gens de son parti, quand il eut en main les preuves de ses prévarications, il avait bien dû le frapper, lui et ses pareils, et il ne l'avait fait qu'avec le Comité même de surveillance établi par Lacoste. Le tribunal révolutionnaire avait bien fait de les absoudre s'il les avait trouvés innocents; il n'en avait pas moins eu raison de les poursuivre, puisqu'ils lui étaient signalés comme coupables; et en regard de ces patriotes qu'on lui opposait, il produisait les noms des contre-révolutionnaires qu'il avait lui-même envoyés au tribunal, notamment treize habitants

---

1. Philip, *l. l.*, p. 55, et la note II, aux Appendices.
2. Considérant que la Société populaire de Nancy s'est établie sur la persécution des patriotes:
Art. 1ᵉʳ. — La Société populaire actuelle de Nancy demeure anéantie.
Art. 2. — Elle sera recréée sur le champ.
Art. 3. — Febvé, président du tribunal criminel du département de la Meurthe, persécuté par le modérantisme et l'aristocratie, acquitté honorablement par le tribunal révolutionnaire de Paris, réintégré dans ses fonctions par la Convention nationale, accueilli par les Jacobins et les Cordeliers comme frère de vieille date, sera président provisoire de cette Société (Nancy, 26 pluviôse [14 février 1794], AF, II, 122, dossier 2, p. 2, et en affiche, dossier 3, p. 11.) — Le représentant Bar s'était associé en tout aux appréciations et aux actes de ses deux collègues Lacoste et Baudot, comme on le voit par le compte qu'il rendit de ses opérations à la Convention nationale, Toul, 29 pluviôse (17 février) *ibid.*, dossier 2, à la date.

de Sarrelibre (Sarrelouis) dont nous parlerons plus loin ; il alléguait encore tout ce qu'il avait fait pour l'extermination du fanatisme, c'est-à-dire de la religion chrétienne ; il se faisait honneur des abjurations qu'il avait obtenues et rappelait que, trois jours seulement après les scènes du 27 brumaire à Paris, le 30 brumaire, quatre-vingts prêtres avaient abjuré à Nancy. Puis, récriminant contre Lacoste et Baudot, contre Lacoste surtout qui avait des motifs particuliers de ressentiment à son égard, il demandait l'abrogation de l'arrêté injurieux des deux représentants, qui avaient suspendu l'exécution de ses arrêtés et soumis à leur propre contrôle tous ceux qu'il pourrait prendre seul, sous prétexte d'éviter toute « contrariété » dans leurs actes [1].

Il répandit ce mémoire dans la Convention, il l'adressa aux districts de la Meurthe, mais il risquait de provoquer des contradictions plus ardentes : car dans la Meurthe les patriotes avaient repris l'offensive. Le 30 pluviôse, la Société populaire de Sarrebourg, en réponse au mémoire justificatif qu'il lui avait adressé, consignait sur ses registres la déclaration suivante :

Déclare à l'unanimité que les mesures prises par Faure ont jeté la consternation parmi tous les bons patriotes qui en ont été les témoins, et qu'elle a considéré son rappel comme une victoire remportée par les patriotes sur l'aristocratie.

La Société déclare de plus que les représentants Baudot et Lacoste, tous deux bien connus par leur zèle et les services qu'ils ont rendus jusqu'à ce jour à la cause de la liberté, ont, en cette occasion, été les fermes appuis des patriotes et que déjà l'esprit public commence à se régénérer dans Nancy et dans tout le département de la Meurthe, par l'effet des mesures sages et rigoureuses qu'ils y ont prises [2].

1. Bibl. nat., Le³⁹ 57. Voy. l'arrêt de Baudot et Lacoste, 2 pluviôse, Arch. nat., AF II, 122, dossier 4, pièce 3 ; et la lettre de Faure qui fait passer à la Convention un rapport sur sa mission et demande que la conduite de Lacoste et Baudot soit improuvée, et leur arrêté du 2 pluviôse, cassé : pièce sans date, reçue le 17 pluviôse. AF II, 154, pluviôse, pièces 72 et 73. — L'administration de Faure fut marquée par un grand nombre d'arrêtés, pris en frimaire et en nivôse, sur la cavalerie, les approvisionnements, etc. (Arch. nat., AF II, 216.)
2. Voy. Heitz, *Sociétés populaires de Strasbourg*, p. 334 et suiv.

De leur côté, Lacoste et Baudot, instruits de ces récriminations, y répondaient sur un ton dédaigneux dans une lettre datée de Strasbourg (2 ventôse, 20 février 1794), lettre où ils annonçaient de nouveaux succès de nos armées et en présageaient d'autres[1].

Faure, présent à la séance (6 ventôse), protesta hautement, et, sur l'intervention de Legendre, qui se fit garant de son patriotisme, il ajourna sa querelle avec ses deux collègues absents; mais il en prit occasion de demander qu'on suspendît aussi la poursuite commencée contre trente citoyens traduits (probablement comme étant ses amis) devant la Commission extraordinaire de Lacoste et Baudot à Nancy, et que ce décret y fût porté par un courrier extraordinaire : car de pareilles procédures marchaient vite; ce qui fut voté[2]. Le parti modéré, comme on l'appelait alors, celui de Legendre et de Danton, était encore debout dans l'assemblée; mais cette accusation incidente des deux représentants Baudot et Lacoste suffit pour faire ajourner, après une vive discussion, l'admission de Faure, dans un scrutin épuratoire, aux Jacobins ce jour même[3].

Les dénonciations continuèrent d'arriver contre les persécuteurs des patriotes. Des citoyens de Nancy étant venus en signaler plusieurs à la Convention, Montaut profita de l'occasion pour y comprendre Cunin, ancien membre de l'Assemblée législative, récemment acquitté, avec la bande de Mauger, par le tribunal révolutionnaire de Paris; et il demandait qu'on le mît en arrestation comme un faux patriote, l'auteur des troubles qui divisaient Nancy : proposition qui fut combattue par Levasseur comme tendant à faire de la Convention une chambre de mise en accusation mal informée; et la proposition, avec la pétition des citoyens de Nancy, fut renvoyée au Comité de sûreté générale[4].

1. *Moniteur* du 8 ventôse (26 février 1794), t. XIX, p. 559.
2. *Moniteur* du 7 ventôse (25 février 1794), t. XIX, p. 559.
3. *Moniteur* du 10 ventôse (28 février 1794), t. XIX, p. 580.
4. Séance du 18 ventôse (8 mars 1794), *Moniteur* du 19, t. XIX, p. 650.

Ce n'étaient plus les patriotes qui pouvaient se dire menacés, et leurs plaintes de prétendue persécution étaient déjà un commencement de représailles contre leurs adversaires. Les modérés d'ailleurs, qu'étaient-ils autre chose que les complices de Danton qui venait de tomber? Ils se cachaient; mais l'œil des sans-culottes les allait chercher dans leurs retraites. Le 27 floréal (16 mai 1794), la Société populaire de Nancy remontrait à la Convention « que plusieurs ennemis de la liberté, pour échapper à la surveillance des autorités constituées et se soustraire à l'arrestation qu'ils avaient encourue, s'étaient transportés dans les grandes communes, où, à la faveur de l'*incognito*, ils tramaient des complots liberticides. Elle invitait la Convention à prendre des mesures contre les changements de domicile que des raisons plausibles ne motivaient pas, à faire juger le plus promptement possible les gens suspects, et à mettre les sans-culottes à même de jouir de leurs biens [1]. » — Qu'étaient-ce que leurs biens? probablement ceux des autres. — Leur règne ne fut plus interrompu jusqu'au 9 thermidor.

Là du reste, comme en général dans cette région, la justice révolutionnaire se manifeste plus par des arrestations et des confiscations que par des sentences de mort. On envoyait pour la mort à Paris. On n'a point le résultat précis des opérations des commissions révolutionnaires ou extraordinaires. Quant au tribunal criminel jugeant révolutionnairement, on ne compte à sa charge que dix ou onze condamnations à mort [2]. En ce qui touche la querelle de

---

1. *Moniteur* du 29 floréal (18 mai 1794), t. XX, p. 491.
2. Voy. la note III, aux Appendices. — Michaud (Nancy, 28 thermidor, 15 août 1794) rend compte de ce qu'il a fait pour rétablir la paix dans les esprits. (AF II, 164, pièce 123.) Est-ce à la même fin qu'il prenait, le 26 fructidor (12 septembre), l'arrêté par lequel tous les ci-devant prêtres étaient contraints à s'éloigner, dans le délai d'une décade, à la distance de 4 lieues des communes où ils exerçaient des fonctions pastorales? exceptant pourtant les prêtres mariés (29 fructidor), les septuagénaires ou infirmes (30 fructidor), les prêtres ne faisant fonctions ni de curés, ni de vicaires (21 vendémiaire). Le 4 vendémiaire an III (25 septembre 1794), il ordonnait encore la démolition des chapelles; le 17 (8 octobre), il faisait une révision de

Faure et de Lacoste, il eût été dangereux pour le premier qu'elle se continuât après le jugement de Danton. Lorsque Faure déposa son rapport sur son administration dans la Meurthe, la révolution du 9 thermidor était accomplie; on était même en pleine réaction antijacobine : c'était le 24 pluviôse an III (12 février 1795). Il y put flétrir les sans-culottes dont il avait momentanément débarrassé Nancy alors, sans que Lacoste, qui d'ailleurs n'était pas pris à partie, essayât d'y répondre. Un peu plus tard, après l'émeute avortée du 1er prairial (20 mai 1795), quand les principaux membres des deux Comités, les vainqueurs du 9 thermidor, Collot d'Herbois, Barère, Billaud-Varenne, Vadier, étaient proscrits à leur tour, quand on faisait rendre compte aux proconsuls de province, Lacoste et Baudot, attaqués eux-mêmes dans la Convention, essayèrent bien de récriminer contre Faure. Mais Faure n'eut pas même besoin de répliquer pour qu'ils fussent décrétés d'arrestation (13 prairial, 1er juin 1795)[1].

## III

### Moselle et Meuse.

La Moselle et la Meuse avaient adhéré au 31 mai, moins peut-être par sympathie pour les auteurs de la Révolution que par le sentiment du péril national, sur une frontière où tous devaient faire face à l'ennemi du dehors. La Moselle avait envoyé son adresse dès les premiers jours de juin : elle fut lue le 14 à la Convention et fut accueillie avec des applaudissements universels. La Meuse n'avait pas hésité davantage[2]. Les grandes levées d'hommes du 24 février et du

---

suspects pour mettre en liberté ceux qui étaient détenus sans cause, et, le 18 (9 octobre), une nouvelle épuration de la commune de Nancy. (Arch. nat., AF II, 122.)

1. *Moniteur* du 18 prairial an III (6 juin 1795), t. XXIV, p. 606. — Voy. ci-après, au chapitre des Châtiments.
2. Voy. *la Révolution du 31 mai et le fédéralisme en 1793*, t. I, p. 379 et 361.

25 août 1793 n'offrirent aucune difficulté aux commissaires envoyés dans ces départements belliqueux [1]. Pons (de Verdun), le 22 mai, avait demandé à la tribune « la mention honorable des administrateurs et des habitants du département de la Meuse, et l'insertion au bulletin d'un rapport des commissaires, constatant que le quart de la population en état de porter les armes servait dans les armées », etc. [2]; et plus tard, envoyé avec Drouet dans son pays, il n'eut toujours que des éloges, pour « l'activité vraiment républicaine » des administrateurs du département. La Moselle ne méritait pas moins d'être louée. Le département avait offert à la Convention un secours de 11 à 12 000 hommes contre les Vendéens [3]. Ce n'était pas trop cependant de leurs bras pour résister aux menaces de l'invasion. Après la perte de Mayence et de Valenciennes, quand la capitulation de Mayence laissait libres les forces que le siège avait retenues devant ses murs, quand celle de Valenciennes contraignait la Convention à rappeler 20 000 hommes de l'armée du Rhin vers Péronne pour couvrir le chemin de Paris, la ville de Metz manifesta de l'inquiétude et réclama le retour de ces troupes [4]. Mais son patriotisme n'en fut pas ébranlé et elle en donna la preuve à l'approche de l'ennemi. Partout dans les campagnes le tocsin retentit, et 5 000 hommes se portèrent immédiatement à la frontière avec des vivres pour quinze jours [5].

Une pareille population était bien digne d'être ménagée ; et pourtant, dès avant le 31 mai, les commissaires de la Convention dans la Moselle avaient multiplié les arresta-

1. Les premiers envoyés furent Anthoine, député de la Moselle, et Levasseur, député de la Sarthe.
2. *Moniteur* du 24 mai 1793, t. XVI, p. 453. Voy. aussi le rapport des citoyens Pons (de Verdun) et Drouet, commissaires au département de la Meuse. Paris, 1793, vers la fin de l'année. — Un agent, nommé Boileau, rend témoignage au patriotisme de Thionville. (Arch. nat., F1*, 550.)
3. Séance du 21 juin, *Moniteur* du 23, t. XVI, p. 707.
4. 2 août 1793. (*Moniteur* du 14 août, t. XVII, p. 378.)
5. Séance du 1er septembre 1793, *Moniteur* du 2, t. XVII, p. 544.

tions[1]. Comme le Comité de législation avait proposé, dans un projet de décret, l'élargissement des personnes détenues par leurs ordres, ils écrivirent à la Convention elle-même pour s'en plaindre, disant qu'ils n'avaient rien fait que sur l'avis des corps administratifs et des Sociétés populaires; ils ajoutaient que si le décret passait, ils se trouveraient privés de tout moyen de faire le bien, l'aristocratie ne pouvant pas manquer de relever la tête quand elle serait sûre de trouver des défenseurs au sein de la représentation nationale. Leur lettre fut lue le 4 juin à la Convention et ce jour-là elle ne pouvait être que bien accueillie[2]. Après le 31 mai,

---

1. Levasseur, Maribon-Montaut, Maignet et Soubrany se montraient assez peu satisfaits de l'esprit révolutionnaire de la Moselle. Ils écrivent de Metz, 27 mai, qu'arrivés le 23, ils avaient senti la nécessité d'avoir un point de réunion pour tous leurs travaux; ils y travaillent avec le concours de la Société populaire : tous les corps administratifs y seront appelés. Ils sont allés deux fois à la Société populaire et l'ont trouvée déserte : « La malveillance travaille, ici comme ailleurs, le peuple; l'esprit public est loin d'être à la hauteur des circonstances. » Ils donnent cet exemple de la tiédeur des corps constitués. — c'est un exemple aussi de la manière dont ils entendaient la justice : — Toussaint, ancien major d'un régiment de hussards, coupable d'avoir favorisé l'émigration, a été acquitté et mis en liberté... « Nous ne nous sommes pas arrêtés aux formes; nous avons senti que dans un temps de révolution on ne pouvoit sauver la patrie qu'en mettant de côté tous ces subterfuges de la mauvaise foi. Nous avons donné des ordres pour arrêter le criminel; nous laisserons à la Convention le soin de décider si elle doit annuler ce jugement, dicté par l'aristocratie, et si elle ne devroit pas même sévir contre ces jurés qui ont abusé de leurs fonctions. » (Arch. nat., AF II, 246, à la date.)

2. *Moniteur* du 7 juin, t. XVI, p. 568. — A propos des essais de fédéralisme, Hentz et Sébastien de La Porte écrivent de Sedan, le 12 juin : « C'est en vain que certaines autorités constituées de ce département cherchent à se coaliser... Le peuple brave et incorruptible des Ardennes se rit des intrigues...

« Dans notre tournée au département de la Meuse, nous avons rencontré des émissaires des autorités constituées de la Meurthe qui venoient, chargés des pouvoirs pour se coaliser avec les administrateurs de la Meuse et les Sociétés populaires; mais les braves républicains de la Meuse n'ont pas donné dans le piège. Les administrateurs de ce département nous ont instruits du but secret de l'arrivée des envoyés de la Meurthe, et nous avons à l'instant lâché un ordre de les faire reconduire à Nancy par la gendarmerie nationale. Notre fermeté déplaît à beaucoup de monde. Les malveillants rongent leur frein, conspirent sourdement, font colporter des adresses tendantes à donner des inquiétudes au peuple des campagnes et des ateliers. Nous allons mettre la police en action pour découvrir et faire punir les auteurs de ces menées ténébreuses... » (Dépôt de la Guerre, armée du Nord, à la date.)

les mesures de rigueur se multiplièrent. Gentil, Soubrany et Maignet, le 4 juillet, suspendaient le président du conseil général du département[1]; Cusset, délégué près l'armée des Ardennes, écrivait le 14 août : « Quoique seul, je suspends, je nomme provisoirement ; j'incarcère les contre-révolutionnaires[2] ». Il aurait bien pu être incarcéré lui-même, car ses collègues Lacoste, Ehrmann, Richaud et Mallarmé le dénoncèrent pour les marchés ruineux qu'il avait passés et les mauvaises fournitures qu'il avait fait livrer aux armées, insistant, au moins, pour qu'on le rappelât sans délai (24 du 1er mois, 15 octobre 1793)[3]. Il fut rappelé avec Mallarmé lui-même, Ruamps, Borie, Soubrany et Guyardin, par le décret qui investit de cette même mission, près les armées du Rhin et de la Moselle, Lémane, Ehrmann, Lacoste et Baudot (13 brumaire, 3 nov. 1793)[4].

En ce temps-là paraît un nouveau commissaire dans la Meuse, un représentant dont nous avons vu ailleurs maint exploit et qui se trouvait alors, que nous retrouverons bientôt, dans les Ardennes : c'est Bô. A la fin du mois de brumaire (milieu de novembre), il est là, destituant, suspendant, épurant, arrêtant. Chaque jour est marqué par quelque mesure de ce genre, dirigée contre les autorités constituées, les tribunaux, même les Sociétés populaires, mais surtout le clergé constitutionnel[5]. Il avait

---

1. Arch. nat., AF II, 127, dossier 9, pièce 2. — Lafond fils, chirurgien-major, envoyé par le Comité de salut public pour donner aux représentants des renseignements sur les gens suspects, avait commis des abus de pouvoir ; Richaud, Ehrmann et Soubrany le firent arrêter. Ils en donnent avis au Comité et lui envoient les pièces (Sarrebruck, 8 du 2e mois, 29 octobre 1793). (AF II, 242, à la date.)
2. Compte rendu. (Bibl. nat., Le39, n° 49, p. 63.)
3. Voy. la note IV, aux Appendices.
4. Moniteur du 17 brumaire (5 novembre 1793), t. XVIII, p. 335. — Pour les actes administratifs de cette mission, réquisition de grains, de fourrages, de fromage, etc., en septembre et octobre, voy. Arch. nat., AF II, 242. Le 20 brumaire (10 novembre), on trouve encore le nom de Mallarmé, joint à celui de Baudot, dans un arrêté qui renouvelle le Conseil général de la commune de Metz et y supprime la permanence des sections. (Arch. nat., AF II, carton 127 (Moselle), dossier 19, pièce 1.)
5. Arch. nat., AF II, 123, dossier 2, 26 et 28 brumaire.

tant fait qu'il jugeait inutile qu'on envoyât de nouveaux représentants dans les trois départements dont il venait de s'occuper (Ardennes, Marne et Meuse). Il annonçait l'envoi des sommes considérables qu'il avait tirées des dépouilles des églises et il ajoutait :

Bientôt la nation n'aura plus de prêtres à payer. Ils brûlent leurs lettres de prêtrise et rentrent dans la société par le lien du mariage [1].

La loi du 14 frimaire amena l'envoi de représentants spéciaux, même dans les départements qui se trouvaient, par leur voisinage, ressortir aux représentants délégués près les armées. C'est ainsi que Mallarmé revint, chargé d'établir le gouvernement révolutionnaire dans la Moselle et dans la Meuse. Il montra d'abord, au sujet de cette loi, quelque scrupule, au moins dans l'application qu'en faisaient les autres. Le 12 pluviôse, il transmit au Comité de salut public l'arrêté de Lacoste et Baudot concernant l'établissement d'une commission centrale dans les départements du Haut et du Bas-Rhin pour juger révolutionnairement, exprimant l'opinion que cet arrêté dérogeait à la loi précitée [2]. Le même jour, il signale deux partis parmi les républicains à Bar; mais il croit voir de quel côté sont les intrigants, les tartufes en patriotisme, ajoutant :

---

[1]. 27 brumaire, 17 novembre. (Arch. nat., AF II, 151, brumaire, 2<sup>e</sup> partie, pièce 155.) — Les commissions révolutionnaires levaient, sous les yeux des représentants en mission, des taxes au moyen de mandats dont les signataires pouvaient bien aussi ne pas rendre compte. Voici un de ces mandats dont le corps est imprimé. Je reproduis en italiques ce qui est fait à la main :

Guerre aux ennemis du peuple (légende d'un écusson portant un faisceau d'armes, surmonté d'une pique avec bonnet phrygien).

*Thionville* (l'imprimé portait *Metz*) *le 12 frimaire*, an II de la République.

COMMISSION RÉVOLUTIONNAIRE.

Sous peine d'être traité révolutionnairement, le nommé *Collignon, aubergiste*, versera dans trois heures entre les mains du citoyen *Remoissenet*, un de ses membres, la somme de *mille francs*.

*Le membre de ladite Commission,*
*Remoissenet.*

(Archives du ministère des Affaires étrangères, France, reg. 328, f° 253.)

[2]. AF II, 162, pluviôse, pièce 73.

L'envoi au tribunal révolutionnaire d'un ex-capucin contre-révolutionnaire et de cinq autres individus de la même trempe, ma fréquentation journalière à la Société populaire, tout cela ont opéré ou opéreront l'entière exécution de ce dont vous m'avez chargé [1].

Le 17, il rend compte de sa manière d'agir et signale les reproches faits à Bô [2]; puis il se met à épurer et à réorganiser à son tour : réformes dont les détenus se seraient fort bien passés, quand il prescrivit par exemple de les soumettre à un régime, le même pour tous et plus économique [3]; on sait ce que cela voulait dire. Quant à son régime à lui, il ne le négligeait pas. Il écrivait de Thionville le 15 germinal :

Je me propose de me rendre incessamment dans la commune de Verdun pour y épurer les autorités constituées et organiser le gouvernement révolutionnaire. Je désirerois que tu me fis (sic) préparer un logement, principalement dans une maison d'émigrés où il y auroit quatre à cinq lits et des ustensiles de cuisine [4].

Rappelé par le Comité de salut public le 26 germinal (15 avril 1794), il fut, provisoirement au moins, maintenu en fonctions : car on le voit pendant le mois de floréal et jusqu'au 10 prairial (29 mai) poursuivre sa tournée d'épuration, traitant assez mal les populations qu'il visite [5]. Il écrit de Montmédy, 5 floréal (24 avril) :

Automates par tempérament, ses stupides habitants ne semblent aucunement émus des prodiges qu'enfante chaque jour la Révolution.
Je pars pour Longwy, où de nouveaux contre-révolutionnaires attendent le châtiment dû à leurs forfaits. Je les connois;

---

1. AF II, 162, pluviôse, pièce 75.
2. AF II, 123, pièce 20 et pièce 32 (double).
3. AF II, 127, dossier 18, pièce 8.
4. Ibid., p. 19. — 19 germinal, épuration des autorités de Verdun. (Ibid., à la date.)
5. Épuration des autorités de Clermont (Meuse), 29 germinal; de Varennes, 30 germinal; de Stenay; de Montmédy; de la commune d'Etain, 18 floréal. (AF II, 123, aux dates.)

aucun n'échappera à la faulx des lois qui, planant horizontalement sur le sol de la liberté, abbat les têtes orgueilleuses ou superbes[1].

Et de la même ville, à la même date :

L'infâme spectre de la royauté erroit encore dans le régiment n° 9 des chasseurs à cheval, en cantonnement près Thionville... Plusieurs officiers avoient souillé leurs bouches par des cris réitérés de *Vive le roi! ô Richard, ô mon roi!*

Six ont été mis en accusation, mais deux seulement ont été convaincus :

La tête du premier a roulé sur l'échafaud, et le second, moins criminel, sera détenu jusqu'à la paix[2].

De Longwy, 10 floréal (29 avril) :

La souillure que les hordes prussiennes y ont faite semble ne devoir s'effacer jamais. Croiriez-vous que tel est l'avilissement dans lequel est plongée la Société populaire que sa majorité est formée de signataires d'une adresse royaliste[3] ?

De Bouzonville, 24 floréal (13 mai) :

Il y a longtemps, citoyens collègues, que j'étois intimement persuadé que le serpent du modérantisme étoit bien plus contraire au progrès de la Révolution et au développement de la moralité nationale que le tigre de l'aristocratie...

Cela est vrai, dit-il, surtout à Bouzonville :

Le délire de la contre-révolution n'y exalte aucun cerveau, mais presque tous sont imprégnés des vapeurs douloureusement corrosives du modérantisme et de l'indulgence[4].

Il respire à Sarrelibre (Sarrelouis), où il est le 27 floréal (16 mai). Il signale l'étonnant contraste de cette ville et de Bouzonville :

Sarrelibre n'a que des républicains[5].

1. AF II, 163, floréal, pièce 7.
2. *Ibid.*, pièce 11.
3. *Ibid.*, pièce 48.
4. *Ibid.*, pièce 133.
5. *Ibid.*, p. 140.

Au moment de partir enfin, il écrit à Billaud-Varenne qu'il ne peut se persuader que ce rappel soit une punition, ajoutant quelques réflexions sur les missions pénibles et délicates dont il a été investi [1].

Quoique chargé spécialement de l'organisation du gouvernement révolutionnaire dans la Moselle et dans la Meuse, il avait eu, pour les choses mêmes de cette nature, des auxiliaires dans les représentants en mission près les armées. Lacoste, écrivant de Metz au Comité de salut public, à l'occasion de l'incendie de la manutention (1er mai 1794), où il voyait la main de traîtres, disait :

Les prisons regorgent de contre-révolutionnaires et de prêtres. Pour la tranquillité publique il seroit bien prudent de faire transporter dans l'intérieur ces derniers ou de les faire déporter. Je vous demande votre avis que je vous invite à me donner promptement. Grand nombre de femmes et principalement de cultivateurs gémissent depuis plusieurs mois dans les prisons où ils sont enfermés pour des misères, et peut-être plusieurs par suite de la malveillance de l'aristocratie ou de l'intrigue qui régnait alors. Il seroit aussi juste qu'urgent de rendre à la culture ces bras dont elle a grand besoin. Si vous le jugez convenable, je ferai en personne la visite des prisons et je renverrai à la charrue tous ceux que je croirai innocents [2].

On n'avait pas eu tant de scrupule pour les enfermer! Duquesnoy, à l'occasion du même événement, prélevait 40 000 livres sur la fortune des riches, « dont aucun, disait-il, ne s'est présenté pour éteindre l'incendie [3] ».

Avant de quitter le pays, Mallarmé avait réorganisé l'administration départementale et le tribunal criminel de la Meuse, et il donnait, dans les considérants de son arrêté, les causes de ce retard :

Considérant qu'il n'avoit retardé l'épurement de l'administration du département de la Meuse et celui du tribunal cri-

---

1. AF II, carton 163, 6 prairial.
2. Dépôt de la Guerre, armée de la Moselle, à la date.
3. *Ibid.*, 2 mai.

minel séant à Roche-sur-Meuse (Saint-Mihiel), qu'afin de recueillir dans les huit districts de leurs ressorts tous les renseignements [qui] pouvoient porter la lumière sur la conduite administrative, judiciaire et patriotique de ces autorités [1]...

Il prit part dans la Convention à la discussion de la loi du 22 prairial.

Les prêtres avaient été surtout l'objet de ses sévérités dans le cours de sa mission. Il écrivait de Varennes, le 30 germinal (19 avril 1794) :

Le peuple seroit bon, son trait (sic) pur, ses intentions candides, s'il n'étoit aveuglé au point de regretter les prêtres et leur imbécile attirail [2].

Et, le 16 floréal, il avait prescrit de disperser dans plusieurs villages les prêtres qui avaient reçu l'ordre de se réunir à Montmédy, pour être en meilleure surveillance : craignait-il plus les suites de leur réunion? Les mesures qu'il prit à l'égard de ces hommes, qui étaient des prêtres constitutionnels, allèrent beaucoup plus loin. Dans la séance du 6 fructidor an II (23 août 1794), il fut dénoncé pour avoir déporté des prêtres qui avaient recommencé à dire la messe, après avoir déposé leurs lettres de prêtrise au temps du culte de la Raison. Il allégua que ses arrêtés avaient eu l'approbation du Comité de salut public et soutint que ces prêtres avaient refusé le serment de liberté et d'égalité, troublé l'ordre, détourné les jeunes gens du service militaire. Mais l'accusation fut reprise sur l'heure et singulièrement aggravée par un de ses collègues :

Mallarmé, dit-il, tu n'as pas dit la vérité à la Convention. Si tu n'avais fait que déporter des prêtres qui eussent refusé le serment, personne n'eût réclamé; mais tu as fait déporter des ex-prêtres qui avaient prêté ce serment; tu as fait déporter des prêtres mariés, des fils de laboureurs, des jeunes gens de vingt-

---

1. AF II, 123, 8 prairial.
2. Ibid., germinal, pièce 177. Voy. encore divers arrêtés contre les prêtres et les choses religieuses, 6 et 11 germinal, 16 floréal. (AF II, 123, aux dates.)

quatre à vingt-cinq ans qui guidaient nos bataillons dans les gorges des montagnes; des vieillards de soixante-dix à quatre-vingts ans, qui ne voulaient que l'exécution des lois... Tu n'as pris ton arrêté que sur les suggestions d'un petit intrigant,... ton arrêté était injuste et violait les lois de la nature [1].

Un peu plus tard (14 brumaire an III, 4 novembre 1794), un membre disait encore :

Plus de deux cents victimes dans le département de la Meuse ont été traînées sur les bords de la Loire et attendent le moment qui doit achever leur déportation.

L'orateur demandait un sursis pour ces malheureux en affirmant que la plupart avaient satisfait à la loi. Il rencontra des contradicteurs pourtant : Gaston, peu sensible au sort « de cette caste impure de prêtres, auteurs coupables des troubles de la Vendée, qui se sont fait un cruel plaisir de nager dans le sang »; et Reubell, qui, d'ailleurs, ne méconnaissait pas le caractère de ces prêtres :

Il ne s'agit pas ici, disait ce dernier, des prêtres réfractaires qui se sont toujours montrés les ennemis de la Révolution; leur sort est décidé, ils doivent être mis à mort. Il s'agit de ceux de cette profession qui ont servi la Révolution par des vues d'intérêt personnel ou par d'autres motifs.

Mais même pour ceux-là il ne voulait pas qu'on les relâchât. Il y avait des arrêtés des représentants qu'il ne fallait pas annuler sans autre examen, et il demandait le renvoi des propositions aux trois Comités; ce qui fut décrété [2].

## IV

### Tribunaux criminels de la Meuse et de la Moselle jugeant révolutionnairement.

Le tribunal criminel de la Moselle jugeant révolutionnairement ne prononça, du 20 janvier 1793 au 18 fructidor

---

1. Séance du 6 fructidor (23 août 1793), *Moniteur* du 8, t. XXI, p. 576.
2. Séance du 14 brumaire an III (4 novembre 1794), *Moniteur* du 16, t. XXII, p. 427.

an II (14 septembre 1794), que douze condamnations à mort[1]. C'était peu pour ce temps. Il y en aurait eu davantage, si l'on eût appliqué dans toute sa rigueur, à cette région, la loi terrible qui frappait les émigrés.

Toute sortie du territoire était réputée émigration ; la peine était la mort. Fallait-il traiter ainsi des gens de la frontière qui n'avaient été au pays voisin que pour peu de jours, dans l'intérêt de leurs affaires? Au tribunal révolutionnaire de Paris, on ne distinguait pas et l'on n'hésitait pas : un pauvre vitrier qui avait, sans le savoir peut-être, franchi cette invisible ligne, fut envoyé à l'échafaud. Plusieurs habitants de la Moselle, qui s'étaient ainsi rendus dans le duché de Nassau-Sarrebruck, réclamaient contre la décision qui les avait déclarés émigrés. Sur la proposition de Merlin (de Douai), l'affaire fut remise à l'examen des représentants en mission qui étaient autorisés à les acquitter, si leur absence n'avait pas duré plus de huit jours : exception était faite, sur la réclamation de l'autre Merlin, pour ceux qui avaient émigré pendant le siège de Thionville afin d'échapper aux inconvénients du blocus[2].

Dans la Meuse, il n'y eut pas moins d'arrestations que dans la Moselle. Il y eut quelques sanglantes condamnations aussi. Le 24 juillet 1793, un jury militaire fut convoqué pour juger Jean VAST, ex-vicaire à Laumont (Vosges), qui avait rétracté son serment[3]. Quant au tribunal criminel, il avait condamné à mort, le 17 octobre 1793, Pierre JOUIN, rentier, accusé de communications avec l'ennemi[4], et de cette date au 14 thermidor (1er août 1794) il fournit encore douze victimes à la justice révolutionnaire. Mallarmé, qui le renouvela avant de partir, avait

---

1. Note V, aux Appendices.
2. Séance du 19 nivôse (8 janvier 1795), *Moniteur* du 20, t. XIX, p. 159.
3. Archives de la Meuse. Procès-verbal des délibérations du conseil général du département, f° 330.
4. Arch. nat., BB³ 1.

obtenu de lui un jugement qu'il prépara à grand fracas et dont il fit grand bruit, comme d'un triomphe personnel sur le fédéralisme. Jacques DELAYANT (de Verdun) avait été renvoyé, avec plusieurs complices, devant le tribunal criminel de la Meuse, comme auteur de deux écrits du 30 mai et du 2 juin, contraires à la révolution qui se préparait et s'accomplissait alors à Paris. Le tribunal fut, à cette occasion, transféré à Verdun même, et Mallarmé disait aux habitants par une affiche (22 germinal, 11 avril 1794) :

Le représentant du peuple rappelle à tous les habitants de Verdun que la justice et la terreur sont à l'ordre du jour [1].

Avis aux juges. Le 27, une autre affiche portait :

Tandis que le glaive s'aiguise pour punir des coupables nés dans vos murs, vous restez calmes.

Encore quelques instants, braves sans-culottes, et la loi aura jeté entre eux et vous la barrière de l'éternité.

Soyez toujours grands et majestueux : le plus beau jour pour le peuple est celui de la justice.

MALLARMÉ [2].

Jacques Delayant, sa mère, et trois autres, J.-B. MARCHAL, PERIN, ci-devant directeur de la poste, et MOUTON, ex-vicaire épiscopal, furent condamnés et exécutés à Verdun (6 floréal, 25 avril); et le représentant publiait cette proclamation :

Le jour où coula le sang de Delayant et de ses complices, fut celui de la justice et du triomphe du peuple.

Qu'on ne croie pas émousser le glaive de la censure et s'il le faut le glaive de la vengeance, en disant que trente-trois contre-révolutionnaires ont abreuvé de leur sang l'échafaud de Paris, que cinq ont rougi celui de Verdun : ce n'est point assez.

Suivait un arrêté ordonnant que le Comité de surveillance multipliât ses recherches pour trouver leurs complices (Briey, 12 floréal [3]).

---

1. Arch. nat., AF II, carton 123, dossier 5, à la date.
2. *Ibid.*, à la date.
3. AF II, 123, dossier 5, à la date.

Mallarmé envoya le surlendemain (14 floréal) au Comité de salut public un exemplaire du jugement, énumérant la suite des crimes qui faisaient tomber ces cinq têtes : adresse contre le 10 août et la suspension du chef du pouvoir exécutif; mémoire signé le 30 mai contre l'anarchie; 2 juin, discours sur les malheurs de la patrie; 21 juillet, demande de renouveler la Convention [1].

Le tribunal criminel de la Meuse, si Mallarmé était resté, devenait digne d'être excepté, comme deux ou trois autres, du décret du 27 germinal qui ramenait tous les crimes de contre-révolution devant le tribunal révolutionnaire de Paris. Le tribunal révolutionnaire de Paris offrait d'ailleurs aux représentants en mission une ressource qu'ils ne négligeaient pas. Mallarmé en avait usé à l'égard des malheureuses « victimes de Verdun » dont il disait dans une lettre, datée de Verdun, 19 germinal (8 avril 1793) :

Deux décades avant mon arrivée dans cette commune, j'avois commencé à frapper les coups que je lui réservois au nom de la justice du peuple, en faisant partir pour le tribunal révolutionnaire un certain nombre d'esclaves qui, depuis plus d'un an, attendoient dans les prisons de la commune de Roche-sur-Meuse (Saint-Mihiel) que la hache des lois les débarrassât d'une existence criminelle [2].

Divers envois lui furent faits le 17, le 21, le 24 et le 29 nivôse, de la Moselle comme de la Meuse [3]. L'envoi du

---

1. Arch. nat., AF II, 163, floréal, pièce 72, et BB³ 1. — Les religieuses de l'hôpital Sainte-Catherine qui avaient recélé Delayant furent mises en arrestation (AF II, 123, dossier 5, pièce 78). — Le registre des délibérations du Conseil général de la Meuse, pour ce temps-là, contient un grand nombre d'arrestations qu'il faut se borner à indiquer en masse (Archives du département de la Meuse).
2. Arch. nat., AF II, 163, germinal, pièce 153. Voy. *Histoire du tribunal révolutionnaire de Paris*, t. III, p. 318 et suiv.
3. 17 nivôse (6 janvier 1794), Mercien, juge de paix à Bitche, et Jurien, receveur des ci-devant fermiers généraux. En ce qui touche Mercier : « Vu les pièces desquelles il résulte que ce juge de paix a prononcé sur des délits qui n'étoient pas de sa compétence, assimilés aux émigrés qu'il a soustrait au glaive de la loi »; Jurien : « prévenu d'aristocratie et d'avoir dit d'un ton menaçant : *Je ne reconnois pas la République.* » (Arch. nat., AF II, 127, dossier 8, pièce 3).
21 nivôse (10 janvier), Guillaume Schoreart, ci-devant maire de Bitche,

24 eut des suites terribles. Treize habitants de Sarrelibre (Sarrelouis), cette ville dont Mallarmé faisait l'éloge comme ne comptant que des républicains, étaient accusés d'intelligences avec les ennemis extérieurs et d'envoi d'argent au dehors. Ils niaient tous. L'un d'eux, Guillaume Schmidt, âgé de quatre-vingts ans, avouait seulement qu'il avait, non envoyé, mais reçu une lettre avec une somme de 3000 francs qu'il avait déposée chez le juge de paix : la chose était facile à vérifier, si l'argent n'avait pas été dilapidé au greffe. Schmidt, sa fille et les autres, n'en furent pas moins condamnés à mort, excepté le procureur de la commune qui fut acquitté (7 ventôse, 25 mars 1794)[1]. Une autre affaire ne fut guère moins sanglante. Le procureur général syndic et des administrateurs du département, pour un sursis à la vente des biens de l'abbaye de Wadgasse, étaient accusés d'avoir arbitrairement suspendu l'exécution des lois relatives aux établissements religieux et causé la perte d'un mobilier dont l'État se croyait déjà propriétaire : crime de contre-révolution pour lequel ils furent renvoyés, le 27 germinal, devant le tribunal révolutionnaire de Paris[2], et condamnés à mort au nombre de onze, le 17 floréal (6 mai 1794)[3].

Une femme avait été encore envoyée à Paris par Mallarmé le 10 germinal : Elisabeth Pognon, accusée de simples propos. Elle y fut oubliée jusqu'après le 9 thermidor et acquittée le 28 vendémiaire an III (19 octobre 1794)[4]. Beaucoup d'autres avaient été jetés en prison dans le département de la Moselle, sans motifs

---

pour intelligences avec un curé réfractaire, opposition de la plantation d'un arbre de la liberté (*ibid.*, pièce 4).

24 nivôse (13 janvier), Dominique Philippe, Barbe Souty, Catherine Ferrier, Gaspard Henry, Guillaume Schmidt, etc.

29 nivôse (18 janvier), Mathieu Nelis, ancien notaire, déjà jugé et acquitté par le tribunal de Sarrelibre que le représentant déclara incompétent (*ibid.*, pièce 16).

1. *Histoire du tribunal révolutionnaire de Paris*, t. II, p. 442.
2. *Moniteur* du 29 germinal (18 avril 1794), t. XX, p. 241.
3. *Histoire du tribunal révolutionnaire de Paris*, t. III, p. 392.
4. AF II, 127, à la date.

avouables, et après le 9 thermidor il y eut tant de mises en liberté, qu'on s'en prit au représentant Bekker, et on l'accabla de lettres où on lui montrait l'aristocratie, grâce à son indulgence, relevant la tête. Il répondit que jadis au contraire on avait laissé l'aristocratie en liberté et emprisonné les patriotes. Il cita une de ces lettres dans une discussion sur de semblables adresses, le 26 fructidor, à la Convention, et prouva, dit le *Moniteur*, « que les cordonniers, vitriers, maréchaux ferrants, voituriers et manouvriers avaient été mis en arrestation comme suspects, tandis que les ex-nobles, les riches et les égoïstes étaient restés en liberté à Saint-Avold [1] ». Cela est peut-être douteux pour les ex-nobles; mais ce qui est certain, c'est qu'un grand nombre d'artisans furent entassés dans les prisons comme suspects jusqu'au 9 thermidor.

## V
### Missions dans les Ardennes.

Les habitants des Ardennes avaient plus d'un titre à la défiance des montagnards. Ils avaient accueilli Lafayette en 1792; ils avaient défendu les girondins en 1793, jusqu'après le 31 mai [2]. Ils s'étaient encore montrés favorables à Custine que les Jacobins accusaient de trahison, et, en toute circonstance, contraires à l'esprit de violence qui entraînait la Révolution sur une pente si funeste. Mais le jour vint où les sans-culottes eurent leur tour, et leurs démarches furent alors d'autant plus pressantes que l'attitude du département avait été jusque-là plus réservée.

Les représentants envoyés près l'armée des Ardennes se trouvaient partagés entre les deux tendances qui se disputaient la direction du département. Hentz et La Porte signalaient comme contre-révolutionnaires les administrateurs que Milhaud et Deville défendaient, et ils s'en plai-

1. *Moniteur* du 28 fructidor (14 septembre 1794), t. XXI, p. 712.
2. Voy. *la Révolution du 31 mai et le fédéralisme en 1793*, t. I, p. 330.

gnaient le 8 juin, déclarant qu'ils cédaient à cette opposition de leurs collègues, mais que la vigueur était nécessaire[1]. Autre incident : un arrêté des représentants avait établi à Mézières un comité de salut public où figuraient un certain Mogues et deux autres démagogues (9 mai 1793). La garde nationale, peu amie des enragés, arrêta ces trois hommes. Les représentants Calès et Massieu se les firent amener et, après les avoir entendus, ils les mirent en liberté, maintenant le comité, mais faisant que Mogues en sortit avec les apparences d'une démission « offerte par amour de la patrie et par des motifs de tranquillité (4 juillet)[2] ». Bientôt pourtant, l'empire appartenant de plus en plus aux montagnards, Mogues dénonça au Comité de salut public l'arrêté comme illégal, disant que sa démission lui avait été arrachée par la force et qu'elle avait désorganisé le Comité[3].

Perrin et Calès menaçaient de désorganiser bien autre chose. Le 8 septembre, ils signalaient au Comité de salut public la multitude d'employés superflus, que l'on comptait à l'armée, soit dans les hôpitaux, soit dans les vivres et dans les fourrages. En les supprimant, on économiserait, disaient-ils, plusieurs millions par jour; et le Comité leur répondit qu'ils avaient des pouvoirs suffisants pour les supprimer[4].

Cela n'eût pas fait l'affaire des jacobins. Ils prirent l'offensive. Le 24 du 1er mois (15 octobre), les Sociétés populaires des principales villes des Ardennes, Sedan, Givet, Philippeville et Mouzon (Mézières manque, Montmédy en tient la place) apportèrent à la Convention et aux jacobins de Paris une pétition où ils réclamaient :

1° Le jugement de Brissot, Vergniaud, etc.; — 2° Celui de Bailly; — 3° L'épurement des états-majors; — 4° L'arrestation

---

1. Arch. nat., AF II, 168, à la date.
2. Rapport de Calès et Perrin. (Bibl. nat., Le39 41.)
3. AF II, 148, pièces 38 et 39.
4. Ibid., carton 149, pièce 103.

de tous ceux qui tâcheront de faire perdre au Comité de salut public la confiance qu'il mérite à si juste titre; — 5° L'arrestation des signataires de toutes les pétitions liberticides; — 6° Que la Convention nationale appelle les suppléants de tous ces mandataire infidèles; — 7° Que le conseil soit responsable de tous ses agents; — 8° Qu'une division de l'armée révolutionnaire soit envoyée à Sedan où Lafayette a de nombreux partisans [1].

Les pétitionnaires eurent toute satisfaction. Les représentants de la Convention près l'armée des Ardennes, jugés trop mous, furent remplacés par Hentz et Coupé (de l'Oise) [2], ce dernier, ancien prêtre, qui ne renonça à la pension ecclésiastique que lorsque d'autres, restés dans le clergé constitutionnel, eurent abdiqué leur caractère de prêtre (17 brumaire, 7 novembre 1793) : il cumulait! Les deux représentants vinrent à Mézières et, de concert avec Bô, leur collègue, commencèrent par destituer et faire arrêter les administrateurs : l'assemblée tenue en mars à Mézières, les pétitions contre les 31 mai et 2 juin, les sympathies montrées à Custine, l'inexécution des lois révolutionnaires, tels étaient les griefs relevés dans cet acte où l'ancienne administration était accusée d'avoir laissé opprimer les patriotes du département (3e jour du 2e mois, 24 octobre 1793) [3].

A Mézières succède Givet. Bô et Hentz écrivent de Sedan à la Convention, le 16 brumaire (6 novembre 1793) :

> Après avoir épuré révolutionnairement l'administration du département des Ardennes et les fonctionnaires civils et militaires qui gangrenoient la ville de Mézières, nous nous sommes hâtés de nous rendre à Givet. Les sans-culottes étoient près de succomber sous la masse des fédéralistes; sans notre présence, la Société populaire devenoit un club de la Vendée. Quarante

---

1. *Moniteur* du 26, t. XVIII, p. 136.
2. 28 du 1er mois, 19 octobre 1793, *Moniteur* du 30 (21 octobre 1793), t. XVIII, p. 167.
3. Lu à la séance des Jacobins du 8 brumaire, *Moniteur* du 11 (1er novembre 1793), t. XVIII, p. 303.

muscadins, presque tous signataires d'une pétition contre-révolutionnaire fabriquée après le 2 juin, ont été arrêtés et conduits, en beau cortège, à Reims; deux vont figurer au tribunal révolutionnaire [1].

Après Givet, ce fut le tour des autres; la bride était lâchée aux patriotes : arrestation de suspects, impositions « fraternelles et correctionnelles » sur les riches aristocrates, c'était le menu de leurs procédés ordinaires [2]; et leurs excès accumulèrent des ressentiments qui se firent jour après la révolution du 9 thermidor.

Avec Hentz et Bô, Massieu et Levasseur, qui les précédèrent et qui les suivirent dans cette mission, furent surtout l'objet de ces plaintes : Massieu, ancien prêtre aussi, ancien évêque, — et il avait eu l'occasion de dire un jour comment il entendait ses fonctions pastorales, — s'autorisant de son titre d'évêque pour blasphémer contre la religion et insulter aux prêtres, attendu que, « pendant trente ans, il avait fait nombre avec eux et était devenu leur colonel [3] ». — Leur colonel! vrai chef de troupe, bien plus que pasteur de troupeau. Il prenait surtout plaisir à dépouiller les églises, envoyant l'argenterie à la Monnaie et destinant les grilles ou autres objets de fer à fabriquer des biscaïens ou des fusils, les cloches à fondre des canons [4].

Avec Massieu, les Ardennes avaient eu, à plusieurs fois, on l'a vu, pour commissaire de la Convention le député Perrin, qui avait établi à Sedan un tribunal militaire, tribunal transformé depuis et signalé comme persécutant

---

1. Arch. nat., AF II, 151, brumaire, 2ᵉ partie, pièce 18. — Cf. *Moniteur*, t. XVIII, p. 374.
2. Le 23 frimaire (13 décembre 1793), les communes de Givet et de Charlemont en envoient une part à la Convention. (*Moniteur* du 25 [15 décembre 1793], t. XVIII, p. 660.)
3. Séance du 11 thermidor an III (29 juillet 1795), *Moniteur* du 17, t. XXV, p. 310. Voy. ci-dessus, t. III, p. 367. — Sur les épurations de Massieu, Arch. nat., AF II, 123, 7 nivôse, an II.
4. Envoi de la ville de Sedan. Séance du 19 nivôse (8 janvier 1794), *Moniteur* du 20 nivôse (9 janvier 1794), t. XIX, p. 159.

les patriotes [1], à tel point que Delacroix [2] demanda et fit décréter qu'il fût sursis à l'exécution de ses jugements [3]; mais il fut défendu par une députation de Sedan, faisant savoir à la Convention que l'accusateur public particulièrement incriminé, loin d'avoir pris la fuite, comme on disait, était à son poste [4].

Sedan était alors bien acquis au parti des violents. La Société républicaine de la ville écrivait à la Convention, insistant pour le maintien des mesures révolutionnaires, la conservation du Comité de salut public tel qu'il était, et elle l'invitait à terrasser toute faction nouvelle, surtout celle des *Philippeautins* [5]. De leur côté, les membres du tri-

---

1. Extrait du procès-verbal de la séance du 4 pluviôse, 2ᵉ année républicaine de la Société jacobite et montagnarde de Sedan.
« La société et les tribunes déclarent spontanément en masse que le tribunal criminel révolutionnaire militaire du 1ᵉʳ arrondissement de l'armée des Ardennes a perdu la confiance du peuple de Sedan, et qu'elles regardent les membres qui composent ce tribunal contre-révolutionnaire comme indignes de remplir les fonctions honorables de la magistrature populaire. » Ce vœu devait être porté au représentant par six commissaires. (Arch. nat., AF II, 212, pièce 328.) Dès le 1ᵉʳ pluviôse, les membres du tribunal du 1ᵉʳ arrondissement avaient adressé leur protestation à Massieu, lui racontant les violences dont ils avaient été l'objet (ibid., pièce 321); et le 2, les administrateurs du département lui envoyèrent les pièces pour qu'il en jugeât (ibid., pièce 317). Le 4, le jour même où la Société populaire prit sa délibération, les juges offrent leur démission au représentant, déclarant qu'ils n'avaient rien à se reprocher (ibid., pièce 30). Massieu l'accepta provisoirement pour prévenir les troubles, jusqu'à ce que le Comité de salut public eût prononcé (même date, pièce 331), et les affaires pressantes furent envoyées au tribunal militaire de Mézières, 2ᵉ arrondissement (ibid., 332).
Le représentant Pflieger, qui était à Châlons-sur-Marne, nous donne peut-être le secret de ces intrigues quand il écrit au Comité de salut public, le 25 nivôse (14 janvier 1794), que ses craintes sur les Sociétés populaires de Sedan et des environs étaient réalisées : « Le but de tous ces commissaires et employés aux armées est d'avilir le tribunal qui tient suspendu sur leur tête le glaive de la loi. » (Arch. nat., AF II, 212, à la date.)
2. Charles de Lacroix, député de la Marne. On l'appelle tantôt Lacroix, tantôt Delacroix, comme son homonyme d'Eure-et-Loir condamné et exécuté avec Danton.
3. Séance du 8 pluviôse (27 janvier 1794), *Moniteur* du 9, t. XIX, p. 324, et Arch. nat., AF II, 162, pluviôse, pièce 37.
4. *Moniteur* du 23 pluviôse (11 février 1794), t. XIX, p. 437; voy. sur Perrin et sur ce tribunal la note VI, aux Appendices.
5. Séance du 1ᵉʳ ventôse (19 février 1794), *Moniteur* du 3, t. XIX, p. 542.

bunal protestaient contre les accusations dont ils étaient l'objet et signalaient dans leurs dénonciateurs des gens qui redoutaient leur énergie. Ils demandaient que le Comité de sûreté générale, avant de faire son rapport sur les plaintes dont il avait été saisi, fît faire une enquête par le représentant Roux, qui était alors dans le département[1].

Faire une enquête par Roux, c'était la faire par Massieu, celui qui avait renouvelé le tribunal.

Les deux représentants étaient alors à Sedan et rivalisaient de zèle dans l'inauguration du culte de la Raison[2]. Tout allait pour le mieux, au dire de Massieu, et la situation, selon lui, s'était prolongée sans trouble dans les Ardennes jusqu'en germinal (il y resta jusqu'à la fin de ce mois[3]); c'était le règne des patriotes de son espèce. En germinal, le contre-coup du procès d'Hébert et consorts se fit sentir à Sedan. Plusieurs patriotes y furent maltraités, comme partisans du Père Duchesne[4]. Le 23 germinal (12 avril 1794), aux Jacobins, un citoyen dit qu'il était envoyé par Massieu afin de dénoncer « les égoïstes, les

---

1. Séance du 12 ventôse (2 mars 1794), *Moniteur* du 14, *ibid.*, p. 609.
2. Voy. la lettre de Roux, datée du 21 ventôse. Séance du 21, *Moniteur* du 26 (16 mars 1794), *ibid.*, p. 702.
3. Discours de Massieu dans la séance du 23 fructidor an II (9 septembre 1794), *Moniteur* du 25, t. XXI, p. 721. — Il y était resté dix mois, comme il est dit dans la séance du 22 thermidor an III (9 août 1795) où il fut décrété d'arrestation. (*Moniteur* du 27, t. XXV, p. 453.)
4. Les représentants attachés aux armées prenaient au sérieux cette conspiration du Père Duchesne avec l'étranger. Le 18 germinal (7 avril), Gillet écrivait :

« Quoique la mission dont je suis chargé soit bornée à un seul objet, l'embrigadement, je ne me suis pas cru dispensé de surveiller les ennemis de la chose publique. »

Il signalait : « Dans les prisons de Montmédi un homme Martin, ci-devant lieutenant de gendarmerie à Stenay. Cet homme fit le service sous les Prussiens...

« A Marville, l'esprit public est absolument mauvais.

« La brigade de gendarmerie de cette résidence est corrompue.

« La brigade de gendarmerie de Longuyon, comme celle de Stenay, a fait le service sous les Prussiens.

« L'horrible conjuration qui vient d'être découverte me donne lieu de faire une observation : « c'est que les déserteurs sont reçus, envoyés dans l'intérieur »; — quelques-uns se promènent à Metz... « N'est-ce pas le noyau d'une armée destinée à opprimer la liberté? »(Arch. nat., AF II, 246, pièce 172.)

modérés, les fédéralistes, qui attaquaient audacieusement les amis les plus purs et les plus zélés de la liberté et de l'égalité » : c'est sous cette forme que ce retour à des idées moins révolutionnaires était signalé [1]. Mais cette sorte de réaction n'alla pas bien loin. Le 2 floréal (21 avril), une députation de la Société populaire, tout en félicitant la Convention d'avoir frappé les faux patriotes, protestait contre ces accusations de fédéralisme dont on accablait volontiers les modérés. En répudiant Chaumette, on restait fidèle au Comité de salut public [2]; et quelques jours après, une lettre de Levasseur aux Jacobins, datée de Sedan, 14 floréal (3 mai 1794), les rassurait complètement sur l'état des esprits. Il leur annonçait « que le système d'oppression qui existait dans ce pays était détruit. Il avait découvert chez des ennemis du bien public une liste de proscription contre les patriotes ; mais des mesures avaient été prises à cette occasion. Les autorités constituées avaient été épurées [3] », etc.

Une autre lettre de la Société de Sedan disait aussi que le patriotisme était relevé, que les patriotes, naguère persécutés avec tant d'animosité, avaient oublié leurs maux :

La tourbe audacieuse des aristocrates est rentrée, grâce à l'énergie de Levasseur, dans la fange dont elle n'aurait jamais dû sortir [4].

---

1. *Moniteur* du 27 germinal (16 avril 1794), t. XX, p. 248.
2. Séance du 2 floréal (21 avril 1794), *Moniteur* du 4, t. XX, p. 286. — La division qui avait existé parmi les patriotes s'était manifestée aussi dans les tendances de Massieu et de Roux au cours de leur mission. On avait accusé Massieu de ne s'être point opposé avec vigueur à son collègue. Massieu s'en défendit par une lettre qui fut lue dans la séance des Jacobins (6 floréal, 25 avril 1794) et donna lieu à un discours de Collot d'Herbois. Il reprocha vivement aux hommes qualifiés par Massieu de patriotes de l'avoir engagé à combattre son collègue Roux; il s'éleva contre les querelles des représentants en mission, et il annonça que Levasseur venait d'être envoyé dans le département pour rétablir le calme dans les esprits. (*Moniteur* du 9 floréal, 28 avril, t. XX, p. 319 et 362.)
3. Voy. les lettres de Levasseur, 11 floréal (Arch. nat., AF II, 157, pièce 69), 13 et 15 floréal (*ibid.*, 163, floréal, pièces 68, 83 et 85), et son rapport imprimé (AF II, 87, n° 18).
4. Séance du 18 floréal (7 mai 1794) aux Jacobins, *Moniteur* du 21, t. XX, p. 421.

Cette peur momentanée des patriotes devait faire des victimes. Ils avaient, par représailles, exhumé les adresses du département des Ardennes et de la commune de Sedan contre le 10 août (12 et 14 août); adresses si complètement retirées, après le prompt départ de Lafayette, que les commissaires de la Convention, arrêtés d'abord et aussitôt mis en liberté, avaient presque immédiatement confirmé ces administrateurs dans leurs fonctions. C'est Levasseur qui fut chargé d'envoyer au tribunal révolutionnaire de Paris ces grands coupables[1]. Trente membres de la municipalité de Sedan avaient signé l'arrêté du 12 août. Un était mort, un autre, en voyage à l'étranger, un troisième, malade à ne pouvoir être mis en jugement. Les vingt-sept restant furent condamnés à mort et exécutés le 15 prairial (3 juin 1794). Le 19 (7 juin), le procureur général syndic et onze administrateurs du département qui avaient approuvé l'adresse de la municipalité subissaient le même sort[2].

Restait le district : mais l'adhésion de ses membres était restée cachée dans les registres, et ils avaient ainsi échappé au décret du Comité de sûreté générale. Levasseur, en exécutant l'arrêté du Comité de sûreté générale, dont l'issue fut si sanglante, s'en était tenu à la lettre, et ainsi il avait été moins cruel qu'on n'aurait pu le craindre. Il semble même qu'en assurant le règne des patriotes, il leur avait inspiré le même esprit de modération. Dans une lettre de la Société populaire de Sedan aux Jacobins, il était dit « qu'elle en usait envers les aristocrates avec ménagement et tolérance et les regardait comme des

---

[1]. Il dit dans son compte rendu (Bibl. nat., Le39 113) : « J'ai été sévère, mais juste. J'avois le pouvoir de les adresser directement au tribunal révolutionnaire. Effrayé de la latitude que donnoit l'organisation du tribunal révolutionnaire de Robespierre; craignant de me tromper et voulant avoir de mes actions un juge impartial, j'ai envoyé au Comité de sûreté générale tous ceux que j'ai fait arrêter, avec les pièces qui avoient motivé leur arrestation (p. 2). »

[2]. Voy. *Histoire du tribunal révolutionnaire de Paris*, tome IV, p. 61 et 75.

brebis égarées ». Ces expressions provoquèrent une vive sortie de Collot d'Herbois :

> Ce langage, dit-il, n'est point le vôtre, et ce n'est pas, j'en suis sûr, celui de Levasseur... Les patriotes qui ont été persécutés ne sont pas les maîtres d'être si généreux; lorsque les aristocrates les persécutent, ce n'est pas pour eux-mêmes, c'est parce qu'ils sont patriotes, ce sont les principes qu'ils attaquent, c'est la patrie entière qu'ils voudraient tourmenter... Tels sont les vrais principes adoptés par vous; ce qui se trouve dans la lettre qu'on vient de lire est diamétralement contraire. Nous n'avons pas dit à la Société de Sedan qu'il fallait être indulgent envers l'aristocratie; nous avons témoigné le désir de voir tous les patriotes réunis [1].

Et après quelques paroles de regret sur les divisions trop fréquentes des patriotes, « querelles qui prennent souvent leur source dans quelques rivalités et concurrences », après avoir insisté sur la nécessité d'en faire le sacrifice à la patrie, il attribua aux négligences du Comité de correspondance ce relâchement dans la direction des sociétés affiliées, et il demanda qu'on lui donnât une organisation capable tout à la fois d'assurer à l'impulsion de la Société centrale plus de suite et de force, et de relever les sociétés locales de ces faiblesses [2].

Les patriotes des Ardennes mirent sans doute à profit cet avertissement; car les deux mois et demi environ qui devaient s'écouler jusqu'au 9 thermidor furent les plus durs de leur règne [3].

---

1. Séance du 28 floréal aux Jacobins, *Moniteur* du 2 prairial, 21 mai 1794, t. XX, p. 515.
2. Séance des Jacobins du 28 floréal an II (17 mai 1794), *Moniteur* du 2 prairial, t. XX, p. 515.
3. Le tribunal criminel des Ardennes, siégeant à Charleville, prononça d'ailleurs peu de condamnations : treize du 27 septembre au 6 fructidor dont une après le 9 thermidor. Voy. le tableau statistique de M. Berriat Saint-Prix dans le *Cabinet historique*, t. XI, p. 268. Le dossier de ce tribunal aux Archives nationales (BB³ 9) en contient quelques-unes :

Jean-Angélique DROUZY, ci-devant chevau-léger de la garde ordinaire du ci-devant roi; émigré et qui a porté les armes contre sa patrie. (Mézières, 26 septembre 1793.)

Marie-Catherine SCHOXX, veuve de Simon-Charles CHARDON dit DEBREUX,

Levasseur a dû plier; il s'est mis au pas. Le tribunal criminel des Ardennes ne lui suffit plus. Le représentant travaille pour le tribunal révolutionnaire qui est devenu l'arbitre de la situation, et il ne cesse de donner des preuves, de réclamer, en quelque sorte, la constatation de son zèle. Le Comité de salut public en prend acte. Un résumé d'une de ses lettres porte :

Levasseur, 2 messidor (Ardennes), dit que dans un département où il a fait arrêter cent vingt contre-révolutionnaires, preuves en mains, le fanatisme ose lever une tête altière; a fait en outre arrêter cinquante prêtres, dont dix des plus coupables ont été envoyés au Comité de sûreté générale qui, sans doute, les fera passer au tribunal révolutionnaire [1].

Le 26, il écrit encore de Mézières :

Ce département me donne un travail immense. Demain, dix-huit conspirateurs, complices de Lafayette et des officiers municipaux de Sedan, partiront pour le Comité de sûreté générale. Ils seront accompagnés de quelques autres. Pour ramasser toutes les preuves contre eux, quel travail [2] !

---

émigrée; elle fit valoir un cas d'exception : elle était allée en 1791 à Liège pour vendre ses propriétés et en rapporter le prix en France. — Les administrateurs des Ardennes, à qui le cas fut renvoyé par le tribunal (11 frimaire), dirent que l'exception ne lui était pas applicable. Un jugement du même jour la condamne à mort.
Pierre-Léonard BOUILLERY : arrêté du 2 frimaire du département qui le déclare émigré. — Condamnation, 5 nivôse an II (25 décembre 1793).
1. Arch. nat., AF II, 164, messidor, pièce 10. — Il y eut en effet des réclamations adressées au Comité même de salut public. On lit dans les cahiers de son bureau spécial de surveillance (F⁷ 4437), à la date du 17 prairial :
« La commune de Chilly, département des Ardennes, se plaint de ce que l'agent national de Rocllibre, au mépris du décret du 18 frimaire sur la liberté des cultes, veut empêcher les citoyens de cette commune de continuer le leur.
« Elle envoie copie d'un arrêté par elle pris, portant que leur église restera ouverte et que leur curé qu'ils ont toujours reconnu pour patriote, prêchant la soumission aux lois et le respect à la représentation nationale, continuera ses fonctions d'après le décret du 18 frimaire sur le libre exercice des cultes. »
En marge : Renvoyé au Comité de la police générale. — Porté au rapport du 5 thermidor.
2. Arch. nat., AF II, 164, messidor, pièce 89.

Et le 27, qu'il ne peut aller à Nancy : sa présence est réclamée dans les Ardennes où il vient de faire arrêter vingt complices de Lafayette [1]. — Encore des complices de Lafayette! La mine en était inépuisable dans ce département.

On peut juger de la situation misérable qui lui était faite par le tableau qu'en retrace Charles Delacroix, député de la Marne, envoyé dans les Ardennes et dans la Meuse après le 9 thermidor pour y rétablir l'ordre. Son rapport débute sur ce ton de déclamation, familier à ce temps :

> Le système de terreur étoit organisé avec une astuce profonde dans ces malheureuses contrées : — (quelques tyrans subalternes secondés par les comités de surveillance).
> La liberté avoit revêtu les odieuses livrées de l'esclavage; l'égalité devoit niveler toutes les fortunes et même tous les talents que la nature et l'état social rendent nécessairement inégaux; l'industrie, la richesse, l'aisance acquise par de longs travaux et par une sobriété soutenue, étoient un titre à la proscription et devoient conduire à l'échafaud.
> C'était à la hache nationale qu'il appartenoit de remplir le trésor public. Des dénonciations combinées, de nombreuses listes de proscription préparoient à Dumas et à Tinville ce que, dans leur style bassement cruel, ils appeloient de bonnes fournées. Il n'est pas jusqu'aux conspirations des prisons que l'on n'ait voulu singer pour multiplier les victimes. Aussi la stupeur la plus profonde régnoit dans ces départements... Partout y régnoit le silence des tombeaux. Il n'étoit interrompu que par les cris des dénonciateurs qui occupoient exclusivement la tribune des Sociétés populaires, par les orgies bruyantes des buveurs de sang, par les hurlements des bacchantes qu'ils appeloient à les partager [2].

Le même ton se soutient dans son exposition :

> Deux partis bien prononcés divisoient les départements que je devois ramener à la paix et au bonheur : l'un, très peu nombreux, centuploit ses forces, par l'audace, par la perfidie, par

---

1. Arch. nat., *ibid.*, pièce 91.
2. Bibl. nat., Le$^{39}$ 100 (nivôse an III), p. 1-2.

l'activité que le crime a souvent pour le tourment de la vertu ; il suffisoit pour subjuguer l'autre parti, ou plutôt la masse entière du peuple.

Il se vante d'avoir rendu la justice impartiale, et contre un petit nombre de prétendus patriotes,

Et contre les aristocrates et les prêtres fanatiques qui espéroient faire tourner à leur profit la glorieuse révolution du 9 thermidor.

Et il ajoute :

Trois mois de justice ont effacé l'impression douloureuse qu'avoit faite sur les citoyens des Ardennes et de la Meuse, le spectacle cruel et dégoûtant de l'immoralité, de la cruauté froide, de la perfidie, de la tyrannie combinées, dont ces départements furent longtemps le théâtre [1].

Mais ce qui rend à ce compte rendu la valeur que l'exagération du langage lui pourrait enlever, c'est le détail où il entre sur les divers personnages qu'il avait trouvés maîtres du pays et les pièces justificatives jointes à ses assertions [2].

Ce qu'il y a de curieux, c'est que, tandis que la Convention envoyait Delacroix dans les Ardennes pour pacifier les esprits, une députation de la Société populaire de Sedan venait lui apporter, avec ses félicitations sur le supplice de Robespierre, le vœu que l'on ne fît aucune grâce aux aristocrates, aux royalistes et aux fédéralistes; et Roux, qui avait été délégué dans les Ardennes, reconnaissait dans l'orateur de la troupe le fils d'un ancien valet de chambre du roi. Il supposait donc que c'étaient des aristocrates déguisés qui, pour se soustraire à la justice de Delacroix, venaient faire ainsi les démocrates à Paris. On les renvoya sur sa demande au Comité de sûreté générale [3].

1. Bibl. nat., *ibid.*, p. 4. Comparez les lettres qu'il écrit de Sedan le 18 fructidor (4 septembre 1794). Arch. nat., AF II, 164, fructidor, pièce 25.
2. Voy. la note VII, aux Appendices.
3. Séance du 9 fructidor (26 août 1794), *Moniteur* du 11, t. XXI, p. 597.

Ces opérations de Delacroix ne pouvaient pas se faire sans provoquer des protestations de la part des patriotes des Ardennes, surtout quand leurs patrons, Levasseur, Massieu, siégeaient toujours dans la Convention et que la Société des Jacobins, bien qu'en discrédit et fort menacée, était encore debout. Le 17 fructidor (3 septembre 1794), des jacobins de Sedan, se disant poursuivis par les aristocrates, demandèrent des défenseurs officieux à la Société mère; et la demande fut appuyée par Levasseur et par Massieu. Levasseur en faisait pour lui une affaire personnelle. C'était lui qui les avait nommés pour former le comité de surveillance de Sedan. Ils avaient accepté par patriotisme : « Nous avons besoin, lui avaient-ils dit, de notre travail pour vivre; mais, si nos soirées et nos veillées sont utiles à la république, nous sommes tout entiers à elle. » Et aujourd'hui, disait Levasseur, ils se voient chassés de leurs foyers et opprimés :

Ce n'est pas seulement, ajoutait-il, dans les Ardennes que l'oppression existe, elle est aussi exercée dans toute la République. Bientôt votre tribune retentira des plaintes des patriotes opprimés... Que les patriotes tiennent tête à l'orage; qu'ils soient fermes et qu'ils adressent leurs justes réclamations à la Société des Jacobins; ils y trouveront de véritables frères.

Je convertis en motion la demande qui nous est faite.

Et cette proposition, appuyée par Massieu, fut adoptée [1].
Dans une autre séance (23 fructidor, 9 septembre 1794), le même Levasseur prenait encore en main la plainte des habitants de Mouzon qui réclamaient contre l'oppression des patriotes :

La société de Mouzon, disait-il, se plaint, avec raison, de l'oppression des patriotes et de la liberté rendue aux aristocrates. Elle vous parle d'après les exemples qu'elle a sous les yeux. Elle n'est qu'à quatre lieues de Sedan où les plus chauds

---

1. *Moniteur* du 21 fructidor (7 septembre 1794), t. XXI, p. 681.

amis de la liberté sont incarcérés. Elle fait preuve d'un grand courage en vous dénonçant les abus qui affligent le pays; car elle doit craindre le sort que l'on a fait à la société de Sedan. Le patriotisme est étouffé dans cette société [1].

Il s'associait à l'espérance qu'un pareil état de choses ne durerait pas; mais le premier devoir des jacobins était d'y veiller; et invoquant le souvenir des Vestales (des Vestales!), il ajoutait :

Nous mériterions le même sort, si nous n'écrasions les scélérats qui veulent éteindre le feu sacré de la liberté.

Après quoi, Massieu, rappelant les souvenirs de sa mission qu'il donne tout naturellement comme l'âge d'or des Ardennes, signalait la réaction qui avait suivi jusqu'à la mission de Levasseur :

Quand on apprit la nouvelle de la conspiration d'Hébert et de Ronsin, on accusa les patriotes d'être leurs complices; en ce moment on les dénonce comme les partisans de Robespierre!

Il eût été assez difficile de les en justifier; mais qui disait partisan de Robespierre, disait conspirateur; les patriotes fuyaient à Paris pour se soustraire à ces accusations et, sur la motion de Levasseur, la Société populaire de Sedan, devenue l'instrument de Delacroix, fut provisoirement retranchée de l'affiliation des Jacobins [2].

Parmi les membres de cette société qui envoyaient maintenant des adresses à la Convention, louant son énergie, tonnant contre l'aristocratie et le modérantisme (c'était le mot d'ordre des thermidoriens) et jurant d'accomplir la mission que leur avait donnée Delacroix, il y en avait qui s'étaient compromis par leurs actes lorsque Sedan était encore sous l'influence de Lafayette. Dans la séance de la Convention de la deuxième sans-culottide an II (18 septembre 1794), Bassal en signala un au nombre des

1. *Moniteur* du 26 fructidor (12 septembre 1794), t. XXI, p. 721.
2. *Ibid.*

signataires de la nouvelle adresse; Levasseur, deux autres, signataires de la délibération du district après le 10 août : il les avait fait mettre en arrestation lors de sa mission, ils avaient été élargis; il demandait qu'on les reprît avec tous les autres signataires de la délibération du district, et, après un débat où ils trouvèrent des défenseurs, une nouvelle arrestation fut décrétée, avec renvoi de l'affaire au Comité de sûreté générale [1].

Il était pourtant difficile de les renvoyer au tribunal révolutionnaire pour une affaire qui avait déjà amené l'immolation en masse des membres de la municipalité de Sedan et du département des Ardennes. La délibération du district n'avait eu aucune publicité, et c'est ce qui l'avait dérobée alors aux sévérités du Comité de sûreté générale. Levasseur, qui l'avait découverte, s'était contenté de mettre les signataires en arrestation. Delacroix, par une lettre du 3 brumaire an III (24 octobre 1794), réclamait, au nom des autorités de Sedan, qu'on les mît en liberté. Ce fut aussi la conclusion du rapport que le représentant Colombel lut au nom du Comité de sûreté générale à la Convention le 6 frimaire suivant (26 novembre 1794) et l'objet du décret qu'il fit adopter [2].

Dans une adresse postérieure de quelques jours à celle que l'on a vue plus haut, les citoyens de Sedan, réunis en Société populaire, félicitaient la Convention de la suppression de la Société mère des Jacobins [3]. C'était le coup de mort des sociétés de province, et bientôt les proconsuls conventionnels, qui avaient jusque-là défendu les satellites des départements, eurent à songer à se défendre.

1. *Moniteur* de la quatrième sans-culottide an II (20 septembre 1794), t. XXI, p. 788.
2. *Moniteur* du 9 frimaire (29 novembre 1794), t. XXII, p. 610.
3. La fermeture du club de la rue Saint-Honoré avait eu lieu le 18 brumaire an III (8 novembre 1794).

# CHAPITRE XXXIV

LE NORD ET LE PAS-DE-CALAIS

## I

**Mission des représentants. — Actes politiques.**

Les représentants envoyés dans le Nord et le Pas-de-Calais avaient surtout à s'occuper des choses militaires, de la défense des places, et de l'entretien des armées, puisque le département du Nord était le principal théâtre de la guerre et que le Pas-de-Calais, au point de vue militaire, devait y être inévitablement rattaché. Nous avons nommé les représentants qui furent, dès le début, envoyés à la frontière et comment leurs pouvoirs furent étendus non seulement aux deux départements, mais aussi aux départements limitrophes. La victoire de Dumouriez les avait fait entrer en Belgique; sa défaite les ramena en France; sa trahison leur y donna un surcroît de soins et de travaux. Leur nombre dut être augmenté quand Dampierre fut tué et que l'armée du Nord se trouva refoulée du camp de Famars sous Valenciennes au camp de César sous Bouchain. Alors éclata la révolution du 31 mai. C'est l'époque du plus grand péril à l'intérieur et au dehors. A l'intérieur, Gossuin et Boyaval, députés du Nord, s'efforcèrent de rallier le département au fait accompli par une longue lettre où ils le présentaient sous le jour le plus favorable [1]. Le département était assez dominé par la nécessité de se défendre, pour n'avoir pas le loisir de discuter les questions politiques, et Custine, le nouveau général de l'armée du Nord, sollicité par l'assemblée centrale réunie à Caen, ferma l'oreille à cette invitation. Assurément, s'il y eût cédé, les nouveaux maîtres de la Convention se seraient trouvés bien mal à leur aise. Mais il ne vit que l'ennemi qu'il avait en face et qu'il fallait vaincre avant tout. — Et quelques mois plus tard, on lui faisait un crime d'avoir été sollicité ! — On accepta donc sans difficulté la constitution [2].

Bientôt la prise de Valenciennes rendit la situation bien plus critique. Plus le danger était grand, plus les défiances s'accroissaient. Nous le verrons quand, avant d'aborder les tribunaux, nous parlerons des comités de surveillance et des suspects. C'est l'époque où les représentants près l'armée du Nord envoyèrent à Arras Joseph Le Bon, qui méritera bien un chapitre spécial pour cette mission sanglante (26 août).

Dès ce temps-là commençaient les intrigues des agents de Bouchotte contre Custine, et, particulièrement, à Lille de Lavalette, de Dufresse et de Calandini contre Lamarlière, intrigues qui excitèrent l'indignation des deux représentants Duhem et Lesage-Senault, Duhem bien notoirement montagnard pourtant; mais cette intervention n'empêcha pas Lamarlière d'être rappelé après le rappel de Custine ni d'être mis en jugement après sa mort. Leur témoignage ne fit pas non plus qu'il ne pérît comme Custine sur l'échafaud (7 frimaire, 27 novembre 1793) [3].

1. Voy. la note VIII, aux Appendices.
2. Pour Douai, chef-lieu du département, voyez le Recueil de M. Plouvain, cité plus bas. Pour Lille, acceptation de la Constitution, 6 juillet; arrêté qu'elle se ferait le lendemain sur la grande place, et, le 7, procès-verbal constatant l'acceptation solennelle. (Archives de Lille, 4e section, n° 206, f° 13-14.) — Mêmes cérémonies dans les autres villes ; il est superflu de les relever.
3. Voy., sur ces intrigues et sur leur résultat, ce que j'en ai dit à propos

Les représentants, tout en veillant aux besoins des armées, s'occupaient aussi de l'esprit public. Bentabole et Levasseur écrivent de Lille le 15 août :

L'esprit des villes a attiré notre attention. Le théâtre, cette école des mœurs, en est une branche essentielle. Celui de Lille, ne se trouvant pas en état d'avancer une somme de deux mille livres que l'auteur de *Caius Gracchus* exige pour qu'on y joue sa pièce, de même qu'une somme moindre qu'exige l'auteur de *Robert, chef des brigands*, nous avons autorisé ce théâtre à jouer ces deux pièces, sauf à faire payer par la nation les indemnités dues aux auteurs des pièces que le bien public demande qu'on joue [1].

Caius Gracchus appelé à régénérer l'esprit public avec Robert, chef des brigands!

Mais la meilleure manière de former l'esprit public, c'était toujours, à leur avis, la contrainte (*compelle intrare*); et, à cet effet, on multipliait les comités de surveillance et on rangeait les moins dociles parmi les suspects [2]. Cela se vit surtout après la fameuse loi du 17 septembre 1793. Déjà, le 21 de ce mois, Élie Lacoste, dans le Pas-de-Calais, avait créé un Comité de salut public à Arras. Le 21, il établit des comités de sûreté générale dans tous les bourgs de 1000 habitants; et le 27 il déclarait nuls les certificats de civisme délivrés avant le 17 [3], ce qui replaçait tout le monde sous l'œil défiant des nouveaux comités [4]. Les suspensions de fonctionnaires, les arrestations d'individus se multiplièrent par les arrêtés du même représentant et de son collègue Peyssard. Le 5 octobre, ils établirent à

du procès de Lamarlière (*Histoire du tribunal révolutionnaire de Paris*, t. II, p. 102-120). — Le 19 octobre, le ministre de la Guerre écrivait à Lavalette pour le féliciter du triomphe obtenu à Lille sur les royalistes : « Persistez, usez de tous vos moyens pour anéantir jusqu'au dernier suppôt de cette clique infernale. » (Dépôt de la Guerre, armée du Nord, à la date.)

1. Arch. nat., AF II, 118, pièce 101.
2. Ordres d'arrestation signés par Niou et Billaud-Varenne, 18 août, 17 septembre 1793, etc. (Arch. nat., AF II, 129.)
3. Arch. nat., AF II, 169, septembre, pièce 135, pièce non datée, mais envoyée le 13 septembre.
4. Arch. nat., AF II, 131, dossier 28, pièce 4, et dossier 21, pièce 1.

Arras un comité révolutionnaire de cinq membres, qui furent Baillet, Darthé, Carlier, Lefebvre-Dugron et Duponchel; à la même date, un comité de sûreté générale pour le district de Béthune [1]. Tout ce qui se rattachait à la religion ou au culte devait être particulièrement l'objet de leurs soins. A défaut du serment prescrit par la constitution civile du clergé aux prêtres en exercice, on exigeait des religieuses le serment civique d'égalité et de liberté. Un agent inférieur écrivait de Cambrai au représentant Laurent [2] :

Je vous remets ceci pour copie du procès-verbal de la prestation de serment des hospitalières de Saint-Julien. Il ne me reste plus que celles de l'hôpital Saint-Jean que l'on dit être entêtées; mais j'espère que les moyens que j'ai employés à Saint-Julien les détermineront également, ce qui contribuera beaucoup au plus grand bien des malades.

Le préposé des subsistances,

GUENIN.

La formule du serment était : « Je jure d'être fidèle à la République, de maintenir de tout mon pouvoir la liberté et l'égalité et la constitution des Français, comme aussi de m'acquitter de mes devoirs avec zèle et courage ». Le serment avait été prêté le 5 du 2e mois de l'an II (26 octobre), et Laurent le transmettait victorieusement au Comité de salut public :

Les ex-religieuses de Saint-Julien, costumées bourgeoisement, faisaient les fonctions de gardes malades dans cet hôpital très nombreux, à la grande satisfaction des soldats. Je les ai averties que, n'ayant pas prêté le serment de liberté et d'égalité, j'allais les éconduire. — Pendant mon absence de trois ou quatre jours, grande conversion. La municipalité s'y est rendue en grande cérémonie. Vous avez ci-joint le verbal. Elles sont utiles...; les malades sont contents [3].

1. Arch. nat., *ibid.*, dossier 32, pièce 30.
2. Cambrai, 7e jour de la 1re décade de la 2e année; il a oublié le mois, mais c'est le 2e, d'après la pièce qu'il envoie.
3. Arras, 8 du 2e mois (29 octobre 1793). Arch. nat., *ibid.*, pièces 88, 90 et 91.

Laurent poursuivait dans le département du Nord et aux environs la même œuvre et ne s'en tenait pas là. Dans une lettre datée de Cambrai (12 frimaire, 2 décembre), après avoir parlé au Comité de salut public des approvisionnements qu'il était surtout chargé de réunir, il dit :

De suite j'ai fait partir une commission pour Saint-Quentin, munie de pouvoirs, et je pense que mesdemoiselles Portalès et consorts pourraient bien aller rendre visite à l'Abbaye.... Je lui ai bien recommandé, les arrestations faittes, de faire claquer son fouet, afin que le bruit en parvienne jusques dans les cachots de Valenciennes.

Il a fait de grandes épurations à Cambrai : municipalité, conseil général de la commune, comité de surveillance, tout y a passé, et il ajoute :

J'attends quelques succès de cette réforme, mais, en fait de patriotes, la ville est très disetteuse et l'on ne sait comment se retourner.

Les prisons sont mal en ordre, les geôliers sortent avec les détenus pour aller au cabaret. J'ai puni. Elles renfermaient entre autres un commandant de bataillon qui agitait la garnison de sa chambre et que j'ai fait conduire à Arras. Il était tapissier de Capet. Il y a encore dans la garnison d'autres officiers, aussi inciviques, mais plus cachés. Il faudra encore se servir de l'émétique national à ma première apparition.

La Société populaire va son train. J'ai engagé les administrateurs à la fréquenter et à fraterniser avec le militaire qui en forme la majeure partie ; cela réussit...

Les églises sont dépouillées ; on célèbre les décades ; les prêtres se débaptisent ; les mariages civiques se célèbrent sans calottes ; les chabraques ecclésiastiques se brûlent en cérémonie. On déterre l'argenterie. On découvre çà et là des sacs de face à Capet. Avec de la constance dans l'art d'électriser les esprits, on fera de merveilleuses découvertes.

Il y a encore dans ces environs des émigrés, mais on les traque et j'ai un furet qui a l'odorat très fin et qui, si il ne les trouve pas dans leur repaire, y trouve leur argent [1].

---

1. Arch. nat., AF II, 234, à la date.

Parmi les représentants en mission dans le Nord, il en est un qui se distingua surtout par sa turbulence et qui, par son insupportable vanité, finit par s'aliéner ses propres collègues. C'est Châles. Blessé dans une affaire à Werwick, à la suite de la bataille de Hondschoote, il en faisait volontiers l'événement capital de la campagne. Il écrivait de Lille, le 13 septembre :

> Depuis quelques jours les armées françaises triomphaient de toutes parts. Il n'y avait que la représentation nationale qui n'eût pas remporté la seule victoire qui lui manquât. J'ai prouvé par l'effusion de mon sang que nos serments n'étaient pas vains. Il paraît que ma blessure a fait sur l'armée les plus vives impressions et a pu contribuer au succès de cette journée. Je m'en félicite et je renvoie à la Convention nationale les jouissances que me font éprouver en ce moment les citoyens et les soldats [1].

Quelle modestie! A la Convention, aux Jacobins, on donnait des nouvelles inquiétantes de sa santé. Aux Jacobins, on disait même que les médecins désespéraient de lui [2]. Cependant ce prétendu mourant s'occupait, avec Isoré, de rétablir à Lille l'ascendant des montagnards : « A leur voix, disait-on, la Société populaire de Lille est sortie de la torpeur où le modérantisme l'avait plongée, et par son zèle la ville de Lille a été entièrement régénérée; elle est maintenant un boulevard formidable contre l'aristocratie et contre les efforts des cohortes des tyrans coalisés [3]. »

Il faut dire que pour accomplir cette œuvre Châles et Isoré, son collègue, avaient employé les grands moyens. Ils avaient établi cette armée révolutionnaire qui avait la mission facile de combattre les aristocrates dans nos villes, tandis que les vrais soldats se faisaient tuer pour en écarter l'ennemi (13 brumaire, 3 novembre) [4].

1. Séance du 15 septembre, *Moniteur* du 17, t. XVII, p. 668.
2. Séance du 27 du 1ᵉʳ mois (16 octobre 1793) à la Convention; du 6 brumaire (27 octobre) aux Jacobins, *Moniteur*, t. XVIII, p. 158 et 286.
3. Séance du 3 du 2ᵉ mois, *Moniteur* du 6 (27 octobre 1793), t. XVIII, p. 216.
4. Voy. ci-dessus, t. IV, p. 166 et suiv. La Société populaire de Douai qui,

Sous l'influence de pareils représentants, la terreur allait grandissant; une affiche intitulée *le Révolutionnaire* (26 brumaire, 16 novembre) portait :

La terreur et la guillotine sont à l'ordre du jour.

Les fripons, y lisait-on, les charlatans sont démasqués par eux-mêmes, etc. On y rendait hommage aux citoyens d'Armentières :

Vous avez d'une main hardie élevé un temple à la Raison.

Et on invitait les Lillois à en faire autant.

La ville de Lille, dominée par les jacobins, avait pris dès cette époque le pas sur Douai, chef-lieu du département. Elle aspirait à en être au moins le centre démocratique, et la Société populaire, qui s'y était formée, avait adressé une invitation patriotique à toutes les sociétés des départements frontières du Nord. La Société populaire de Douai, jalouse et inquiète de ces tendances, la fit imprimer, en donnant, sur la colonne parallèle, la réponse à chacun des articles :

| *Adresse de la Société populaire et révolutionnaire de Lille aux Sociétés populaires des départements frontières du Nord.* | *Réponse de la Société populaire et révolutionnaire de la commune de Douai à l'adresse ci-contre.* |
|---|---|
| Frères et amis, Le territoire sacré d'un peuple libre est encore soumis à la présence des esclaves. | La République française trouvera son salut dans son unité et son indivisibilité….. . . . . . . . . . . . . . . . |
| Nous nous proposons à la 3ᵉ décade de ce mois d'inaugurer dans cette cité le temple | Vous invitez toutes *les Sociétés populaires des départements frontières du Nord* à se |

le 8 frimaire (28 novembre), délivrait à cette armée révolutionnaire, sous l'influence de la terreur sans doute, un certificat de bonne conduite (voy. ci-dessus, t. IV, p. 168, note 1), s'était jointe au Comité de surveillance de la même ville pour exprimer son inquiétude sur l'arrivée de cette armée : on avait craint qu'elle ne livrât la place. (Arch. de Lille, 4ᵉ section, n° 206, 22 brumaire, 12 novembre.)

de la Raison et de la Vérité....
. . . . . . . . . . . . . . .

Nous vous invitons au nom de la Patrie à envoyer dans nos murs, une députation de membres pris dans votre sein pour assister à cette fête patriotique, et séjourner ensuite au milieu de nous plusieurs décades, afin que nous puissions de concert nous occuper de faire triompher la cause sublime que nous défendons, etc.

réunir par députation auprès de vous pour y former un point central, d'où *partira* (dites-vous) *la foudre qui écrasera les conspirateurs et les ennemis de notre liberté.*

Frères, notre point central à nous tous, c'est la Convention nationale, c'est le Comité du salut public. C'est là le seul volcan dont les explosions, terribles pour les traîtres, salutaires pour les bons citoyens, doivent écraser les coupables.

Travaillons respectivement, etc.... Sachez que vous n'êtes pas les seuls qui soyez à la hauteur de la Montagne [1]...

Cette protestation, quoique montagnarde, pouvait cacher autre chose que le dépit de se voir déposséder de la primauté dans le département. Aussi le représentant Isoré, assurant le Comité de salut public qu'on le trompait sur l'esprit public du Nord, disait-il : « Tout y est montagne excepté Douai [2]. »

Quand les décrets de la Convention donnaient aux représentants des pouvoirs illimités, on ne peut pas s'étonner que ces tout-puissants allassent, dans l'application des lois, plus loin que la loi elle-même. Lacoste et Peyssard avaient pris un arrêté, condamnant à mort ceux qui passaient des communes envahies dans les communes non envahies. Aux termes rigoureux de la loi, c'était en effet un cas d'émigration. Mais Laurent, cette fois, écrit au Comité de salut public :

1. Arch. nat., D XLII, 4, n° 10, pièce 16, impr. en deux colonnes, sans date.
2. Cassel, 23 frimaire (13 décembre 1793). Arch. nat., AF II, 231, pièce 197; Cf. Armée du Nord, 20 et 23 frimaire. — Il fut lui-même, on l'a vu, incriminé par Dubois-Crancé dans la Convention, le 19 frimaire, pour avoir envoyé au tribunal révolutionnaire de Paris cinq Lillois, républicains d'une autre nuance, dont il n'avait point respecté le droit de parler dans une assemblée populaire et qui furent acquittés. (*Moniteur* du 21 frimaire [11 décembre 1793], t. XVIII, p. 631).

Cet arrêté n'a pas été ni pu être promulgué dans le pays envahi; et il y a des cultivateurs en ce moment qui réclament, des prisons de Cambrai, contre l'exécution d'une loi qu'ils ne connoissent pas. Que doit-on faire [1]?

Les représentants allaient donc souvent plus loin que la Convention. Les administrations dépassaient quelquefois aussi les représentants eux-mêmes dans leur zèle. Le curé constitutionnel d'Inchy et de Sains avait écrit à Merlin (de Douai) qu'un commissaire du district de Bapaume s'était rendu à Inchy et qu'il y avait enlevé tout l'or, l'argenterie, cuivre, étain, plomb et ferrailles de l'église :

Il a même exigé, disait le curé, qu'on fît démolir aussitôt une grille de fer qui faisait la clôture du cimetière. En outre, un arrêté dit que les ministres du culte ne pourront se servir que de vases de terre, de bois ou de verre... Je sais, ajoutait-il, que les arrêtés du département sont des lois, et les officiers municipaux y ont obéi sans aucun délai [2].

Le représentant écrivit au Comité :

Je crois devoir vous transmettre une lettre que je viens de recevoir d'un curé du département du Pas-de-Calais sur la mesure prise par l'administration de ce département relativement au culte. Vous examinerez à ce sujet lequel conviendroit le mieux au salut de la République, ou de conniver ou de s'opposer au zèle des corps administratifs qui outrepassent les bornes de leurs pouvoirs et font des *loix*, comme le dit naïvement le curé, pour hâter l'anéantissement de la superstition [3].

Les représentants les plus avancés se sentaient quelquefois débordés eux-mêmes. Hentz et Florent Guiot dénonçaient les excès de cette armée révolutionnaire instituée par Isoré et Châles : Dufresse (le général), créature de Dumouriez, disaient-ils le 24 frimaire, osait s'élever contre

---

1. Arras, 2 frimaire, 22 novembre 1792. (Arch. nat., AF II, 152 frimaire, pièce 36.)
2. 6 frimaire, 26 novembre.
3. Arch. nat., AF II, 152, frimaire, pièces 101 et 102 (autographe).

les jacobins; sa bande avait commis de véritables brigandages à Bailleul; et Lavalette, ils le reconnaissaient un peu tard, n'avait perdu Lamarlière que pour lui succéder impunément [1].

Hentz et Guiot étaient à Dunkerque lorsque Prieur (de la Marne), quelques jours après, vint à Arras. Prieur y trouvait, avec Le Bon qui était comme à demeure dans le département, son collègue Laurent, embarrassé de quelques détenus qu'il voulait envoyer au tribunal révolutionnaire de Paris (6 nivôse, 26 décembre) [2]. — Le Bon leur devait trouver des juges moins éloignés et aussi sûrs. — Laurent y faisait alors particulièrement la chasse aux faux assignats (8 nivôse, 28 décembre) :

Pour réprimer la distribution de cette monnoie à guillotine par quelques exemples d'une sévérité éclatante, j'ai requis l'accusateur public du département d'instruire avec célérité le procès des détenus. Ce sera pour la décade prochaine.

Il devait aussi se mettre en quête des soldats de la dernière réquisition qui avaient quitté leurs drapeaux; approvisionner Douai, etc., et il écrivait au Comité :

*Labor omnia vincit improbus*, quand la probité et le républicanisme l'accompagnent.
Dans peu de jours je vous donnerai des nouvelles positives des dilapidations effrayantes qui se sont commises, depuis peu, dans les forêts nationales lors de leur exploitation. J'en suis aux vérifications. — Vengeance de tous les scélérats. *Bonis nocet qui malis parcit*. Il me semble être dans l'antique Rome, quand je pense à Paris [3].

Châles était toujours à Lille, dépensant en libelles l'activité que sa blessure ne lui permettait pas d'exercer autrement [4]. Il paraît que ses collègues n'étaient pas eux-mêmes

---

1. Arch. nat., AF II, 152, frimaire, 2ᵉ partie, pièce 162, à la date.
2. Arch. nat., AF II, 231, pièce 242.
3. *Ibid.*, pièce 246.
4. Voy. ci-dessus, t. IV, p. 169.

épargnés. Florent Guiot écrit de Lille, 27 nivôse (16 janvier 1794) :

Pendant que le prêtre Châles distille ses libelles et ses calomnies contre moi, je passe la nuit à m'occuper du salut public.

Il en donne pour preuve l'arrestation d'un homme accusé d'intelligences avec les ennemis, et les ateliers de chaussures mis en activité; mais il demandait un successeur et pressait le Comité d'envoyer dans le Nord deux représentants comme il les voulait. En se retirant, il espérait bien ne pas laisser la place aux deux intrigants qu'il avait dénoncés et il jugeait bon de mettre le Comité en garde contre leurs manœuvres :

Les partisans de Dufraisse et de Lavalette annoncent leur prochain retour. Je suis persuadé que c'est une calomnie [1].

Il lui importait surtout, s'il partait, de ne pas laisser Châles derrière lui, et les occasions de plainte ne lui manquaient pas. Châles avait promis, sur parole, à Prieur (de la Marne), au moment où ce dernier quittait Lille, de s'interdire toute fonction de représentant dans cette ville. Or il avait fait mettre en liberté un agent de Lamarlière, et en prison, Wacrenier, président du Comité révolutionnaire : ce qui avait jeté la terreur parmi les patriotes. Florent Guiot se plaignit de lui au Comité de salut public, demandant qu'il fût rappelé (19 nivôse, 8 janvier 1794) [2], et, en effet, un décret du 27 nivôse (16 janvier) lui enjoignit de revenir dans la Convention. Châles se souvint alors qu'il était blessé et entreprit d'exploiter sa blessure. Il s'excusa auprès de la Convention par une lettre du 2 pluviôse (21 janvier), alléguant qu'il commençait à peine à sortir du lit :

D'ailleurs, ajoutait-il, je ne puis, sans une extrême imprudence, confier le soin de ma parfaite guérison, dont je suis presque certain, à de nouveaux artistes.

---

1. Arch. nat., AF II, 234, 27 nivôse.
2. Arch. nat., AF II, 153, 2ᵉ partie, pièce 37.

Mais Guffroy, député du Pas-de-Calais, autre montagnard, l'auteur du Rougyff[1], sorte de pamphlet périodique, affirme qu'il venait de voir des députés de la Société populaire de Lille et qu'ils lui avaient affirmé que Châles était fort transportable; que s'il ne revenait pas, c'est qu'il ne voulait pas revenir[2]. La ville de Lille n'était pas tellement régénérée par lui qu'elle tint beaucoup à sa présence. La place était toujours en péril : une députation des habitants vint le remontrer à la Convention (12 pluviôse, 21 janvier 1794) et dans l'Assemblée un membre prétendit même que Châles y était pour quelque chose. Il se prétendait malade, disait-on, et la veille on l'avait vu dans une orgie. Un nouveau décret lui intima l'ordre de rentrer à Paris[3]. Il revenait donc non plus comme accusateur, mais comme accusé : il avait écrit aux Jacobins et aux Cordeliers pour demander qu'on ne le jugeât pas sans l'entendre. Dans ces deux assemblées, les défenseurs ne lui manquaient pas. Momoro parla pour lui, et les Jacobins déclarèrent qu'il n'avait pas perdu leur estime[4]. Restait d'obtenir un sem-

1. Anagramme de son nom.
2. Séance du 5 pluviôse, *Moniteur* du 7 (26 janvier 1794), t. XIX, p. 302.
3. *Ibid.*, p. 319. Avant de quitter Lille, il fit cette adresse :

Aux amis de la vérité,
Le représentant du peuple,
CHÂLES,

indignement calomnié à la tribune de la Convention nationale, dans la séance du 12 pluviôse.

Lille le 14 pluviôse, l'an II de la République.

Frères et amis,
Vous avez dû frémir d'indignation.
Est-il vrai qu'à la journée de Werwick, où j'ai eu la jambe fracturée par un boulet de 7, je me suis lâchement retiré sous un moulin, etc.
Est-il vrai, etc.
Il fait allusion aux orgies auxquelles on l'accusait d'avoir été mêlé : il peut à peine sortir de sa chambre. (*Ibid.*, pièce 319.)
Le 16 pluviôse, 14 janvier, il écrivit au Comité de salut public qu'il attendait son retour à Paris pour confondre la calomnie. (*Ibid.*, pièce 101.)
On a un procès-verbal imprimé, signé Pelletan, 26 pluviôse, attestant que ce n'était pas de petite importance : jambe fracturée par un boulet, et, à la suite, fièvre putride (AF II, 82, pièce 136).
4. Séance des Jacobins du 19 pluviôse, *Moniteur* du 21, t. XIX, p. 113.

blable témoignage de la Convention qui, par ces deux rappels réitérés, lui avait marqué peu de bon vouloir. Il y parut à la séance du 27 pluviôse (15 février), réfuta en deux mots l'accusation de « voltiger d'orgie en orgie » et demanda un jour pour rendre compte de sa mission :

On a voulu, dit-il, avilir la Convention en ma personne, je me présenterai avec le courage d'un militaire qui a monté à la brèche [1].

Et en attendant, dès le lendemain, il voulut faire l'essai de sa défense aux Jacobins. C'était une charge à fond contre Lille, où il avait éprouvé tant de déboires :

J'en divise les habitants en deux classes, dit-il : les *bombardés* et les *encavés*. Les premiers sont les riches qui, tous superbement logés, proposaient aux malheureux 6 francs par jour pour habiter dans les caves qui, dans ce pays, sont le logement des pauvres, et pour que ceux-ci allassent ramasser les boulets qui brûlaient leurs maisons. Ce sont pourtant les *bombardés* qui se font honneur de la défense de Lille.

Cette ombre jetée sur un fait d'armes dont la République tout entière s'était enorgueillie excita, même aux Jacobins, des murmures. Levasseur, qui comptait soutenir Châles, se borna à dire qu'on avait trop vanté le patriotisme des Lillois. C'est Collot d'Herbois qui s'éleva contre cette honteuse idée de ravaler des actes héroïques au niveau d'œuvres mercenaires :

Tu t'es trompé, Châles, quand tu as dit que les sans-culottes étaient payés pour ramasser les boulets rouges et pour éteindre le feu ; de pareils travaux ne s'entreprennent pas pour de l'argent, mais par zèle pour la liberté.

Il était d'ailleurs tranquille sur les aristocrates de Lille et s'en fiait à l'arrêté de Saint-Just et de Le Bas « que les maisons de ceux qui n'exécuteraient pas les lois seraient rasées » [2]. Il s'y connaissait, lui, qui avait été l'exécuteur du décret rendu pour la destruction de Lyon.

---

1. *Moniteur* du 29 pluviôse, 17 février 1794, t. XIX, p. 487.
2. *Moniteur* du 2 ventôse (20 février 1794), t. XIX, p. 506. Nous avons

Le jour vint où Châles devait exposer sa cause à la Convention (15 ventôse, 5 mars 1794). Rien ne manqua à la mise en scène :

« Chasles, dit le *Moniteur*, qui n'est point encore guéri de la blessure qu'il a reçue à l'armée du Nord, entre dans la salle, appuyé sur deux béquilles et soutenu par deux huissiers. Il demande et obtient la parole. »

Il ne la prit ce jour-là que pour promettre de démasquer les intrigants, pour prier l'Assemblée de ne pas prononcer sur sa conduite qu'elle ne l'eût entendu et de ne pas se laisser prévenir par des jongleries; et il demanda d'être admis le lendemain à s'expliquer [1].

Le lendemain en effet, il monte avec peine à la tribune [2]. « Il demande que l'Assemblée lui permette de parler assis et couvert » — assis, bien; pourquoi couvert? la blessure était à la jambe; — et il commence ainsi :

Je ne devais pas m'attendre que je serais forcé de parler de moi à cette tribune; et dans quelles circonstances encore? quand l'aspect d'une blessure dangereuse ne peut laisser aucun doute à mes ennemis eux-mêmes sur les services que j'ai rendus à la République.

Il dit que s'il a eu des torts, c'est contre les amis de Capet, les agents de Pitt et de Cobourg, les intrigants et les fripons :

On m'a calomnié à Paris quand j'étais à Lille. Depuis que je suis à Paris, mes ennemis sont passés à Lille. Tout s'est évanoui à mon aspect.

vu que Saint-Just et Le Bas, revenus à Paris dans les premiers jours de janvier 1794, en étaient repartis le 26 (7 pluviôse) pour l'armée du Nord. C'est à cette visite que se rattachent et leur arrêté pour la mise en arrestation dans les vingt-quatre heures de tous les nobles, et l'arrêté dont parle Collot d'Herbois sur la destruction des maisons. (Voy. ci-dessus, t. IV, p. 211.)

1. 15 ventôse, *Moniteur* du 18 (8 mars 1794), t. IX, p. 638.
2. Notons que depuis plusieurs jours il venait aux séances des Jacobins et que les 11 et 13 ventôse, par exemple, il y avait dénoncé Guffroy pour son *Rougyff*. (*Moniteur*, ibid., p. 637 et 638.)

V. — 5

Suit une déclamation sur son énergie révolutionnaire, sur la grande régénération qu'il se préparait à faire à Lille, sur les obstacles qu'ils a rencontrés, sur Lamarlière dont il se félicite d'avoir vu tomber la tête, et il promet un complément de son rapport sur ses opérations militaires. — La Convention en vota l'impression [1].

En quittant l'Alsace, avons-nous dit, Saint-Just et Le Bas n'avaient point tardé à venir opérer dans les départements de l'Aisne, du Pas-de-Calais et du Nord. Nous les y avons vus au cours de leur mission près les armées qui défendaient cette frontière, et nous avons pu dire, à ce propos, qu'ils ne s'étaient pas bornés aux choses de la guerre [2]. Comme toujours, leurs mesures révolutionnaires furent outrepassées par les agents inférieurs, par exemple leur arrêté contre les nobles; et le Comité de salut public avait besoin d'intervenir pour en modérer les conséquences [3]. C'était bien assez d'avoir sur les lieux un commissaire comme Florent Guiot qui, ne voyant partout que complots, écrivait de Lille au Comité (22 ventôse, 12 mars) :

De la vigueur et une guillotine, voilà ce qu'il nous faut dans les instants décisifs [4].

Un des représentants les plus cruels et les plus brutaux qu'aient connus les départements du Nord et du Pas-de-Calais, c'est Duquesnoy, l'ancien collègue de Carnot aux armées, et qui, depuis que Carnot était entré au Comité de salut public, pouvait s'abandonner plus librement à ses instincts pervers. Guffroy, dans le temps où il révélait les

---

[1]. *Moniteur*, ibid., p. 642.
[2]. Voy. ci-dessus, t. IV, p. 210.
[3]. « Le Comité de salut public, informé que la malveillance abuse des dispositions de l'arrêté pris par les représentants Saint-Just et Le Bas relatif à l'arrestation des ci-devant nobles dans les départements du Nord, du Pas-de-Calais, de l'Aisne et de la Somme, en lui donnant une extension arbitraire et vexatoire, arrête que les autorités chargées de l'exécution de l'arrêté, des représentants se renfermeront strictement dans les termes et le sens littéral dudit arrêté, qui n'a pour objet que les ci-devant nobles. » (Arch. nat., AF † II, 47, 1ᵉʳ ventôse.)
[4]. Armée du Nord, à la date.

*secrets de Joseph Le Bon*, en a fait un portrait pris sur le vif et que Duquesnoy justifiait suffisamment par ses actes. Saint-Just n'eut pas un plus servile imitateur de ses procédés, ni Le Bon un plus ardent admirateur de ses violences. Aux actes que nous avons relevés à sa charge dans ses missions près les armées, joignons seulement ce fait. A l'occasion d'un incendie auprès d'Aire, il prit un arrêté (22 pluviôse, 10 février 1794) pour assurer des indemnités sur les biens du curé et des riches fanatiques, rendus responsables d'un accident auquel ils étaient entièrement étrangers; mais le curé qui avait cessé ses fonctions venait de les reprendre [1].

En 1794, au début de la campagne, les représentants sur tous les points sont occupés à procurer des vivres, du fourrage et des munitions aux armées. C'est le principal sujet de leur correspondance avec le Comité de salut public [2]; et il eût été à souhaiter qu'ils n'en eussent pas eu d'autre, ou que leur activité se fût bornée à ce qu'on appelait les épurations : les arrêtés abondent aussi sur ce chapitre de pluviôse à thermidor [3]. Disons pourtant que, dans cette confusion et ce conflit de pouvoirs illimités, quelques représentants adoucirent le mal qu'avaient fait leurs collègues. Témoin cet arrêté, daté de Lille, 26 floréal, 15 mai 1794 :

Vu la pétition des citoyens Defontaine père et fils, habitants de la commune de Waziers, détenus en la maison d'arrêt de Douai pour n'avoir pas été à la messe du curé constitutionnel...

Ils furent mis en liberté.

Les succès de la campagne de 1794 allaient ouvrir une nouvelle carrière aux représentants. On reprenait posses-

---

1. Arch. nat., AF II, 129, dossier 25, pièces 4 et 5. — Il se complaît dans les arrestations de curés, 29 pluviôse, etc. (*Ibid.*, carton 131, dossier 35, pièce 21, etc.)
2. Florent Guiot, 1, 10 et 27 germinal, 8 floréal; Choudieu, 5 germinal; Laurent, 8 germinal et 19 floréal; Bollet, 9 germinal et 11 floréal; Richard et Choudieu, 11 germinal. (Arch. nat., AF II, 325. Voy. ci-dessus, t. IV, aux missions près les armées.)
3. AF II, cartons 162-164.

sion des villes et villages envahis : plus d'une question délicate se posait à l'égard de ceux que la guerre avait chassés de leurs demeures, s'ils songeaient à y revenir. Le 7 messidor, une note, inscrite au registre du bureau de surveillance du Comité de salut public, résume ainsi la question posée par un Comité de surveillance de la frontière :

Le Comité de surveillance de la Société populaire de Bouchain expose au Comité qu'au moment où les esclaves autrichiens abandonnaient notre territoire, beaucoup d'aristocrates, en fuyant, répandaient dans les villages voisins que l'on guillotinerait les habitants qui étaient restés à l'ennemi.
Un grand nombre ont suivi l'ennemi par la terreur que leur inspiraient ces faux bruits, — ils se sont cachés dans les blés vingt-quatre ou trente heures et sont rentrés dans leurs foyers. — Il demande si l'on doit regarder comme émigration une absence de plusieurs heures.

Le Comité de Bouchain ne pouvait pas être suspect de modérantisme : il faisait l'éloge de Le Bon, et la suite de sa requête en fournissait une autre preuve :

Il demande l'envoi d'un représentant lorsque Valenciennes sera en notre pouvoir, afin d'imposer dans tout ce pays l'énergie révolutionnaire du gouvernement [1].

La rentrée de nos armées en Belgique offrait aussi une plus ample matière aux représentants en mission. La politique suivait la guerre, et elle pouvait en leurs mains se donner une carrière illimitée. Heureusement, à bien des égards, ils ne se trouvaient pas absolument libres de tout faire : car le Comité de salut public avait l'œil sur eux, et le Comité, dans cette période de lutte, c'était Carnot. Rappelons pourtant qu'en plusieurs circonstances ils surent à leur tour modérer le Comité et prévenir des actes regrettables. Mais ici nous nous trouvons en pays envahi, et les actes des représentants, même quand ils touchaient au civil, ne pouvaient pas être considérés comme étrangers à

---

1. Arch. nat., F⁷ 4437, à la date.

l'action militaire : aussi en avons-nous parlé dans les chapitres consacrés à leur rôle près les armées. Nous ne pouvons donc qu'y renvoyer, pour revenir à ce qui a le plus tristement marqué, chez plusieurs, leur action politique, je veux dire la justice révolutionnaire. Elle eut un sanglant théâtre dans le Nord et dans le Pas-de-Calais.

## II

### Suspects et détenus.

Les représentants en mission près l'armée du Nord, qui, dès le début, s'étaient crus en droit de réunir les fonctions inquisitoriales à leurs soins militaires, avaient eu des auxiliaires dans les administrations et les sociétés populaires de leur circonscription [1]. On n'avait pas attendu leur arrivée pour trouver des suspects : classe malheureuse dont le nombre s'accroît à proportion du péril où l'on est ou de la peur qu'on en a.

Douai, qui donna le jour et prêta son nom au rapporteur de la loi du 17 septembre [2], n'attendit pas qu'elle eût paru pour pratiquer en grand les arrestations. Presque aussitôt, après la loi du 2 juin [3], le conseil général de la commune, se formant en Comité de sûreté, se mit à l'œuvre. Auparavant le président proposa et fit arrêter que tous les mem-

1. Aux documents que nous fournissent pour l'administration, les archives, et pour la justice, les registres du tribunal criminel et autres pièces conservées à la cour d'appel, la bibliothèque de Douai peut joindre, comme supplément, deux volumes de pièces diverses, recueillies par un ancien magistrat du pays, Samuel Plouvain, conseiller à la gouvernance, puis juge au tribunal criminel, et à la fin conseiller à la cour royale (né en 1751, mort en 1832). L'auteur, contemporain des événements, a joint aux pièces qu'il a ramassées des notes complémentaires d'un très grand prix.
2. Merlin (de Douai).
3. Loi rendue à propos des révoltes de la Lozère. Outre les dispositions spéciales, elle porte « que les autorités constituées, dans toute l'étendue de la République, seront tenues de faire saisir et mettre en état d'arrestation toutes les personnes notoirement suspectes d'aristocratie et d'incivisme. » (*Collection générale des lois, proclamations et instructions et autres actes du pouvoir exécutif.* Ed. du Louvre, t. XIV, p. 553.)

bres jureraient sur leur honneur et leur civisme de ne rien divulguer. Il y avait trente-deux membres présents. Il fut décidé que pour être porté sur la liste des suspects, il faudrait, comme dans une élection, la pluralité absolue, c'est-à-dire dix-sept suffrages. Le 8 juin, vingt-trois furent désignés et le 9 cinquante-six.

Le 11, le conseil général reçut l'avis que, par arrêté du département, les personnes déclarées suspectes en vertu de la loi du 2 juin seraient détenues, et que la maison des Écossais [1] leur servirait de prison. On y fit droit; on proposa même de dresser une liste supplémentaire. Mais plusieurs furent mis en liberté sous caution, à la condition de rester chez eux. Il paraît même, d'après le récit de l'un d'eux, que presque tous, les uns après les autres, avaient obtenu cette faveur [2], quand la perte de Valenciennes (28 juillet) et la crainte que l'ennemi ne vînt incessamment attaquer Douai firent renouveler les mesures de défiance : ordre de refaire une liste de suspects, de remettre en prison ceux qu'on avait laissés libres, puis de chasser les bouches inutiles. La liste des suspects porta soixante-huit noms, et on y joignit, malgré quelques généreux citoyens, une liste additionnelle de cinquante-neuf, parmi lesquels beaucoup de petits marchands [3]. Bientôt, en prévision d'un siège, on préféra les faire sortir de la ville (8 août 1793). Ils avaient ordre de s'en aller par la porte du Sud (le côté opposé à la frontière); et de peur que, devenus libres, ils ne se missent en communication avec l'ennemi du dedans ou du dehors, un arrêté du département les déporta dans les départements de l'Aisne ou de la Somme. Quelques-uns s'étant arrêtés en Artois, on leur donna la chasse [4].

1. Aujourd'hui pensionnat de la Sainte-Union, rue des Bonnes.
2. *Réflexions en faveur des fugitifs de la commune de Douai, rentrés en invoquant les lois des 22 prairial et 22 germinal an III.* (Plouvain, I, n° 60.)
3. Recueil de Plouvain, I, n° 1, et les divers arrêtés qu'il a recueillis, à leur date.
4. C'est Le Bon qui est désigné par l'auteur des *Réflexions* citées plus haut, comme ayant, en qualité d'administrateur du Pas-de-Calais, ordonné ces arrestations. Le Bon, nous l'avons vu, avait été envoyé en mission avec

Quatre commissaires, Célestin Lefetz, Gabriel Leblond, Carraut, administrateurs du district (nous les retrouverons plus tard) et le juge de paix d'Arras, vinrent, à cet effet, dans le canton de Lens, et, du 26 août au 26 septembre, en arrêtèrent soixante-dix-huit :

> Nous vous expédions, écrivaient-ils d'Hénin-Liétard, les marchandises que vous nous avez demandées et qui consistent en André Plaisant, ci-devant conseiller au ci-devant parlement de Flandre, sa femme, cinq enfants et deux servantes, etc.[1].

Déjà on les avait emprisonnés dans les casernes d'Arras. Le département du Nord les réclama. Malheureusement, ils n'en sortirent la plupart que pour y rentrer par une autre porte; car une partie seulement fut réintégrée dans la prison des Écossais; les autres, et notamment tous ceux qui avaient été arrêtés en vertu de la loi du 2 juin, furent, par ordre du représentant Élie Lacoste, conduits dans la citadelle de Doullens[2], un des entrepôts où Le Bon, devenu dictateur d'Arras, tenait en réserve et d'où il tirait la pâture de son tribunal[3].

---

André Dumont dans la Somme (9 août). Il vint aussi vers ce temps dans l'Artois et nous verrons plus loin que, dès cette époque, il y joua un rôle actif.

1. M. A.-J. Paris, qui donne l'extrait de cette lettre dans son *Histoire de Joseph Le Bon*, y ajoute une citation du journal de Guffroy :
   Garde a vous, garde à vous; f..., camarade ! vois-tu ces cinquante hommes d'infanterie avec vingt-cinq de cavalerie ? — Eh bien ! qu'est-ce que cela ? — Chut, chut, ce sont les administrateurs du district d'Arras qui vont faire la chasse aux aristocrates, aux enragés-modérés, aux nobles perfides, aux prêtres scélérats. Aussi ils sont conduits par des administrateurs et un juge de paix... Ils ont du poil, ceux-là, ah ! dame. (Rougyff, n° 19, 1er septembre. A.-J. Paris, *Hist. de Jos. Le Bon*, t. I, p. 115).
2. Arrêté du représentant Élie Lacoste (11 octobre 1793), signifié par le procureur syndic du district au procureur de la commune, le 29 vendémiaire (20 octobre). (Recueil Plouvain.)
3. *Réflexions*, etc., Plouvain, I, n° 60 : — *Réclamation des prisonniers détenus à Doullens pour leur mise en liberté*, 7e jour de la 1re décade du 2e mois de l'an II (archives munic. de Douai, carton I, 1). — D'après une note manuscrite de M. Plouvain il y eut, le 11 octobre, trente personnes envoyées à Doullens; le 15, quinze et, de plus, quarante Anglais et six bénédictins de cette nation; le 1er novembre, vingt et une, et le 1, six filles : en tout, cent dix-huit.

Ce n'était pas seulement au collège des Écossais qu'on avait renfermé les suspects : les couvents de la Providence, des Bénédictins anglais, des Annonciades, des Capucines, de Sainte-Catherine, etc., étaient remplis des victimes de la Révolution [1].

Les arrestations s'étaient multipliées depuis qu'avait paru la loi du 17 septembre. Les sociétés de surveillance, prises en quelque sorte pour agents par la loi, faisaient du zèle. La Société populaire et révolutionnaire de Douai avait fait placer à l'extrémité de la salle de ses réunions une boîte à trois clefs, appelée *Bouche de fer*, « destinée à recevoir tous les avis, toutes les dénonciations qui peuvent assurer le triomphe du patriotisme sur les efforts de l'aristocratie [2] »; et elle ne se bornait pas à ces moyens d'infor-

---

[1]. Plouvain, *Souvenirs à l'usage des habitants de Douai*, p. 481. (Douai, 1822.) Voyez aussi aux archives de Douai plusieurs pièces, *section J, cartons* 1, 2 et 6. Après la révolution de thermidor, la municipalité de Douai adressait encore au directoire du district la lettre suivante :

« Citoyens administrateurs,

« Cette commune regorge de détenus parmi lesquels se trouvent beaucoup de grands coupables. Les maisons anciennement destinées à les recevoir ne peuvent y suffire depuis longtemps. On est donc obligé d'en loger une grande partie dans d'autres maisons qui ne sont aucunement sûres, et lorsque tout est plein et qu'il survient des criminels qui doivent être surveillés de près, c'est encore dans ces maisons peu sûres que l'on est contraint de les loger, et le défaut de garnison empêche de composer la garde de ces maisons d'une manière suffisante. »

Ils demandent qu'on mette à leur disposition la partie de l'hôpital appelée la *Bastille*, destinée au traitement des folles et à la correction des jeunes gens qui avaient commis des fautes graves. 25 fructidor an II, 11 septembre 1794. — *Accordé*.

[2]. Voici l'affiche recueillie par M. Plouvain, I, n° 16, 2° :

AVIS AU PUBLIC.

La Société populaire, séante à Douai, a fait placer à une des extrémités de la salle où elle tient ses séances et sous la tribune une boîte à trois clefs, appelée *Bouche de fer*. Elle est destinée à y recevoir tous les avis, toutes les dénonciations qui peuvent assurer le triomphe du patriotisme sur les efforts de l'aristocratie; elle a encore pour objet de connoître l'opinion publique sur tous ceux qui se présenteront pour être membres de cette société, pour avoir des certificats de civisme, enfin pour conserver ou obtenir, soit des emplois civils, soit des grades militaires dans nos armées, dans les administrations qui en dépendent, et particulière-

mation ; par arrêté du 8 octobre, « elle avait décidé et signifié aux citoyens officiers municipaux de Douai que l'un de ses membres se transporterait tous les jours au bureau de la poste pour y prendre les lettres qui lui paraîtraient suspectes[1] ». Il n'y avait pas de *cabinet noir* en ce temps-là, on opérait en plein jour. Mais le conseil général de la Commune ne cédait pas à tous ces entraînements. Il avait, dès l'origine, mis quelques formes dans l'arrestation des suspects, et, à diverses fois, il s'occupa de la revision des listes : précaution rendue d'ailleurs nécessaire par l'audacieuse prévarication du procureur général syndic Bachelier, qui, de son propre chef, les avait altérées[2]. Il fut suspendu de ses fonctions, arrêté. Mais c'était justice que de faire sortir de prison ceux qu'il y avait arbitrairement fait mettre. La Société populaire de Douai, d'ailleurs, fournit elle-même des membres qui, réunis aux autorités constituées, s'occupèrent de cette revision ; et c'est au procès-verbal de cette commission[3] que l'on doit la constatation de ce méfait, dont Bachelier ne réussit pas à se justifier par un mémoire[4].

Les suspects eux-mêmes ne manquaient pas de se

ment en ce moment sur ceux dont la liste est ci-jointe. Citoyens de cette ville, la bouche de fer attend vos avis, signés ou non signés, sur tous ceux à qui l'on voudrait confier une autorité quelconque ; comptez sur sa discrétion, elle rejettera avec dédain les mauvaises plaisanteries. La calomnie sera repoussée avec horreur, et ce que prononcera la bouche de fer passera.

1. *Archives municipales de Douai.*
2. Ainsi la liste portait le nom de *Rousseau fils aîné* : entre le nom de Rousseau et celui de *fils aîné*, il avait ajouté les mots *père et*, joignant de lui-même le père au fils dans cette proscription ; plusieurs noms, sans numéros et par conséquent non classés par l'autorité compétente, avaient aussi été signalés comme écrits de sa main.
3. *Procès-verbal de la séance des autorités constituées, réunies à l'adjonction d'une commission de la Société populaire et révolutionnaire de Douai,* etc. (17 brumaire an II). (Plouvain, I, n° 3.)
4. *Mémoire justificatif par Pierre-M.-Philogène Bachelier, procureur syndic du département du Nord, suspendu provisoirement de ses fonctions et mis en état d'arrestation par le représentant du peuple Isoré le 5ᵉ jour du 2ᵉ mois de l'an II de la République française une et indivisible* (26 octobre 1793). (Même recueil.)

défendre sur tous les tons : ton emphatique quelquefois (c'était un peu le style du temps), comme ce début de l'appel de Fliniaux fils, ex-administrateur du département du Nord, à ses concitoyens : « Semblable à ces aquilons furieux qui, échappés de l'antre où Éole les tient enfermés…, la calomnie… [1] »; ton violent, comme celui du citoyen Lejosne, officier municipal, mis en arrestation en sa qualité de frère d'un militaire qui venait d'être condamné : « Oui, j'étais son frère! s'écrie-t-il; j'eusse dicté sa sentence de mort si j'avais été son juge. Qu'importe au reste qu'il ait été mon frère, s'il était mon ennemi?… Mes amis savent que tel a été mon cri : Je suis citoyen avant d'être frère [2]. » Il fut rétabli avec acclamation, ramené par la Société populaire : sorte de réparation constatée par le registre aux délibérations du conseil général de la commune de Douai [3].

Je me figure que c'était sur un autre ton que trois jeunes citoyens réclamaient en faveur de leur père déporté : pétition qui paraît avoir touché le département, mais qui n'en tira que cette déclamation publique :

Citoyens (c'est aux enfants qu'il s'adresse),… non, si le cours paisible et heureux de notre immortelle constitution reste suspendu, si nous ne goûtons pas encore les fruits délicieux de cette douce association dont nous avons posé le maintien, ce n'est pas que nos cœurs ne forment le vœu constant d'en voir naître l'aurore. N'en accusez que ses ennemis. C'est pour vous en assurer la constante jouissance que nous nous efforçons, par les mesures les plus sévères, d'écarter tous les obstacles que vous pourriez rencontrer. Victimes de tant de perfidies, de tant de trahisons, de tant de férocité, nous craignons de laisser à la génération présente, dont vous faites partie, les mêmes maux à souffrir, les mêmes ennemis à combattre, etc., etc. [4].

1. Recueil Plouvain, n° 28.
2. Recueil Plouvain, n° 37.
3. 21 vendémiaire an II : « La Société populaire en masse demande à être introduite : elle est rentrée, ramenant à ses fonctions le citoyen Lejosne, officier municipal qui, par une fausse interprétation d'un arrêté récent des représentants, avait été ce matin arrêté mal à propos. » (Ibid., n° 38.)
4. 8ᵉ jour de la 3ᵉ décade du 1ᵉʳ mois de la 2ᵉ année (9 octobre 1793). Recueil Plouvain, n° 22. La pièce, imprimée en 4 pages in-4°, commence

Nous avons signalé plus haut le passage de l'armée révolutionnaire du Nord à Douai, les arrestations qu'elle y fit, les attestations qu'elle arracha à la Société populaire, et les plaintes dont cette Société la poursuivit devant le Comité de salut public. Isoré, qui avait créé avec Châles cette armée, se plaignait à son tour de l'opposition qu'il y avait trouvée :

Les aristocrates de Douai, disait-il, ont sçu trouver un décret du 15 mai dernier qui empêche l'exécution de mon arrêté sur la formation d'un tribunal révolutionnaire. Les contre-révolutionnaires vont devenir une force, si vous ne me secondez[1].

Mais d'autres représentants qu'on ne pouvait pas accuser de contre-révolution ne soutenaient pas leur collègue dans cette voie. Laurent et Florent Guiot écrivaient le 10 décembre au Comité :

La ville de Douai est assez tranquille. Il étoit temps que l'armée révolutionnaire s'en éloignât. Les esprits s'échauffoient. Le calme qui s'est établi est dû à la Société populaire qui m'a paru assez bonne et dans les principes.
En général, le système des dénonciations paroît trop établi dans ces assemblées qui ne s'occupent que de récriminations masquées et de haines personnelles[2].

Nous avons pris nos exemples dans Douai, chef-lieu du département. Lille, qui primait déjà sa voisine, — au moins en démocratie, — ne nous en offrirait pas de moins nombreux. Valenciennes, Maubeuge, Avesnes, Cambrai, Hazebrouck, Dunkerque, pourraient aussi fournir leur contingent à ces arrestations ; mais c'était le sort commun. Il faut bien nous réduire à ceux qui repassèrent le seuil de la pri-

par cet exposé : « Sur la lecture d'une pétition de trois jeunes citoyens en faveur de leur père déporté, pétition que la pitié filiale qui l'avait dictée rendait intéressante, le département du Nord, ne pouvant déroger aux mesures qu'exige, dans les circonstances du moment, l'intérêt de la patrie, a pensé qu'il convenait d'éclairer ces jeunes gens sur la légitimité du refus qu'ils essuyaient. »
1. Dépôt de la Guerre, armée du Nord, 10 décembre 1793.
2. Armée du Nord, *ibid.*

son pour comparaître en justice, soit devant le tribunal criminel ordinaire, soit devant le tribunal révolutionnaire créé pour cette région; et ce ne fut pas le moins sanglant. Nous commencerons par le tribunal criminel du Nord.

## III

### Tribunal criminel du Nord.

On a vu déjà que les tribunaux criminels ordinaires ne se prêtaient pas toujours volontiers à ce que la justice révolutionnaire exigeait d'eux. Le tribunal criminel du Nord est de ce nombre[1]. Ce tribunal qui siégeait à Douai, chef-lieu du département, prit pourtant le titre de révolutionnaire à la manière de plusieurs; il fut ambulatoire[2], mais en quelque lieu qu'il allât, à Lille, à Valenciennes, au Quesnoy, à Avesnes, à Cambrai, ses jugements qu'on aurait bien le droit de trouver, sur plus d'un point, excessifs aujourd'hui, sont empreints d'une modération remarquable pour le temps. Il y eut, il est vrai, deux condamnés à mort pour propos contre-révolutionnaires qui avaient un caractère de défi : un canonnier au 6ᵉ bataillon de Paris (DIEUDONNÉ), qui s'était écrié : « Si j'ai dit *Vive le roi!* je le tiens bon; je mourrai pour le roi. Le roi a été guillotiné et je me f... de l'être. J'emm... la nation » (13 germinal an II); et un journalier (MONTRAVAUX), qui avait crié « Vivent le roi, Lyon et la nation ! » (même jour). Mais quand il y avait quelque atténuation possible, le tribunal tempérait la peine. Un lieutenant de la 31ᵉ division de la gendarmerie, convaincu d'avoir dit : « Je suis citoyen et non pas républicain; la république m'a fait perdre non seulement ma fortune,

---

1. M. Berriat Saint-Prix est mort avant d'avoir pu aborder le tribunal criminel du Nord, non plus que celui de l'Est. Il ne fait qu'en résumer, en quelques lignes, la statistique dans le *Cabinet historique*, t. XI. Ce qui va suivre est extrait des registres et des pièces qui sont conservés au greffe de la cour d'appel de Douai et aux archives municipales.
2. Décret du 7 avril 1793 sur les tribunaux criminels, transcrit en tête du registre.

mais encore elle a failli me faire perdre la vie », ne la perdit pas pour cela : il fut condamné à la déportation à perpétuité à la Guyane (même jour). Il en fut de même de Joseph-Ambroise LALYSSE, lieutenant-colonel d'infanterie du 27ᵉ bataillon de la réserve, convaincu « d'avoir proposé à un prêtre de dire une messe pour le défunt Louis Capet », et « d'avoir dit que Capet était mort innocent ». Le tribunal, pour écarter la peine de mort, décida que ces propos ne caractérisaient pas une provocation au rétablissement de la royauté :

Mais, ajoutait-il, comme il en résulte néanmoins que ledit Lalysse doit être considéré comme incivique, partisan de la royauté et par suite comme un ennemi du régime républicain ; que de la facilité qui lui serait laissée de manifester ses opinions résulterait que ledit Lalysse pourroit soulever les esprits contre le régime unanimement adopté par la nation ; que de là est résulté déjà et pourrait résulter encore que le séjour dudit Lalysse dans l'intérieur de la République, y a et pourrait, par événement, y occasionner des troubles et des agitations qu'il importe de réprimer et de prévenir. — Par ces considérations et sur les conclusions de l'accusateur public entendu de nouveau et vu les dispositions de la loi du 7 juin 1793, condamne Lalysse à la déportation à vie à la Guyane française avec confiscation des biens (1ᵉʳ pluviôse an II) [1].

Le plus souvent, le tribunal, dans sa répugnance à prononcer la peine de mort, aimait mieux, en se rejetant sur la question intentionnelle, la résoudre négativement et sauver le coupable. J.-B. CASTIAUX, convaincu d'avoir distribué un imprimé, qui avait pour objet d'empêcher l'exécution de la loi du 24 février concernant le recrutement de l'armée, fut acquitté comme ayant agi sans qu'il fût constant qu'il connût l'objet du pamphlet. Le libraire VANACKER, convaincu de l'avoir distribué en connaissance de cause,

---

[1]. Un certain Fr. PACHY, convaincu d'avoir dit : « que la Constitution ne pouvoit jamais avoir lieu, que la municipalité et l'Assemblée nationale n'étoient composées que de sacrés gueux, et que la sacrée belle nation et la municipalité périroient toutes », fut condamné à quinze ans de déportation (12 octobre 1793).

n'était condamné qu'à un mois de prison, parce qu'il avait déclaré de qui il en tenait les exemplaires (Lille, 3 mai 1793). Moins heureux fut cet imprimeur, Douaisien d'origine, nommé Descamps, qui, malgré ses bons services à l'armée et ses antécédents révolutionnaires, fut renvoyé pour des publications où il rendait hommage à Louis XVI, restaurateur de la liberté, devant le tribunal révolutionnaire de Paris. Il fut, malgré son appel aux sympathies de la Société populaire de Douai [1], condamné à mort et exécuté le 2 floréal an II (21 avril 1794) [2].

Des cas où, en maint autre lieu, on aurait vu un attentat des plus horribles contre la Révolution elle-même, étaient, à raison du défaut d'intention, suivis d'acquittement. Ainsi à Lille une servante est accusée d'avoir donné, et le fils d'un fermier, d'avoir porté une cocarde violette, parsemée de fleurs de lis blanches : le fait est déclaré constant ; mais, attendu que l'une en la donnant, l'autre en la portant n'étaient pas convaincus d'avoir agi dans une intention contre-révolutionnaire, ils sont acquittés (4 mai 1793). Un autre est accusé d'avoir dit que les Autrichiens viendraient bientôt à Lille, qu'ils rétabliraient les anciens curés et que les nouveaux seraient hachés : il en est convaincu ; mais, attendu qu'il n'est pas constant que ces propos caractérisent un crime contre-révolutionnaire, il est acquitté (6 mai 1793). A Avesnes, Ch. BAUDIN, fourrier de cavalerie, est accusé d'avoir tenu des propos tendant à rétablir la royauté : il est jugé que ces propos ont bien ce caractère, et que Baudin les a tenus ; mais attendu qu'il n'est pas convaincu de les avoir tenus avec intention de provoquer au rétablissement de la royauté, il est acquitté (17 mai 1793). A Douai, Pierre LENOIR, accusé d'avoir dit : *On a beau faire et dire, je respecte toujours mon roi; oui, f.... mon roi, celui qu'on*

---

1. Voy. son placard et son mémoire. Il invoque une lettre de Carnot qui, « ami de la liberté indéfinie de la presse, s'étonne qu'on l'ait arrêté pour cela » (Recueil Plouvain, I, n° 19), p. 59.
2. Voy. l'*Hist. du tribunal révolutionnaire de Paris*, t. III, p. 299.

*a fait mourir* (en faisant un geste de ses mains vers son cou). Le tribunal déclare que le propos a été tenu par Lenoir, mais « que ledit Lenoir n'est pas convaincu d'avoir tenu ce discours dans l'intention de provoquer le rétablissement de la royauté », et en conséquence Lenoir est acquitté et mis en liberté (26 juin 1793)[1]. Autre exemple : J.-Louis Renaud, caporal au 1er régiment de l'Oise, et L. Paillard, tambour, sont accusés d'avoir tenu ce propos : *Vive le roi! vive la reine! m.... pour la République! Vive Custine! et nous voulons Custine. Je suis royaliste et nous nous en f....* Le tribunal déclare que le propos est constant, mais qu'il n'est pas prouvé que L. Renaud l'ait prononcé, ni que Paillard en ait été complice pour s'être opposé à l'arrestation de son camarade : ils sont tous deux acquittés (1er octobre 1793).

Notons encore deux cas où le tribunal était en présence de deux outrages flagrants aux insignes de la liberté et de la nation elle-même. Dans le village d'Eck, « la cocarde nationale fut attachée à la tête d'un âne » qui, « ainsi décoré, a été amené et conduit, tant auprès du corps de garde, qu'en patrouille et sur la place du village ». Le fait fut déclaré constant, et quatre individus, convaincus de l'avoir commis; mais sur l'intention contre-révolutionnaire, il y eut partage entre les juges; et il fut décidé que l'on consulterait la Convention pour savoir si, dans les jugements de délits contre-révolutionnaires, l'avis le plus doux devait prévaloir (11 août 1793). La Convention, par un décret en date du 3 octobre, ayant réglé la procédure en cas de partage, on appela de Lille un nouveau juge qui dit que les accusés n'avaient pas agi méchamment, et ils furent acquittés (14 brumaire an II). A Faumont, un arbre de la liberté fut abattu par un nommé Villette, obéissant à l'ordre d'un laboureur, nommé d'Orchy. — Pour un fait pareil dont l'auteur était inconnu, soixante-trois innocents, sous

1. Tribunal criminel et révolutionnaire du Nord, an II-III, 1re section. On y retrouvera ces jugements divers à leur date.

le proconsulat de Maignet, étaient exécutés à Bedoin et le village livré aux flammes. — Le fait était constant, avoué, et le conseil général du département du Nord, formé en comité de sûreté, avait déclaré le délit contre-révolutionnaire : la punition était inévitable ; mais il y eut partage sur la nature de la peine : deux juges condamnaient l'accusé principal, d'Orchy, celui qui avait donné l'ordre, à la déportation à vie ; deux autres, à vingt ans de déportation. Pour Villette, on s'accordait à en réduire la durée à dix ans. Cette fois, le nouveau juge appelé pour départager opina pour l'avis le plus sévère, et d'Orchy fut condamné à la déportation à vie (27 germinal an II, 16 avril 1794).

Il faut signaler aussi à l'honneur du tribunal criminel du Nord, en un temps où les généraux comme Custine, et bientôt Houchard, étaient dénoncés par les représentants et envoyés à la guillotine, son jugement sur Lazare Hoche, alors adjudant général. Les citoyens Letourneur, Cochon et Delbrel, représentants du peuple près l'armée du Nord, l'avaient fait arrêter pour avoir dit, dans son indignation de soldat contre cette tutelle toujours hautaine et quelquefois inepte : « qu'il vaudrait beaucoup mieux que Cobourg commandât toutes nos armées, parce qu'ils seraient traités avec plus de douceur que par ces messieurs-là ». Le tribunal ayant constaté des diversités dans les rapports et dans les impressions des témoins, considérant « que dans cette variété de témoignages il est de la justice de se décider pour l'accusé, surtout lorsque, comme au cas présent, cet accusé a fait preuve de patriotisme et de valeur », déclare que le délit n'est pas constant et en conséquence acquitte Lazare Hoche de l'accusation intentée contre lui (20 août 1793).

Il y eut pourtant, dans la période ambulatoire du tribunal, un jugement où il eût été bien désirable qu'il sût faire prévaloir, contre les rigueurs de la justice révolutionnaire et la pression du représentant en mission, l'esprit d'équité dont il était généralement animé : c'est celui de Jos. LALLIER, secrétaire-greffier de la municipalité de Cambrai.

Lallier, ancien homme d'affaires de M. Leroidville, ex-seigneur de Noyelle, était resté en rapport avec lui et, bien loin de garder, comme quelques autres, les revenus des biens qu'il avait à gérer, il lui en rendait un compte fidèle. Il fut dénoncé, et l'on trouva dans une cachette, derrière un trumeau, toute une correspondance qui constatait ce que l'on appelait son crime[1]. Aussitôt le représentant Laurent mande à Cambrai le tribunal criminel du département du Nord, voulant que ce grand coupable, d'autant plus criminel à ses yeux qu'il jouissait dans la ville de plus de considération, fût jugé sur les lieux pour l'exemple. Le tribunal s'y refusa d'abord, il le faut dire, et trouva quelque raison d'incompétence. Mais le représentant insiste, « passe sur l'incompétence qui lui a été proposée par le tribunal de Douai, dit l'arrêté, et, convaincu qu'il faut abréger le moment d'une justice éclatante en écartant les formes qui pourraient le traîner en longueur,... requiert et autorise au besoin ledit tribunal à juger révolutionnairement sous les vingt-quatre heures » (8 brumaire an II, 29 octobre 1793). Le tribunal obéit :

Vu le réquisitoire....

Ouï Lallier à l'audience les 8 et 9 brumaire an II, son conseil (c'était son collègue Maximilien Farez) et l'accusateur public;

Attendu qu'il résulte :

1º Qu'il a correspondu avec des émigrés contre-révolutionnaires;

2º Qu'il a facilité l'émigration des uns et donné et fait passer des secours en argent aux autres;

3º Qu'il a servi leurs projets liberticides en recélant tout ou partie de leurs lettres, papiers, meubles et effets, argent et argenterie, et en s'employant à induire en erreur les corps administratifs pour en obtenir des décisions que des faits dont il avait connaissance auraient infailliblement écartées;

Déclare les manœuvres et intelligences avec l'ennemi établies.

Et il le condamne à la peine de mort (9 brumaire an II, 30 octobre 1793).

1. Voy. l'abbé Thénard, *Souvenirs du règne de la Terreur à Cambrai*, p. 131-136.

Cela ne suffit pas à Le Bon, qui justement était envoyé pour la deuxième fois en mission dans le Pas-de-Calais le jour où commençait le procès de Lallier (8 brumaire, 29 octobre 1793). S'autorisant d'un décret postérieur, il fit, de concert avec Laurent, un arrêté qui ordonnait au tribunal de reprendre l'affaire et de juger révolutionnairement ceux qu'on appelait les complices du condamné [1].

L'acte d'accusation comprenait Philippe Cureur, concierge du château de Noyelle, et neuf autres, hommes ou femmes, notamment la veuve de Lallier. Philippe Cureur fut convaincu de complicité avec Lallier et condamné; les neuf autres soustraits par un acquittement à la rage du proconsul. Mais la leçon ne devait pas être perdue, et quand on voulut sévir à Cambrai, quoique la ville fût du département du Nord, on sut lui trouver au dehors un autre tribunal [2]. Nous n'aurons que trop à y revenir.

[1]. Liberté, égalité. A Arras, 5 pluviôse an II. « Nous, représentants du peuple, envoyés près l'armée du Nord, vu le décret du 22 nivôse d'après lequel les représentants du peuple auprès des armées ont, en vertu de leurs pouvoirs illimités et dans des cas particuliers, la faculté d'attribuer aux tribunaux criminels la connaissance des crimes de contre-révolution, quoique du ressort du tribunal révolutionnaire établi à Paris;

Considérant que le jugement et l'exécution de Lallier, secrétaire-greffier de la commune de Cambrai, ont inspiré aux malveillants et aux traîtres une terreur salutaire sur la frontière du Nord, et que le jugement de ses complices et l'exemple frappant qui peut en être la suite doivent naturellement produire le même effet;

Considérant que le tribunal criminel du département du Nord, précédemment saisi de cette affaire en vertu de notre autorisation, n'en a suspendu l'instruction qu'à cause des doutes qui s'étaient élevés sur nos pouvoirs et sur sa compétence à cet égard, et qu'il est instant qu'il en reprenne la suite;

Attribuons expressément au tribunal criminel du département du Nord la connaissance et le jugement des crimes de complicité avec Lallier déjà jugé et condamné à mort par le même tribunal;

Ordonnons en conséquence que l'instruction du procès sera reprise et continuée avec la plus grande activité et qu'à cet effet, et même pour les jugements qui seront à prononcer, le tribunal se transportera à Cambrai comme nous l'y avons autorisé;

Ordonnons en outre que l'accusateur public nous rendra compte exactement du progrès et de l'état de l'instruction dont il s'agit.

Signé : Laurent et Le Bas, représentants du peuple dans les départements du Nord et du Pas-de-Calais.

[2]. Depuis le jugement de Lallier, le tribunal criminel du département du Nord cesse de prendre le titre de *tribunal criminel et révolutionnaire*.

L'affaire Lallier touchait à la question des émigrés : c'est une de celles qui devaient se présenter le plus souvent dans le département du Nord, eu égard au voisinage et au facile accueil de la Belgique, et aussi en raison du mouvement même de la guerre. Tel malheureux, émigré en Belgique, était censé rentré en France, si la ville ou le village où il avait cherché un refuge, était occupé par les Français, sans qu'il en émigrât dans un délai de vingt jours. Il y en a plusieurs exemples consignés au registre des arrêts du tribunal criminel de Douai. Christophe Nisse, prêtre, ci-devant religieux de Phalempin, émigré, ayant été arrêté en la ville de Comines sous des habits de femme, fut condamné à mort, à Lille, sur la constatation de son identité (6 juillet 1793)¹. Ce n'était même pas le tribunal, c'était le directoire du district qui avait à statuer sur les exceptions présentées. Cependant quand il y avait quelque doute dans l'application de la loi, le tribunal ne manqua pas de le faire valoir². Ces procédures se prolongèrent bien au delà du temps de la Terreur : et ce sont les causes qui tiennent le plus de place dans le registre des arrêts du tribunal en l'an III, en l'an IV².

Dans le jugement des complices de Lallier et dans ceux qui suivent, il s'appelle tribunal criminel jugeant révolutionnairement.

1. Trois autres émigrés : L. Deltombe, Arnoul Delasalle et Ch. Lefebvre, subirent le même sort à Douai, les 23 et 27 prairial an II (11 et 15 juin 1794).

2. Voy., sur plusieurs difficultés légales, des jugements du 13 floréal an III (affaires Bertaut, Lallemant et Hensy; affaire V. Delbauve et consorts). On trouve même en l'an IV une condamnation à mort pour l'un des cas où la rigueur de la loi avait le caractère le plus révoltant. Un ancien procureur au parlement de Flandre, depuis greffier du juge de paix, Aimé François Grivillier, né à Douai, avait quitté cette ville le 17 septembre 1792 pour se retirer en Belgique. Après divers changements de résidence, il était venu se fixer à Tournai et il continua d'y demeurer quand la ville fut occupée par les Français. Il ignorait qu'une loi le frappait comme émigré rentré, s'il n'avait quitté la ville devenue française devant le délai de deux décades. Son ignorance ne lui servit pas d'excuse. Il fut condamné à mort et exécuté le 9 ventôse an IV (27 février 1796). Outre le jugement inscrit au registre, plusieurs pièces relatives à ce procès et notamment deux interrogatoires de l'accusé se trouvent au greffe de la cour d'appel de Douai. Voy., sur le tribunal criminel du Nord, la note IX, aux Appendices.

# CHAPITRE XXXV

## JOSEPH LE BON A ARRAS

### I

#### Antécédents de Joseph Le Bon.

Par le procès de Lallier nous avons été conduits à Cambrai, et par le procès dirigé contre ses complices nous avons rencontré Joseph Le Bon. C'est en lui que se personnifie vraiment la Terreur dans le nord de la France.

La correspondance de Joseph Le Bon avec sa femme a été, il y a quelques années, publiée par son fils[1]. Cette publication, entreprise dans une pensée de réhabilitation, fait plus d'honneur à la piété du fils qu'à sa prudence. Il y a des mémoires qui gagneraient beaucoup à ne pas être évoquées. Ce n'est pas d'après ses relations de famille qu'il faut juger un homme public, c'est par ses actes, et l'on trouvera un portrait moins flatté, mais plus fidèle de ce tyran du nord de la France dans les *Souvenirs du règne de la Terreur à Cambrai*, par M. l'abbé Thénard (1860), et surtout dans l'*Histoire de Joseph Le Bon et des tribunaux révolutionnaires d'Arras et de Cambrai*, par M. A.-J. Paris[2].

---

[1]. JOSEPH LE BON *dans sa vie privée et dans sa carrière politique*, par son fils ÉMILE LE BON, juge au tribunal de 1re instance de Chalon-sur-Saône. Paris, 1861.
[2]. 2e édit., Arras, 1864.

Ce dernier auteur ne rejette pas systématiquement (et de quel droit l'eût-il fait?) les traits odieux attestés par des contemporains, mais il s'appuie surtout des actes officiels; il recueille les paroles des amis de Le Bon et de Le Bon lui-même, et avec cela il en dit assez pour donner de la vraisemblance à ce qu'on lit dans les écrits les plus agressifs, publiés au temps de son procès[1].

Joseph Le Bon, né à Arras le 25 septembre 1765, d'un père originaire de Saint-Pol, entra dans l'Oratoire et fut ordonné prêtre à Noël de l'an 1789 par l'évêque d'Autun, Talleyrand-Périgord[2]. Il ne tarda point à rompre avec ceux de son ordre pour s'affilier aux clubs. Élu curé constitutionnel de Neuville-Vitasse près d'Arras, il prétendit chasser de son église l'ancien curé que la loi y tolérait encore, et ne pardonna jamais au juge de paix Magnier de l'avoir, pour ce fait-là, condamné à l'amende.

Un peu après, il avait été nommé, par un assez étrange

1. *Idées des horreurs des prisons d'Arras* ou *les Crimes de Joseph Le Bon et de ses agents* (an II); une autre édition de cet ouvrage porte ce titre modifié, avec les noms des auteurs : *les Angoisses de la mort ou Idées des horreurs des prisons d'Arras*, par Poirier et Montgey, de Dunkerque (15 thermidor an II); une édition du même titre parut le mois suivant, 29 fructidor. On en retrouve la reproduction dans l'*Histoire des Prisons*, t. III, p. 301 et suiv.; — *Atrocités commises envers les citoyennes détenues dans la maison d'arrêt dite la Providence à Arras*, par Joseph Le Bon et ses adhérents, pour servir de suite aux *Angoisses de la mort ou Idées des prisons d'Arras*, par les citoyens Montgey et Poirier (de Dunkerque), Paris, 7 nivôse, 3e année républicaine. Reproduit dans les *Mémoires sur les prisons*, t. II; — *Développement des formes acerbes de Joseph Le Bon, représentant du peuple*, etc. Ajoutez la notice de Nougaret lui-même dans son *Histoire des prisons* (t. IV, p. 293-302) et surtout *les Secrets de Joseph Le Bon et de ses complices*, par Guffroy, représentant du peuple à la Convention nationale, ouvrage passionné, mais précieux par les pièces nombreuses qu'il a conservées, le *Procès de Joseph Le Bon*, recueilli par la citoyenne Varlé (Amiens, 2 vol. in-8°), et la note X, aux Appendices.

2. L'Oratoire fournit plus d'un sectateur des idées nouvelles. Didier Thirion, député de la Moselle, qui en est sorti, dit dans une adresse à ses collègues : « J'entrai dans la congrégation de l'Oratoire, où je suis resté trois ans; j'y ai professé les belles-lettres. » Il décrit la vie de ceux qui n'étaient pas engagés dans le sacerdoce. C'était la réalisation de la devise : *liberté, égalité, fraternité*. « Voilà, ajoute-t-il, ce qui caractérisait ce que nous appelions entre nous les *carabins* de l'Oratoire; c'était comme qui dirait les Montagnards de la Révolution. » (Bibl. nationale, Le38 753.) — L'Oratoire a été de nos jours bien purifié de ces souillures.

cumul, vicaire de Saint-Vaast à Arras, et il négligeait déjà son village pour cette ville où il aspirait à devenir un personnage. Pour son malheur et pour celui des autres, il y réussit. Nommé premier suppléant aux élections de la Convention nationale, puis maire d'Arras, puis procureur général syndic, et un peu après membre du directoire du département, il acheva de se dépouiller de son caractère de prêtre en épousant, le 19 octobre 1792, une de ses cousines. Le 31 mai parut le surprendre. Il proposa une adresse qui demandait la dissolution de la Convention; mais ce projet étant rejeté, on en fit une où l'on exaltait la majestueuse insurrection du 31 mai, et il fut un de ceux que l'on chargea de la porter à l'Assemblée. Bientôt il y alla siéger lui-même. Un décret du 14 juin excluait de la Convention et remplaçait par leurs suppléants les députés qui, ayant quitté leur poste après le 31 mai, n'y seraient pas rentrés le 17 juin, à la suite d'un double appel nominal. De ce nombre, il y en eut cinq du Pas-de-Calais; Le Bon, suppléant, fut un de ceux qui furent appelés aux sièges rendus vacants (2 juillet 1793)[1].

Nous ne le suivrons pas à la Convention, où il paraît d'abord se tenir sur la réserve, comme nouvel arrivant, et ne croyant pas d'ailleurs à la longue durée de l'Assemblée. Le Bon ne se montra vraiment ce qu'il était que dans ses missions; et, du reste, c'est là que se passa presque toute entière sa carrière de représentant. Le 9 août 1793, il débuta par être adjoint à Dumont, en remplacement de Chabot, dans la mission du département de la Somme. Après un certain nombre d'arrestations opérées, il était allé passer quelques jours en famille à Saint-Pol, quand une émeute éclata aux environs de Pernes, à l'occasion de la levée en masse. Le mouvement se dissipa aux approches du général Ferrand; mais trois cents paysans qui avaient fui n'en furent pas moins arrêtés comme complices des rebelles, et

1. A.-J. Paris, *Hist. de Joseph Le Bon*, t. I, p. 1-90.

Le Bon, chargé d'instruire par les deux représentants en mission près de l'armée du Nord[1], cria bien haut que c'était une nouvelle Vendée (avec ce mot-là on se croyait tout permis); qu'il fallait l'étouffer dans ses origines : « La guillotine attend son gibier », écrivait-il à ses deux collègues. Treize malheureux furent exécutés (8 septembre 1793)[2].

Ce fut le 8 brumaire an II (29 octobre 1793) que Le Bon reçut sa mission spéciale pour le Pas-de-Calais.

## II

### Mission de Le Bon dans le Pas-de-Calais.

Le Pas-de-Calais avait eu sa justice révolutionnaire avant lui; le tribunal criminel du département avait jugé révolutionnairement, ayant pour président Herman et pour accusateur public Demuliez. Herman laissa bientôt la place à Beugniet, pour aller figurer lui-même sur un plus grand théâtre (28 septembre 1793) : c'est lui que nous avons fait connaître déjà comme président du tribunal révolutionnaire de Paris. Même avec Herman, le tribunal criminel du Pas-de-Calais ne s'était pas encore signalé par trop de rigueur, lorsque Le Bon arriva[3].

M. Paris a fait remarquer avec raison que si le péril public avait jamais pu être une excuse à la violence, ce prétexte faisait complètement défaut alors. Le Quesnoi, Condé et Valenciennes venaient de succomber; mais Houchard avait vaincu à Hondschoote (8 septembre 1793) et délivré Dunkerque; Jourdan avait gagné la bataille de Wattignies (16 octobre) et débloqué Maubeuge. La mission du représentant d'ailleurs n'était autre que « d'étouffer le fédéra-

---

1. 26 août. Arch. nat., AF II, 119, août, pièce 103; cf. pièce 117.
2. *Procès de Jos. Le Bon*. Résumé du président du tribunal criminel de la Somme, t. II, p. 27. Voy. aussi, dans les *pièces justificatives* de Guffroy, une pièce, intitulée *Guide pour découvrir les traces des insurrections factices dans les départements du Nord et du Pas-de-Calais*, signée par Baudet adjudant de place de Saint-Venant (n° 27), et Paris, t. I, p. 91-112.
3. Paris, I, p. 100-103.

lisme »; or, où trouver le fédéralisme dans le Pas-de-Calais? Le Bon, d'ailleurs, devait bien connaître son pays, et, en fait de fédéralisme, on aurait pu lui dire : « Connais-toi toi-même ». Il n'en voulut pas moins signaler son zèle par des destitutions et par un surcroît de rigueur dans les arrestations. Les femmes qu'à titre de suspectes on avait cru suffisant de garder chez elles dans Arras eurent leur maison d'arrêt (13 brumaire an II)[1]; et Le Bon parcourut le département, faisant surtout rechercher les fonctionnaires soupçonnés de modérantisme ou quiconque payait de gros impôts.

Son activité fiévreuse eut bientôt une haute approbation.

Comme par une sorte de défiance en lui-même, il avait voulu prendre l'avis du Comité de salut public; le Comité lui répondit :

Le Comité de salut public applaudit aux mesures que vous avez prises. Il vous observe que les autorisations que vous demandez seraient surabondantes. Toutes ces mesures vous sont non seulement permises, mais commandées par votre mission. Rien ne doit faire obstacle à votre marche révolutionnaire; abandonnez-vous à votre énergie, vos pouvoirs sont illimités; tout ce que vous jugez convenable au salut de la chose publique, vous pouvez, vous devez le faire sur-le-champ[2].

Et il étendait sa mission aux départements voisins (23 brumaire, 3 novembre 1793).

Le Bon avait donc carte blanche et il en profita. Le législateur n'avait pas imaginé encore d'envoyer les prêtres au régiment; mais ce que la loi ne faisait pas, Le Bon, ce prêtre défroqué, jugea piquant de le faire. Par un arrêté du 29 brumaire (19 novembre), il envoya les prêtres âgés de moins de vingt-cinq ans à leurs bataillons. Le 7 frimaire (27 novembre), il étendit les pouvoirs du Comité révolutionnaire d'Aire jusque sur les communes du district de

---

1. *Les Secrets*, etc., Pièces justificatives, n° 1.
2. Paris, t. I, p. 119-128.

Saint-Omer; le 16 (6 décembre), il réorganisa les autorités de Calais. Le 8 nivôse (28 décembre), le curé d'Aire qui, sans doute, avait osé célébrer la fête de Noël, prévenu de « tentatives fanatiques » dans sa commune, fut jeté en prison[1].

Mais il ne suffisait pas d'emprisonner : les maisons de détention regorgeaient de prévenus. Il fallait les *dégorger*, comme disait un autre : il y pourvut. Le tribunal criminel du Pas-de-Calais reçut le nom de tribunal criminel et révolutionnaire; il devint permanent et il fut autorisé à juger révolutionnairement tous les délits contre la chose publique, de quelque nature qu'ils fussent (29 brumaire, 19 novembre 1793) : changement considérable. Le tribunal criminel ne pouvait juger sans jury que les cas d'émigration et la provocation au rétablissement de la royauté. Désormais le jugement sans jury fut la règle. Dès qu'un acte était censé contraire à la chose publique, les garanties de la justice ordinaire n'existaient plus pour l'accusé[2].

Une triste affaire montra que, loin de supprimer le jury pour les délits communs, on aurait bien fait de l'étendre aux émigrés.

Une troupe de onze Auvergnats, chaudronniers et rémouleurs, qui allaient de village en village exercer leur métier, étant entrés, sans trop y prendre garde, peut-être, en Belgique, furent arrêtés à Arras, au retour, et condamnés et exécutés tous les onze comme émigrés rentrés. C'est une de ces applications monstrueuses d'une loi détestable dont il ne faut pas du reste charger Le Bon. Il *travaillait* alors, selon son expression, à Boulogne et à Calais[3], et il se

---

1. Arch. nat., AF II, 131, dos. *Jos. Le Bon*, aux dates.
2. Paris, t. I, p. 133.
3. « Je garde le silence depuis quelques jours. Dites : tant mieux, c'est que Joseph Le Bon travaille fort; oui, je vous assure, j'y vais d'une jolie manière. Il ne se passe pas vingt-quatre heures que je ne dépêche au tribunal révolutionnaire à Arras deux ou trois gibiers de guillotine. » Le Bon au Comité de salut public, 6 frimaire (26 novembre 1793). (Berriat Saint-Prix, dans le *Cabinet historique*, t. X, p. 122.)

montra assez mécontent de cette exécution quand il la connut. Ce lui fut une occasion de tracer aux juges cette règle de conduite :

> Considérant que parmi les prévenus de délits contre la République il importe surtout de faire tomber les têtes des riches reconnus coupables, — arrête que le tribunal criminel établi à Arras jugera d'abord révolutionnairement les prévenus distingués par leurs talents ou leurs richesses et que les autres seront ajournés jusqu'après le jugement des premiers [1].

Arrêté qui reçut immédiatement son application dans la personne du chanoine Advisard, accusé d'émigration. On n'imaginerait pas toutes les roueries employées pour convaincre d'émigration un homme qui s'était borné à aller de Tours à Cambrai [2].

Le Bon, à l'origine, se vantait fort de la marche de son tribunal. Il écrivait de Calais le 12 frimaire (2 décembre) au Comité de salut public :

> Depuis le 1er frimaire, le tribunal criminel du Pas-de-Calais juge sans relâche et révolutionnairement tous les délits contre la chose publique; une douzaine de têtes sont déjà tombées sous le tranchant de la guillotine permanente. De mon côté, je ne laisse pas chômer les juges. J'ai déjà fait traduire devant eux une cinquantaine de prévaricateurs, d'agents d'émigrés, de correspondants de ces derniers [3].

Il avait trouvé un moyen de lui donner de la besogne en cette matière. Les lettres écrites à l'étranger avaient été interceptées. Cinquante mille étaient tombées aux mains de Le Bon. La plupart ne portaient pas de signature : on se fiait peu à la discrétion de la poste. Mais cela n'embarrassait pas notre homme, et il fait part de son procédé au Comité de salut public :

> Mes 50 000 lettres n'ont pas été sans fruit dans cette contrée. J'ai découvert les auteurs de celles même non signées. Tous les

---

1. *Procès de Le Bon*, t. II, p. 129.
2. Voy. le résumé de ce procès dans M. Paris, t. I, p. 151.
3. Guffroy, n° 7.

individus suspects, mâles et femelles, tant domestiques, etc., etc., sont appelés par le procureur syndic du district et écrivent sous sa dictée. Je compare les diverses écritures, et j'agis en conséquence [1].

Terrible expert! — Le tribunal n'avait pourtant pas suivi la marche ascendante que Le Bon avait espérée. Du 21 frimaire au 10 nivôse an II, il n'avait prononcé qu'une seule condamnation à mort pour cri de : *Vive le roi!* le plus souvent, pour les paroles inciviques, il s'en tenait, comme le tribunal criminel du Nord, à la déportation. Le Bon et son digne collègue Duquesnoy épanchèrent leurs plaintes au sein du Comité de salut public :

Nous sommes inondés, lui écrivaient-ils, d'un tas de vauriens civils et militaires que nous avons envoyés à Arras pour y subir la peine de leurs crimes contre la République. Nos arrêtés, non contredits par vous, autorisent le tribunal criminel du Pas-de-Calais à expédier ces scélérats révolutionnairement. Mais votre silence fait trembler le susdit tribunal; il renvoie nos coquins à des jurés d'accusation qui vont les innocenter à tort et à travers. Parlez donc ; confirmez nos arrêtés, ou nous allons faire pleuvoir au tribunal révolutionnaire de Paris. Toutefois observez qu'il en coûtera moins ici, et que l'exemple sera utile à l'armée [2].

Revenu dans Arras après une visite du département, et voyant que Laurent, représentant en mission près l'armée du Nord, avait fait mettre en liberté plusieurs suspects, il écrivit au Comité de salut public, lui exprimant le désir d'être rappelé à Paris, bien qu'il dût laisser beaucoup à faire. Il se mettait pourtant à la disposition du Comité pour une mission nouvelle (17 nivôse, 6 janvier 1794); et Duquesnoy, son compère, ajoutait un post-scriptum à sa lettre :

La présence de notre collègue est, comme je vous l'ai marqué, indispensable dans les départements du Nord et du Pas-

---

1. *Les Secrets de Jos. Le Bon*, Pièces justificatives, n° 7, p. 10; Paris, p. 142.
2. Paris, t. I, p. 157.

de-Calais pour achever d'y détruire le fanatisme auquel il a porté des coups terribles et qu'il terrassera tout à fait si vous le laissez à même de lui porter le dernier coup.

Nous avons à nous plaindre des élargissements considérables que notre collègue Ysoré et Laurent ont ordonnés. Ce n'était pas la peine que j'aie dans le temps sué sang et eau pour délivrer le département du Nord des scélérats qui cherchaient à nous perdre pour les voir aujourd'hui tous en liberté et conspirer contre les patriotes [1].

Le Comité n'était pas en humeur de renier Le Bon. C'était le moment où la Convention décrétait le gouvernement révolutionnaire (14 frimaire, 4 décembre 1793) et désignait cinquante-huit représentants du peuple pour aller l'établir dans les départements (9 nivôse, 29 décembre). Le Bon ne pouvait être oublié, il fut nommé pour les départements du Pas-de-Calais et du Nord [2].

Le Bon commença par recomposer d'hommes à lui les différents conseils d'Arras : district, commune, comité de surveillance. Il réglementa le bonnet rouge, poursuivant, dans leur sans-culottisme simulé, disait-il, le riche et l'égoïste, qui « déshonoraient ce signe auguste par des ornements de l'ancien régime [3] ». Le bonnet rouge avait encore ce privilège, refusé au chapeau, qu'on le pouvait porter partout; ainsi l'avait décidé la municipalité d'Arras :

Considérant que le bonnet rouge étant reconnu pour le signe de la liberté, il perdrait cet attribut si l'on n'était pas libre de le porter et d'en rester couvert partout, même au spectacle [4].

Du reste, si Le Bon avait pu avoir encore quelques scrupules dans l'exercice de son pouvoir, le Comité de salut public les aurait dissipés par la circulaire qu'il adressa aux

---

1. Guffroy, *les Secrets de Joseph Le Bon*, p. 27, et Paris, t. I, p. 159.
2. Voy. sa proclamation, 24 nivôse (13 janvier 1794). Arch. nat., AF II, 131, pièce 22.
3. Arras, 28 nivôse, *ibid.*, pièce 24, et *Procès de Joseph Le Bon*, t. II, p. 125.
4. 4 germinal (24 mars 1794), Paris, t. I, p. 171.

représentants du peuple dans les départements, circulaire citée plus haut (4 pluviôse, 23 janvier 1794)[1].

Ce qui est le plus en saillie dans la dictature de Le Bon, c'est sa rage d'apostat contre tout ce qui lui rappelait son ancienne profession. J'ai dit qu'au début de sa mission, il avait envoyé les jeunes prêtres au régiment. Pour les vieux prêtres détenus au Vivier et au couvent des Capucins, il leur avait, par un arrêté plein d'injures, fait retirer le bois qu'ils s'étaient procuré pour adoucir les rigueurs de leur prison pendant l'hiver :

> Instruit par la voix publique qu'il existe, à Arras, dans certaines maisons dites de réclusion, des quantités considérables de bois destiné à chauffer séparément ce ramas de sac... imposteurs qui ont fait tous les maux de la France; — considérant qu'un chauffoir commun suffit pour la prêtraille recluse et que l'on ne doit brûler, en cette circonstance surtout, que les matières les plus économiques, etc.[2].

Ils avaient de fidèles serviteurs qui partageaient leur captivité pour l'adoucir. Un pareil dévouement excita sa fureur. Joseph Lebon, porte l'arrêté,

> Indigné que des individus aient été assez vils pour se priver de la liberté afin de servir plus particulièrement de pareils êtres, arrête ce qui suit : Dans les vingt-quatre heures, le district d'Arras fera sortir des maisons de réclusion tous les soi-disant domestiques particuliers, mâles et femelles, qui peuvent s'y être introduits.

Et il les faisait emprisonner ailleurs eux-mêmes comme suspects[3].

---

1. T. I, p. 43. — Parmi les actes de Le Bon pour cette époque, citons les arrêtés suivants : 6 pluviôse (26 janvier 1794), les nobles suspendus de tout emploi; 17 pluviôse (5 février), les administrateurs des districts adresseront la liste de tous les ci-devant nobles; on ne leur demande pas si ces personnes se sont montrées inciviques, mais si elles se sont montrées civiques. (Arch. nat., AF II, 131, aux dates.)
2. Calais, 21 brumaire an II. *Les Secrets de Jos. Le Bon*, Pièces justificatives, n° 5; *Procès*, t. II, p. 117 et suiv.; Paris, t. I, p. 126.
3. *Procès*, t. II, p. 119, et Paris, t. I, p. 175. Les prisons étaient une source de profit pour le trésor, avec les théories de Le Bon. Un détenu est

La célébration du dimanche était un autre crime de lèse-nation qu'il ne tolérait pas davantage [1]. Apprenant que les habitants d'Achicourt s'abstenaient le dimanche d'aller au marché et revêtaient des habits de fête, il leur envoya l'ordre de se réunir tous en un certain lieu, il alla les prêcher lui-même et leur infligea, par forme d'amende, de loger et nourrir quatre-vingts hommes de la garde nationale jusqu'à son retour, et il leur laissait la déclaration suivante, aussi brutale qu'insensée :

Déclare que le 1er ci-devant dimanche où les femmes, baudets et provisions d'Achicourt manqueront de se trouver en abondance au marché d'Arras, les maisons des membres du conseil général seront rasées comme celles d'ennemis du peuple; charge ledit Comité de faire arrêter et conduire à Arras en arrestation toute femme ou fille d'Achicourt qui se parera encore les ci-devant dimanches, à moins que ces dimanches ne tombent un décadi (14 pluviôse [2]).

Notons pourtant que sa haine du dimanche n'allait pas jusqu'à lui faire épargner ceux qui ne l'avaient pas voulu célébrer avec lui autrefois, et ses ressentiments à cet égard ne lui faisaient pas craindre d'évoquer des souvenirs importuns. Il usa de ses pouvoirs pour faire emprisonner comme suspects, ceux de ses anciens paroissiens qui avaient

---

privé de ses biens; s'il meurt en prison, ses biens sont à l'État. Le 16 pluviôse an II, Le Bon écrit à l'agent national près le district de Boulogne :
« Paté, ex-curé de Sempy, est mort, et n'a pas attendu le fer de la guillotine; mais vécut-il encore, il était reclus et partant ses biens sont à la République.
« Je te requiers de me mander ce que tu auras fait pour assurer lesdits biens à la nation. » (Arch. nat., AF II, 131, dossier Le Bon, pièce 51.) Il y a encore de lui une lettre à propos de ces biens, « acquis d'ailleurs à la République, comme ceux de ses confrères ». (Cambrai, 4 prairial.)
1. « Tout domestique, valet de chambre et autre ouvrier, qui chômera d'autre jour que les décadis, sera mis en arrestation comme suspect.
« Les municipalités qui n'exécuteront pas le présent arrêté seront elles-mêmes considérées comme suspectes et traitées comme telles. » (30 ventôse, 20 mars 1794. Arch. nat., AF II, 131, dossier 44, pièce 72; et le placard, pièce 73.)
2. *Archives départementales*, citées par M. Paris, t. I, p. 177; cf. *Procès*, t. II, p. 134, et *Hist. des prisons*, t. IV, p. 301.

refusé d'aller à sa messe. Il y procéda par arrêté; et la pièce porte dans son style même le cachet de son authenticité :

Au nom du peuple français, Joseph Le Bon charge les officiers municipaux de Neuville-la-Liberté de faire arrêter et conduire à Arras, au département, tous ceux, *mâles* et *femelles*, qui, en 92 et 93, n'ont pas assisté aux messes des prêtres constitutionnels, sottise nécessaire en ce temps-là [1].

Il y procéda aussi lui-même. Un de nos auteurs dit qu'il parcourut les environs de Bapaume avec un détachement de hussards pour y faire arrêter sous ses yeux les paysans qui n'avaient pas été à sa messe [2].

Le Bon, je l'ai dit, avait transformé le tribunal criminel du Pas-de-Calais en tribunal révolutionnaire, mis en réquisition permanente et jugeant sans jury; mais son arrêté n'avait pas encore reçu la sanction du Comité de salut public. Il insista pour l'avoir, et il l'eut avec une déclaration de principes qui l'autorisait à tout faire :

Il est des circonstances où l'humanité consiste à prendre des mesures extraordinairement promptes. L'innocence ne peut être trop tôt absoute; le crime, trop tôt puni.

Mais Le Bon n'avait pas sollicité cette confirmation pour en rester là. Son tribunal, tel qu'il l'avait institué, ne le satisfaisait pas encore. C'étaient les juges qui faisaient tout. Or ces juges gardaient, dans l'examen des causes, les habitudes d'anciens magistrats (il n'y avait eu, rappelons-le, qu'une seule condamnation à mort en nivôse); et quand ils siégeaient, non plus comme tribunal révolutionnaire, mais comme tribunal criminel, avec le double concours du jury d'accusation et du jury de jugement, les chances d'acquittement étaient bien plus grandes encore. On l'avait vu dans l'affaire de M. de Béthune. Ce n'est

---

1. *Procès*, t. II, p. 120; cf. t. I, p. 206; *Hist. des prisons*, t. II, p. 297.
2. *Les Angoisses de la mort*, etc., p. 45.

que par la plus indigne violation du droit, par les plus méprisables subterfuges qu'acquitté, par le jury, du fait de complicité d'émigration, on avait trouvé le moyen de le reprendre et de le faire condamner comme émigré (24 pluviôse an II, 12 février 1794) : escamotage sanglant dont Le Bon ne manqua pas de se faire honneur auprès du Comité de salut public [1] :

Hier, lui écrit-il à la date du 25 pluviôse, le ci-devant comte de Béthune-Penin paraissait ici comme complice d'émigrés.... Quoique son *raccourcissement* parût certain d'après les pièces, les jurés campagnards ne purent se décider à voter contre un si riche coupable.... Imaginez-vous mon indignation! Je fais arrêter le défenseur officieux. Je requiers l'apport subit à l'administration de toutes les pièces; en moins de six heures, Béthune fut déclaré émigré, jugé et raccourci aux flambeaux, aux cris de *Vive la République!* L'aristocratie eut un rabat-joie et le patriotisme, qui avait frémi de rage le matin, le soir frémit d'allégresse [2].

Le Bon ne voulut plus s'exposer à ces surprises et se condamner à ces luttes; il résolut d'avoir dans Arras un tribunal semblable à celui de Paris. Il y fit rentrer des jurés : des jurés prononçant la culpabilité et ne laissant plus aux juges que l'application de la peine, mais des jurés dont il fût sûr, comme Fouquier-Tinville l'était des siens à Paris, des *jurés solides*; et il en trouva dans les clubs d'Arras. Ce jour même (25 pluviôse, 13 février 1794), il publia cet arrêté :

Considérant que qui veut la fin veut les moyens; considérant que, depuis plusieurs mois, le représentant du peuple,

---

1. Voy. Paris, t. I, p. 190-201. Le Bon avait fait enlever les registres d'où M. de Béthune eût pu tirer la preuve de sa résidence. Le président du tribunal criminel de la Somme, dans son résumé, produit un acte du maire et des officiers municipaux de la commune de Steenwoorde qui l'atteste. (*Procès*, t. II, p. 59.)

2. Voy. cette lettre dans *les Secrets de Jos. Le Bon*, Pièces justificatives, n° 30. Elle est citée aussi par le président de la cour criminelle de la Somme dans son résumé, *Procès*, t. II, p. 33. Dans le cours des débats, Le Bon n'avait pas compris qu'on lui en fît un crime : « Il y a eu de la précipitation, précipitation louée alors, dit-il, et blâmée à présent : est-ce ma faute, si les temps sont changés? » (*Pro    t. I, p. 85; cf. p. 171.)

avec l'approbation du Comité de salut public, a autorisé le tribunal criminel du Pas-de-Calais à juger révolutionnairement tous les prévenus de délits contre la Nation;

Considérant que, sans jurés, ledit tribunal ne peut souvent prononcer que la simple réclusion des ennemis les plus dangereux de la Patrie;

Considérant, d'un autre côté, qu'avec des jurés ordinaires la chose publique est à chaque instant compromise, et que l'inexpérience, la faiblesse, l'incivisme même de plusieurs d'entre eux encourage le coupable espoir des contre-révolutionnaires;

Considérant enfin qu'en paraissant devant le tribunal, l'innocence et le patriotisme doivent être assurés de sortir victorieux, et les conspirateurs et leurs agents de toute espèce ne voir que la foudre nationale prête à les écraser;

Arrête ce qui suit, etc.[1].

Le jury était rétabli; il devait être pris au nombre de douze sur une liste de soixante noms, dressée d'avance, et voter à haute voix. Suivait la liste des soixante noms sur lesquels M. A.-J. Paris a recueilli de curieuses notes biographiques[2].

En même temps que le tribunal était ainsi réorganisé, les deux représentants inséparables, Saint-Just et Le Bas, lui préparaient de la pâture. Par un arrêté du 16 pluviôse an II (4 février 1794), que nous avons eu l'occasion de citer, ils ordonnaient que tous les ci-devant nobles qui se trouvaient dans les départements du Pas-de-Calais, du Nord, de la Somme et de l'Aisne, seraient mis en arrestation dans les vingt-quatre heures[3]. — Suspects par droit de naissance. — Cet arrêté reçut une application rigou-

---

1. *Les Secrets de Joseph Le Bon*, Appendice n° 30; *Procès*, t. II, p. 57, et Paris, t. I, p. 202. — On voit qu'il ne se souciait guère de recourir aux formes de la loi sur les tribunaux militaires, présentée alors à la Convention : « Avez-vous lu, écrivait-il le 19 pluviôse au Comité de salut public, la fameuse loi sur les tribunaux militaires dont le Comité de la guerre vient de présenter les articles? Pour moi, je l'avoue, je tremble devant les décrets de dix pages. Les prisons s'engorgent et cette loi volumineuse ne me paroît guère propre à les vider. » (*Les Secrets de Jos. Le Bon*, n° 31, et Paris, t. I, p. 181.)
2. Voy. t. I, p. 207-216.
3. Arch. nat., AF II, 131, dossier 45, pièces 1-15 (autant d'expéditions). Paris, *ibid.*, p. 217, et ci-dessus, t. III, p. 383.

reuse : même les nobles qui s'étaient jetés dans les voies de la révolution furent arrêtés; les roturières qui avaient épousé des nobles, arrêtées, — à l'exception d'une cousine de Le Bon. Ces arrestations provoquèrent des réclamations universelles et Le Bon ne s'en tira qu'en faisant écrire sur la porte de son cabinet : « Ceux qui entreront ici pour solliciter l'élargissement des détenus n'en sortiront que pour être mis eux-mêmes en arrestation ». — « Je ne me sentais pas le cœur assez ferme, dit-il, dans sa défense, pour résister aux pleurs des femmes, des mères qui venaient me demander ce qu'il m'était impossible de leur accorder : c'était une barrière que j'élevais contre ma propre sensibilité[1] »; et encore : « J'étais obligé de m'armer de cette dureté affectée pour cacher la tendresse qui me parlait en leur faveur ».

L'homme tendre et sensible s'indignait de voir l'émotion que l'arrêté de ses deux collègues avait produite dans les campagnes, parmi les populations que ces familles charitables soutenaient et faisaient vivre. Il écrivait au Comité de salut public (3 ventôse, 21 février 1794) :

Rien ne prouve davantage la nécessité de la mesure prise par Saint-Just et Le Bas contre les ci-devant nobles, que ce dont je suis témoin chaque jour : des bandes de femmes de campagnards éplorées viennent réclamer leurs ci-devant seigneurs ou fermiers que, d'un côté, la misère, de l'autre, des largesses perfides font désigner sous le nom de pères du peuple. Pères du peuple! les oppresseurs de l'humanité! Pères du peuple!.... Je m'abstiendrai de toute réflexion. Le Comité de salut public sent combien il est indécent, après quatre années de travaux révolutionnaires, de voir des communes entières regretter des maîtres pour un morceau de pain[2].

Sur ces entrefaites, un conflit ayant éclaté entre Le Bon et Florent Guiot, qui était en mission à Lille, Le Bon demanda qu'on le déchargeât du département du Nord. On

1. *Procès*, t. I, p. 360 et 286; cf. *les Secrets de Jos. Le Bon*, p. 208.
2. *Ibid.*, p. 219, 220.

lui répondit en le relevant, en même temps, de sa mission dans le Pas-de-Calais.

Il revint à Paris. C'était le moment où Saint-Just et Robespierre voulaient frapper tout à la fois les enragés et les nouveaux modérés, Hébert et Danton. Le Bon était un auxiliaire qui répondait trop bien à leurs vues pour qu'ils se privassent de ses services. On lui donna une nouvelle mission dans le Pas-de-Calais, avec pouvoir de suivre les opérations commencées dans les départements voisins (11 ventôse, 1ᵉʳ mars 1794); et il revint plus fortement trempé pour son œuvre d'extermination [1].

## III

### Nouvelle mission de Le Bon.

Dès son retour, il fait dresser partout la liste des principaux contribuables, — autres suspects. Son arrêté en déterminait la proportion : dix dans les communes de six cents âmes et au-dessous; quinze dans les communes de six cents à deux mille âmes, etc. (14 ventôse, 4 mars 1794) [2]. — « Je n'ai point persécuté tous les riches, tous les nobles, tous les prêtres, dit-il dans sa défense. *J'en ai même couvert de mes ailes* [3]. » *Sub umbra alarum tuarum protege me!* Quel ange, quel chérubin! — Mais voici ce qu'il écrivait à cette même date au Comité de surveillance :

L'ex-président Madre est riche; il a des talents. Le Comité de surveillance voudra donc bien me faire part des preuves de

---

1. *Paris*, t. I, p. 223.
2. *Les Secrets de Jos. Le Bon*, p. 191, et *Procès*, t. II, p. 130. Il ajoute à cet ordre :
« *Nota.* D'après ce que m'a dit le personnage renvoyé il n'y a qu'un instant au Comité, il paraît qu'il a une façon de penser qu'il craint de manifester. Or, un tel homme qui craint de manifester sa façon de penser, pense apparemment mal et devient dangereux. Mettez-le où vous voudrez jusqu'à nouvel ordre. » (*Les Secrets de Joseph Le Bon*, Pièces justificatives, n° 28.)
3. *Procès*, t. I, p. 107.

civisme qu'il a données pour n'être point mis en arrestation comme les autres individus de sa classe. J'attends demain ces renseignements (14 ventôse an II).

Il ordonne l'arrestation des femmes de suspects. Pourquoi? Est-ce pour les rejoindre à leurs maris? Loin de là :

Ne laissons pas, écrit-il, *multiplier* les ennemis de la liberté. Dans les vingt-quatre heures de la réception du présent, les districts du département du Pas-de-Calais auront pris des mesures pour séparer les femmes suspectes des hommes suspects[1].

Les prisons d'Arras surabondaient de détenus, malgré les succursales qu'on leur avait données. *Saint-Vaast* était réservé aux condamnés par jugement des tribunaux criminels ou militaires. Les *Baudets* était la maison de justice. L'*Abbatiale* servait de maison d'arrêt pour les condamnés civils, et les *Orphelines* pour les militaires. Le Bon assigna d'autres maisons aux suspects : « Quant aux gens suspects, les *mâles*, dit-il dans son langage bestial, seront enfermés à la maison dite l'Hôtel-Dieu, et les *femelles* à la maison dite la Providence ». Si le local était insuffisant pour les *mâles*, on devait les envoyer aux Capucins, dont la population serait alors reversée sur le Vivier (17 ventôse, 7 mars 1794)[2].

Avant de procéder à ces changements, il fit une grande revue des prisonniers. C'est un spectacle que le proconsul, grand amateur de mises en scène, voulait donner à ses adhérents. Sous prétexte d'épuration, il les fit comparaître devant la Société populaire. Ils y étaient amenés entourés d'un appareil militaire imposant. Là, juchés sur une estrade de dix ou quinze pieds de haut, ils étaient exposés aux accusations ou aux injures de la foule, et subissaient un premier jugement[3]. « Un jour, dit l'auteur de ce récit,

1. 15 ventôse, Arch. nat., AF II, 131, pièce 64; *les Secrets de Jos. Le Bon*, Pièces justificatives, n° 29, et Paris, t. I, p. 225.
2. Paris, t. I, p. 227.
3. *Les Angoisses de la mort*, etc., p. 13 et suiv.

témoin au procès de Le Bon, nous entendons battre la caisse, la maison d'arrêt est entourée; des troupes entrent dans la cour; on nous fait descendre et conduire au pas de charge avec la plus grande infamie à la Société populaire. On entre un à un; on nous faisait monter sur un fauteuil de plus de quinze pieds de hauteur. Là, dans cette Société populaire, qui avait l'air d'une caverne de voleurs et d'égorgeurs, chaque individu, ou plutôt chaque scélérat qui la composait nous accablait d'injures dégoûtantes; et Le Bon, déchaîné comme un diable, enchérissait sur eux[1]. »

Un autre témoin, après avoir raconté ce même appareil de la comparution et ces mêmes avanies de la foule, nous montre Le Bon procédant à l'interrogatoire, non pas seulement de l'accusé, mais des assistants sur l'accusé : Est-il noble, agent d'émigré, riche, a-t-il des talents? A quoi ils répondaient suivant leur fantaisie. « Quant à moi, continue-t-il, je fus dénoncé par le nommé Jouy en ces termes : « Moi j'ai connu ce jeune homme au « collège. Il avait déjà des principes royalistes »; et j'entendis l'accusé [Le Bon] dire à Danel, qui écrivait sur un registre et qui demandait ce qu'il mettrait : « Écrivez « *royaliste*[2] ».

Les femmes eurent leur tour après les hommes. « A celles qui réunissaient à la jeunesse la candeur de l'innocence, on reprochait de n'avoir pas fréquenté ces bals dont le désordre écartait tout ce qui avait des mœurs[3]. » Une jeune fille, mise en arrestation pour avoir demandé la liberté de son père, confirme, au procès de Le Bon, cette assertion par son témoignage : « Je comparus, dit-elle, à mon tour sur l'estrade de la Société populaire. Là, on me reprocha de n'avoir pas été danser avec les patriotes au temple de la Raison. Je répondis que je ne l'avais pu

---

1. *Procès*, t. I, p. 235.
2. *Procès*, t. I, p. 207.
3. *Les Angoisses de la mort*, etc., *ibid.*

puisque j'étais en arrestation depuis ces bals; mais on cria : *A l'Abbaye!* et l'on me reconduisit en prison [1]. »

Après cette épuration prétendue, il y eut une visite générale des maisons de détention. Le Bon voulait faire enlever aux prévenus leur argent, cette monnaie d'ancien régime, plus que suspecte d'aristocratie devant les assignats; et les assignats étaient suspects aussi entre leurs mains : on devait donc les prendre avec le reste [2]. L'assemblée du district ne s'en tint pas là; toujours empressée à renchérir servilement sur ses ordres [3], elle arrêta que six de ses membres et six de la commune se rendraient aux prisons « à l'effet de saisir tout l'argent, soit en numéraire, soit en assignats, tout or, argenterie et bijoux, desquels objets il sera dressé procès-verbal, ainsi que du linge consistant en draps, chemises, bas, serviettes, sur l'emploi desquels il sera statué »; on leur en laissait à chacun dans une proportion uniforme et d'ailleurs suffisante [4].

Cette perquisition se fit avec un appareil imposant. « Le 8 mars [5] 1794 (vieux style), disent nos deux prisonniers détenus à l'Abbatiale, vers les trois heures de l'après-dîner, nous entendîmes le son répété de la trompette et le bruit de la caisse; nous ne savions à quoi en attribuer

1. *Procès*, t. I, p. 211.
2. Voici l'arrêté qu'il prit à cet effet le 18 ventôse (8 mars 1794) :
« Les gens détenus comme suspects n'ont plus aucun besoin. La République les nourrit frugalement. Partant, qu'on ne leur laisse aucune somme et qu'il soit dressé procès-verbal exact de toutes celles qu'on trouvera chez eux pour leur être rendues, dans le cas où ils seraient élargis par le Comité de sûreté générale ou pour être, dans l'autre cas, versées dans le trésor public. (*Atrocités commises envers les citoyennes ci-devant détenues dans la maison d'arrêt de la Providence à Arras*, par Poirier (7 nivôse, 3ᵉ année), p. 531.)
3. Le Bon le dit de tous ces fonctionnaires dans son procès, t. I, p. 239; et c'est vrai; mais c'est comme tels qu'il les avait choisis.
4. Paris, t. I, p. 231.
5. L'édition originale (*Idées sur les horreurs des prisons d'Arras*) et les réimpressions (*Angoisses de la mort*, etc.) portent le 8 février : mais il faut lire le 8 mars (18 ventôse). C'est en effet le 18 ventôse, au témoignage de ces mêmes livres, que furent pris l'arrêté de Joseph Le Bon et celui du district, par suite desquels eut lieu la visite des prisons.

la cause, lorsque, tout à coup, nous fûmes surpris d'apprendre qu'une troupe de chasseurs et de gardes nationaux étaient aux portes de notre prison. Vers les cinq heures du soir, nous entendîmes des évolutions militaires en face de la maison; les portes s'ouvrirent, et on commanda à la troupe de charger ses armes. Des affidés de Le Bon présidaient cet appareil militaire; nous étions tous dans nos chambres, regardant d'un œil inquiet ces préparatifs effrayants. Nous vîmes cette horde se concerter à la muette, et tout à coup on nous intima cet ordre terrible : « Que les hommes passent d'un côté et les femmes de « l'autre !... » Alors la troupe se divisa en deux pelotons, l'un pour garder les hommes, et l'autre pour empêcher les femmes de les approcher[1]. »

Au déploiement de cet appareil militaire et aux formes de cette visite inattendue, les prisonniers croyaient qu'on venait renouveler sur eux les massacres des prisons. On se contenta de les fouiller, et nos auteurs disent avec quelle indécence à l'égard des femmes. Mais ce n'était pas assez de leur personne. On les retint dans les cours; et Lefetz, posant des gardes aux issues : « Sentinelles! dit-il, si un de ces b... avance pour entrer, f...-lui la baïonnette au travers du ventre[2]. » — Ces honnêtes gens voulaient fouiller les chambres et y enlever tout ce qu'ils y pourraient trouver de provisions. Ils en trouvèrent assez pour faire bombance toute la nuit, laissant les malheureux prisonniers morfondus dans la cour. Le lendemain, la visite recommença à la même heure, dans les mêmes formes. On prit les boucles, les montres, les vêtements même, avec un simulacre d'inventaire, et des scellés sur un mauvais panier. De là on passa à l'Hôtel-Dieu, et ce fut là que les femmes, plus facilement isolées, furent exposées aux outrages les plus révoltants[3].

1. *Hist. des prisons*, t. III, p. 318.
2. *Ibid.*, p. 319.
3. *Ibid.*, p. 323.

C'est à la suite de cette visite qu'elles furent, des diverses prisons, transférées à la Providence, selon l'arrêté du proconsul.

Ce qu'était la *Providence*, et ce qu'elle devint sous ce régime, on le sait par un récit spécial publié pour faire suite aux *Horreurs des prisons d'Arras*, sous un titre non moins énergique : *les Atrocités commises sur les citoyennes détenues à la maison d'arrêt dite la Providence par Joseph Le Bon et ses adhérents* [1]. Il y avait à la tête de cette maison deux mégères : la directrice, veuve Lemaire, et la sous-directrice, Catherine Lallart, qui, avec des nuances de caractère, l'une plus fière, l'autre plus brutale, se le disputaient en scélératesse. Les travaux les plus rebutants étaient imposés aux détenues, la plupart élevées dans l'aisance; et si elles tombaient malades, l'infirmerie n'était qu'un lieu de dérision : « Si elles savaient ce qui les attend, disaient les deux geôlières, comme pour justifier cet abandon, elles ne prendraient pas tant de soin de leur santé ». Et ces deux misérables en eussent hâté volontiers le moment. Quand on en appelait quelqu'une pour le tribunal : « Allons, venez, lui criaient-elles; dépêchez, vous vous faites bien attendre? — Faut-il un petit paquet? — Non, non, vous n'avez plus besoin de rien. » — « Plus il y a de monde dans le sac, plus nous rions », disaient-elles encore. La directrice avait même un mot pour cette redevance que sa maison payait, de temps à autre, au tribunal : « Je crois qu'aujourd'hui je cracherai du sang [2] ». Et que dire de la fange où ces femmes se vautraient avec des satellites de Le Bon, ou de leur abominable connivence à leurs propositions malhonnêtes! Elles étaient, disent les deux prisonniers d'Arras, « exercées de toute manière à servir les caprices de Le Bon et de ses infâmes coopéra-

---

[1]. Par Poirier, 7 nivôse, 3ᵉ année républicaine, donné en Appendice dans les *Mémoires sur les prisons*, t. II, p. 499.

[2]. *Les Atrocités*, etc., dans les *Mémoires sur les prisons*, t. II, p. 506, et *les Angoisses de la mort*, etc., p. 18-31.

teurs[1] ». Ils comptaient bien aussi sur un autre moyen de persuasion, la guillotine. Mais les femmes, de simples jeunes filles, montrèrent qu'elles savaient la braver.

## IV
### Le tribunal révolutionnaire d'Arras.

Nous sommes arrivés au moment où on allait faire marcher la guillotine; car jusqu'ici le tribunal révolutionnaire n'avait pour ainsi dire rien fait, au jugement du moins de Le Bon. Du 3 juillet 1793 au 17 ventôse an II (7 mars 1794), il avait prononcé quarante-sept condamnations à mort dont dix-sept d'émigrés, ces dernières sans débat, sur la notification du département, et quarante et un acquittements[2]. A partir du 17 ventôse s'ouvre une période nouvelle où les exécutions se multiplient et Le Bon y a l'œil et la main :

Le greffier du tribunal révolutionnaire séant à Arras, dit-il dans un arrêté du 16 ventôse, est très expressément requis d'envoyer, jour par jour, au représentant du peuple, l'état des jugements rendus par ledit tribunal; et dans le cas où ledit tribunal passerait un jour sans juger, l'état négatif aura lieu aussi exactement[3].

Et le décadi, jour sacré! ne devait pas faire exception.

Considérant que les conspirateurs ne se reposent pas le décadi, arrête que le tribunal sera aussi actif qu'eux (23 ventôse, 13 mars 1794[4]).

Pour hâter ce travail préparatoire, les juges se l'étaient réparti par groupes de districts : 1° Arras et Bapaume; 2° Boulogne, Montreuil et Saint-Pol; 3° Calais, Saint-Omer

---

1. *Hist. des prisons*, t. IV, p. 323.
2. Paris, t. I, p. 237.
3. *Procès*, t. II, p. 133.
4. Paris, t. I, p. 258.

et Béthune. Dans les vingt-quatre heures, chacun faisait son rapport et le tribunal se réunissait à dix heures pour le jugement. Les exécutions suivaient de près. L'échafaud, dressé jusque-là place de la Liberté (petite place), fut transporté place de la Révolution (de la Comédie). Il y avait une galerie pour les spectateurs et une buvette où ils trouvaient à se rafraîchir[1].

M. A.-J. Paris a donné la nomenclature de ces condamnations, qu'il suit jour par jour; nous ne ferons ici que relever quelques traits de ce tableau[2].

La série commence par Mme de Modène, sœur du comte de Béthune (19 ventôse, 9 mars 1794). On avait trouvé dans le portefeuille de M. de Béthune une lettre, sans date et sans signature, dans laquelle on l'engageait « à faire émigrer ses chevaux de carrosse », et Mme de Modène avait dit des jeunes gens de Pénin qui avaient exigé qu'un de leurs camarades, malade, rejoignît son bataillon : « Ce sont donc des lionceaux ces jeunes gens de Pénin! » Il n'en fallut pas davantage, l'acte d'accusation en fait foi et Le Bon lui-même en témoigne :

Avant-hier, écrit-il au Comité de salut public, la sœur du ci-devant comte de Béthune a éternué dans le sac : elle était prévenue d'avoir conseillé l'émigration des chevaux et d'avoir traité de lionceaux des patriotes (22 ventôse, 12 mars 1794[3]).

Parmi les motifs de condamnation à mort on trouve fréquemment le fait d'avoir eu en sa possession des feuilles contre-révolutionnaires, ou bien encore de faux assignats. Qui était sûr de n'avoir pas chez soi quelque vieux journal ou de n'avoir pas reçu, sans les reconnaître, quelques faux assignats? Mais c'était un moyen de faire condamner ceux qu'on voulait perdre : témoin le procès de

---

1. Paris, t. I, p. 239.
2. Voyez aussi sur les brutalités des agents inférieurs à l'égard de ceux qui, appelés au tribunal, étaient déjà à leurs yeux comme une proie, les *Horreurs des prisons d'Arras*. (*Hist. des prisons*, t. III, p. 310 et suiv.)
3. *Procès*, t. II, p. 77-79, et *Hist. de Jos. Lebon*, t. I, p. 241.

M. Lallart de Berlette. Acquitté pour le fait des assignats, il fut repris, par ordre de Le Bon, mis en jugement pour diverses brochures trouvées chez lui dans l'intervalle et condamné comme traître, trois jours après son acquittement (29 ventôse, 19 mars 1794)[1].

On a vu la prédilection de Le Bon pour les riches, pour les nobles[2], à plus forte raison quand ils étaient officiers de l'ancien régime : témoin le comte de Montgon, qui depuis 1784 avait commandé en second la citadelle d'Arras, « bon gros aristocrate, bien dodu », dit-il, avec un ricanement de cannibale, aux sans-culottes du club : « belle tête à guillotiner ».

Le Bon se donna le plaisir d'assister au jugement et à l'exécution (13 germinal, 2 avril 1794) : « Je vis, dit un témoin au procès de Le Bon, l'accusé y applaudir des pieds et des mains en mettant son chapeau au bout de son sabre. Il était aisé de voir sa joie » ; et Le Bon en convint : « Si je n'avais pas éprouvé de joie de la destruction des contre-révolutionnaires, répondit-il, j'aurais été hors d'état de les poursuivre[3] ».

Sa haine pour les nobles et les prêtres eut l'occasion de se satisfaire alors sur ce qu'il y avait de plus éminent en Artois dans la noblesse et le clergé.

Les états d'Artois s'étaient élevés, au commencement de 1789, contre la forme adoptée pour les élections aux États généraux; ceux des nobles qui avaient siégé aux états de la province avaient protesté, par un acte du 29 avril 1789, en faveur des privilèges qui leur donnaient le pas sur le reste de la noblesse du pays. Tout cela s'était

---

1. Entre autres le *Manifeste du duc de Brunswick*, que la République elle-même avait répandu à profusion, voulant qu'il fût dans toutes les mains pour surexciter tous les cœurs. (Voy. *Procès*, t. I, p. 179, et t. II, p. 61; Paris, t. I, p. 232 et suiv.)

2. « Si je parus poursuivre plus vivement les riches, dit Le Bon dans son procès, c'est qu'il y en avait plus de coupables, et il était naturel que sur vingt il y en eût dix-neuf de riches, plus exposés que d'autres à enfreindre les lois qui leur ont tant ôté. » (*Procès*, t. I, p. 189.)

3. *Procès*, t. I, p. 215.

dissipé devant l'Assemblée nationale. Mais il restait quelques membres de cette noblesse des états : le comte DE LAUNAY DE CAUCOURT, le comte DE MARLES, LESERGEANT D'HENDECOURT, le baron DE WASSERVAS D'APLINCOURT, le baron D'AIX DE REMY, le vicomte DE COUPIGNY DE NOURCEUL, et M. DE THIEULAINE. Le Bon les fit mettre en jugement pour cette protestation, et, du même coup, Joseph BLANQUART, ancien avocat au conseil d'Artois, depuis administrateur du district en 1791; c'était lui qui l'avait rédigée. Le jury commença par condamner ce dernier comme « provocateur à l'anéantissement de la souveraineté du peuple », etc.; puis il passa aux nobles des états. On n'avait à leur reprocher que cette protestation qui n'était pas un crime alors, et qui, en eût-elle été un, était couverte par l'amnistie du 14 septembre 1791. Mais le Comité de salut public avait depuis longtemps levé tout scrupule de Le Bon sur cette exception, en lui écrivant : « L'amnistie prononcée lors de la constitution capétienne et invoquée par tous les scélérats est un crime qui n'en peut couvrir d'autres ». Les accusés, excepté deux, MM. de Coupigny et de Thieulaine, pour lesquels le fait ne parut pas constant, furent condamnés et exécutés (16 germinal, 5 avril) [1].

Une protestation d'une autre nature avait été signée le 21 décembre 1790 par le chapitre d'Arras contre l'arrêté du département qui lui ordonnait de se dissoudre et contre la constitution civile du clergé. Trente-six sur quarante avaient signé cet acte, aussi remarquable par l'élévation des sentiments que par la fermeté du langage. Six de ceux qui avaient survécu, et que l'on détenait dans les prisons d'Arras, furent envoyés à l'échafaud le 14 germinal (3 avril 1794) [2].

La vieillesse n'était pas une excuse, au contraire, Dom ANSART, religieux de Saint-Vaast, âgé de quatre-vingt-

---

1. *Procès*, t. II, p. 96-100, et Paris, *Hist. de Jos. Le Bon*, t. I, p. 286-292.
2. *Procès*, t. II, p. 101-106.

quatre ans, était accusé d'avoir conservé soigneusement des écrits incendiaires et refusé opiniâtrement de prêter le serment prescrit par la loi. « Il ne faut pas, dit Le Bon, se laisser gagner par la pitié. Plus Ansart est vieux et plus son aristocratie est enracinée [1]. » Et Ansart fut livré au bourreau (26 germinal, 15 avril).

Plusieurs cultivateurs figurent aussi sur la liste funèbre et de préférence les cultivateurs « à grosses bottes », c'est-à-dire les plus riches; mais ils eurent pour compagnons des pauvres aussi, des journaliers, des artisans, par exemple, un cordonnier, nommé DHENIN, qui avait fourni pour les défenseurs de la patrie treize paires de souliers dont la semelle était fourrée de papiers collés ensemble. « Dhenin, dit M. A.-J. Paris, convaincu d'avoir conspiré contre le gouvernement révolutionnaire en cherchant à entraver la marche des troupes républicaines (loi du 29 septembre 1793), fut guillotiné [2]. »

V

#### Extension du tribunal révolutionnaire d'Arras.

La répartition du travail préparatoire par groupe de districts rendait plus prompte la mise en jugement. Pour hâter, dans une proportion équivalente, les jugements eux-mêmes, Le Bon résolut de diviser le tribunal en deux sections. Toute cette série de réformes transporte d'admi-

---

1. Paris, *Hist. de Jos. Le Bon*, t. II, p. 2, et le *Procès*, t. I, p. 47.
2. T. I, p. 238. — Voici la loi du 29 septembre 1793 : « La Convention nationale déclare que ceux qui ont fabriqué les souliers que la section des droits de l'homme est venue dénoncer, ainsi que ceux qui les ont reçus pour le compte de la République, sont renvoyés au tribunal révolutionnaire pour y être poursuivis et jugés comme conspirateurs. Elle déclare en outre que, sous le nom de conspirateurs, sont compris tous les agents, préposés ou autres administrateurs infidèles qui sont ou ont été chargés des approvisionnements et fournitures de la République, en quoi qu'ils puissent consister. » — Quand on songe aux misères de nos soldats laissés sans chaussures dans leurs dures campagnes, on comprend la sévérité de la loi; mais la guillotine était de trop.

ration Darthé, un de ses plus fougueux acolytes. Il écrit à Le Bas :

Le Bon est revenu de Paris, transporté d'une sainte fureur contre l'inertie, qui entravait les mesures révolutionnaires. Tout de suite un jury terrible, à l'instar de celui de Paris, a été adapté au tribunal révolutionnaire. Ce jury est composé de soixante b... à poil (il en était). — Un arrêté vigoureux a fait claquemurer les femmes aristocrates dont les maris sont incarcérés et les maris dont les femmes le sont. Une perquisition a été faite à la citadelle de Doullens par une commission ardente de sept patriotes (j'étais du nombre). — La guillotine depuis ce moment ne désempare pas : les ducs, les marquis, les comtes et barons, mâles et femelles, tombent comme grêle. Nous venons d'arrêter que nous dresserions l'acte d'accusation de tous les gros aristocrates d'Arras d'abord, et ensuite des autres endroits du département. Le tribunal ne peut plus y suffire. Aussi Le Bon vient-il d'y adjoindre une 2ᵉ section.

Le Bon n'est occupé qu'à rédiger des actes d'accusation; et nous, à cinq et à six, à interroger, faire des visites domiciliaires dans lesquelles nous faisons toujours des découvertes précieuses; nous ne dormons plus.

Suit une attaque contre Guffroy, qui tournait au modérantisme :

Guffroy a révolté tous les patriotes contre lui : il doit être rayé de la Société. Ses numéros et la lettre à Dubois sont abominables. Il enfile le chemin de la guillotine. — Le fameux Wallart, président du district de Saint-Pol, vient d'être suspendu et mis en état d'arrestation par Le Bon. Capron, Lavocat, Henri Thellier père et fils, Amort, Auge, Joana, Eusèbe, Herman, etc., etc., etc., ont été arrêtés il y a quelques jours par le Comité de surveillance de Saint-Pol. Il n'y en a pas un de ces coquins-là qui n'ait mérité d'éternuer dans la besace. Tu imagines bien qu'il a fallu donner quelques coups de fouet. Je lance d'ici nos sans-culottes et leur mets le feu sous le ventre. Le Bon et sa femme t'embrassent et ta femme. Je t'embrasse [1]. »

Tendres amis!

Le Bon, devant l'encombrement de ses prisons, avait sollicité l'envoi d'une partie de ses suspects à Chantilly.

1. *Papiers trouvés chez Robespierre*, n° 83, p. 271, 216.

Il ne l'avait pas obtenu ; il s'en réjouissait maintenant, pensant qu'avec son double tribunal il pourrait les expédier lui-même :

Au surplus, écrivait-il au Comité de salut public relativement à ce refus, les aristocrates de ces environs ont fait tant de mal, ils sont tellement connus, ils ont sur leur compte de si fortes charges, que la guillotine, si elle continue son même train, en débarrassera peu à peu nos maisons d'arrêt (4 germinal, 24 mars 1794)[1].

Aussi ne craignait-il pas d'ajouter à l'encombrement par les arrestations les plus arbitraires. Un jour (c'était un dimanche !) Le Bon rencontre une jeune fille dont la toilette le choque. « Qui es-tu ? lui dit-il ; où vas-tu si proprement habillée ? — Qu'est-ce que cela vous fait ? » lui répond la jeune fille, qui peut-être ne le connaissait pas. Aussitôt on l'arrête ; on la conduit au Comité de surveillance, on la fouille, on l'envoie à la prison des Baudets. Le père, la mère sont arrêtés, écroués dans des prisons différentes. Deux mois après, comme Le Bon était à Cambrai, ses agents lui écrivent : « Nous pensons que tu pourrais rendre la liberté à cette famille ; nous attendons ta décision ». Et Le Bon répond : « Le père et la mère seront mis en liberté ; quant à la fille, je ne peux encore prononcer[2] ». Il y avait

---

1. Paris, t. I, p. 261.
2. Paris, t. I, p. 313 ; cf. *Procès*, t. I, p. 265 : Déposition de la mère. Nougaret a donc tort de dire que tous les trois furent condamnés et exécutés. (*Hist. des prisons*, t. IV, p. 300.) — Plus on avait de prisonniers, plus on en voulait avoir ; — il est vrai qu'on savait maintenant s'en débarrasser bien vite. Demuliez, accusateur public, et Darthé, administrateur du département, délégués par Jos. Le Bon, dans un arrêté précédé de longs considérants, « somment, au nom de la patrie, tous les bons citoyens de venir faire leurs déclarations et donner tous les renseignements qu'ils peuvent avoir sur les trahisons, les conspirations ourdies depuis l'origine de la Révolution et sur leurs auteurs, ou complices, les modérés. » (Boulogne, 20 germinal an II. Arch. nat., AF II, 131, dossier 11, à la date.) — Le Bon veillait de loin sur ses détenus ; il écrit le 8 germinal : « L'agent national du district de Bapaume dira s'il est vrai que Doudan et Lefebvre, ex-maire, se promènent le jour et ne sont en arrestation que la nuit ; il dira aussi en vertu de quelle loi cette manœuvre existe. » (Arch. nat., AF II, 131, dossier 11.)

double sacrilège en effet : observation du dimanche, manque de respect envers le représentant!

Dans les poursuites et les exécutions, ce n'était pas seulement l'amour des principes, le zèle de la république, ou la haine de la religion, qui dirigeaient ces hommes, c'étaient aussi des ressentiments personnels, des vengeances privées. La famille des Thellier, à Saint-Pol, en est la preuve.

Saint-Pol avait le triste privilège d'être la ville originaire de Le Bas et de Le Bon. Une des familles les plus considérables du pays était celle des Thellier. Bernard-François-Guillaume Thellier, sieur de Poncheville, était, à l'époque de la Révolution, subdélégué de l'intendance de Flandre et d'Artois et procureur général de la sénéchaussée de Saint-Pol; son fils, J.-B. Bernard, avocat, l'un des échevins de la ville à la fin de 1788, était l'un de ceux qui furent, le 9 avril suivant, délégués pour rédiger les cahiers du ressort et nommer les députés du tiers état de la province aux États généraux. J.-B. Bernard Thellier s'était signalé par son courage à lutter contre les entraînements de la foule dans les émeutes; il ne se signala pas moins par sa fermeté à défendre sa foi dans le schisme qui fut la conséquence de la constitution civile du clergé. Aussi avait-il soulevé les colères des révolutionnaires; et un de ses confrères, le fameux Le Bas, refusa un jour de plaider contre lui, demandant son exclusion du tribunal, ce qu'il ne put obtenir, malgré l'appui d'Herman, juge alors à Saint-Pol et depuis président du tribunal révolutionnaire de Paris. Mais, après le 21 janvier, l'horreur que le jeune avocat témoigna pour le régicide le fit arrêter. Il s'évada de la prison au milieu d'émouvantes péripéties qu'il a racontées lui-même, et gagna la frontière [1]; il y eut plus d'un émigré de cette sorte. Il vint à Valenciennes quand

---

1. Ses lettres ont été publiées par son petit-fils, M. Thellier de Poncheville, député de Valenciennes, sous le titre : *Vieux papiers et souvenirs de famille*, 1788; *les Lettres de mon grand-père*, 1789-1793. Valenciennes, 1875.

la ville fut occupée par les Autrichiens, et nous l'y retrouverons plus tard.

Ce fut le commencement de la persécution qui atteignit toute sa famille. Son père fut arrêté comme « le chef des aristocrates » de Saint-Pol, conduit à Arras; vieux et malade, il échappa à la guillotine par la mort (juillet 1793). Un de ses frères avait émigré; trois autres (l'un d'eux, jeune écolier de dix-sept ans) furent arrêtés à leur tour et conduits à la citadelle de Doullens. Leur mère, d'abord laissée libre, fut arrêtée à Saint-Pol, le 8 brumaire, comme mère d'émigrés, ainsi que sa fille, comme sœur d'émigrés, et l'une et l'autre transférées à Arras. C'est à ce titre et pour correspondances avec des fils, avec des frères, « ennemis du dehors », qu'elles comparurent devant le tribunal d'Arras et furent condamnées à l'époque où nous sommes arrivés (21 germinal, 10 avril 1794)[1]. Avec elles périt François Petain, concierge de la prison de Saint-Pol, au temps où J.-B.-Bernard Thellier de Poncheville s'en était échappé. Il avait été accusé sur ce fait et acquitté pour la raison que la prison était en mauvais état et que depuis longtemps il avait demandé qu'on y fît des réparations urgentes; mais c'était un ancien serviteur de la maison des Thellier. Le Bon y soupçonna de la complaisance, et, sans s'arrêter au bénéfice de l'acquittement, il le fit reprendre et l'envoya avec la mère et la sœur du fugitif à l'échafaud[2]. Des trois autres frères, le plus jeune fut enrôlé dans l'armée; les deux autres, qui, après avoir réclamé en vain leur libéra-

---

1. Les Archives nationales n'ont au carton des tribunaux révolutionnaires pour le Pas-de-Calais (BB³, cart. 14) rien que cette mention :

« Le tribunal criminel révolutionnaire du Pas-de-Calais a condamné à mort Marie-Éléonore-Joséphe Mayeu, âgée de cinquante-huit ans, veuve de Guillaume-François-Bernard Thellier, demeurant à St-Pol, et Marie-Joséphine-Bernardine-Adélaïde Thellier, leur fille, célibataire, pour conspiration contre la Nation française et sa liberté, et intelligence et correspondance avec les ennemis intérieurs et extérieurs de la République. Du 31 germinal an II de la République française, une et indivisible.

« Le Serne, greffier dudit tribunal. »

2. Paris, t. I, p. 303-305.

tion, s'étaient évadés, furent repris comme ils cherchaient à gagner la frontière, envoyés à Cambrai et condamnés à mort comme convaincus d'émigration, le 1er messidor (19 juin 1794). Dans l'intervalle, trois autres Thellier, Hubert Thellier de Courval, ex-argentier de l'échevinage, Louis Thellier, sa sœur, femme d'Éloi de Corbehem, ex-lieutenant général de la sénéchaussée, et Henri Thellier de la Neuville, avocat, périrent aussi sur l'échafaud d'Arras, le 18 floréal (7 mai 1794). Darthé, l'un des séides de Le Bon, Darthé, combattu par les Thellier aux élections municipales de 1792, prenait alors sa revanche. « Il n'y a pas un de ces coquins-là, écrivait-il après leur arrestation, qui n'ait mérité d'éternuer dans la besace [1]. » Le Bon était allé plus loin : il avait ordonné l'arrestation de trois autres membres de la même famille, — dont deux étaient morts [2] !

Un des procès qui, dans le mois sanglant de germinal, émurent le plus la population artésienne, est celui de Mme veuve Bataille et de ses prétendus complices.

Mme veuve Bataille était une femme charitable, qui recueillait les aumônes pour les distribuer. Elle en fit passer quelque chose à un prêtre émigré. De plus, elle avait reçu des cotisations pour racheter, sous un prête-nom, l'église Saint-Géry. Le prête-nom, gagné, repassa son marché à des patriotes, l'affaire s'ébruita, le marché fut déclaré nul. Mais Mme Bataille et tous ceux qui étaient portés sur son registre, comme lui ayant donné de l'argent, furent mis en accusation. Y avait-il complicité, y avait-il crime dans l'action principale aux termes mêmes des lois révolutionnaires? La défense de faire passer de l'argent aux prêtres déportés ne pouvait s'appliquer aux faits antérieurs à la loi du 17 septembre 1793, et le registre en question s'arrêtait au mois d'août. Quoi qu'il en soit, Mme Bataille voulut tout prendre sur elle. Les autres n'avaient fait que lui remettre de l'argent; elle seule, et à

---

1. *Vieux papiers*, p. 124.
2. *Ibid.*, p. 126.

leur insu, en avait fait passer quelque chose à un prêtre émigré : puisque c'était un crime, elle livrait sa tête.

Une seule tête ne suffisait pas. Le Bon mit dans cette affaire un acharnement tout particulier. Le 22 germinal (11 avril 1794), il prit un arrêté par lequel, après de nombreux considérants qui sont autant de chefs d'accusation, il ordonne « que tous les individus mâles et femelles susmentionnés seront traduits devant le tribunal révolutionnaire », et arrête en outre que le présent sera lu aux jurés immédiatement après l'acte d'accusation [1]. C'était leur dicter la sentence : sur vingt-quatre accusés, vingt furent condamnés.

« La précipitation de cette prétendue procédure fut telle, disent les deux auteurs contemporains déjà cités, que plusieurs de ces vingt victimes furent immolées sans interrogatoire préalable, sans être entendues, et ce, parce qu'elles se trouvaient inscrites sur une liste de charité comme ayant donnés 3 livres. Telle fut, entre autres, la citoyenne Toursel, femme d'un médecin, délaissant neuf enfants en bas âge [2]. »

« L'exécution des condamnés, ajoute M. A.-J. Paris, fut aussi précipitée que les débats... En moins de cinq heures, accusateur public, jurés, juges et bourreau avaient terminé leur besogne [3]. » Et Le Bon n'était pas satisfait : car, parmi les quatre acquittés, était l'avocat Dauchez, au prix

---

1. *Procès*, t. II, p. 69-73; cf. p. 47, et Guffroy, *les Secrets de Jos. Le Bon*, p. 33. Duquesnoy écrit à ce popos, en P.-S (Arras, 23 germinal) :
« Notre collègue Le Bon fait jouer ici la guillotine tous les jours sur le col des aristocrates. Après-demain, on en jugera trente-trois. *Vive la République!* » (Arch. nat., AF II, 156, germinal, pièce 286).

2. *Hist. des prisons*, t. III, p. 343.

3. *Hist. de Jos. Le Bon*, t. I, p. 368. (Dans le procès de Le Bon, Alexandre Morgan, homme de loi, demeurant à Amiens, dit « qu'après l'exécution des infortunés compris dans cette affaire, le bourreau se plut à arranger publiquement les cadavres nuds, de l'un et de l'autre sexe, dans les positions les plus horribles. Il accuse Le Bon de n'avoir point sévi contre ces atrocités, mais au contraire d'avoir admis leur auteur à sa table. » L'accusé nie qu'il ait eu connaissance de ce fait. (*Procès*, t. I, p. 50; cf. *les Secrets de Jos. Le Bon*, p. 175.)

duquel il eût peut-être relâché tous les autres. Son irritation à ce propos est attestée par de nombreux témoins [1] et elle est, en quelque sorte, avouée par lui-même, lorsqu'il répond, dans son procès, sur ce grief : « Quant à la condamnation de ce tas de dévotes (c'est là toute la pitié qu'il montre pour ses victimes), elle m'étonna moi-même, et je ne fus surpris de l'acquittement de Dauchez que comparativement à cela [2]. »

C'est au milieu de ces exécutions que parut le décret bien connu déjà du 27 germinal, aux termes duquel tous les prévenus de conspiration devaient être traduits devant le tribunal révolutionnaire de Paris [3]. La nouvelle en parvint à Arras le 29, au moment où le tribunal allait entrer en séance; et plus d'un de ses membres, le président Beugniet, l'accusateur public Demuliez, son substitut Peltier, à qui ces fonctions commençaient à être fort à charge, s'en réjouirent. Mais Le Bon se refusait à croire que le Comité de salut public voulût fermer son tribunal. Il en suspendit pourtant les séances; en même temps il écrivait à Le Bas, et Daillet, maire d'Arras, à Robespierre, pour leur demander si la mesure regardait Arras et, dans ce cas, la combattre :

Voici mes motifs, disait Daillet. Nous ne faisons grâce à personne. Nous frappons à coup sûr, parce que nous connaissons la moralité de chaque individu et que nous sommes convaincus que si les aristocrates n'ont pas pris une part active et ostensible dans les dernières conspirations, ils n'en ont pas moins appelé chaque jour la contre-révolution dans leur cœur et par leurs vœux, et qu'ils ont concouru, chacun selon leurs moyens personnels, à renverser la République : au lieu que toutes ces

---

1. Entre autres par Gabriel Leblond, un des jurés. (*Procès*, t. I, p. 64 et 120.)
2. *Procès*, t. I, p. 319; cf. p. 53 et. t. II, p. 47 et 65.
3. Le Bon apprécie fort bien cette loi : « On s'imagine peut-être, dit-il dans son procès, que cette loi fut faite pour les soustraire (les accusés) au supplice : c'était au contraire afin qu'il n'en échappât aucun. Lisez attentivement le rapport du 27 germinal, vous le verrez d'une manière frappante. » (*Procès*, t. I, p. 249.)

connaissances locales échapperont à un juré éloigné. Je t'engage à examiner s'il ne serait pas plus utile de nous conserver notre tribunal révolutionnaire avec ses attributions. Je t'embrasse (29 germinal, 18 avril 1794) [1].

Cette lettre était faite pour toucher Robespierre. Le décret du 27 germinal était l'œuvre de Saint-Just, qui trouvait que la justice révolutionnaire s'énervait en province. Mais quand on y avait des hommes comme Le Bon, l'argument tombait de lui-même. Le tribunal d'Arras fut maintenu (30 germinal) [2]. Seulement Le Bon n'y voulut pas garder désormais ceux qui avaient manifesté quelque joie de le voir finir : tels étaient le président Beugniet, qui, tout en appliquant les lois, les trouvait trop sévères, et l'accusateur public Demuliez, qui, naguère, pressé de marcher plus vite : « Donne-moi des règles et des lois, répondait-il, j'irai aussi vite que tu voudras. — Des règles! reprit Le Bon, est-ce qu'il en faut en révolution? On fait un acte d'accusation et puis on va [3]. » Il n'allait plus à son gré, non plus que le substitut Peltier, ni le juré Gabriel Leblond qui, tout récemment, las du rôle servile et sanglant qu'on lui faisait jouer, avait contribué à faire acquitter quatre des prétendus complices de Mme Bataille. — Et ils en avaient condamné vingt, elle comprise! — Le Bon les suspendit

---

1. *Papiers trouvés chez Robespierre*, n° 84, p. 276. C'est évidemment par une faute d'impression que cette lettre est mise dans le livre de M. A. J. Paris sous la date du 27.
2. Arch. nat., AF II, 131, floréal, pièce 87. A la date du 3 floréal (21 avril 1794), Le Bon, par manière de remerciement au Comité de salut public, lui écrit : « Votre arrêté pour continuer les fonctions du tribunal révolutionnaire, séant en cette commune, a été un coup de foudre pour l'intrigue, le modérantisme et l'aristocratie. La loi générale qui appelle à Paris les conspirateurs, de tous les points de la République, avait été ici interprétée par quelques scélérats comme une improbation des actes du tribunal et de la célérité de ses jugements; mais le courrier, le bienheureux courrier est arrivé. Tout ce peuple l'attendait avec impatience. J'ouvre le paquet, je lis l'arrêté ; mille cris de réjouissance s'élèvent et le patriotisme reprend une force nouvelle. » (*Papiers trouvés chez Robespierre*, n° 79, p. 268.)
3. *Les Secrets de Jos. Lebon*, p. 179. Voyez les nombreux arrêtés de Le Bon, en germinal, floréal et prairial, tendant surtout aux perquisitions, aux arrestations. (Arch. nat., AF II, 131, dossier 41, pièce 74.)

de leurs fonctions. Le comité de surveillance et le tribunal furent réorganisés. Daillet remplaça Beugniet comme président, et Darthé prit la place de Demuliez comme accusateur public[1]. Le jury, cette cheville ouvrière du tribunal, fut remonté aussi et renforcé d'hommes résolus; et le tribunal ainsi reconstitué s'empressa de regagner le temps qui avait été perdu à ces remaniements[2].

Dans la plupart des condamnations qu'il prononça, ce sont encore les mêmes griefs : des lettres arrêtées à la poste; des brochures contre-révolutionnaires (quelques-unes de deux ou trois ans de date!) trouvées dans quelque coin d'un grenier. Cinq personnes furent condamnées le 25 floréal pour ces motifs. Par compensation, un certain Laisné, ci-devant vicaire épiscopal de l'évêque du département, accusé d'avoir, en sa qualité de commissaire du district de Saint-Omer, volé des meubles chez la veuve d'un condamné à mort, mais signalé avant l'audience par les *Terribles* comme un patriote à absoudre, fut acquitté[3].

Entre tant de procès qui se ressemblent, il en est un pourtant qui se distingue par le motif vraiment unique sur lequel il se fonda, c'est le procès intenté à toute une famille : Louis-Auguste DE LA VIEFVILLE, sa fille Isabelle, âgée de vingt-deux ans et mariée à M. Eugène DE BÉTHUNE, de plus une lingère, Marguerite FARINAUX, et une bonne d'enfants, Caroline PITRE, qui faisaient partie de leur service. L'acte d'accusation porte que des pièces

---

1. Le Bon fait allusion à ces destitutions et à ces nominations dans la lettre citée plus haut; il insiste pour qu'on n'appelle point Daillet à Paris : « Nous allons bien, nous irons mieux. Mais encore une fois, je vous le répète, ne détachez aucune partie de ce faisceau terrible, formé pour la ruine des aristocrates et de leurs hypocrites amis. » (*Papiers*, etc., p. 269.)
2. Paris, *Hist. de Jos. Le Bon*, t. II, p. 5-15. — Bollet, représentant, chargé de l'organisation de la cavalerie à l'armée du Nord, écrit de Douai (10 floréal), au citoyen Guffroy. — Il lui fait passer copie d'une lettre que lui adresse Leblond, et annonce que la terreur règne tellement dans la ville d'Arras, que tout le monde tremble. (Arch. nat., AF II, carton 157, floréal, pièce 66.)
3. Paris, t. II, p. 17.

Il résulte que les nommés Louis-Auguste et Françoise La Viefville ont appris et conservé très soigneusement un perroquet qui répétait : *Vive l'empereur! vive le roi! vivent nos prêtres et vivent les nobles!* et que les nommées Caroline Pitre et Marguerite Farinaux qui, comme attachées à la maison desdits La Viefville, avaient connaissance que ce perroquet existait, ne l'ont pas déclaré ou plutôt tué; en conséquence, ledit substitut déclare accuser lesdits Louis La Viefville, Françoise La Viefville, Caroline Pitre et Marguerite Farinaux d'être des traîtres à la patrie, des ennemis résistant au gouvernement républicain, et d'avoir cherché à provoquer le rétablissement de la royauté : Louis et Françoise La Viefville, en ayant instruit et conservé très soigneusement un perroquet qui répétait très souvent ces mots : *Vive l'Empereur! vive le roi! vivent nos prêtres et vivent les nobles!* et Caroline Pitre et Marguerite Farinaux, en étant les complices desdits Louis et Françoise La Viefville en n'ayant pas déclaré que ce perroquet existait dans la maison de ces derniers. — Fait à Arras, le 3 floréal an II. — Caubrière [1].

Le corps du délit était parlant. On voulut lui faire jouer le rôle de témoin à charge; et, sur l'ordre du tribunal, un gendarme apporta le perroquet. Mais toutes les agaceries des jurés et des juges ne purent lui faire crier : « Vive le roi! » On avait beau lui dire : « Jacot, crie donc : *Vive le roi!* » il resta muet, ou se mit à siffler.

Il criait bien pourtant *Vive l'empereur!* et *Vive le roi!* d'habitude. C'était un reste de sa première éducation. M. de la Viefville l'avait jadis rapporté de Bruxelles dans un voyage. Mais on ne pouvait admettre cette excuse. M. de la Viefville, Mme de Béthune et Marguerite Farinaux n'en furent pas moins convaincus d'être les auteurs ou complices de la conspiration ourdie contre le peuple français et sa liberté; des ennemis résistant au gouvernement révolutionnaire et républicain; « ayant, par les soins qu'ils ont pris d'enseigner à un perroquet à proférer les mots odieux de : *Vive le roi! vive l'Empereur! vivent les prêtres et vivent les nobles!* provoqué au rétablissement de la royauté et de la tyrannie ».

1. Paris, t. II, p. 21, 22.

— Pour donner quelque fondement un peu plus solide à la condamnation, on avait, à l'audience, imaginé un autre grief, celui d'émigration; mais l'imputation était fausse, si bien fausse qu'elle n'était pas nouvelle et que l'accusateur public n'avait pas osé la produire dans son acte. Elle n'en figure pas moins, avec le perroquet, dans les motifs de la sentence. La bonne d'enfant, seule, fut acquittée; mais on la retint en prison comme suspecte.

Quant au perroquet pour lequel ces trois têtes tombaient sur l'échafaud, il fut, malgré les termes violents du réquisitoire, traité avec plus d'indulgence. Mme Le Bon le reçut pour lui apprendre à crier : *Vive la Nation!* [1]

Avec ce procès où le ridicule le dispute à l'odieux, mentionnons une exécution qui se révèle par un trait révoltant. Le Bon, dans son zèle frénétique, prenait volontiers tous les rôles : il arrêtait lui-même, il assistait aux jugements, il venait voir tomber les têtes sur l'échafaud. Un jour qu'on y avait fait monter M. de Vielfort, ancien membre de la noblesse aux États d'Artois, comme il était déjà attaché à la planche fatale, Le Bon parut au balcon de la Comédie et, suspendant d'un signe l'exécution, il donna lecture d'une gazette qui parlait d'un succès des armées françaises; puis, apostrophant le patient : « Va, scélérat, dit-il, apprendre à tes pareils les nouvelles de nos victoires »; et l'exécution suivit son cours [2].

L'œuvre du tribunal faillit être encore une fois arrêtée.

Le Comité de salut public, sur les observations de Le Bon à Arras, de Maignet à Avignon et de plusieurs autres, avait pu reconnaître que le décret de germinal, où Saint-Just n'avait vu que l'avantage d'une justice unique et

---

1. Paris, t. II, p. 22, 23; cf. *les Secrets de Jos. Le Bon*, p. 229.
2. Paris, t. II, p. 32. — Cf. les dépositions de Lavigne, de Lefebvre, *Procès*, t. I, p. 290, 299, 340. — Le Bon, dans son procès, veut qu'on n'y voie que l'excès de son patriotisme. « Il rapporte ensuite l'exemple du vainqueur de Curiace, qui, emporté par l'amour de la patrie, poignarda sa sœur qui pleurait l'amant qu'il venait d'immoler. » (*Procès*, t. I, p. 63; cf., t. II, p. 113.)

implacable, avait, dans la pratique, plus d'un inconvénient. Il avait autorisé des exceptions. Pour leur donner un caractère de légalité, il préparait un décret destiné à régler la compétence du tribunal révolutionnaire de Paris et des tribunaux criminels de province, et, en attendant, il avait, par une circulaire, ordonné la suspension provisoire des commissions en exercice. Le Bon la tint secrète et il écrivit au Comité pour savoir si elle concernait le tribunal d'Arras, si le Comité voulait décidément l'exposer, lui et les siens, « aux poignards », avouant assez naïvement que c'était son seul refuge contre la haine publique [1].

Il reçut du Comité un arrêté spécial qui confirma son tribunal; et il n'y eut de tout cela pour Arras qu'un chômage de trois jours [2].

Il fut suivi d'une nouvelle recrudescence dans les opérations odieuses de cette justice. PILLAIN DESMARETZ avait dit un jour en parlant des accusés : « Celui-là sortira parce qu'il n'a rien. Si celle de ce matin n'avait eu rien, elle ne serait pas guillotinée; on ne guillotine pas les pauvres. » Cela sentait terriblement l'aristocrate, et l'homme qui n'a pas foi en l'incorruptibilité. Il fut guillotiné [3]. Mais l'empire de Le Bon ne se bornait pas au Pas-de-Calais. Le Nord lui avait été soumis aussi par l'arrêté du 9 nivôse; et celui du 11 ventôse, qui renouvelait ses pouvoirs dans le Pas-de-Calais, l'autorisait à suivre ses opérations dans les départements environnants. Le moment était venu pour lui d'aborder le département du Nord.

---

1. *Papiers trouvés chez Robespierre*, n° 80, p. 271.
2. Paris, t. II, p. 39. — 22 floréal. « Le Comité de salut public arrête que la Commission révolutionnaire, établie à Arras par le représentant du peuple Joseph Le Bon, est maintenue et continuera ses travaux. » Signé CARNOT, COLLOT D'HERBOIS. (Arch. nat., AF II, 22, dossier 69, pièce 89.)
3. Paris, t. II, p. 44.

# CHAPITRE XXXVI

## JOSEPH LE BON A CAMBRAI

### I

#### Arrivée de Le Bon à Cambrai.

La campagne de 1794 venait de s'ouvrir. Pichegru, d'après le plan de Carnot, devait se porter en avant, laissant Valenciennes, Condé et Le Quesnoi occupés par l'ennemi. Il importait au moins d'être assuré que l'ennemi de son côté n'avancerait pas; que Cambrai l'arrêterait au besoin : et la ville était animée des meilleures dispositions. Elle avait montré, après la prise de Valenciennes, qu'elle était décidée à se défendre jusqu'à l'extrémité. Mais on n'admettait pas à la Convention qu'une ville pût jamais être contrainte et céder à la force. On avait donc, pour expliquer les échecs de l'année précédente, imaginé un vaste complot dont Pitt et Cobourg étaient l'âme et dans lequel on ne craignait pas de faire entrer ces populations qui avaient soutenu des bombardements pendant quarante jours et n'avaient ouvert leurs portes que quand des brèches plus larges étaient ouvertes dans leurs remparts[1]. En conséquence, pour garder Cambrai (la capitulation de

---

1. Voyez le rapport de Barère à la Convention dans la séance du 1er août 1793, *Moniteur* du 7 août, t. XVII, p. 325, et les pièces envoyées de Cambrai par les commissaires Cochon et Briez, séance du 6 août, *Moniteur* du 8, p. 331. Nous en avons dit quelque chose ci-dessus, t. IV, p. 120 et suiv.

Landrecies venait d'inaugurer fâcheusement la campagne), Saint-Just et Le Bas, envoyés à l'armée du Nord, n'imaginèrent pas de meilleure garantie que d'y établir le gouvernement révolutionnaire, tel que Le Bon savait le pratiquer.

Ils lui écrivirent de Réunion-sur-Oise (Guise) :

Il est indispensable, cher collègue, que tu te rendes sur-le-champ à Cambrai pour y surveiller les manœuvres de l'aristocratie en faveur de l'ennemi. Nous t'invitons à emmener avec toi cinq des patriotes les plus vigoureux du jury et du tribunal d'Arras et à annoncer dans Cambrai une résolution inébranlable de ne laisser impuni aucun crime contre la Révolution, etc. [1].

Cette délégation, comme le remarque justement M. A.-J. Paris, était radicalement illégale : « Si le Comité de salut public n'avait pu, sans violer le décret du 27 germinal, maintenir à Arras un tribunal révolutionnaire déjà existant, combien plus était-il interdit à deux représentants en mission d'ordonner la création d'une commission nouvelle à Cambrai ? » Mais Saint-Just n'y regardait pas de si près et Le Bon n'était pas homme à en avoir plus de scrupules.

Avant de s'éloigner d'Arras, il voulut se débarrasser d'anciens instruments qui lui étaient devenus suspects, depuis qu'ils s'étaient montrés moins décidés à le servir jusqu'au bout [2]. Il ordonna que les frères Leblond, l'un adjudant général de l'armée du Nord, l'autre ex-membre du

---

1. *Hist. de Jos. Le Bon*, t. II, p. 51. C'est sur quoi insiste le président du tribunal criminel de la Somme, dans son résumé des débats, au procès de Le Bon. (*Procès*, t. II, p. 22.)
2. Paris, t. II, p. 51.
3. Avant de s'attaquer à eux, il s'était assuré l'appui de la Société populaire. Il les avait, selon un témoin, représentés comme attentant à sa vie, et, s'adressant au peuple, lui avait demandé : « Me soutiendrez-vous? » — Le Bon, dans son procès, voulut esquiver cette allégation par les voies détournées qui lui sont familières. Il répondit qu'il y avait des divisions à Arras : les terribles et les modérés; qu'après le jugement de Camille Desmoulins il avait cru aussi devoir poursuivre les modérés. Il était donc allé consulter la Société populaire et lui avait dit : « La loi me fait un devoir de les poursuivre. Je ne me sens pas assez fort. Me soutiendrez-vous moi-même? » (*Procès*, t. I, p. 52.)

Comité de surveillance, Demuliez, ex-accusateur public, et Beugniet, ex-président du tribunal révolutionnaire séant en la commune d'Arras, « prévenus d'intrigues pour sauver l'aristocratie, etc. », fussent provisoirement conduits au Comité de sûreté générale à Paris, pour être détenus à sa diligence, « jusqu'à ce que les circonstances permissent au représentant Le Bon d'achever l'instruction déjà commencée à leur charge » (15 floréal, 4 mai 1794).

Cette mesure de sûreté, que Le Bon croyait habile de prendre à Arras, était ce qui le devait perdre à Paris :

> Le trop d'attention que l'on prend au danger
> Fait le plus souvent qu'on y tombe.

Le Bon tira donc d'Arras quelques vigoureux patriotes : Daillet, qu'il fit président du nouveau tribunal, Darthé, et Caubrière, accusateur public, un greffier, une douzaine de jurés, et il partit, emmenant avec lui le complément indispensable de son tribunal, le bourreau [1].

« Je vais faire à Cambrai une fricassée de têtes », dit-il à son départ. Le mot est-il vrai ? Du moins ne rend-il que trop bien ce qu'il allait faire [2].

On ne connaissait encore Le Bon à Cambrai que par l'insistance qu'il avait mise à y faire venir le tribunal criminel du Nord pour juger, après Lallier, dix ou douze personnes supposées ses complices : en quoi le tribunal du Nord n'avait guère répondu à ses vœux. Les juges qu'il amenait étaient de tout autre nature. Un jour donc (16 flo-

---

1. Paris, t. II, p. 55.
2. Sur la Terreur à Cambrai, avant l'arrivée de Le Bon, voy. le livre de M. l'abbé Thénard, chanoine honoraire de Cambrai : *Quelques souvenirs de la Terreur à Cambrai* (1860). Les troubles causés par la famine, les émeutes contre les accapareurs, les suites fatales de la constitution civile du clergé, les prêtres fidèles, exilés, déportés, les rues *défanatisées* ou, si l'on veut, débaptisées, les églises fermées, puis vendues, démolies, boiseries, peintures précieuses, brûlées, etc., sont chose qu'on trouve à peu près partout. Cambrai avait failli avoir ses massacres des prisons. Des *coupe-têtes* y arrivèrent après les journées de septembre. Les prisonniers ne durent leur salut qu'à l'énergie du geôlier qui refusa d'ouvrir.

réal, 5 mai 1794), « on vit arriver à Cambrai une troupe d'hommes à cheval, le chapeau empanaché, des pistolets à la ceinture, le sabre au côté¹ » : c'était Le Bon et son tribunal; comme, selon le vœu de Saint-Just, il devait être tout à la fois civil et militaire, on avait cru que les plumages, les pistolets et le sabre n'y gâteraient rien. Les femmes s'étaient mises sur leur porte pour voir passer cette cavalcade. Le Bon fit arrêter et conduire au poste toutes celles qui ne portaient pas la cocarde nationale, et il en fit un ordre, avec obligation pour chacun de s'en faire l'exécuteur : « Tout citoyen qui voit un individu sans cocarde doit l'arrêter sur-le-champ ». Il faut lire dans le *Procès de Le Bon* et dans le livre de M. Paris, qui en a si bien tiré parti, les scènes qu'il fit au directoire de la commune à l'occasion de cristaux de lustre, pris pour fleurs de lis, ou de la déclaration des droits de l'homme, écrite sur le revers d'une vieille carte d'Angleterre. Les armes d'Angleterre gravées sur cette carte faillirent faire arrêter tout le directoire du district, comme partisans de Pitt et de Cobourg²; Martin et Martine, ces deux personnages qui, de temps immémorial, battent l'heure à l'horloge de l'hôtel de ville, n'échappèrent à la proscription du représentant que sur

---

1. A.-J. Paris, *Histoire de Joseph Le Bon*, t. II, p. 66; cf. Guffroy, *les Secrets de Jos. Le Bon*, p. 226. — « Le 16 floréal, dit l'aret, un des témoins, le 16 floréal, j'étais alors agent national du district, une demi-douzaine d'individus à moustaches, pantalons, plumets au chapeau, pistolets à la ceinture, traînant des sabres de longueur, vinrent apporter l'ordre de mettre à la disposition du représentant une maison toute meublée pour une douzaine de personnes : « Il y en a ici une soixantaine à guillotiner, « c'est l'histoire d'un déjeuner », disaient-ils. » (*Procès*, t. I, p. 219.)

2. Dépositions de Faret, de Guérard, de Faille et de Mahieu, *Procès*, t. I, p. 219, 232, 233 et 258, et Paris, t. II, p. 69. — Il écrit à Saint-Just et à Le Bas (17 floréal) : « Je suis arrivé à Cambrai, hier le soir, accompagné de vingt braves que j'ai amenés avec moi. J'ai vu les autorités constituées et la Société populaire. Je ne m'expliquerai point sur elle en ce moment. J'espère faire le bien à Cambrai et y inspirer la terreur civique. Aujourd'hui je ferai assembler tout le peuple et je lui parlerai, en masse, le langage de la vérité et de la raison. Le tribunal va de suite entrer en activité et fera justice de tous les traîtres. » (*Papiers trouvés chez Robespierre*, n° 78ᵇ, p. 267, et Saladin, *Rapport au nom de la commission des vingt et un*, n° 60, p. 231.)

l'assurance qu'ils n'avaient jamais quitté leur clocher pour aller aux processions. Une maison avait été préparée pour Le Bon et ses compagnons : représentant, juges, jurés et bourreau, couchaient sous le même toit, mangeaient à la même table [1]. Ils ne tardèrent point à se mettre à l'œuvre.

Dès son arrivée, Le Bon avait ordonné d'arrêter tous les pères, mères, grands pères, grand'mères, fils et filles, maris ou femmes d'émigrés, — ci-devant nobles ; — les individus non domiciliés habitant Cambrai et non chargés de mission. Mais il y avait pour Le Bon bien d'autres causes d'arrestation encore, sans parler des crimes de lèse-majesté à l'égard de sa personne. Jamais l'infatuation du pouvoir ne tourna à ce point tête de tyran. Il parcourait les rues dans son costume extravagant, suivi de quinze ou vingt officiers, habillés à peu près de la même sorte, large pantalon et carmagnole, grands plumets, sabre traînant et pistolets à la ceinture; et, pour lui, le sabre n'était pas seulement le signe inoffensif du commandement : il faillit en donner dans le ventre à un conscrit qui avait porté armes, au lieu de présenter armes sur son passage [2]. Il se croyait appelé à régénérer le peuple de Cambrai. Il voulait y supprimer la misère, y restaurer les mœurs [3]. Il remontait en chaire pour enseigner le culte de

---

1. Cf. *Histoire des prisons*, t. IV, p. 297.
2. *Les Secrets de Jos. Le Bon*, p. 214, 226 ; et Thénard, p. 225, 230, 241.
3. Voyez la lettre qu'il adresse le 18 floréal (7 mai), à Saint-Just ou à Le Bas : « La guillotine s'élève en ce moment sur la grande place. Demain, j'espère, le tribunal sera en pleine activité. Cambrai voit encore grand nombre de mendiants dans son sein ; ce spectacle fait douter si la révolution existe, et les aristocrates tirent bon parti des secours qu'ils donnent et que la nation seule doit accorder. Un arrêté remédiera demain à cet inconvénient.

« Le théâtre, au lieu d'être un foyer brûlant de patriotisme et l'école des vertus, paraît plongé dans l'obscénité et l'insignifiance des pièces de l'ancien régime. Au moment où tout doit embraser les citoyens d'amour pour la liberté, on les appelle à la représentation des *Fourberies de Scapin*, etc. Cela n'arrivera plus. » (Thénard, p. 175.) — Et encore le 19 floréal (8 mai) : « Le discours contre le fanatisme a produit l'effet que j'en attendais. La salle regorgeait d'auditeurs et je pense qu'ils en sont sortis furieux contre les anciens marchands d'impostures. Les sans-culottes se

la Raison; il prêchait même au théâtre, entre les pièces; il avait prétendu réformer le théâtre : avec sa troupe de jurés et de juges, il avait amené à Cambrai une troupe d'acteurs, qui s'appelait « troupe révolutionnaire ». Pour le peuple, le spectacle était gratuit, presque obligatoire, puisqu'il y enseignait, et il ne fallait pas qu'on parût dédaigner ses enseignements, ou prêter peu d'attention à sa personne : « Un jour », dit un témoin, nommé Leroi, dans son procès, « il y arrive : toutes les places étaient prises. Il entre dans une loge, se place derrière des femmes qui, ne le voyant ou ne le connaissant point, ne changèrent pas de place. Il sort, s'élance en furieux sur le théâtre; là, en tirant son grand sabre, et faisant des bonds, des sauts : « Voyez ces muscadines qui ne daigneront pas se déranger « pour un représentant de vingt-cinq millions d'hommes; et « si jadis un prince était venu, tout le monde lui aurait « fait place, tandis qu'elles ne se bougeront pas pour moi, « représentant, qui suis plus qu'un roi. » Il finit sa tirade, en menaçant tout ce qui se trouvait dans la salle. Plusieurs femmes se trouvèrent mal de frayeur, et il y en eut qui accouchèrent la nuit suivante [1]. » Par mal-

---

décident; ils s'enhardissent en se sentant appuyés. Patience et ça ira d'une jolie manière. Les dénonciations commencent et donnent lieu à des arrestations nouvelles. » (*Papiers trouvés chez Robespierre*, n° 78[1], p. 267.)

[1]. *Procès*, t. I, p. 308. Sur les contorsions théâtrales et le grand sabre de Jos. Le Bon, voyez encore, *ibid.*, p. 276. — « Cantante eo ne necessaria quidem causa excedere theatro licitum erat. Itaque et enixæ quædam in spectaculis dicuntur... Quam autem trepide anxieque certaverit quanta adversariorum æmulatione, quo metu judicum, vix credi potest, etc. » (Suet., *Nero*, 23.) — Voyez encore ce qu'en rapporte, en termes plus énergiques, le malheureux directeur du spectacle d'Arras qu'il avait « mis en réquisition », avec sa troupe, pour le suivre à Cambrai : « Il en chassa les meilleurs artistes, dit-il, et rendit mon spectacle désert par les scènes qu'il faisait tous les jours. Tantôt il s'élançait sur le théâtre au milieu d'une pièce et, tirant son grand sabre, il faisait trembler jusqu'aux enfants [s'il n'avait fait que peur aux enfants!]; tantôt il se mettait en furie de ce que des femmes respectables ne se déplaçaient point à son arrivée : « Voyez ces muscadines », disait-il, « autrefois on se précipitait au-« devant du premier prince qui paraissait pour lui offrir sa place, et ces « b... ses-là ne se dérangeront pas pour le représentant de vingt-cinq « millions d'hommes. Tonnerre de Dieu! je les ferai f... en arrestation « pour leur apprendre le respect qu'elles me doivent. » Je devais, ajoute

heur, il ne devait pas s'en tenir à ces farces de tréteaux. Mais au moment d'installer ses jurés et ses juges il faillit encore être arrêté dans sa marche. Le décret, annoncé par la circulaire qui l'avait tant troublé, venait de paraître (19 floréal, 8 mai 1794). La Convention admettait des exceptions à celui du 27 germinal, mais des exceptions dont elle seule était juge. Les tribunaux et commissions révolutionnaires, établis dans les départements par les arrêtés des représentants du peuple, étaient supprimés, et il n'en pouvait être institué d'autres à l'avenir que par décrets de la Convention. Seulement le Comité de salut public pouvait conserver ceux qu'il jugerait utiles, et autoriser certains tribunaux criminels à juger révolutionnairement dans un arrondissement déterminé.

Que devenait, avec ce décret, le tribunal que Saint-Just avait chargé Le Bon de fonder à Cambrai? Il périssait avant de naître. Le Bon pourtant sut encore se tirer d'affaire. Le Comité avait autorisé le maintien du tribunal révolutionnaire d'Arras : il ne s'agissait que de rattacher au tribunal établi le tribunal à établir. Le Bon l'appela *Tribunal révolutionnaire d'Arras, 2ᵉ section, siégeant à Cambrai*, et tout fut dit. Il se fit désigner des juges par l'administration du district et le conseil de la commune, choisit lui-même parmi les plus ardents patriotes de quoi compléter son jury [1]; et il ne s'agit plus que d'y amener les accusés et de dresser la guillotine.

---

le directeur, donner trois représentations gratis chaque semaine : elles m'ont été exactement payées. Les entr'actes étaient remplis par des sermons où le représentant prêchait au peuple la loi agraire, et je me souviens qu'il y déclamait souvent contre l'éducation et insinuait aux enfants la désobéissance envers leurs parents. Ces maximes pernicieuses avaient fait tant de progrès, qu'un père ou une mère, châtiant son enfant, était bien souvent menacé par lui d'être dénoncé à Joseph Le Bon. (*Procès*, t. I, p. 140; cf. *ibid.*, p. 259, et Paris, t. II, p. 83, 84.) — Sur les bals donnés dans le temple de la Raison et l'obligation faite aux parents d'y amener leurs filles, voy. Guffroy, *les Secrets de Jos. Le Bon*, p. 217.

1. *Hist. de Jos. Le Bon*, t. II, p. 89.

## II

**Jugements du tribunal révolutionnaire établi à Cambrai**

Entre ses nombreuses victimes, dont M. A.-J. Paris et M. l'abbé Thénard donnent les noms et résument les procès, signalons dans la même journée du 21 floréal (10 mai) Mme Decuy, condamnée parce qu'on avait trouvé dans l'armoire de son fils, parti depuis deux ans, deux bustes du roi et de la reine qui lui avaient servi de modèle pour dessiner d'après la bosse; la marquise DE MONALDY, âgée de quatre-vingt-huit ans, bienfaisante, charitable, « comme ayant discrédité les assignats » — par ses aumônes, peut-être, — crime d'aristocrate auquel Le Bon avait promis à Saint-Just de couper court; GILLES, intendant de la marquise de Monaldy, qui, devant le parti pris de condamner, jugea inutile de se défendre; VIENNET, banquier, sur les livres duquel on avait trouvé cette mention : « payable en espèces et non en assignats ». Dans le cours des débats, comme on ne parlait que de conspiration, le défenseur de Mme de Monaldy crut l'en justifier en faisant remarquer qu'elle était sourde. — « Eh bien! elle conspire *sourdement* », dit le juge : sorte de jovialité devenue banale dans ces tribunaux où furent traînés tant de vénérables vieillards. Après le prononcé du jugement, comme elle n'avait rien entendu, elle dit : « Que disent ces messieurs? — Citoyens, lui crie-t-on de toute part. — Eh bien! que disent les citoyens? — Ils vous condamnent à mort. — Ils nous condamnent à mort? Mais ne nous faut-il pas tous mourir? [1] »

— Tous les quatre furent exécutés ce même jour. Et Le Bon réunissant le lendemain le peuple autour de sa chaire du temple de la Raison (Saint-Sépulcre) : « Eh bien! citoyens, disait-il, comment vous trouvez-vous de la saignée qui vient d'être pratiquée? vos cœurs ne sont plus

---

1. *Procès*, t. I, p. 258, 269, 277.

si oppressés, vous respirez plus à l'aise. Républicains, vos malheurs vont passer, je ferai trembler les conspirateurs et les traîtres, et je continuerai à purger la ville de ses immondices, les aristocrates, les nobles, les prêtres, les riches, les bigots, les cagots; toutes les plaies seront supprimées, et *ça ira*[1]. »

Le jour suivant, il écrivait à ses deux collègues Saint-Just et Le Bas, ses complices dans cette œuvre sanguinaire :

La machine est en bon train, je l'espère, l'aristocratie tremble et les sans-culottes relèvent leur tête si longtemps humiliée; messieurs les parents et amis d'émigrés et de prêtres réfractaires accaparent la guillotine. Avant-hier, un ex-procureur, une riche dévote, veuve de deux ou trois chapitres, un banquier millionnaire, une marquise de Monaldy, ont subi la peine due à leurs crimes. (Cambrai, 23 floréal, 12 mai 1794[2].)

A l'heure où il écrivait, de nouvelles victimes montaient sur l'échafaud. Le 12 mai, c'était Mme PRESTON, accusée de correspondance avec des émigrés : elle avait un fils à l'armée; elle laissa neuf orphelins. C'était encore le marquis de LAWŒSTINE et sa seconde femme, Marguerite BONNEFOND : elle était de classe populaire, et Lawœstine le faisait remarquer au tribunal comme une preuve qu'il s'était affranchi du préjugé : — « Ce n'est pas la truie qui démarquise, lui répondit-on grossièrement, c'est le cochon qui ennoblit »; et tous les deux furent envoyés à l'échafaud; le 25 floréal (j'en passe), l'abbé TRANCHANT, octogénaire, dont le nom prêtait trop bien à un jeu de mots pour que le juge en belle humeur ne lui fît pas trancher la tête[3]. Pour Le Bon, un détenu était déjà un condamné. Comme

---

1. Thénard, p. 195. — Cf. ce que rapporte Huret, comme l'ayant entendu de Le Bon le jour de l'exécution de Mme de Monaldy : « Nous avons fait de bon ouvrage aujourd'hui; nous avons fait guillotiner des vieilles. A quoi servaient-elles? Elles étaient inutiles sur la terre. » (*Procès*, t. I, p. 209.)
2. *Papiers trouvés chez Robespierre*, n° 77, p. 266, et Arch. nat., F7, 4435, liasse O, n° 13.
3. Thénard, p. 205-209; A.-J. Paris, t. II, p. 99-106.

le gardien d'une maison d'arrêt lui demandait la permission de faire raser les prisonniers : — « Ce sont, dit-il, des scélérats, je leur ferai faire la barbe avec le rasoir national. » Un autre jour, comme on l'invitait à jeter les yeux sur les pièces d'un prévenu : — « Je n'ai pas besoin de preuves, répondit-il, je m'en rapporte à ce qu'on m'a dit : il faut qu'il y passe [1]. » Il se plaisait à donner aux exécutions un air de fête ; le bourdon du beffroi les annonçait par grandes volées ; et les juges eux-mêmes s'en seraient fait volontiers les maîtres des cérémonies. Ils s'en allaient par les rues, la chemise décolletée, le sabre traînant, et criaient : « L'affaire est expédiée ; vous allez les voir ! c'est par ici qu'ils vont passer [2]. »

Le Bon avait réuni les enfants de treize à dix-sept ans en un bataillon qu'il avait appelé le bataillon de Bara, du nom d'un jeune volontaire, mort en combattant, à qui la Convention avait décerné des honneurs [3]. Sans renvoyer ses estafiers ordinaires, il s'en était fait une petite garde prétorienne qui le suivait criant : « Vive Le Bon ! » Cette jeune garde avait sa place d'honneur aux exécutions et elle montrait comme elle y prenait goût. Le sens moral était perverti par ce spectacle de tous les jours. Les enfants se faisaient, en forme de jouets, de petites guillotines. Cela ne suffisait pas à ceux du jeune bataillon ; et, plus d'une fois, on eut la preuve qu'ils s'étaient servis la nuit de l'instrument public pour couper la tête à des chats [4].

1. Thénard, p. 240.
2. Déposition du député Choudieu, les Secrets de Jos. Le Bon. Pièces justificatives, n° 33 ; cf. Cabinet historique, t. X, p. 129, et Histoire des prisons, t. IV, p. 297. — Le directeur du spectacle d'Arras, Dupré, que nous avons cité plus haut, rapporte « qu'il a été témoin oculaire que l'accusé assistait régulièrement aux exécutions qui se faisaient, placé au balcon de la comédie ; qu'il en témoignait sa satisfaction la plus vive par des applaudissements et des cris répétés de : « Vive la République ! » (Procès, t. I, p. 138.)
3. Voy. t. I, p. 173.
4. Les Secrets de Jos. Le Bon, p. 232, et Thénard, p. 331.

## III

**Suite des jugements du tribunal révolutionnaire d'Arras.**

Dans le même temps, la première section laissée à Arras ne chômait pas : la machine était trop bien remontée par Le Bon pour ne pas marcher, même à distance du maître. La ville de Saint-Pol, patrie originaire de Le Bon, de Le Bas et de plusieurs des plus fougueux jacobins qui participèrent à leur œuvre, devait, par contre, fournir le plus de suspects : qui était pur devant eux? La prison de cette petite ville en regorgeait. Le Bon en avait fait amener dix-neuf à Arras de toute condition, la plupart de petite condition; l'agent national en avait d'office envoyé deux de plus. On leur en joignit quelques autres de même origine, tirés des prisons de Doullens, et ils comparurent devant le tribunal où Darthé, qui avait été spécialement chargé d'informer contre eux à Saint-Pol, s'était réservé la satisfaction de siéger comme accusateur. Vingt-huit furent condamnés; une femme seule, Mme Coaxe, obtint un sursis pour son état de grossesse (18 floréal, 7 mai)[1].

Le 19 floréal, un sous-lieutenant au 29e régiment d'infanterie était condamné « pour avoir conservé très précieusement un habit blanc sur les retroussis duquel étaient brodées deux fleurs de lys, et s'être servi d'une qualification injurieuse contre les jacobins »; le 22, Antoine Brasseur, cordonnier à Saint-Venant, qui « avait livré aux défenseurs de la patrie deux paires de souliers de mauvaise qualité dont les semelles étaient fourrées de vieux cuir »; le 23, autre cordonnier : même crime, même châtiment; le 24 floréal, autre ancien militaire, Carault, ex-commandant de la garde bourgeoise d'Arras en 1789, chez qui on avait trouvé un « paquet contenant différents brevets à lui délivrés par les deux derniers Capets qui s'étaient décorés

---

[1]. Parmi ces victimes étaient deux des frères Thellier, nommés plus haut.

du nom de roi », attendu qu'il n'avait « pu conserver, sans avoir des desseins contre-révolutionnaires, de pareilles pièces »[1].

Le 27 floréal (16 mai), Mme Elisabeth VAILLANT, femme de MAIOUL DE SUS-SAINT-LÉGER, écuyer, ancien capitaine au régiment de Guyenne-infanterie, ses deux filles et leur domestique, Angélique COPIN, étaient mises en jugement : Mmes de Sus-Saint-Léger, parce qu'elles avaient joué du piano le jour de la prise de Valenciennes, et la domestique parce qu'elle ne les avait pas dénoncées ! Le fait était vrai ; mais ce qui ne l'était pas moins, c'est qu'il était impossible que l'on sût, en ce jour et à cette heure-là, dans Arras, la prise de Valenciennes. Elles n'en furent pas moins

convaincues d'être les auteurs ou complices de la trame ourdie depuis le commencement de la Révolution contre le peuple français et sa liberté : lesdites Vaillant et Maioul ses filles s'étant réjouies des succès de l'armée des tyrans coalisés contre notre liberté ; et ladite Copin n'ayant pas dénoncé aux autorités constituées lesdites Vaillant, Rosalie et Ursule Maioul, dont elle connaissait l'esprit et les trames contre-révolutionnaires, et pris une part active à la conspiration *en éteignant, de dessein prémédité, la chandelle qu'elle portait,* lorsqu'elle s'est aperçue que le nommé Delval [le dénonciateur] allait la surprendre dans une conversation contre-révolutionnaire.

Et toutes les quatre furent exécutées[2]. — Il s'agissait si bien du piano que le père, détenu alors dans une autre prison, échappa, n'ayant pu être accusé d'avoir pris part « à la trame ourdie depuis le commencement de la Révolution contre le peuple français et sa liberté » en écoutant et applaudissant ce morceau de musique.

Soixante-huit condamnations à mort avaient été prononcées à Arras, en l'absence de Le Bon, du 17 au 30 floréal (6-19 mai 1794). En les notifiant aux districts du Pas-

1. Paris, t. II, p. 111 et suiv., p. 121, 123, 125.
2. Paris, t. II, p. 134-138. — Voir le sentiment qu'elles inspiraient au moment de leur exécution à l'infâme Danel, un des séides de Le Bon. (*Procès*, t. I, p. 163.)

de-Calais, les administrateurs du district d'Arras, Lefetz et Varnier, pouvaient donc se vanter d'avoir « répondu à sa confiance »; et divers autres traits de leur conduite, recueillis par M. A.-J. Paris, montrèrent qu'ils la justifiaient sur bien d'autres points encore [1].

Ces derniers jours avaient donné à Le Bon de graves soucis. Il se préoccupait, et non sans raison, des quatre personnages (Beugniet, Demuliez, et les deux Le Blond) qu'il avait envoyés au Comité de sûreté générale, en le priant de les faire incarcérer (16 floréal, 5 mai). Les pièces annexes de son accusation n'étaient pas encore produites, et les quatre accusés, arrivant à Paris, y avaient trouvé un appui dans un autre représentant du Pas-de-Calais, qui, des confins du père Duchesne, était revenu, sans s'y perdre, dans les eaux de Danton, et qui, après avoir été l'ami, le patron même de Le Bon au début de sa carrière, dégoûté des excès de la Terreur, s'était tourné contre lui : Guffroy, l'auteur du *Rougyff* (anagramme de son nom) [2]. Il intervint immédiatement, en faveur des quatre proscrits d'Arras, auprès du Comité de salut public avec lequel il avait su se maintenir en bons termes; et, par le fait, Beugniet, Demuliez, Gabriel Leblond avaient fait tomber assez de têtes d'aristocrates pour être estimés bons patriotes. Guffroy dénonça Le Bon comme un fou (18 floréal); et Le Bon fut appelé à Paris (22 floréal). Mais comme sa folie était de celles qui ne déplaisaient pas à Robespierre, il revint, rapportant de nouveaux témoignages rendus à son énergie (28 floréal). Grande joie à Cambrai, à Arras, parmi ses intimes. Le 30 floréal, Darthé écrivait à Le Bas :

> Le Bon est revenu avant-hier soir de Paris. Le Comité de salut public lui a rendu toute la justice qu'il méritait, et ses calomniateurs ont été couverts du mépris et de l'opprobre que leur conduite infâme leur a attirés depuis longtemps. Ils espè-

---

1. *Hist. de Jos. le Bon*, t. II, p. 139, 140.
2. M. A.-J. Paris en donne quelques extraits, t. II, p. 143-153.

raient nous faire monter à l'échafaud qui les attend depuis longtemps... Guffroy serait déjà décrété d'accusation, sans des raisons politiques ; Dumont est rappelé, et les quatre détenus, Demuliez, Beugniet et les Le Blond vont être livrés au tribunal révolutionnaire de Paris. Le Comité de salut public a dit à Le Bon qu'il espérait que nous irions toujours de mieux en mieux. Robespierre voudrait que chacun de nous pût former un seul tribunal et *empoigner* chacun une ville frontière. La vertu et la probité sont plus que jamais à l'ordre du jour [1].

Le Bon lui-même, pour mieux montrer combien il était maître de la situation, convoqua le peuple d'Arras au temple de la Raison (3 prairial, 22 mai) et lui lut une lettre de Duquesnoy ainsi conçue :

J'étais à dîner avec Robespierre quand il a reçu ta lettre. Nous avons ri. Va ton train et ne t'inquiète de rien. La guillotine doit marcher plus que jamais [2].

Et Le Bon allait son train. — « Le Bon, cependant, dit Guffroy, voltigeait en berline, crevait des chevaux pour aller, avec sa clique, d'Arras à Cambrai, toujours armé de son grand sabre, deux pistolets à la ceinture avec deux troupes destinées à le divertir... — une troupe de comédiens et un orchestre ;... une guillotine et des bourreaux [3]. »

Les exécutions n'avaient guère été interrompues en son absence. Taflin-Bruyant et Nicolas Lefetz, juré à Cambrai, écrivaient à Célestin Lefetz, vice-président du district d'Arras (28 floréal) :

Nous vous embrassons ainsi que tous nos frères d'Arras. La guillotine et la fusillade vont toujours leur train. Nous attendons le retour de Le Bon pour frapper avec une nouvelle vigueur [4].

La guillotine marchait donc bien ; elle *marcha* en effet plus que jamais : et ce n'était plus quand on avait à craindre

---

1. *Papiers trouvés chez Robespierre*, n° 82, p. 213, et A.-J. Paris, *Histoire de Joseph Le Bon*, t. II, p. 162.
2. *Les Secrets de Jos. Le Bon*, p. 108, et Paris, *ibid.*, p. 117-163.
3. *Les Secrets de Jos. Le Bon*, p. 109.
4. *Ibid*, p. 239.

les progrès de l'ennemi (mauvaise excuse, détestable prétexte); c'est quand nos armées avaient repris l'offensive, quand la bataille de Fleurus allait nous rendre la Belgique, quand les garnisons ennemies, qui occupaient encore Valenciennes, Condé, Le Quesnoy, pouvaient se regarder comme bloquées!

Le tribunal révolutionnaire ne s'en remettait pas moins à l'ouvrage; et, avant d'être suspendu, il devait prononcer encore quatre-vingt-dix-huit condamnations à mort. C'est, entre autres, le 8 prairial (27 mai), Mme DE NÉDONCHEL, âgée de quatre-vingt-quatre ans; le 9, VERDELIN, chevalier de Saint-Louis, arrêté comme il arrosait ses fleurs, et envoyé à l'échafaud sans jugement, sur la simple constatation de son identité : ex-noble, il n'avait pas quitté Cambrai dans le délai prescrit; il était hors la loi. C'est encore, le 18 prairial (6 juin), une nouvelle fournée de Saint-Pol, seize sur vingt et un, envoyés à l'échafaud [1].

Au milieu de ces exécutions on célébrait à Cambrai la fête de l'Être suprême (20 prairial). On peut deviner si les symboles, les groupes patriotiques manquaient à la procession. Pour rendre un plus digne hommage à la nature, on avait imaginé d'y faire paraître un groupe de femmes grosses, — accompagnées de leurs maris; et Le Bon pré-

---

1. Paris, t. II, p. 167, 170, 176.
On trouve à propos d'un certain nombre de nobles du Pas-de-Calais cette note dans les cahiers du bureau de surveillance du Comité de salut public, 15 prairial (3 juin 1794) :

« Le Comité de surveillance de Calais, département du Pas-de-Calais, instruit le Comité qu'il a mis en exécution l'arrêté des représentants du peuple Saint-Just et Le Bas qui ordonnait l'arrestation de tous les cy-devant nobles dans les départements du Nord, du Pas-de-Calais, et de la Somme;

« Que les nobles mis en arrestation réclament l'article 6 de la loi du 27 germinal et demandent à se retirer hors de cette commune avec des ordres de passe.

« Ce Comité demande la liberté du comte Charles-François de Hamel, cy-devant noble, capitaine de navire, qui a épousé une roturière tenant l'état de cabaretière, chargé d'une nombreuse famille, et dans la plus grande indigence.

« Ce citoyen a toujours tenu une conduite républicaine et montré beaucoup d'attachement à la Révolution. » — Renvoyé à Le Bon. — Fait le 19 prairial. (Arch. nat., F7 4437.)

sidait à la cérémonie comme à Paris Robespierre. Comme à Paris, après cet appel à la *sensibilité* et à la vertu, les exécutions redoublèrent [1].

## IV

### La loi du 22 prairial à Arras et à Cambrai.

La loi du 22 prairial arrivait. « Ce jour-là, dit de Le Bon un témoin, je le vis transporté de joie et trépignant d'aise. » Ce n'était plus le *volumineux* projet de décret du Comité de la guerre qui l'avait tout récemment tant consterné : « A la bonne heure, à la bonne heure! s'écriait-il, voilà une loi que j'attendais depuis longtemps ; nous pourrons maintenant faire tomber des têtes [2] »; et il l'appliqua sans plus tarder (25 prairial, 3 mai) à un homme à qui il n'avait jamais pardonné de l'avoir condamné à l'amende lorsqu'il était curé de Neuville, au juge de paix MAGNIER; le greffier même (GOUDEMAND) partagea le sort du juge, et JOUANNE, l'homme de loi que Magnier avait consulté, et HERPIN, procureur à Arras, que le curé non assermenté, adversaire de Le Bon, avait chargé de suivre son affaire au tribunal du district. Leur réunion dans une même fournée marquait assez quelle était la cause de leur mort. Pour mieux assurer sa vengeance, Le Bon les avait fait amener d'Arras, qui était leur ressort naturel, à Cambrai où il était : ce qu'il fit aussi quelques jours plus tard pour PAYEN, ancien maire de Neuville : celui-là était coupable de n'avoir pas voulu aller à sa messe. Il exprimait par avance, avec un révoltant cynisme, le plaisir qu'il aurait à voir tomber leurs têtes : « Quand Payen, de Neuville, sera à la petite fenêtre, disait-il, se figurant l'y voir déjà, ses cheveux seront épars, il fera bah! bah! bah! (en imitant le geste d'un homme qui tourne la tête fort vite à plusieurs reprises),

---

1. Paris, t. II, p. 180-181.
2. *Procès*, t. I, p. 290, déposition du citoyen Lavigne, d'Arras.

et quand Magnier y sera, il fera *quaq* (il imitait le geste de l'abaisser)¹. » En vertu de la loi du 22 prairial qui arrivait, Le Bon fit condamner Magnier et son greffier, sans interrogatoire, sans témoins, sans défenseurs.

De nombreuses dépositions, au procès de Le Bon, défendirent leur mémoire. Le Bon en est visiblement agacé. Quand la veuve de Magnier, citée elle-même, dit simplement aux juges : « On vint l'enlever un soir, on le traîne au tribunal de Cambrai, le surlendemain il n'existait plus, et je suis restée veuve avec neuf enfants », — « Je ne puis, répondit-il, ôter à l'accusateur public un moyen terrible, celui des veuves et des enfants. Si c'était mon fait, je ne saurais le soutenir, mais ce sont les lois qu'il faut mettre à ma place. La circonstance attendrissante des neuf enfants restés orphelins ne fait rien au fond de l'affaire. Calculez les maux des patriotes, etc.². »

Parmi les victimes du même jour, citons encore Mlle PLUNKETTE, une première fois jetée en prison, mise en jugement comme fanatique, aristocrate et contre-révolutionnaire et acquittée (18 pluviôse); reprise le lendemain et quelque temps oubliée : elle était accusée pour avoir fait signer une « adresse à S. M. Louis XVI, chef suprême de la Nation », adresse dans laquelle les dames d'Aire remerciaient le roi d'avoir opposé son *veto* au décret contre les prêtres insermentés. Mlle Plunkette avait rédigé un mémoire en forme, où elle invoquait la législation d'alors sur le pouvoir du roi, sur le droit de *veto* et sur les prêtres insermentés; la faculté d'exprimer librement un vœu, le droit de pétition et la liberté de la presse : donc cette adresse alors était légitime. Elle regardait sa conclusion comme irréfutablement liée aux prémisses. Mais le

---

1. *Procès*, t. I, p. 125, déposition du citoyen Verdevoix, juge de paix du canton de Roeux. Cf. Arch. nat., AF II, 131, dos. 44, pièce 44.
2. *Procès*, t. I, p. 137; cf. une pétition à la Convention nationale de Théodore Herpin, frère du défunt, et tuteur de ses enfants, doublement orphelins par la mort de la mère, qui n'avait pas survécu à son mari. (*Développement des formes acerbes de Jos. Le Bon.*)

tribunal avait-il besoin de prémisses pour arriver à la conclusion? On ne l'écouta même pas. Sa prétention de se défendre fut qualifiée d'effronterie : elle fut mise hors des débats et envoyée à l'échafaud (25 prairial, 13 juin)¹.

Cependant à Paris l'affaire Demuliez et consorts avait pris une tournure inattendue. Les accusés publiaient des mémoires, rédigeaient des requêtes aux deux Comités, faisaient agir leurs amis; et Le Bon n'avait rien envoyé qui justifiât leur arrestation. Robespierre les fit mettre en liberté, en leur dictant une lettre où ils protestaient de leur attachement à la personne de leur persécuteur, et un arrêté du Comité ordonnait de faire également sortir de prison leurs femmes. Ces mesures jetèrent Le Bon dans une fureur extrême. Il écrivit à Le Bas, le 20 prairial, l'invitant à mettre le Comité en demeure d'approuver ou de blâmer sa conduite; il lui récrivait encore le 25. Mais, dès le 24, le Comité s'était exécuté et un arrêté nouveau renvoyait les quatre libérés en prison².

Le Bon respirait; et Cambrai, où il revint, s'en ressentit : pendant tout le mois de messidor, les condamnations se succèdent par fournées. Une mare de sang se formait à l'endroit où était l'échafaud. Le sang versé ne criait pas seulement vengeance, il allait se venger; et ces aristocrates, mis à mort par mesure de salut public, menaçaient par leur mort même la vie des patriotes : c'est ce que dit le Conseil général de la commune dans un langage où l'on sent combien il craint de donner, par ces mesures, le moindre ombrage à son tyran :

Le Conseil général de la commune de Cambrai, considérant qu'un sang impur (ce mot expliquait tout : un sang d'aristocrates!) versé où la guillotine existait répand par la corruption qu'il a acquise, des exhalaisons nuisibles, qui bientôt donne-

---

1. Paris, t. II, p. 209-212.
2. *Ibid.*, p. 214-218. — Guffroy s'étend longuement sur cette affaire, où il joua un rôle actif, et il donne la lettre écrite à cette occasion dans *les Secrets de Jos. Le Bon*, p. 112 et suiv.

raient naissance à des maladies épidémiques qui, en tuant les amis de la liberté, deviendraient un objet de triomphe pour l'aristocratie, etc.[1] (9 thermidor; — mais on ignorait encore les événements de Paris.)

La recrudescence des exécutions ne fut pas moindre à Arras. Le 12 messidor (30 juin), le tribunal se transporta au temple de la Raison pour un de ses jugements les plus iniques. Des prêtres et des religieuses avaient été jadis déportés à Ypres. La ville d'Ypres ayant été reprise par la France, on les y arrêta. On ne pouvait les accuser comme déportés rentrés, puisqu'ils n'étaient pas rentrés et qu'on ne leur avait pas même laissé le temps de sortir d'Ypres[2]. On sut bien s'en défaire pourtant.

Un de ceux qui les jugea a raconté comment ces choses se passèrent : « Le 12 messidor, dit le citoyen Rouvroy, j'étais à mon bureau avec un de mes commis, ex-récollet; on vint nous dire qu'il y avait séance du tribunal au temple de la Raison, et que l'on venait d'y conduire une quantité de religieux et de religieuses. Ce commis me dit qu'il désirerait savoir s'il ne s'y trouvait point de récollets de sa connaissance, et m'engagea à l'y accompagner. Nous y fûmes; j'y vis un amphythéâtre, sur lequel étaient une quarantaine d'individus; j'entendis crier : « Rouvroy, Rouvroy, il faut qu'il avance, ou la guillotine ». Je demande de quoi il s'agit. Un juré me dit : « Avancez ». Le président m'invite à siéger comme juge; en vain je fis quelques objections, on n'en voulut point entendre, il fallut me placer. Leserre me dit à l'oreille : « Le cas n'est point difficile, il y a émigration ». Le président Guillot me le dit aussi, et demanda leurs noms; la plupart ignoraient la langue française; il passa outre et fit un discours contre l'émigration. L'accusateur public parla après lui, et fit lecture de l'acte d'accusation, et conclut à la peine de mort. Je m'écriai qu'il fallait les interroger! Le président

---

[1]. Thénard, p. 229.
[2]. Paris, t. II, p. 262.

## CH. XXXVI. — JOSEPH LE BON A CAMBRAI

dit que cela serait trop long, que c'était une affaire faite. « Convenez-vous, leur demanda-t-il, être les auteurs des « sermons que vous prêchiez? » Ils répondirent : « Oui ». Les femmes furent regardées comme complices, et ils furent tous envoyés à la mort [1]. » — Condamnés comme coupables de lèse-nation, eux qui, depuis deux ans, étaient retranchés violemment de la nation [2]! Mais l'iniquité était le fond même de tous ces jugements; et laisser croire qu'on le pensait était un crime qui ne faisait qu'ajouter de nouvelles victimes aux autres : témoin cette pauvre femme qui était assise sur la porte de sa chaumière, allaitant son enfant, lorsque deux commissaires aux émigrés vinrent à passer. Ils s'aperçoivent qu'elle n'a pas de cocarde à son bonnet. Ils lui en font un crime : « Sais-tu bien, ajouta l'un d'eux que je pourrais te faire guillotiner? — On en guillotine à Arras, dit-elle, bien d'autres qui n'étaient pas plus coupables que cet enfant »; et elle leur présentait l'enfant comme par défi, leur disant de le prendre, de le porter au tribunal, de le faire juger, guillotiner. On laissa l'enfant, mais on prit la mère, qui porta sa tête sur l'échafaud [3].

1. *Procès*, t. I, p. 292, 293.
2. Voy. *Réponse à la défense de Jos. Le Bon*, p. 13, citée par M. Paris, t. II, p. 264.
3. *Procès*, t. I, p. 165, et Paris, t. II, p. 272. — Voici comme Guffroy raconte la chose en laissant à la pauvre femme le langage du pays :
« Un juré de Le Bon rencontre une paysanne qui venait de rentrer des champs et allaitait son enfant :
« Dis donc, eh! pourquoi n'as-tu pas de cocarde, f... aristocrate? Sais-tu
« que je peux te faire guillotiner! — Eh non fait, je n'sus mi aristocrate.
« Je r'viens d'chê camps, et je vois y retourner. J'nai mi bsou d'cocarde
« pour ouvrer. » — Le juré lui dit avec colère : « Quoi, b..., tu réponds? je
« vais à Arras, je te ferai guillotiner. — Eh bien! val si tu me fais guil-
« lotiner pour cha, on a bien raison d'dire qu'en en guillotine à Arras qui
« sont oussi innochent que ch'innochent que je tiens dans mes braus. »
(*Les Secrets de Jos. Le Bon*, p. 178.) — Ce qu'il y a de constant, c'est qu'elle fut guillotinée.

## V

### Les membres et les acolytes du tribunal révolutionnaire d'Arras.

Le Bon, comme on le voit, était bien servi, et c'est cette foule d'hommes détestables, choisis par lui et armés de ses pouvoirs, qui, en Artois comme à Nantes sous Carrier, ont rendu l'action du représentant si formidable. C'est la terreur élevée à la plus haute puissance par le concours de dix scélérats [1].

Nous avons déjà nommé l'impur Célestin Lefetz, ex-génovéfain, vice-président du district d'Arras, son principal agent.

Daillet, jeune ambitieux, grisé par la Révolution, commis de négociant, orateur de club, qui, venu à Paris, gagna la faveur de Robespierre par son talent à lui nouer la cravate. De retour à Arras, il s'y trouvait tout naturellement un personnage : il fut fait, après Beugniet, président du tribunal révolutionnaire que Le Bon emmena à Cambrai, et il était du conciliabule qui préparait, avec Le Bon, la besogne de la journée. Il s'est peint tout entier, au point de vue de la justice révolutionnaire, dans cette lettre où il plaidait auprès de Robespierre pour le maintien du tribunal dont il allait être le président [2].

Darthé, qui avait remplacé dans le même temps Demu-

---

1. Voyez ce qu'en dit, peu après le 9 thermidor, le représentant Florent Guiot en mission dans ces contrées. (Guffroy, *Pièces justificatives*, n° 33, et *Procès*, t. II, p. 107.)

2. *Les Secrets de Jos. Le Bon*, p. 117, et Thénard, p. 300. Voyez ci-dessus. Dans une autre lettre du 8 prairial (27 mai), où il félicitait Robespierre d'avoir échappé, avec Collot d'Herbois, à l'attentat dont les journaux apportaient la nouvelle, il lui disait touchant son tribunal : « Nous allons toujours avec activité ; mais nous ne sommes pas secondés. Il semble que tous les habitants soient coupables, puisqu'aucun n'ose en dénoncer un autre. Nous venons cependant d'ouvrir les registres des autorités constituées et de la Société populaire. *Nous y avons trouvé d'immenses richesses déjà* et nous y trouverons aussi, je l'espère, les noms des royalistes et des oppresseurs du peuple. » (*Papiers trouvés chez Robespierre*, n° 81, p. 278.)

liez comme accusateur public près du même tribunal et que Le Bon emmena aussi à Cambrai, provoquait aux dénonciations par les plus vils appâts : « Si vous nous dénoncez les aristocrates, leurs biens seront partagés entre vous », disait-il à la populace de Saint-Pol[1]. Il se faisait gloire de faire condamner sans preuves les accusés : « Eh bien ! s'écriait-il un jour, tout triomphant, devant le jury, après une condamnation, ces individus sont condamnés ! je n'avais cependant pas le moindre renseignement ni aucune pièce contre eux, autre que l'interrogatoire que je leur ai donné[2] ».

Caubrière, collègue de Darthé dans les fonctions d'accusateur public à Cambrai et non moins fier que lui de savoir faire condamner les gens sans preuves[3] ; grand abatteur de têtes par état, et bouffon par habitude : une heure avant le jugement d'un accusé, il disait qu'il ne fallait pas lésiner sur des chandelles, vu que la République allait gagner 90 000 livres de rente à sa condamnation[4].

Nommons encore Cyriaque Caron, qui remplaça Caubrière à Arras comme substitut et qui, dans son zèle, non content de recevoir les dénonciations, courait après, disant : « Citoyens, les prisons d'arrêt regorgent de détenus, venez donc déposer contre eux... Vous verrez que le tribunal ira son train »; et il avait vis-à-vis des juges des arguments tels que celui-ci : « Les accusés sont aussi (si) convaincus, que vous seriez des lâches si vous laissiez de pareils mons-

---

1. *Procès*, t. I, p. 180. Déposition de Valentin, administrateur du district de Saint-Pol.
2. *Les Secrets de Jos. Le Bon*, p. 131, et Thénard, p. 311. « Voici un autre trait de lui :
« Un scélérat nommé Darthé, agent de Le Bon, écrit le représentant Florent Guiot (7 fructidor an II), après avoir fait périr sur l'échafaud un citoyen de Boulogne dont toute la commune atteste l'innocence, a eu l'infamie de faire le même jour des propositions impudiques à la fille de cette malheureuse victime. » (*Procès*, t. II, p. 110.)
3. « Je viens d'interroger plusieurs individus : c'est comique, je ne trouve pas de quoi les faire guillotiner; mais là, ... vous m'entendez..., par des détours que je leur ai donnés, je les ai si bien interloqués, que demain leur tête tombera. » (*Les Secrets de Jos. Le Bon*, p. 189.)
4. *Ibid.*, p. 125.

tres sur la terre¹. » A un degré inférieur, André, huissier du tribunal, « ce cerbère » de Le Bon ; mis par état en rapports plus fréquents avec les détenus, il n'en usait que pour les torturer davantage. Il interdisait pour leur usage un puits dont l'eau était pure et enjoignait au concierge de la prison de leur donner à boire d'un autre infecté par des infiltrations immondes, en disant que c'était encore assez bon pour de pareils scélérats. Il ne montrait de sollicitude à leur égard que quand il les menait au tribunal. Il avait soin qu'ils prissent leur montre, leur plus belle tabatière : cela le touchait de près, car il avait part à la dépouille. — « Qu'as-tu fait de la montre? disait-il un jour à l'un d'eux. Voyez-vous ces coquins d'aristocrates! ils sont voleurs jusque sur l'échafaud². »

Veut-on connaître ce qu'il y avait de plus honnête parmi ces juges? En voici un qui, appelé en témoignage au procès de Le Bon, dit : « Je suis hors d'état de vous donner des renseignements sur ce qui se passait au tribunal. Pour me donner la force d'y siéger, j'avalais un grand verre de liqueur avant de m'y rendre... J'avais à prononcer sur la conviction du jury, que pouvais-je faire? Je buvais, je tâchais de tout ignorer, jusqu'au nom des accusés³. »

Quant aux jurés, ils étaient à tout faire : « Ils épiaient, dénonçaient, fouillaient, faisaient les arrestations et jugeaient aussi au besoin⁴. » Parmi eux, nommons Hidoux, beau-père de Célestin Lefetz, qui se vantait d'avoir fait tomber soixante têtes ; — Nicolas Lefetz, frère de Célestin, qui fit une fortune considérable dans la place de commissaire aux inventaires dont son frère l'avait pourvu ; — Remi, qui, lui, fut voleur de grand chemin, et qui (flatteur de Le Bon) posait volontiers cette question à l'accusé : « As-tu été à la messe des prêtres constitutionnels? — Non.

---

1. *Les Secrets de Jos. Le Bon*, p. 462, et Thénard, p. 329.
2. *Les Secrets de Jos. Le Bon*, p. 417, et *Pièces justificatives*, n° 57; cf. Thénard, p. 321.
3. *Procès*, t. I, p. 232.
4. *Ibid.*, p. 222, déposition de Faret.

— Fanatique à guillotiner »; — Carlier, qui, endormi à l'audience, se réveillait au milieu des débats en criant : « J'en suis convaincu »; c'était la formule; — Danel, chirurgien en même temps que juré, qui, recevant du directeur de l'hôpital quelques observations sur son traitement, disait : « Eh bien! je vais aller trouver Joseph Le Bon, je gagnerai davantage à faire guillotiner[1] »; — Gouliart, qui disait : « Encore cent mille têtes, et tout ira bien »; et : « Nous allons faire en sorte de détruire tous les scélérats qui fourmillent dans les prisons de cette ville »; — Duhautpas, qui parlait amoureusement de ses victimes, les trouvant « douées de toutes les qualités guillotinables »; c'est le même qui disait dans une lettre : « Je vous écris du tribunal où nous sommes après les carcasses de trente-deux de Saint-Pol » (18 floréal); puis le lendemain : « On dit que ça ira, et moi je dis que ça va... Voici les noms de ceux qui ont subi la peine de leur scélératesse... Demain (jour de décadi) relâche au théâtre rouge »; et le 25 prairial : « Il y a deux jours je vous faisais part de mes craintes sur l'enrouillement de la guillotine; les journées d'hier et d'aujourd'hui les ont dissipées »; — Duponchel, qui était moins satisfait et, trouvant que la guillotine n'allait pas assez vite, proposait de fusiller les détenus en masse[2]. Et Le Bon n'en avait-il pas lui-même l'idée, quand il disait à la Société populaire : « Il viendra peut-être un instant où il faudra agir vigoureusement; peut-être le moment n'est-il pas éloigné où il faudra tomber sur les prisons (en même temps il tirait son sabre) et égorger les scélérats qu'elles renferment... Oui, citoyens, on conspire dans les prisons[3]... » — C'était ici le mot, comme à Paris. Ces paroles et d'autres semblables, jetées au sein de ces sociétés, n'y étaient pas perdues : elles y germaient et

---

1. *Les Secrets de Jos. Le Bon*, p. 356-413.
2. Sur ce Duponchel, maire d'Arras, agent national et, de son état, laquais ignorant, voy. *les Secrets de Jos. Le Bon*, p. 380; Thénard, p. 287. — Cf. Berriat Saint-Prix, dans le *Cabinet historique*, t. X, p. 123.
3. *Les Secrets de Jos. Le Bon*, p. 211, et Thénard, p. 216.

portaient leur fruit naturel. « On ne parlait, dit Guffroy, que de *révolutionner*, et révolutionner, suivant la définition de certains hommes, c'était tout mettre sens dessus dessous, même les lois. » — Le mot a conservé toute sa valeur. Quant à Le Bon, il avait coutume de dire dans les clubs : « Sans-culottes, c'est pour vous qu'on guillotine; si l'on ne guillotine plus, vous n'aurez plus rien, vous mourrez de faim. Il faut que les sans-culottes prennent la place des riches [1]... Il y a assez longtemps que vous habitez des caves. C'est pour vous maintenant ces belles maisons, ces hôtels des aristocrates guillotinés [2]. » Il avait écrit en particulier au district de Saint-Omer : « Ne laissez en liberté aucun riche, aucun homme d'esprit qui ne se soit prononcé fortement et de bonne heure pour la Révolution [3]. » Et la Société montagnarde de Saint-Omer, pressée de mettre ses enseignements en pratique et de suivre ses conseils, lui écrivait à son tour :

Nous ne nous bornerons point à vous exposer les ravages du fanatisme de la religion, sans vous parler du fanatisme de la royauté, du fanatisme des richesses, et enfin de tous les fanatismes qui ont ravagé l'espèce humaine. Vous avez le remède qui convient à ces maux épidémiques, et ce remède c'est la guillotine. Elle encourage les faibles, soutient ceux qui chancellent et n'est effrayante que pour le crime. Elle sera d'ailleurs ici en pleine activité, et le tribunal de notre district a de quoi l'alimenter pendant quelques décades. Nous espérons, citoyens représentants, que vous nous enverrez sous peu une section du tribunal révolutionnaire, afin de réveiller les indifférents et imprimer à tous le caractère révolutionnaire [4].

Évidemment cette société eût fourni au tribunal nouveau des jurés accomplis.

---

1. *Les Secrets de Jos. Lebon*, p. 200 et 201.
2. *Procès*, t. I, p. 295. Déposition de Lavigne.
3. 29 brumaire an II. *Les Secrets de Joseph Le Bon*, p. 194.
4. *Ibid.*, p. 196.

## VI

### Fin de la mission de Joseph Le Bon.

Cependant l'orage se reformait au loin contre Le Bon. Le 6 messidor (24 juin), Gabriel Leblond avait porté à la Convention une pétition contre lui [1]. Le Bon fut défendu par Couthon, et des adresses, comme on sait en obtenir en pareil cas, arrivèrent à la Convention en sa faveur, du fond même des pays qu'il *terrorisait* [2]. Barère aussi voulut couvrir Le Bon, et dans son rapport sur les succès de nos armées à Fleurus (8 messidor, 26 juin), il associait le proconsul à l'honneur de la victoire :

Les représentants du peuple, Guyton, Gillet, Laurent, Duquesnoy et Saint-Just, qui ont assisté à la bataille de Fleurus, ne sont pas les seuls qui ont concouru au succès. Le Bon, tant calomnié par les ennemis de la liberté, Le Bon, sur la lettre de Saint-Just, a fait exécuter à Cambrai les espions et guillotiner toutes les intelligences de l'ennemi (*on applaudit*). La police faite à Cambrai depuis deux mois, contre laquelle les journaux étrangers et les émigrés vomissent les imprécations les plus horribles, a fait changer le plan de campagne de nos ennemis. Ce fait est attesté par les rapports de plusieurs prisonniers interrogés par Guyton, Saint-Just et Le Bas; mais il sera fait,

---

1. C'est à cette démarche que doit se rapporter cette note du bureau de police du Comité de salut public :

« 5 messidor. — Les citoyens de la commune d'Arras, réunis en assemblée générale, mandent à Robespierre qu'ils ont arrêté que l'adresse et les pièces ci-jointes audit arrêté lui seroient envoyées et qu'il seroit invité de les remettre à la Convention.

« Les pièces n'y sont pas jointes. » — Robespierre écrit de sa main : « Le défaut des pièces annoncées qui se trouvent manquer souvent vient peut-être de la mauvaise organisation des bureaux qui fait qu'on ne renvoie pas les pièces où elles doivent être déposées ». (Arch. nat., F7 4437, à la date.) — Il ne soupçonne pas l'intervention de Le Bon.

2. Cela fut constaté dans son procès. — « Le jour où l'on colporta l'adresse en sa faveur, dit le témoin Mormale, ses agents dirent publiquement : « Ceux qui ne viendront pas signer s'en repentiront, leur tête tombera « demain ». C'est à l'aide de ces menaces et de la terreur qui s'était emparée de tous les esprits qu'ils obtinrent des signatures, et ce fut encore au son de la caisse qu'ils appelèrent les signataires. Le Bon désignait ceux qui devaient mourir. » (*Procès*, t. I, p. 216.)

au surplus, un rapport particulier sur cet objet qui tient à la police révolutionnaire et aux opérations d'un représentant républicain et fidèle [1].

Le Bon triomphait donc encore; mais Guffroy faisait entendre sa voix mordante au milieu de ces éloges [2]; et il revint à la charge dans sa *Censure républicaine*, si bien que Le Bon jugea nécessaire de se rendre à Paris : il apportait tout un dossier contre les hommes qu'il avait voulu perdre et qui maintenant semblaient s'attacher fatalement à sa ruine. Déjà un certain mouvement s'était produit contre lui dans l'opinion, et Barère l'avait senti. Les plaintes contre les représentants étaient renvoyées au Comité de salut public. Dans le rapport qu'il fit sur la pétition, au nom du Comité, le cauteleux orateur, tout en proposant l'ordre du jour, faisait entrevoir une sorte de désaveu ; car s'il louait Le Bon d'avoir battu les aristocrates, il ne laissait pas que de signaler en lui *des formes un peu acerbes*, « quelques formes que le Comité a improuvées [3] ». Or, pour

---

1. Séance du 11 messidor, *Moniteur* du 12 (30 juin 1794), t. XXI, p. 91; *les Secrets de Jos. Le Bon*, p. 45; *Histoire de Jos. Le Bon*, t. II, p. 279.

2. Il écrivait à Barère (*les Secrets*, etc., p. 147) : « Quand tu as dit que mes collègues aux armées n'étaient pas les seuls qui avaient concouru à nos succès; quand, pour coopérer à ces brillants succès, tu as été chercher Joseph Le Bon à trente lieues du champ de bataille, j'ai d'abord pensé que cet homme qui pérore toujours, le sabre à la main, avait été pérorer l'ennemi corps à corps, sabre à la main, comme Duquesnoy, Vasseur et autres... Dis-moi, Barère, y aurait-il encore dans le régime républicain des menteurs officieux sur les événements publics? » — Cela s'est vu.

3. 21 messidor, 9 juillet 1794, *les Secrets de Jos. Le Bon*, p. 159. — « Ce n'est qu'à regret que le Comité vient vous entretenir de l'objet des pétitions faites à votre barre, et suggérées par l'astucieuse aristocratie contre un représentant du peuple qui lui fait une guerre terrible à Arras et à Cambrai.

« C'est de Joseph Le Bon que le Comité m'a chargé de vous parler, non pour l'accuser ou l'inculper, comme l'ont fait les libelles : l'homme qui terrasse les ennemis du peuple, fût-ce avec quelque excès de zèle ou de patriotisme, ne peut être inculpé devant vous; mais je vais vous rendre compte de l'opinion politique qu'a eue le Comité sur cette affaire qui n'aurait jamais dû donner lieu à des pétitions. Le résultat et les motifs de conduite sont ce que nous recherchons. — Les motifs sont-ils purs, le résultat est-il utile à la révolution, profite-t-il à la liberté? les plaintes ne sont que récriminatoires ou ne sont que les cris indicatifs de l'aristocratie. C'est ce que le Comité a vu dans l'affaire. Des formes un peu

qui savait comprendre, les formes ici emportaient le fond. La suite le prouva. Le Comité, tout en louant Le Bon, mit un terme à sa mission. Il en constatait les heureux effets; mais, considérant les succès de nos armes, il jugeait superflu de maintenir sur la frontière les mesures de police locale. Il évoquait donc ces grands complots, ourdis à Cambrai et dans les communes du Pas-de-Calais, au tribunal révolutionnaire de Paris, et, comme complément de mission, il chargeait Le Bon d'aller rassembler les divers papiers, lettres ou renseignements qu'il avait recueillis, pour proposer au Comité les dernières mesures qui restaient à prendre (22 messidor)[1].

Le Bon retournait donc dans son pays, mais privé de la hache qui était le signe et l'instrument de sa puissance. Il n'en fut pas plus adouci. Il reprocha amèrement au Comité révolutionnaire de Cambrai d'avoir, en son absence, élargi, selon le décret du 21 messidor, les laboureurs, manouvriers, moissonneurs, etc. On avait élargi de simples laboureurs; il ne fallait, disait-il, élargir que les laboureurs manouvriers, supprimant la virgule qui, placée entre les deux mots, en faisait deux catégories. « Cette virgule, s'écriait-il avec rage, est un crime de haute trahison, elle est posée de façon à faire guillotiner vingt comités[2]! »

Mais il n'avait plus le pouvoir de faire guillotiner personne. Comme on allait célébrer la fête du 14 juillet (26 messidor), le conseil général le pria de faire enlever la guillotine. Il ne répondit ni oui ni non : « C'est, dit-il, l'af-

---

acerbes ont été érigées en accusation, mais ces formes ont détruit les pièges de l'aristocratie; une sévérité outrée a été reprochée au représentant, mais il n'a démasqué que de faux patriotes, et pas un seul patriote n'a été frappé, etc. » — D'après ses conclusions on passe à l'ordre du jour. — Rapport de Barère fait au nom du Comité de salut public sur les pétitions faites à raison des opérations de Joseph Le Bon, représentant du peuple dans les départements du Pas-de-Calais et du Nord (21 messidor, 9 juillet 1795). (Bibl. nat., Le[38] 816, et *Moniteur*, 22 messidor, t. XXI, p. 172.)

1. Paris, t. II, p. 289, 290.
2. *Les Secrets de Jos. Le Bon*, p. 253, et Paris, *ibid.*, p. 292. — Le Bon n'avoue que la deuxième partie de la phrase dans son procès, t. I, p. 263.

faire de la commune¹. » Faire reculer le signe de la Terreur devant les souvenirs de la prise de la Bastille, c'eût été, à ses yeux, abdiquer la Terreur. Le 10 thermidor, on célébrait une autre fête en l'honneur des jeunes Bara et Viala morts pour la patrie, et Le Bon haranguait son bataillon des enfants de Cambrai, quand arriva la nouvelle de ce qui se préparait contre Robespierre. Il prit le chemin de Paris. A Arras, on lui annonça la chute de Robespierre; et lui qui accourait pour le défendre, il signa une adresse où on louait la Convention de l'avoir renversé. A Paris, du reste, où il se rendit, il aurait pu d'abord ne pas perdre tout espoir sur la durée de son système. Lorsque, après Robespierre et ses vingt et un compagnons, tous les membres de la commune furent, le 11 et le 12, guillotinés, comme mis hors la loi, sur la simple constatation de leur identité, on pouvait croire que la Terreur n'avait fait que changer de mains. Mais bientôt son illusion dut se dissiper. Le 15 thermidor, comme il siégeait à la Convention, deux habitants de Cambrai y vinrent porter une accusation contre lui; il veut répondre : il est interrompu et mis provisoirement en arrestation au Luxembourg².

La suspension du tribunal révolutionnaire d'Arras n'avait pas mis fin dans le Pas-de-Calais au régime de la Terreur. Duquesnoy, qui était toujours en mission près l'armée du Nord, retenu par la goutte au village de Boyeffles dans le district de Béthune, employait ses loisirs à étendre les proscriptions autour de lui; et n'ayant plus le tribunal d'Arras, il envoyait par charretées les détenus à Paris³. Il

---

1. Paris, t. II, p. 293.
2. Les Secrets de Jos. Le Bon, p. 168-170, et Paris, ibid., p. 296-301.
3. Les Secrets de Jos. Le Bon, p. 255-261.
C'est probablement de ces détenus que Coittant, ci-devant prisonnier de Port-Libre, transféré alors aux Carmes, dit dans son journal à la date du 21 thermidor : « Pour affliger encore nos amis, il vient de nous arriver vingt-huit prisonniers du département du Nord, arrêtés par ordre de Joseph Le Bon. Quatorze viennent pour être jugés au tribunal révolutionnaire : ils ont été traités en route avec une barbarie qui fait frémir. » (Mémoires sur les prisons, t. II, p. 135.)

CH. XXXVI. — JOSEPH LE BON A CAMBRAI

avait, de concert avec deux anciens jurés d'Arras, tenu pour nul le décret du 21 messidor en faveur des cultivateurs, et de retour au chef-lieu du Pas-de-Calais, tout en emprisonnant les complices de Robespierre, il faisait remettre en prison ceux qu'en vertu de ce décret le Comité de surveillance en avait fait sortir[1]. La Terreur ne cessa dans le Pas-de-Calais et dans le Nord que par l'arrêté du 26 thermidor (13 août), qui rappelait tous les représentants en congé ou en mission, et par l'envoi d'un représentant nouveau, Beslier (de l'Oise), qui prit quelques mesures réparatrices[2].

La Terreur n'était pourtant pas finie pour tous; et les villes qui, momentanément, y avaient échappé par l'occupation étrangère, devaient, après leur libération, en retrouver avec usure toutes les rigueurs : témoin Valenciennes, Condé, Le Quesnoy et Landrecies.

1. *Les Secrets de Joseph le Bon*, p. 267, et la note XI, aux Appendices.
2. Paris, t. II, p. 306-307. — D'après les états envoyés au Comité de sûreté générale, les prisons d'Arras renfermaient, au 24 thermidor an II (11 août 1794), 1174 détenus à titre de suspects, et, le 1ᵉʳ vendémiaire an III (22 septembre 1794), 478; le district de Saint-Pol comptait 249 détenus tant à Arras qu'à Saint-Pol où il y en avait 21. (*Ibid.*, 309-310.) — Le tribunal criminel du Pas-de-Calais, présidé par Herman et siégeant non pas seulement à Arras, mais à Saint-Pol, à Bapaume, à Boulogne-sur-Mer, à Béthune, à Calais, avait prononcé, pour délits contre-révolutionnaires, 49 condamnations à mort. Le tribunal révolutionnaire de Le Bon en prononça 313. (Voy. Berriat Saint-Prix, dans le *Cabinet historique*, t. I, p. 386.)

# CHAPITRE XXXVII

VALENCIENNES, CONDÉ, LE QUESNOY, LANDRECIES

## I

**Valenciennes pendant l'occupation des Autrichiens.**

Valenciennes, en 1793[1], avait largement payé sa dette à la patrie. Bombardée pendant quarante-deux jours et quarante-deux nuits (les nuits comptent comme les jours et plus encore), elle avait fini par succomber; mais, par sa longue résistance, elle avait donné à la Convention le temps de rallier ses forces et d'opposer à l'ennemi une digue qu'il ne devait pas franchir. Occupée elle-même par les Autrichiens, elle n'avait pas cessé de décourager par son attitude l'espoir qu'ils avaient d'en rester maîtres[2]. La *jointe* ou junte, commission exécutive, qui gouvernait la ville au nom de l'Empereur, avait recherché le concours d'un *magistrat*, composé sans doute de ceux qui avaient paru le plus favorables à l'ancien régime. Mais après les victoires de Jourdan et de Pichegru, quand la reprise de

---

1. Sur la terreur à Valenciennes, avant le siège, voy. la note XII, aux Appendices.
2. L'esprit de résistance patriotique de Valenciennes est attesté par l'extrait d'une lettre étrangère, trouvée sur un émigré et remise au Comité de salut public :
« La plupart des habitants de Valenciennes sont de grands carmagnols et ne désirent que la rentrée des Français. » (Dépôt de la Guerre, armée du Nord, 5 mai 1794. L'original est au dossier.)

Valenciennes ne parut plus être qu'une affaire de temps, la jointe était partie, le magistrat aussi ; et il avait fallu que le gouverneur usât de contrainte pour constituer, au sein de cette population mal disposée, un magistrat nouveau (3 juillet) et un conseil privé (10 juillet)[1] qui représentât la ville devant lui. Par les actes et la correspondance de cette nouvelle municipalité dont le procès-verbal est resté[2], on peut voir jusqu'où allait le mauvais vouloir des habitants devant les réquisitions du gouverneur, et l'appui qu'ils trouvaient dans les hommes placés à leur tête. C'est un curieux exemple d'une occupation autrichienne, en un temps, il est vrai, où la position des Autrichiens se trouvait bien compromise ; et il est nécessaire de s'y arrêter un moment[3]. Ce sont les prémisses de plusieurs procès qui vont suivre[4].

Malgré les termes de la capitulation, les privilèges de la bourgeoisie et les protestations du magistrat, les Autrichiens avaient imposé à la ville des corvées militaires. Ils mettaient en réquisition quatre cents, six cents, huit cents et jusqu'à mille hommes par jour pour leurs travaux. Mais ils avaient beau élever le chiffre de la réquisition, ils n'en obtenaient guère davantage, et le général-major, W. J. de Cammeler, gouverneur de la ville, ne pouvait

---

1. Vingt-cinq bourgeois formèrent ce conseil : Perdrix de Mingoval, Boca, etc. Voyez la pièce aux Archives de Valenciennes.
2. *Décisions du conseil particulier de la commune pendant l'occupation autrichienne.* Ce registre commence le 10 juillet 1794, avec le nouveau conseil, et finit le 26 août suivant.
3. Depuis que cette page, ébauche d'un premier travail, a été écrite (1870), on a vu en plus d'une ville de France une autre occupation ! On pourra faire la comparaison et des temps et des peuples.
4. Je me servirai du registre cité plus haut. On y trouvera les faits à leur date. Voy. aussi *Valenciennes sous la domination autrichienne* (1793-1794), art. de M. Regnart dans les *Archives du département du Nord*, 2e série, t. II, p. 158. — L'auteur y analyse un recueil in-4°, contenant tous les actes officiels publiés par l'autorité autrichienne pendant l'occupation de 1793 et 1794 : recueil unique de 500 pages dont il était possesseur. Sa notice est un premier article qui s'arrête au 8 août 1794 et qui n'a pas eu de suite. J'ai retrouvé du reste la plupart des actes de l'administration autrichienne, imprimés en placard, au Dépôt de la Guerre, où ils auront été portés après la reprise de la ville (armée du Nord, aux dates).

que pester, injurier, menacer, écrire par exemple au magistrat (30 juillet 1794) :

Comme les bourgeois et autres habitants de la ville sont si paresseux et indolents et paraissent en outre avoir la *mauvaise volonté de ne pas vouloir* comparaître au travail pour lequel on les a mis en réquisition tant de fois, je vous préviens, messieurs, et je vous prie d'en prévenir un chacun que si demain, 31 de ce mois, à 5 heures du matin, il n'y a pas 1000 ouvriers de la ville sur la grande place, tous ceux, bourgeois et autres, de quelque qualité qu'ils soient, qui étaient à ce sujet requis par vous autres, messieurs, et ne se présenteront pas, seront indistinctement chassés de la ville.

Qu'arriva-t-il? Demandons-le à une lettre du même, le 5 août : « Il ne s'est présenté que cent cinquante pionniers à l'ouvrage... » Il ordonne de faire venir les brigadiers et les piqueurs, qui n'y sont pas venus, pour savoir leur raison, sinon l'ordre d'expulsion sera exécuté; et le lendemain :

Je vous assure, messieurs, que je ne saurais concevoir de raison pourquoi au lieu de 1000 pionniers qui auraient dû comparaître sur la grande place aujourd'hui, il ne s'en est présenté que 350 [1].

Ne le comprenait-il pas? Quelquefois au contraire c'était le gouverneur qui réclamait des exemptions. Il en réclamait pour « les acteurs, les actrices et les individus de l'orchestre, attendu qu'ils contribuent à délasser le public (1ᵉʳ août). » Mais alors le magistrat se montrait inflexible. Les actrices ne seront pas comprises dans la réquisition plus que les autres femmes; mais pour les hommes, l'obligation est générale : ils n'ont qu'à se faire remplacer. Il refusait donc, — à moins que le général ne lui écrivît un billet comme celui-ci :

Je vous prie, messieurs, de me faire le plaisir, à condition de ne point me le refuser, d'exempter des travaux la veuve

[1]. Voyez encore au 11 août, au 16 août 1794.

Compette et sa famille, demeurant à la rue des Anges, n° 7. Vous m'obligerez beaucoup en me donnant d'abord un mot de réponse en conséquence (7 août).

A quoi il était répondu :

Les prévôt, jurés et échevins de la ville de Valenciennes se feront toujours un devoir d'accéder aux demandes de M. le général commandant, lesquelles seront en leur pouvoir, surtout lorsqu'il leur impose la condition de ne pas le refuser.
Les prévôt, etc. *Signé :* Thellier de Poncheville.

Bien peu de choses étaient en leur pouvoir, si l'on en juge par un grand nombre de leurs réponses aux réclamations d'objets matériels. Le gouverneur réclame des chaînes et des engins pour charger des arbres sur des voitures : — on n'en a jamais eu; des chariots, des tombereaux, des haches, des seaux à feu, des échelles : — on y satisfait tant bien que mal; un câble pour le blindage de l'hôpital général : — on n'en a pas; des fourches : — on n'en a pas. Il faut absolument trouver douze fourches : — on finit par en donner cinq, il n'y en a pas davantage et pas d'argent en caisse pour en faire fabriquer (25 juillet 1794); des matelas pour soulager la troupe : — on s'est entendu avec l'ancien préposé aux fournitures militaires qui dispose de cent matelas ; le conseil se croit sans qualité pour s'emparer d'autorité des effets des bourgeois qui, de droit et par les lois, sont placés sous leur protection et sauvegarde (6 août). Les vitres manquaient à l'hôpital : le terrible bombardement n'en avait guère laissé d'entières dans la ville. Le gouverneur priait le magistrat, à défaut de vitres, de mettre du papier huilé aux fenêtres de cet établissement : « Cela, disait-il, ne vous coûtera pas grand chose » (28 juillet) : — Impossible : les ouvriers ne veulent plus travailler pour la ville, parce qu'elle ne peut plus les payer. Le gouverneur revient à la charge le surlendemain : « C'est une question d'humanité », dit-il; il dispense même de l'huile; mais qu'on mette du papier!

Les questions de voirie, d'éclairage, suscitent les mêmes difficultés. Le gouverneur demande qu'on fasse éclairer chaque soir son quartier, et notamment la maison du sieur Fizeau, rue Capron (où il demeure), comme au temps où y demeurait le prince de Cobourg. Le magistrat répond que c'est une dépense qui lui serait contestée, et d'ailleurs il n'a pas d'argent (27 juillet). Le général-major réduit encore ses prétentions en cette matière ; « il ne demande pas la moindre dépense d'illumination, mais que l'allumeur de la rue Capron vienne au moins allumer sa lanterne; il lui donnera de temps en temps une récompense » (29 juillet). Mais, un peu après, les allumeurs, quoique payés quinze sous par jour, se mettaient en grève, et aux réclamations de la place le magistrat répondait : « Que le major les fasse venir » (5 août).

Difficultés bien plus grandes encore pour l'emprunt *volontaire* de 60 000 à 80 000 francs que les Autrichiens voulaient forcer la ville à effectuer à leur profit. Le magistrat s'occupe de la répartition (14 juillet) ; — Sera-t-il bientôt réalisé? — On s'en occupe (19 juillet). Sur ce point le général-major perd patience. Il annonce (8 août) que « si jusqu'à mercredi, 13 de ce mois, ils n'ont pas satisfait au payement exigé d'eux, qu'alors jeudi, 14 de ce mois, on leur mettra à chacun six hommes dans la maison à discrétion, jusqu'au temps et au moment qu'ils auront pleinement satisfait à cette demande. On n'acceptera que tout au plus un tiers en cuivre, puisque l'on abuse de la condescendance qu'on a bien voulu avoir pour les habitants dont quelques-uns s'avisent d'échanger le bon argent contre du mauvais. » Mais avant que l'emprunt fût entièrement couvert, les Autrichiens étaient chassés de Valenciennes.

Les Autrichiens, isolés dans Valenciennes par les progrès de nos armées en Belgique, voyaient en effet le moment où ils allaient être assiégés à leur tour. Presque toutes leurs réquisitions avaient le siège en vue, et c'était aussi ce qui faisait prendre diverses mesures à l'égard des habitants :

« Faire sortir jusqu'à [avant] demain soir tous ceux des bourgeois et habitants de la ville, qui ne sont pas en état de fournir des vivres pour trois mois et qui néanmoins ne se sont pas fait inscrire comme travailleurs (7 juillet). » — Le magistrat promit de rechercher ceux qui ne remplissaient pas ces conditions, et, sur une nouvelle invitation, le 11 juillet, il fit ses remontrances : il n'avait pas de liste, et d'ailleurs, c'était une mesure rigoureuse, non nécessaire (la ville ayant du grain en abondance), et pernicieuse, puisqu'on pouvait employer aux travaux publics ceux qui manquaient de provisions[1]. Comme néanmoins le gouverneur insistait pour qu'on affichât son arrêté, on lui opposa des raisons de comptabilité sur les frais d'impression de l'affiche. La condition pour les habitants de s'approvisionner ou l'obligation de sortir était une mesure de prudence imposée au gouverneur en prévision d'un long blocus; d'autres lui étaient plus particulièrement inspirées par des sentiments de défiance à l'égard d'une population dont il savait les dispositions secrètes : « Que tout bourgeois apporte ses armes, fusils de chasse ou autres, à l'hôpital général ; ils lui seront rendus plus tard (9 juillet); défense de monter à quelque tour, de se promener sur le rempart (18, 22 août); que les pauvres et tout autre individu de la ville, qui occupent actuellement une partie du bas étage de l'hôpital[2], aient à l'évacuer et à la céder à l'usage des militaires de la garnison (24 août). » L'hostilité des habitants ne se réduisait pas même à leur mauvais vouloir. Il y eut des tentatives pour rompre les digues ; ce qui, en vidant les fossés, eût rendu les murs plus accessibles; un jour même, quelques coups de feu furent tirés, d'une fenêtre, sur les remparts où se trouvaient des officiers. « L'énormité de ce forfait, écrit le gouverneur, me force malgré moi à faire dresser sans délai une potence sur la grande

---

1. Archives municipales, H, 6, 37 *bis*.
2. Vaste et massif édifice qui, au dernier siège, avait abrité dans ses caves les familles chassées de leurs demeures.

place pour faire exécuter tous ceux qui s'aviseraient d'exciter des troubles. » Puis il ordonne que ceux qui ne sont pas approvisionnés de vivres sortent de la ville dans deux fois vingt-quatre heures (22 août). — Ce furent les Autrichiens qui en sortirent, sinon dans les quarante-huit heures, au moins dans un assez bref délai ; et il ne fallut pas pour cela de soulèvements ni de troubles. Le 29 août, le magistrat adressait au général commandant cette lettre à propos de son dernier acte :

> Monsieur le général,
>
> Nous avons l'honneur de vous observer que la potence que vous avez fait dresser sur la place devient sans objet, depuis que vous avez rendu la ville.
>
> N'ayant nullement coopéré à cet acte de rigueur auquel vous rappelez que nous nous sommes toujours opposés, nous désirerions que vous donniez des ordres pour faire enlever sans délai cette potence qui ne peut être vue en ce moment que de fort mauvais œil.
>
> Les prévôt et échevins.
> (Suivent les signatures.)

C'est peut-être cette opposition incessante qui fit que le général-major de Cammeler, en rendant la ville, ne mit pas plus d'insistance à faire comprendre, parmi les articles de la capitulation, ceux que le conseil particulier avait délibérés et lui avait soumis pour la sauvegarde de l'administration, comme dans l'intérêt de la bourgeoisie tout entière[1]. Il proposa bien ce premier article additionnel : « Le magistrat ayant été forcé d'accepter les places qu'il occupe depuis que l'ancien est parti, s'étant toujours bien comporté en ce qui concerne le bien public, ne sera nullement inquiété, non plus que les habitants paisibles, etc. » Mais cet article n'étant pas de la compétence militaire, le général Schérer le renvoya au représentant du peuple pour être

---

1. Nous donnons aux Appendices, note XIII, les articles proposés. On verra que, s'ils avaient été admis, les sanglantes exécutions qui déshonorèrent le rétablissement de la domination française à Valenciennes auraient été impossibles.

par lui pris en considération; et de part ni d'autre on n'attendit pour signer la capitulation de la place [1].

La ville fut donc remise à la discrétion des représentants du peuple. Ce n'était plus Le Bon : le 9 thermidor était consommé; on était au 1ᵉʳ septembre (15 fructidor). Mais il y avait des lois terribles sur les émigrés rentrés, sur ceux qui avaient accepté du service dans une ville occupée par l'ennemi; et une partie considérable de la population se vit ainsi exposée à toutes les rigueurs de ces mesures qui avaient survécu au règne de la Terreur [2].

II

### Valenciennes après la rentrée des Français [3].

Dès le 15 fructidor, J.-B. Lacoste, Frécine et Bellegarde, entrant à Valenciennes, résumèrent les mesures de gouvernement révolutionnaire applicables à la ville, qui, jusqu'alors, n'en avait rien connu, dans l'arrêté suivant :

1. Tous les traîtres qui ont exercé des fonctions civiles et judiciaires au nom des tyrans coalisés contre la République seront mis sur-le-champ en état d'arrestation;

2. Ils seront traduits ensuite au tribunal criminel du département, pour y être jugés comme conspirateurs;

. . . . . . . . . . . . . . . . . . . . . . . . . . . . . .

11. Tous les signes de fanatisme, de féodalité et de royauté qui existent, soit à l'extérieur, soit dans l'intérieur des édifices publics ou particuliers, seront détruits;

---

1. *Mém. justificatif pour les ci-devant magistrat et conseil provisoire forcés de Valenciennes, détenus depuis le 16 fructidor dans la maison d'arrêt des Annonciades de Douai.* (Brumaire an III, septembre 1795, in-4°, p. 7. Recueil de M. Plouvain à la bibliothèque de Douai.)
2. Sur l'occupation autrichienne, voy. la note XIV, aux Appendices.
3. Les faits qui vont suivre sont tirés du registre original de la Commission militaire, conservé aujourd'hui au greffe de la cour d'appel de Douai.

18. Les cloches de toutes les églises seront incessamment descendues, pour le métal être employé à la fabrication des canons[1].

Le 1er vendémiaire an III (22 septembre 1794), ils instituèrent une commission militaire provisoire pour juger les émigrés pris les armes à la main, conformément à la loi du 9 octobre 1792 et des 20 et 25 mars suivant. Cette commission, formée par le général de division Drut, fut approuvée, dans sa composition, par les représentants; elle avait pour président, Cathol, chef de bataillon du 102e régiment; pour juges, Adhémar, adjoint aux généraux; Girard, adjoint aux généraux, Joumelle, sous-lieutenant au 9e régiment d'artillerie, Lebrun, sergent-major au 5e bataillon du Nord, et pour secrétaire, Morin, secrétaire de l'état-major. Elle devait prendre séance dans les trois heures, faire appeler d'abord, comme prévenus d'émigration, tous les détenus des maisons d'arrêt de Valenciennes et de Nord-Libre (Condé) qui faisaient partie de la garnison ennemie de ces places, et les juger, sans désemparer, ainsi que ceux qui avaient été pris les armes à la main. Dans les vingt-quatre heures, la Commission devait rendre compte de ses opérations aux représentants.

Le 5 vendémiaire an III (26 septembre 1794), ils prenaient un arrêté qui classait en cinq catégories, selon l'urgence, les prévenus à juger[2]; et, le 7, ils pourvoyaient à l'exécution :

Que, dans trois heures, il soit travaillé à la confection d'une guillotine qui doit être fournie dans les quarante-huit heures[3].

En attendant, on avait la fusillade. Ainsi, dès la première séance, six officiers ou soldats furent condamnés, comme

---

1. Arch. nat., AF II, 129, dossier 38, pièce 1 (affiche). — Ajoutez cet arrêté du 17 brumaire an III (7 novembre 1794), signé de Lacoste et de Roger Ducos : « Les actes authentiques ou privés faits à Valenciennes pendant l'invasion sont nuls. » (*Ibid.*, dossier 39, pièce 3.)
2. Arch. nat., AF II, 129, dossier 39, pièce 6.
3. *Ibid.*, pièce 12.

émigrés ayant porté les armes contre la France et exécutés le surlendemain ; le 5, un huissier, un laboureur et un ex-officier de cavalerie, prévenus d'avoir émigré et servi les intérêts des puissances coalisées, furent condamnés de même et fusillés le lendemain sur l'esplanade. La Commission était là dans son rôle. Mais J.-B. Lacoste voulut étendre ses attributions ; et, le 17 vendémiaire (8 octobre), de concert avec Briez, son collègue, il prit l'arrêté suivant :

La Commission militaire établie à Valenciennes s'occupera sur-le-champ de procéder à l'instruction et au jugement de tous les détenus dans les communes rentrées au pouvoir de la République qui sont prévenus d'émigration, tant de ceux désignés par l'article 74 de la loi du 28 mars 1793 (v. st.) que des prêtres déportés mentionnés dans le décret des 29 et 30 vendémiaire 2ᵉ année républicaine.

Cette Commission se conformera dans l'instruction et les jugements tant aux dites lois qu'à toutes autres existantes sur le même matière.

Elle rendra compte aux représentants du peuple des cas particuliers sur lesquels elle pourrait avoir quelques doutes ou incertitudes pour y être statué ou en référer à la Convention nationale, s'il y a lieu.

Elle s'abstiendra de juger les détenus prévenus d'émigration, desquels il a été écrit au Comité de salut public, jusqu'à ce qu'il en ait été autrement ordonné.

Si dans le cours de l'instruction de quelques-uns ou plus des détenus elle reconnaît qu'ils ne soient pas de sa compétence, elle en référera aussi aux représentants du peuple.

Signé : J.-B. LACOSTE et BRIEZ.

La Commission reprit donc ses travaux. Elle n'est plus désormais cour martiale ou conseil de guerre : mais, avec la rigueur aveugle de la consigne militaire, elle appliquera aux personnes les plus dignes de respect, sans tenir compte, ni des intentions, ni des circonstances, les décrets draconiens qui sont pour elle toute la loi.

Les prisons de Valenciennes, de Condé, du Quesnoy étaient pleines de ces malheureux qui allaient se trouver émigrés rentrés, par ce seul fait que ces villes, hier aux

Autrichiens, étaient aujourd'hui redevenues françaises. A Valenciennes, ils se partageaient entre la maison d'arrêt de la commune, l'abbaye de Saint-Jean, les Récollets et les Ursulines, anciens couvents, devenus aussi maisons d'arrêt[1]. Quant aux détenus du Quesnoy[2], et de Condé (Nord-Libre), le représentant avait ordonné de les ranger en six classes et d'envoyer la première classe à Valenciennes pour la faire juger : car elle renfermait tous ceux dont la condamnation, aux termes de la loi, était certaine[3].

Le premier jour de la reprise (22 vendémiaire, 13 octobre 1794), sur sept personnes il y a trois militaires encore, un laïc et trois prêtres : les trois premiers sont frappés pour abandon du drapeau; le quatrième comme émigré; les trois derniers comme déportés rentrés sur le territoire de la République. Tous les sept furent guillotinés le lendemain : — dont acte signé, comme tous les autres, par l'huissier Ledoux.

Notons que ces émigrés ou déportés ne pouvaient pas être dits rentrés sur le territoire de la République, puisqu'ils étaient rentrés dans une ville occupée par l'ennemi[4] et

1. Le registre en donne la liste par maison d'arrêt, p. 27 et suiv.
2. La liste du Quesnoy (p. 30) comprend, avec les noms, les motifs de l'arrestation.
3. « Première classe : tous les émigrés qui sont désignés par l'art. 74 de la loi du 28 mars 1793, en y ajoutant les prêtres ou autres déportés et rentrés sur le territoire français, et ceux qui ont agi militairement contre la France. » (Registre, p. 27.)
4. C'est ce que faisait ressortir le tribunal criminel de Douai, à propos même de Valenciennes, dans l'affaire de Victor Bertaut, ex-moine de Saint-Sauve, Guillaume-Joseph LALLEMANT et J.-François-Joseph HENRY, ex-prêtres de Valenciennes : « Considérant que Victor Bertaut, etc., accusés d'émigration ont soutenu que la peine de mort ne pouvait leur être appliquée, puisqu'ils n'avaient point enfreint leur bannissement en se retirant à Valenciennes, lorsqu'il était envahi par l'ennemi;

« Considérant que la loi ne dit nulle part que l'on enfreint un bannissement lorsque l'on prend domicile sur un territoire envahi; qu'il est même probable que par cette conduite on ne commet aucune infraction, puisque le décret du 23 brumaire, art. 1, porte qu'on est émigré lorsque l'on quitte le territoire de la République non envahi, pour résider sur celui occupé par l'ennemi ».

Le tribunal s'abstenait de prononcer par un scrupule légal :
« Considérant néanmoins qu'il n'appartient pas au tribunal de résoudre

que, dans ce cas, avant d'être tenus pour émigrés rentrés, ils auraient dû avoir, selon la loi, un délai de vingt jours, pour évacuer le territoire. Or ce délai ne leur avait pas été laissé. Mais on n'admettait pas la distinction et, par surcroît, on invoquait une autre loi, qu'on ne pouvait pourtant leur appliquer sans faire une étrange violence à la nature des choses et au bon sens : c'était l'article 2 de la loi des 29 et 30 vendémiaire an II, ainsi conçu :

Ceux (les déportés) qui auront été ou seront arrêtés sans armes dans les pays occupés par les troupes de la République seront jugés dans les mêmes formes et punis des mêmes peines (que les individus arrêtés les armes à la main), s'ils ont été précédemment dans les armées ennemies ou dans les rassemblements d'émigrés ou de révoltés, ou s'ils y étaient à l'instant de leur arrestation.

C'est ce même article qui allait être appliqué à presque toutes les victimes de ce tribunal; à quelques-unes, dans des circonstances où l'on trouve tout à la fois la condamnation et de la loi et des hommes qui s'en faisaient ainsi les exécuteurs.

Il y avait à Valenciennes un couvent d'ursulines qui avait, depuis 1790, pour supérieure, une sainte femme, Clotilde Paillot, en religion mère Marie-Clotilde-Angèle-Joseph de Saint-Borgia. Le décret du 13 février 1790 qui supprimait les ordres monastiques n'avait pas atteint d'abord cette maison; car une de ses dispositions disait qu'il ne serait rien changé pour le moment à la situation des ordres ou congrégations voués à l'éducation publique.

cette question, puisque l'art. 11 de la 2ᵉ section du décret du 14 frimaire défend d'étendre ou de limiter les lois sous prétexte de les interpréter ou d'y suppléer; que les législateurs seuls par conséquent doivent prononcer sur cette difficulté et déclarer si, dans l'espèce, les accusés doivent être punis de mort, ou seulement déportés du territoire de la République !

« Le tribunal déclare qu'il consultera le comité de législation, ordonne néanmoins qu'en attendant les prévenus tiendront état. » Douai, 13 floréal an III (2 mai 1795). (Registre du tribunal criminel de Douai, à cette date.)

Mais la Révolution marchait, et, après la proclamation de la République, les ursulines reçurent l'ordre de quitter leur couvent dans les vingt-quatre heures (octobre 1792) : on les autorisait à emporter le mobilier de leurs cellules. La vie en commun ne leur étant plus permise en France, elles résolurent de se retirer en Belgique. Elles partirent, emportant, sans que personne y fît obstacle, leur chétif mobilier sur des chariots. Elles ne savaient encore où trouver un asile quand elles furent rejointes à la frontière par un messager de leurs sœurs de Mons qui leur offraient l'hospitalité. Elles l'acceptèrent; mais, l'année suivante, Valenciennes étant tombée au pouvoir des Autrichiens, une de leur sœurs, qui était restée dans la ville auprès de son vieux père, obtint de la *jointe* qu'elles revinssent dans leur ancien couvent : elles ne se doutaient pas que c'était la mort qu'elles ramenaient avec elles dans leur chariot [1].

Un an s'écoule, et Valenciennes est délivrée. Les ursulines n'avaient pas pensé qu'elles dussent regarder cet événement comme un malheur ou un danger pour elles. Le régime de la Terreur venait de tomber avec Robespierre. Userait-on de nouvelles rigueurs contre une maison où les mères de famille aimaient à envoyer leurs enfants? Et pourtant, le jour même de l'entrée des Français, on leur donnait l'ordre de quitter leur couvent et, la nuit suivante, avant que la plupart aient pu exécuter cet ordre, on les cernait chez elles et on les mettait en arrestation. Quinze furent ainsi saisies, ou reprises dans les maisons de la ville

---

[1]. Le récit de la mort des ursulines de Valenciennes a été fait dans *la Semaine religieuse du diocèse de Cambrai* (12 et 26 juin, 17 juillet, 11 et 25 septembre 1869), d'après une communication de l'aumônier de leur couvent aujourd'hui établi à Saint-Sauve, aux portes de Valenciennes. Le récit est fait sur des pièces authentiques, conservées au couvent; mais l'auteur n'a peut-être pas vu le registre de la Commission militaire, gardé au greffe de la cour de Douai. Il n'aurait pas dit « qu'elle était composée de six républicains de la ville, que les documents de l'époque nous représentent comme des sans-culottes ayant besoin d'argent » : c'étaient des militaires; ils accomplirent la consigne avec une inflexibilité qui fait plus d'honneur à leur esprit de discipline qu'à leur jugement et à leur cœur.

où elles s'étaient retirées : une des quinze, une jeune novice, sœur Angélique, fut sauvée un peu plus tard. La femme qui apportait aux prisonnières leur nouriture la déguisa en fille de service, et elle sortit, l'emmenant avec elle, non sans la rudoyer pour mieux tromper les hommes du poste au moment du passage. C'est celle qui, par la suite, devait relever la maison.

Les religieuses avaient passé en prison le mois de septembre et la moitié d'octobre (1794), tantôt réunies, tantôt séparées, les unes à l'abbaye de Saint-Jean, les autres dans leur propre couvent, et elles avaient pu voir des religieux, des prêtres, conduits au tribunal, leur marquer la voie.

On commença par les cinq religieuses détenues à l'abbaye de Saint-Jean [1].

Le 26 vendémiaire (17 octobre), elles comparurent devant la Commission. On demanda à chacune d'elles si elle avait émigré. — Je suis allée à Mons, répondirent-elles les unes après les autres. On savait bien que, chassées de leur couvent, elles avaient, au vu de tous, cherché un asile au dehors et trouvé l'hospitalité dans la maison de leurs sœurs Belges. Elles n'en furent pas moins, avec trois prêtres ou religieux, enveloppées dans cette même sentence :

*Vu l'interrogatoire respectif de (les noms) et les pièces y jointes; — attendu qu'il en résulte qu'il a été évidemment reconnu que (les noms) se sont rendus coupables du crime d'émigration, en abandonnant, de leur propre et entière volonté, le territoire de la République et qu'au mépris des lois ils y sont revenus exercer sous la protection de l'ennemi des fonctions qui leur avaient été interdites; — nous avons jugé en notre âme et conscience et à l'unanimité qu'ils ont encouru la peine de mort.*

Et la sentence fut exécutée le jour même. Le lendemain, six autres religieux ou curés, soit de la ville, soit des villages voisins, furent condamnés de même, quatre comme

---

1. Louise Vasot, âgée de soixante-sept ans, et Henriette Paix, âgée de quarante-neuf ans, toutes deux de Valenciennes; Madeleine Desjardins, trente-cinq ans, de Cambrai; Hyacinthe Bouru, quarante-huit ans, et Geneviève Ducher, trente-huit ans, de Nord-Libre (Condé).

émigrés, deux comme déportés rentrés : on les exécuta le jour suivant. Le 2 brumaire (23 octobre), ce fut le tour des six religieuses détenues dans leur propre couvent (la supérieure Clotilde Paillot, cinquante-cinq ans, née à Bavai, et cinq de ses sœurs[1]) ; elles étaient comprises, avec cinq prêtres ou religieux, dans la même accusation que les précédents. Déjà prévenues par la condamnation de leurs sœurs, elles ne pouvaient que s'attendre à la mort et elles s'y préparaient comme au martyre, dignes filles de sainte Ursule, avec la joie que donnent les divines espérances : c'est le sentiment qui domine dans les lettres d'adieu que plusieurs écrivirent et dont les originaux sont gardés comme de pieuses reliques dans les familles :

Ma chère Domitilde, écrivait la supérieure Clotilde Paillot à sa sœur, c'est de la prison que je vous écris.

Clotilde (c'est elle) y est. Cinq de ses consœurs sont déjà montées à la guillotine avec un courage, une joie inexprimables : elles allaient à la mort comme au plus grand triomphe. Clotilde et les autres auront le même bonheur : elles le désirent : ce moment leur tarde de verser leur sang pour soutenir leur foi et leur religion. Dieu leur fait bien des grâces. Je me porte bien, je pense beaucoup à vous et à nos amis ; je ne sais ce qu'ils sont devenus. Je prierai beaucoup pour vous et pour eux. Prenez part à mon bonheur. Je vous embrasse avec tout ce qui vous environne. Point d'inquiétude sur mon sort. Je suis la plus heureuse du monde. Je vous aimerai toujours et j'espère que vous ressentirez les effets de mon souvenir et du sincère attachement que je vous ai porté.

Adieu pour toujours.

CLOTILDE PAILLOT[2].

[1]. Marguerite LEROUX, quarante-quatre ans, et sa sœur Marie-Josèphe LEROUX, quarante-six ans, de Cambrai, cette dernière urbaniste, et recueillie chez les ursulines au retour de Mons ; Françoise LACROIX et Anne-Marie ERRAUX, trente-deux ans, de Pont-sur-Sambre, anciennes brigittines, recueillies aussi aux ursulines ; et Jeanne-Louise BARREZ, quarante-quatre ans, de Sailly ; trois autres ursulines avaient été transférées à Douai, ce qui leur sauva la vie.

[2]. Clotilde Paillot est de notre famille : l'original de sa lettre est entre les mains des héritiers de M. Aimé Leroi, ancien bibliothécaire de Valenciennes, son parent ; je possède la petite croix d'argent qu'elle portait au moment d'aller à l'échafaud.

La supérieure, interrogée la première, entreprit cependant de sauver ses sœurs. Elle dit qu'elle avait sur elles autorité, que c'était elle qui leur avait ordonné d'aller à Mons et de revenir de Mons à Valenciennes : « Si c'est un crime, j'en suis coupable; mais vous ne pouvez l'imputer à mes sœurs qui étaient forcées de m'obéir ». Sa générosité, son énergie, émurent vivement l'auditoire, et, je le veux croire, les juges : mais cela ne les empêcha pas de déclarer, *le tout vu et mûrement examiné en leur âme et conscience et à l'unanimité*, qu'elles avaient toutes encouru la peine de mort. Cinq prêtres ou religieux et une autre religieuse étaient compris dans la même fournée : quatre des prêtres furent frappés de la même peine; le cinquième et la religieuse sa parente contre lesquels l'accusation, même en ces termes, manquait de base, furent acquittés.

Ce nouveau convoi de victimes a laissé dans Valenciennes une vive impression parmi les rares personnes du pays qui restaient naguère encore de cette sanglante époque; et leurs enfants n'en perdront pas le souvenir. Elles avaient reçu le saint viatique des mains de prêtres qui partageaient, en si grand nombre encore, leur prison; elles se rendirent, les unes aux autres, le service de la dernière toilette. Au moment du départ, on en avait oublié une, une sœur converse : elle croyait qu'on l'avait épargnée; et, désolée, elle s'était jetée à genoux, priant Dieu de la réunir à ses sœurs, quand le geôlier rouvrit la porte et exauça sa prière. Elles marchèrent au supplice comme à une fête, chantant les litanies de la sainte Vierge et le *Te Deum*; elles remercièrent les soldats qui leur servaient d'escorte, disant : « Nous prierons le Seigneur qu'il vous ouvre les yeux », et elles moururent, pardonnant à leurs juges et au bourreau.

Les exécutions se continuèrent : le 6 brumaire an III (27 octobre 1794), six autres prêtres; le 16 (6 novembre), cinq : toutes les rigueurs étaient pour eux : car, dans l'intervalle, quelques paysans, quelques ouvriers, réfugiés à Valenciennes pendant l'occupation, soit pour chercher de l'ouvrage, soit pour se soustraire aux ravages de la guerre, avaient été acquittés : les laïcs n'étaient frappés, en général, que quand il y avait contre eux preuve de désertion ou soupçon d'espionnage : ainsi, le 23 brumaire an III (13 novembre 1794), un jardinier et un boulanger furent condamnés, avec quatre autres prêtres ; le 3 frimaire (23 novembre), cinq laïcs pour les mêmes raisons ; point de prêtres ; il n'en restait plus, sauf un seul, Pierre VALLET, âgé de soixante-neuf ans, ex-chanoine de Cambrai, illégalement déporté, à l'égard duquel la Commission fit enfin preuve de justice :

Considérant que la déportation de Vallet n'a été déterminée que par les intrigues d'une femme qui voulait jouir de la maison qu'il occupait à Cambrai ; que le directoire du district n'avait pas le droit de l'ordonner, attendu son âge au-dessus de soixante ans ;
Considérant que ledit Pierre Vallet est d'ailleurs noté à Cambrai comme un bon citoyen, qu'il ne serait pas juste qu'il fût la victime de son obéissance aux ordres d'une autorité constituée...

On l'acquitta.

La Commission ne prononça plus qu'une condamnation à mort : celle d'un espion, prévenu d'avoir même porté les armes contre la France (26 frimaire an III, 16 décembre 1794) ; les autres prétendus émigrés qui comparurent devant elle furent acquittés. Elle commençait à ne plus être en nombre ; les derniers jugements sont signés par trois juges ; et, de plus, un décret du 21 frimaire an III (11 décembre 1794) venait d'établir une autre juridiction. Il attribuait à une deuxième section du tribunal criminel du département du Nord, instituée à cet effet[1], « le pouvoir de juger tous les prévenus arrêtés dans l'étendue du département du Nord, soit qu'ils soient détenus en vertu des lois

---

1. Cette deuxième section fut instituée en vertu d'un décret du 19 vendémiaire an III (10 octobre 1794), par les représentants Berlier et J.-B. Lacoste. On conserve à Douai l'arrêté d'organisation rendu par Berlier, en date du 23 vendémiaire. On en a deux expéditions aux Archives nationales, AF II 129, dossier 6, pièces 1 et 2.

des 7 et 17 septembre (v. style), en vertu de la loi du 29 frimaire 2ᵉ année républicaine, ou prévenus de tout autre délit contre-révolutionnaire ». En conséquence, par un arrêté du 3 pluviôse an III (22 janvier 1795), le représentant Pérès supprima la Commission. Un autre arrêté lui prescrivait de remettre, en se séparant, ses registres et papiers de procédure à l'agent national du district de Valenciennes, qui était chargé de les envoyer au greffe de la deuxième section du tribunal du Nord; et il ordonnait que les prévenus qui devaient paraître devant la Commission fussent, dans le plus bref délai, transférés en la maison de justice dudit tribunal.

## III

### Fin de la Terreur dans le Nord.
### La deuxième section du tribunal de Douai.

Cette deuxième section du tribunal criminel du Nord était donc chargée de la liquidation de la Terreur dans le département. C'était elle qui, avec les faits d'émigration, devait juger tant de citoyens dont le crime était d'avoir administré les villes ou les villages occupés par l'ennemi pendant l'invasion : crime digne de mort d'après la loi. Un tribunal formé d'hommes violents aurait eu là de quoi se satisfaire. Mais tel n'était plus l'esprit du temps et tel ne fut pas celui du tribunal et des jurés qui devaient apprécier les faits. Ce sont de véritables fournées d'acquittements. Les communes défilent les unes après les autres : si le fait est constant, le cas de force majeure est posé et admis, et en conséquence les accusés sont mis en liberté. Le tribunal se trouva plus embarrassé en présence des détenus qu'on lui envoyait de Valenciennes avec le numéro de leur classe [1].

[1]. Il y avait eu un premier envoi, par suite sans doute du décret du 19 vendémiaire an III, avant que la Commission militaire se fût séparée. Le rapport de l'accusateur public est du 16 brumaire. La Commission condamne encore à mort cinq prêtres, à cette date, et n'est dissoute que le 3 pluviôse (22 janvier 1795).

L'exposé de l'accusateur public, fort différent des anciens réquisitoires, présentait sans phrases les raisons qui militaient en faveur des prévenus[1].

De toutes les administrations incriminées comme ayant rempli leurs fonctions sous la domination des Autrichiens, il n'y en avait pas de plus importantes que celle de Valenciennes. Elle ne comptait pas moins de trente prévenus, tant du magistrat que du conseil privé; en tête, le prévôt J.-Jos. Berlin, âgé de quatre-vingts ans, et dans le nombre plusieurs autres avec lesquels les plus âgés des générations actuelles ont pu converser au temps de leur jeunesse : MM. Dubois-Fournier, Thellier de Poncheville. Ces hommes respectables dont nous avons dit les services envers leurs concitoyens en face de l'étranger, avaient été, aussitôt après la reprise de Valenciennes, entassés sur des chariots comme des malfaiteurs et envoyés à Douai (16 fructidor, 2 septembre)[2] avant l'établissement de la Commission militaire de Valenciennes (bien leur en prit); et de la maison des Annonciades où ils avaient été enfermés, ils adressèrent une pétition aux représentants du peuple. Après avoir rappelé les circonstances au milieu desquelles on les avait contraints de prendre le pouvoir et les services qu'ils avaient rendus, ils disaient :

Nous ne demandons point grâce, nous ne demandons que justice; qu'elle soit prompte et nos vœux seront comblés[3].

Depuis, la deuxième section du tribunal criminel de Douai ayant été établie précisément pour juger les cas nombreux de cette espèce, ils rédigèrent un mémoire où ils exposaient, avec plus d'étendue, l'histoire de leur administration (brumaire an III) :

---

1. Voy. la note XV aux Appendices.
2. Voy. leur mémoire justificatif.
3. 25 fructidor an II (11 septembre 1794). Voy. la pétition tout entière dans les *Archives du Nord*, 3ᵉ série, t. III, p. 204 et suiv.

Criminels pour avoir consulté les intérêts de nos frères! s'écriaient-ils en terminant; Robespierre l'eût pensé. On ne punit plus aujourd'hui que l'intention. On se plaît à distinguer l'erreur du crime, l'espoir renaît dans tous les cœurs. L'adresse de la Convention nationale au peuple français, l'attitude imposante qu'elle a prise dans la journée même du 9 thermidor, ont mis fin aux inquiétudes, aux mécontentements. Tous les Français semblaient n'attendre que ce signal pour se rallier autour d'elle : tous s'écrient de concert : « Vive la Convention! Vive la République une et indivisible! Nous nous unissons à eux; déjà nous oublions nos maux pour ne penser qu'au bonheur d'être rendus à la patrie que nous brûlons de servir [1].

Ils comparurent enfin devant le tribunal le 27 frimaire (17 décembre 1794). Leur cause était presque gagnée d'avance. Thellier de Poncheville acheva, dit-on, de l'emporter par un plaidoyer vigoureux où les pièces les plus péremptoires étaient produites à l'appui de ses raisons. Le fait de l'acceptation des fonctions publiques fut déclaré constant par le jury; mais le jury déclarait aussi pour chacun d'eux « qu'ils n'étaient pas convaincus d'avoir eu l'intention d'enfreindre les lois de la République et d'être traîtres à la patrie »; et, en conséquence, ils furent tous acquittés [2].

L'occupation de Valenciennes par les Autrichiens eut pourtant une victime expiatoire. Valenciennes n'avait capitulé qu'après une défense héroïque (la Convention ne se sépara pas sans avoir déclaré *qu'elle avait bien mérité de la patrie*[3]), et les canonniers bourgeois avaient partagé, avec l'armée, l'honneur de la résistance; mais il y avait eu le

---

1. Signé : Jos. Morel, Thellier, Pléo, Barbet fils, Prin, J.-Ch. Gobeau, Flory l'aîné, Bataille, Grassier, Lussigny, Martinache, Bousez, P.-J. Pluchart-Gobau, Payen, Caffeau, Perdrix, Dubois-Fournier, Barbieux, Lesage. D. Daulmery-Rhoné, Lachèze, Poitevin, Béghin, G. Talon, F. Bronsart, Deroubaix, Descornaix et H. Hensy. — Ils ajoutaient : Nous observerons que d'autres fonctionnaires de notre commune sont détenus comme nous; comme nous ils ont fait le bien.
2. Voy. pour ce jugement et pour les autres, à leur date, le *registre de la seconde section du tribunal criminel de Douai*, conservé au greffe de la Cour d'appel.
3. 19 vendémiaire an IV. *Procès-verbal de la Convention*, t. LXXI, p. 31.

26 juillet un rassemblement, dont l'objet était de faire rendre la place qui ne pouvait plus tenir : un courtier de toilette[1], nommé MORCRETTE, fut accusé d'en avoir fait partie et d'avoir désarmé le citoyen Ponsart qui s'opposait à la capitulation. Il fut condamné à mort et exécuté sur la place publique de Douai, le 18 pluviôse an III (6 février 1795[2]). Une condamnation à mort frappa aussi un habitant du Quesnoy, Jos. MERLIN, greffier, accusé d'avoir accepté des fonctions publiques sous les Autrichiens, et déclaré convaincu de l'avoir fait « avec intention de violer les lois de la république » : des insultes aux soldats français, avec des vœux pour qu'on les exterminât, avaient paru des circonstances qui justifiaient cet acte de rigueur (8 nivôse an III, 28 décembre 1794). — A Landrecies, un de ceux qui avaient accepté des fonctions publiques pendant l'occupation étrangères, un ancien capitaine, nommé VAUBET, était aussi fort compromis par ses actes et par son langage :

Considérant, dit le jugement, que relativement à Vaubet il a paru constant dans le débat qu'il étoit entré dans Landrecies aussitôt après sa prise par les Autrichiens, paré de sa croix de Saint-Louis, et qu'il traita les patriotes de carmagnols ; considérant de plus qu'il a paru très vraisemblable que ledit Vaubet a traité un jour de scélérats des citoyens de ladite commune qui demandoient des passeports pour entrer dans le sein de la République et, qu'à ses invectives il ajouta que lui, Vaubet, n'avoit jamais donné dans la folie de la Révolution françoise...

— Il était acquitté du fait principal ; mais, à raison de ces manifestations plus que suspectes, il était, avec deux ou trois autres compromis de la même sorte, retenu en état d'arrestation jusqu'à la paix (3 nivôse an III, 23 décembre 1794).

La disproportion de la peine au délit faisait que, dans la plupart des cas, même les plus condamnables, le tribunal

---

1. Toile fine ou *batiste*.
2. Voy. au registre cité cette sentence rigoureuse qui porte la signature du président Duhot et de ses deux assesseurs.

aimait mieux absoudre. Ainsi le fait même d'avoir pris la cocarde étrangère, ou tenu des propos séditieux, était souvent laissé impuni. La deuxième section du tribunal criminel de Douai, jugeant avec le concours du jury à cette époque, ne pouvait pas se montrer plus sévère que la première section, jugeant révolutionnairement au temps de la Terreur. Le fait était déclaré constant, et la criminalité établie, mais on ajoutait qu'il n'était pas constant que l'accusé, en s'en rendant coupable, eût eu des intentions contre-révolutionnaires, et il était acquitté. Donnons quelques exemples :

A Fraternité-sur-Selle, RODRIGUEZ fils est convaincu d'avoir porté la cocarde noire; mais il n'est pas établi qu'il l'ait fait dans l'intention d'être rebelle : et il est acquitté (18 nivôse, 28 décembre 1794); ailleurs, VEVEY a repris la croix de Saint-Louis et porté la cocarde noire; point de mauvaise intention : acquitté; de même, WIMAR a porté un ruban noir au bras : acquitté (13 pluviôse, 1ᵉʳ février 1795)[1]. DUMIEUX a tenu les propos incriminés dans l'acte d'accusation; mais il n'a pas eu d'intentions contre-révolutionnaires : acquitté (16 nivôse, 5 janvier 1795). LABOUETTE a parlé contre la Convention; mais sans intention d'avilir l'Assemblée nationale ou de favoriser les projets des ennemis extérieurs : acquitté (28 nivôse, 17 janvier).

Le fait de secours envoyés aux émigrés qui a amené tant d'odieuses exécutions à Arras, à Cambrai, trouve aussi ses circonstances atténuantes : des chevaux, des voitures, de l'argent ont été fournis à l'émigré Delfosse; ils ont été fournis par l'accusé Hippolyte MOCHET; mais comme il n'est pas convaincu de l'avoir fait dans des intentions perverses et criminelles, il est acquitté (2 pluviôse, 21 janvier 1795).

Quand il y a crime réel, le tribunal sait frapper comme un autre : Nicolas HOTCHE a tenu des propos contre les Français; mais, comme il a, de plus, tiré sur eux et fait des

1. Voy. encore l'acquittement de Jacques BIVE (8 ventôse, 26 février 1795).

enlèvements de bestiaux avec les Autrichiens, on estime que les propos ont été tenus avec des intentions perverses, et pour le tout il est condamné à mort (29 germinal, 18 avril 1795). Il y a d'ailleurs aussi certains acquittements qui, les circonstances n'étant pas rapportées dans le texte fort sommaire du jugement, ont bien le droit de surprendre. Voici sur Morel (de Somain), âgé de vingt ans, les questions posées au jury et les réponses :

Est-il constant qu'un individu a exercé différents brigandages avec les Prussiens ? — Oui.
Pierre-Michel Morel est-il convaincu d'avoir exercé lesdits brigandages ? — Oui.
Est-il convaincu de les avoir exercés dans des intentions perverses et criminelles ? — Non.
Acquitté (13 ventôse, 3 mars 1795).

Ajoutez cet exemple de J.-Jos. Dubois, portefaix à Douai, accusé du crime qui se pardonnait le moins volontiers en république : provocation au rétablissement de la royauté. Le jugement résumant les réponses du jury porte :

1° Que la provocation au rétablissement de la royauté est constante ;
2° Que J.-Joseph Dubois est convaincu d'avoir provoqué au rétablissement de la royauté ;
3° Que ledit J.-Joseph Dubois n'est point convaincu d'avoir fait cette provocation avec des intentions perverses et criminelles.

Et il est acquitté (13 prairial, 1er juin 1795).
Une affaire plus grave en cette matière est celle de dix canonniers d'artillerie légère, résidant à Douai. Ces canonniers, selon l'acte d'accusation, étaient chez un cabaretier à l'enseigne du Jambon, rue des Foulons, quelques-uns disant : « M..... pour la citoyenneté ! Buvons du sang de Bourbon » (ils désignaient ainsi de la bière rouge) ; un autre avait « voulu forcer un citoyen présent à boire à la santé de Bourbon » ; d'autres avaient engagé des citoyens qui

étaient là « à se porter sur la place, à cause de la cherté du pain, les assurant qu'ils les soutiendraient et les traitant de c..... parce qu'ils restaient tranquilles..... Ils avaient dit « que les habitants de Douai ne savaient pas se soutenir, que s'ils se mettaient avec les canonniers, ils en seraient soutenus;... que pour eux ils ne voulaient plus être appelés *citoyens*, mais *monsieur* ». L'accusation portait encore « qu'à chaque mot ils parlaient du roi et de Bourbon, et disaient : *point de pain, point de soldat!* que là on les a entendus crier : *Vive le roi!* en buvant à la santé de Bourbon et en criant : *M... pour la nation!* ajoutant que les citoyens étaient des c.....; que s'ils se révoltaient, ils les soutiendraient et les feraient avoir le pain à 15 sous la livre », etc.

Tous ces propos constituant une provocation au rétablissement de la royauté furent déclarés constants et plusieurs canonniers convaincus de les avoir tenus; mais acquittés, l'intention criminelle n'étant pas établie; un seul, nommé Mouton, fut déclaré convaincu d'avoir provoqué au rétablissement de la royauté avec des intentions perverses et criminelles; mais il fut dit en même temps qu'il y avait dans le délit sus-mentioné des circonstances atténuantes, et il fut condamné à deux ans de fers (14 prairial, 2 juin 1795)[1].

C'est la dernière condamnation inscrite au registre de la deuxième section du tribunal criminel de Douai. On voit qu'on n'était plus sous le régime de la Terreur; et c'était désormais aux terroristes à rendre compte de la façon dont ils avaient exercé la justice[2].

Ce sera la conclusion de cette histoire pour la province comme pour Paris.

---

1. Conformément aux articles 1 et 2 du titre premier de la loi du 1ᵉʳ germinal an III (21 mars 1795).
2. Sur le compte général de la justice révolutionnaire dans les départements, voy. la note XVI aux Appendices.

# CHAPITRE XXXVIII

## LES CHATIMENTS. JOURNÉES DE GERMINAL ET DE PRAIRIAL

### I

#### Réaction contre les terroristes; journée du 12 germinal.

Tandis que la Terreur sévissait encore dans les villes soustraites naguère à son empire par une occupation passagère de l'ennemi au cours de l'an II, un mouvement de réaction se produisait partout contre ceux qui en avaient été les inspirateurs ou les agents.

Paris est le lieu où il aurait dû se manifester avec le plus de force, et Paris d'abord sembla y faire obstacle. C'est que la révolution de thermidor avait précisément pour auteurs les plus farouches terroristes, Billaud-Varenne, Collot d'Herbois, Vadier, Amar, Fréron. Le tribunal révolutionnaire, dont le président Dumas et le vice-président Coffinhal figuraient, au premier rang, parmi les proscrits du jour, allait être maintenu avec quelques remaniements nécessaires. On n'avait même pas compris dans la réforme, on avait gardé comme accusateur public Fouquier-Tinville! mais ce nom fit éclater l'horreur qu'inspirait le régime dont ce tribunal avait été l'instrument. Fouquier-Tinville fut décrété d'arrestation (14 thermidor), et le tribunal révolutionnaire, suspendu pendant quelques jours; après quoi, on le réorganisa (23 thermidor), sans autre changement essentiel dans les procédés que la suppression de la loi du 22 prairial [1].

[1]. Voy. l'Histoire du tribunal révolutionnaire de Paris, t. V, p. 200 et suiv.

D'autres signes allaient montrer pourtant que la Terreur, ébranlée par la chute de Robespierre, ne resterait pas longtemps debout.

Ce fut d'abord dans ce tribunal même, réorganisé, le procès des quatre-vingt-quatorze Nantais, reste des cent trente-deux que le Comité révolutionnaire de Nantes avait envoyés au tribunal révolutionnaire de Paris, non sans espoir qu'on les massacrerait en route. Oubliés dans les prisons de la capitale et traduits en justice seulement après la chute de Robespierre, ils furent acquittés, le 28 fructidor (14 septembre 1794) [1], et leur procès même servit, pour ainsi dire, de préface à celui du Comité révolutionnaire de Nantes. Les accusés de la première affaire, absous, devenaient témoins à leur tour contre leurs accusateurs, mis en jugement : procès où le terrorisme comparut pour la première fois, ayant à rendre compte de ses actes en province devant le tribunal créé à son profit, et qui entraîna le jugement de Carrier. Réclamé par les membres du Comité de Nantes comme le complice, comme l'auteur principal de tous les faits dont ils étaient accusés, Carrier fut renvoyé, en effet, au tribunal révolutionnaire, pour être jugé avec eux, par décret de la Convention (1 frimaire an III, 21 novembre 1794) et condamné avec deux de ses coaccusés (Pinard et Grandmaison), le 26 frimaire ; tous les autres furent aussi déclarés convaincus d'avoir fait fusiller, noyer, etc.; mais le jury ayant déclaré en même temps qu'ils ne l'avaient pas fait avec des intentions contre-révolutionnaires, le tribunal les acquitta [2].

C'était la loi ; ce fut la condamnation du tribunal et de la loi qui l'autorisait à juger ainsi. La Convention décréta le renouvellement du tribunal révolutionnaire, l'arrestation des acquittés, et un peu plus tard leur renvoi devant la

---

1. *Histoire du tribunal révolutionnaire de Paris*, t. V, p. 345-361.
2. *Ibid.*, p. 361 et suiv.; t. VI, p. 1 et suiv.

justice criminelle ordinaire, leurs crimes étant avérés, sauf celui de contre-révolution dont ils étaient dûment déchargés [1].

Dans le cours de ces deux procès, la réaction contre la Terreur s'était manifestée par d'autres traits significatifs. Le club des Jacobins, où les principaux terroristes de la Convention allaient gémir de l'esprit nouveau qui se produisait dans l'assemblée et préparer peut-être une revanche, fut fermé (18 brumaire an III, 8 novembre 1794). Le tribunal révolutionnaire était reconstitué cette fois, non pas seulement avec des hommes nouveaux, mais sur des bases entièrement nouvelles (8 nivôse an III, 28 décembre 1794), et ceux qu'elle eut à juger, ce furent, avec Fouquier-Tinville, les principaux des juges et des jurés survivants de l'ancien tribunal; c'est, à proprement parler, le procès du tribunal révolutionnaire du 10 mars [2].

En même temps que se déroulaient sous les yeux du public, dans une longue suite d'audiences, les actes de ces hommes, qui procédaient si sommairement jadis, d'autres instances étaient à la veille de se produire. L'opinion publique se prononçait de plus en plus contre les principaux agents du régime de la Terreur à Paris et dans les départements, contre ces proconsuls qui, rappelés des provinces au sein de la Convention, s'étaient crus d'abord couverts par la complicité d'un si grand nombre de leurs pareils.

Dès avant le 9 thermidor, les plus graves accusations, nous l'avons dit, avaient été portées dans la Convention nationale contre Joseph Le Bon. Le Comité de salut public, sans le désavouer, avait mis fin, le 22 messidor, à sa mission, avec toutes sortes d'égards pour sa personne;

1. Séance du 28 frimaire an III (18 décembre 1794), et du 2 floréal (21 avril 1795), *Moniteur* du 30 frimaire (20 décembre 1794), et des 5 et 6 floréal (24 et 25 avril 1795), t. XXII, p. 782, et t. XXIV, p. 279 et 281. Voy. *Histoire du tribunal révolutionnaire de Paris*, t. VI, p. 50 et 51.
2. *Histoire du tribunal révolutionnaire de Paris*, t. VI, p. 85 et suiv.

mais après le 9 thermidor, quand il reparut dans l'assemblée, des cris d'horreur s'élevèrent contre lui. Séance tenante, la Convention le mit en arrestation, et décréta que les Comités de sûreté générale et de législation feraient, dans le plus bref délai, un rapport sur les inculpations dont il était l'objet (15 thermidor, 2 août 1794)[1].

Bientôt de plus importants personnages, des hommes même du 9 thermidor, furent mis en cause. Le 12 fructidor, Lecointre (de Versailles) avait commencé l'attaque par une accusation portée contre sept membres des anciens comités : Billaud-Varenne, Barère et Collot d'Herbois du Comité de salut public; Vadier, Vouland, Amar et David le peintre, du Comité de sûreté générale. C'était hardi! Cette dénonciation mal préparée, mal soutenue, fut écartée par un ordre du jour qui la déclarait fausse et calomnieuse[2]. Mais au milieu de l'émotion causée par les débats du procès de Carrier (15 frimaire an III, 5 décembre 1794), Lecointre avait reproduit son accusation, avec pièces imprimées à l'appui; cette fois, l'affaire avait été renvoyée à l'examen des trois Comités de gouvernement (salut public, sûreté générale et législation[3]); et Merlin (de Douai), mis en demeure par Clausel de faire son rapport, dut bien s'exécuter. Il déposa, le 7 nivôse (27 décembre 1794), sur le bureau de la Convention des conclusions qui déchargeaient Amar, Vouland, et David, mais déclaraient qu'il y avait lieu à suivre contre les quatre autres. — Un décret du 8 brumaire précédent (29 octobre 1794) avait établi qu'avant de mettre un représentant du peuple en accusation l'affaire devait être instruite par une commission de vingt et un membres; et c'est ce qui avait été fait pour Carrier. Le rappor-

---

1. *Moniteur* du 16 (3 août 1794), t. XXI, p. 376 et suiv.
2. Séance du 12 fructidor : ordre du jour confirmé par un décret rendu dans la séance du lendemain où l'affaire avait été reprise, *Moniteur* des 14 et 15 fructidor (31 août et 1ᵉʳ septembre 1794), t. XXI, p. 620 et suiv., 627 et suiv. Voyez-en le détail dans l'*Histoire du tribunal révolutionnaire de Paris*, t. V, p. 286-291.
3. *Moniteur* du 17 (7 décembre 1794), t. XXII, p. 676. Voy. l'*Histoire du tribunal révolutionnaire de Paris*, t. VI, p. 53.

teur demandait qu'une semblable commission fût instituée pour examiner les faits imputés à ses quatre collègues, Collot d'Herbois, Billaud-Varenne, Barère et Vadier : ce qui fut décrété [1].

Billaud-Varenne et Barère, c'était l'action terroriste du Comité de salut public sur le pays tout entier; Collot d'Herbois, c'était plus spécialement la Terreur à Lyon et Vadier, la Terreur dans son département, l'Ariège, où sans quitter le Comité de sûreté générale à Paris, il avait exercé une si cruelle influence. Le rapport déposé par Saladin au nom de la Commission des vingt et un, le 12 ventôse an III (2 mars 1795), provoqua, de la part des inculpés, divers mémoires où ils cherchaient à se défendre des charges accablantes réunies dans le texte et dans les pièces justificatives du travail de Saladin [2]; et plus d'un volontaire prenait part à l'attaque par des libelles qui les flagellaient devant le public [3]. L'affaire aurait bien pu aboutir au renvoi devant le tribunal qui avait alors à juger Fouquier-Tinville et ses complices (8 germinal-17 floréal an III), quand éclata l'émeute du 12 germinal (1er avril 1795). Elle aurait pu les sauver : elle ne fit que les perdre, entraînant dans leur chute plusieurs des membres de leur parti.

Les vaincus du 9 thermidor ne désespéraient pas, en effet, de ressaisir le pouvoir. On subissait le double contrecoup de la loi du *maximum*, tant établie que supprimée. L'établissement du *maximum* avait soutenu les assignats, mais découragé l'agriculture, tué l'industrie et le commerce;

---

1. *Moniteur* du 9 nivôse (29 décembre 1794), t. XXIII, p. 71. Voy. sur toutes les péripéties de cette grave affaire l'*Histoire du tribunal révolutionnaire de Paris*, t. VI, p. 77 et suiv.
2. *Histoire du tribunal révolutionnaire de Paris*, t. VI, p. 80, notes 1 et 2.
3. Voy. les indications réunies dans une note de l'*Histoire du tribunal révolutionnaire de Paris*, t. VI, p. 82, note 1. Pour la défense de Collot d'Herbois et de Barère : *Éclaircissements nécessaires sur ce qui s'est passé à Lyon par J. M. Collot, représentant du peuple*, 15 nivôse, an III (Bibl. nat., Le39 101) : — sa justification laisse beaucoup à désirer; — et *Réponse de B. Barère par pièces authentiques au tableau des persécutions et aux calomnies exposées par Dubois-Crancé, le 14 nivôse à la Commission des vingt et un*, etc. (Le39 110). Ce n'est qu'un point dans son affaire.

la suppression du *maximum* avait laissé les assignats tomber à leur véritable valeur; et, sans pouvoir encore relever les affaires ou donner du travail, elle abandonnait le peuple au dénuement, elle l'exposait à la famine : à la famine en un temps, où, après une année de bonne récolte, on pouvait croire que le blé ne manquait pas. Mais le paysan, sous le régime de la Terreur, avait-il semé plus qu'il n'était besoin pour sa consommation, et se trouvait-il assez rassuré déjà pour porter au marché ce qu'il avait à vendre? La misère était donc grande à Paris. Les meneurs de la secte jacobine entreprirent de l'exploiter. Ils tentèrent un nouveau 31 mai sur la Convention, entraînant la foule au cri : *du pain et la Constitution de 1793!*

La *Constitution de 1793* avait été réclamée dans la Convention même par Lecointre (de Versailles), le 29 ventôse, comme un moyen de mettre un terme au gouvernement révolutionnaire; *du pain*, c'était dans les rues le cri de tous les jours. Le 11 germinal, l'orateur d'une députation des Quinze-Vingts était venu protester dans l'assemblée contre la disette, l'avilissement des assignats, l'incarcération des patriotes, les insolences de la jeunesse, invoquant la Déclaration des droits de l'homme et réclamant la Constitution de 1793. Le 12, les chefs du mouvement réussirent à entraîner la foule sur ce thème et à envahir l'assemblée [1]. Ils y trouvèrent des sympathies qui devaient être fatales à plusieurs. Mais comme en somme la multitude n'avait que cette formule : *du pain et la Constitution de 1793!* et que, selon toute apparence, elle n'en comprenait que le premier mot : *du pain*, tout se borna à une scène tumultueuse qui, rendant toute délibération impossible, donna aux sections le temps d'arriver au secours de l'assemblée envahie [2].

La Convention délivrée rendit quelques décrets qui devaient lui rallier la masse du peuple de Paris (assurer

---

1. *Moniteur* du 14 (3 avril 1795), t. XXIV, p. 106.
2. *Moniteur* des 14 et 15 germinal (3 et 4 avril 1795), t. XXIV, p. 110 et suiv. Procès-verbal de la Convention nationale, t. LVIII, p. 103 et suiv.

l'arrivage des grains, en régler la distribution, à commencer par la classe ouvrière)[1]; puis, pendant que la force armée achevait de réduire ceux des factieux qui faisaient mine de résister encore au dehors, dans la section des Quinze-Vingts, dans la Cité, elle chargea, par un autre décret, les Comités de rechercher les auteurs de l'attentat, et elle y procéda un peu elle-même sans plus attendre. Plusieurs de ses membres s'étaient trahis par leur attitude et dénoncés eux-mêmes par des paroles qui avaient été recueillies. Ruamps avait accusé les Comités de gouvernement d'avoir « donné 30 000 livres aux muscadins », cette « jeunesse dorée », comme on les appelait encore, qui, armés de gourdins, exerçaient sur le dos des jacobins de si dures représailles, et comme toute la droite protestait :

Je dirai à toute la France que vous êtes des tyrans!

Huguet, l'évêque député de la Creuse, avait pris fait et cause pour les envahisseurs :

Ce mouvement n'est point une insurrection, avait-il dit. Les citoyens respecteront la liberté des représentants du peuple. Ils sont plus avides de la délivrance de leurs frères, opprimés depuis quelques jours, que de pain. Car depuis quelque temps les patriotes sont incarcérés... Je demande la liberté des patriotes. Donnez du pain au peuple. Organisez sur-le-champ la Constitution. Peuple, n'abandonne pas tes droits!

Duhem n'avait pas seulement applaudi, il avait appuyé l'orateur de la foule qui disait :

Représentants, vous voyez devant vous les hommes du 14 juillet, du 10 août et encore du 31 mai...

(L'orateur aurait pu dire des 9 et 10 mars, s'il n'avait tenu qu'à rappeler les triomphes de l'émeute.)

Ils ont juré de vivre libres ou de mourir, et ils maintiendront la Constitution de 1793 et la Déclaration des droits de l'homme.

1. *Moniteur* du 13 germinal (4 avril 1795), t. XXIV, p. 115.

Il est temps que la classe indigente ne soit plus victime de l'égoïsme des riches et de la cupidité des marchands... Faites-nous justice de l'armée de Fréron, de ces messieurs à bâtons. Les hommes qui, au 14 juillet, ont détruit la Bastille ne pensaient pas que par la suite on en élèverait mille autres pour incarcérer les patriotes. Où sont passés tous les grains qu'a produits la récolte abondante de l'année dernière, etc.?

Et comme le refrain de la foule à toute objurgation était : *du pain, du pain*, Prieur (de la Marne) s'était écrié :

Le peuple nous demande du pain (*oui, oui*). Eh bien! il faut lui en donner!

Et répondant à l'autre point de la requête des meneurs du mouvement :

Je demande que les fers des patriotes qui sont incarcérés soient brisés... Je demande que la Convention décrète qu'elle ne désemparera pas sans avoir statué sur ces deux objets.

Puis le président ayant déclaré qu'il ne pouvait consulter l'assemblée au milieu de ce tumulte, Choudieu à qui une femme, pressée par lui de lui rendre sa place, venait de dire : *Nous sommes ici chez nous*, Choudieu, s'en prenant au président lui-même, dit :

Je demande, si le président ne veut pas faire son devoir, qu'il soit remplacé par un autre.

La tactique de l'extrême gauche était alors de dégager assez l'assemblée pour rendre la délibération possible et lui arracher le vote des décrets avant l'arrivée des sections fidèles dont on pressentait l'approche. On savait que la générale battait dans Paris. Bientôt on entendit sonner le tocsin au pavillon de l'Unité. A cette voix menaçante, Duhem s'était écrié : « Nous sommes joués! » Il aurait voulu hâter alors la sortie de la foule; il était trop tard.

La Convention fut dégagée en effet, mais, grâce à l'arrivée de ses défenseurs, assez complétement pour rentrer dans sa pleine liberté et demander compte de la violence qu'elle venait de subir.

Un de ceux qui se montrèrent le plus ardents à l'y provoquer fut André Dumont. Il avait occupé le fauteuil avec quelque fermeté devant l'émeute. Il quittait la présidence pour se faire, en quelque sorte, accusateur public à l'égard de ceux dont il avait noté les gestes, recueilli les paroles, et il eut plus d'un substitut dans cet office. Il vit surtout, dans l'invasion à laquelle l'assemblée venait d'échapper, le dessein de soustraire à la justice les membres des Comités dont l'affaire occupait depuis si longtemps la Convention et pouvait soulever les passions populaires :

Vous avez aujourd'hui, dit-il, les preuves de la complicité et de la part que les hommes qui sont en jugement ont eue à cette révolte. Je ne vous proposerai pas de fermer les débats; une telle mesure ne convient qu'à des assassins; je ne vous propose pas non plus de les condamner à mort sans les avoir jugés; mais je vous propose de les chasser du territoire français.

Si ce n'était pas fermer les débats, c'était au moins trancher la question. — La proposition fut couverte d'applaudissements et suivie d'un décret qui frappait de déportation Billaud-Varenne, Collot d'Herbois et Barère. André Dumont avait oublié Vadier, qui, sur la proposition de Fournier, leur fut associé.

André Dumont ne se borna point à ce réquisitoire. *Châles* et *Choudieu* avaient dit au peuple pendant qu'il présidait : « Le royalisme est dans ce fauteuil »; et *Foussedoire*, la veille dans les groupes : « On vous empêche de vous assembler et cependant on en laisse la liberté aux royalistes. Portez-vous sur la garde nationale, désarmez-la, car elle n'est armée que parce qu'elle veut un roi ». André Dumont dénonça ces propos que Foussedoire démentit vainement. Sur la proposition de Bourdon (de l'Oise), Châles, Choudieu et Foussedoire furent décrétés d'arrestation. Puis *Huguet* dont le même André Dumont dénonça l'apostrophe : « Peuple, n'abandonne pas tes droits! » *Léonard Bourbon*, *l'assassiné*, ou plutôt l'assassin d'Orléans : Fréron l'accusait d'être un des principaux instigateurs de l'insurrection que l'on venait de réprimer :

Vous ne serez pas étonnés, dit-il, que l'homme, qui a assassiné tant de malheureux pères de famille d'Orléans, ait voulu, las de la longue abstinence de sang qu'il a faite, continuer ses assassinats sur les représentants du peuple.

Applaudissements prolongés, décret conforme [1].

Puis *Ruamps*, accusé par André Dumont d'avoir dit devant la foule que les Comités de gouvernement trahissaient la République; — le propos était consigné dans les comptes rendus.

*Duhem* avait été proclamé par des scélérats, attroupés chez un marchand de vin, comme « le palladium de la sans-culotterie »; il avait assisté à un serment prêté sur les poignards, il avait été embrassé comme un frère par les conjurés : c'est au moins ce que vint dire Delecloy. Bourdon (de l'Oise), sans s'arrêter à ces imputations fondées sur des rapports de police, se contenta d'affirmer que Duhem avait été un des fauteurs de l'émeute : « La Convention tout entière, disait-il, l'a vu ». Le procès-verbal de la Convention avait consigné son attitude et ses paroles : « Nous sommes joués! »

*Amar* n'avait rien dit : mais valait-il mieux que Vadier, lui « ce vil instrument des rois », qui, pour faire oublier ses crimes du temps de l'ancien régime, voulut paraître plus patriote que les autres, « ce tigre des comités révolutionnaires? » comme disait Merlin (de Thionville).

*Ruamps*, *Duhem* et *Amar* furent également arrêtés. La Convention décréta qu'ils seraient, avec les autres, précédemment frappés d'arrestation, transférés dans le château de Ham; et un membre, dont le *Moniteur* n'a pas

---

[1]. *Moniteur*, t. XXIV, p. 120.

gardé le nom, proposa de décréter que ceux qui tenteraient de forcer ce château seraient traités comme ceux qui tenteraient de forcer le Temple : on les assimilait à la famille royale! Mais Merlin (de Thionville) fut d'avis que le château de Ham était suffisamment gardé [1].

Les dénonciations se continuèrent dans la Convention, les jours suivants, contre les principaux membres de la Montagne; et tout d'abord, le 16 germinal, *Lecointre* (de Versailles), qui avait donné le signal de la réaction par son libelle contre les sept membres, tant du Comité de salut public que du Comité de sûreté générale; Lecointre « qui, après avoir accusé trois grands coquins, s'est mis de leur parti », dit Bourdon (de l'Oise); Lecointre qui, le 29 ventôse, peut-être sans en avoir conscience, avait, le premier, dit le mot de l'émeute : la *Constitution de 1793*; — puis *Thuriot, Cambon, Hentz, Maignet, Crassous,* que Tallien, dans son réquisitoire, définissait ainsi :

Thuriot, chef de la faction; Cambon qui s'est signalé par la défense qu'il a faite des prévenus; Levasseur (de la Sarthe), assassin de Philippeaux et chef de la révolte aux Jacobins; Hentz qui a fait détruire une ville ennemie [2], haïr le peuple français et la Révolution; Maignet contre lequel les cendres de Bedoin demandent vengeance; Crassous qui a dit que les Jacobins devaient faire à Carrier un rempart de leurs corps. Quant à Joseph Le Bon, il faut le vomir du milieu de nous.

Le Bon fut réclamé par Bourdon (de l'Oise) pour un jugement spécial :

Le Bon a dépeuplé trois rues d'Arras; il a fait monter à l'échafaud des garçons de charrue et des servantes. Il est impos-

---

1. Séance du 12 germinal, *Moniteur* des 14, 15 et 16, t. XXIV, p. 110-124. Il convient de suivre le récit du *Moniteur* qui décrit la scène comme elle s'est passée, préférablement au procès-verbal de la Convention qui la résume, et n'a été écrit que plusieurs jours après, comme le prouve le début de son exposition : « La très grande majorité de la Convention reste calme. On remarque seulement de l'agitation parmi plusieurs membres dénoncés dans le cours de cette séance *et des suivantes* qui semblent animer par leurs discours et leurs applaudissements cette foule de révoltés. » (Procès-verbal de la Convention, t. LVIII, p. 103).
2. Voy. ci-dessus, t. IV, p. 257.

sible de le déporter (*on applaudit*). Comment voulez-vous qu'un tribunal criminel condamne à la mort, si vous déportez Lebon?

Le président mit successivement aux voix l'arrestation des représentants Thuriot, Cambon, Granet (de Marseille), incriminé pour des propos tenus le 12 germinal et qu'il expliqua à sa manière, Hentz, Maignet, Levasseur (de la Sarthe), Crassous et Lecointre (de Versailles) : et leur arrestation fut décrétée.

Celle de *Moyse Bayle*, accusé avec Granet, son collègue de députation, pour des intrigues tramées dans le Midi, avait été proposée et décrétée quelques instants auparavant [1].

C'étaient presque tous d'anciens commissaires de la Convention dans les départements ou près les armées : Duhem, député du Nord, délégué dans ce département; Châles, député d'Eure-et-Loir, en mission dans le Nord comme Duhem; Ruamps, Foussedoire, envoyés dans les départements du Rhin et dans les Vosges; Choudieu en Vendée; Léonard Bourbon et les autres que nous avons rencontrés chacun en leur lieu : mais ce n'était pas encore pour leurs missions qu'on les arrêtait. La Convention, en ce moment, ne songeait qu'à se venger elle-même de l'attentat dont ils étaient réputés complices. Leur conduite dans leurs missions n'allait pas tarder à être l'objet d'un sérieux examen.

La journée du 12 germinal avait ouvert les yeux à la Convention; le mouvement tenté à Paris pouvait se reproduire en province. Une loi du 21 de ce mois (10 avril 1795) ordonna le désarmement de tous les hommes « connus dans leurs sections comme ayant participé aux horreurs commises sous la tyrannie qui avait précédé le 8 thermidor » [2].

Mais les tyrans eux-mêmes, qui avaient pesé sur les départements, fallait-il les laisser impunis?

De toutes parts des plaintes arrivaient contre eux à la

---

1. Séance du 16 germinal, *Moniteur* du 20, t. XXIV, p. 154, 155.
2. *Moniteur* du 24 (13 avril 1795), t. XXIV, p. 190.

Convention. Dans la séance du 4 floréal (23 avril 1795), des habitants de Port-Malo vinrent à la barre dénoncer *Le Carpentier*. Ils l'accusaient d'avoir été dans cette commune l'émule de Carrier et de Joseph Le Bon et faisaient le tableau des excès commis par lui et par ses agents, tableau dont on a pu voir la justification dans l'analyse de ses actes [1]. En ce moment même, Le Carpentier qui était dehors entra dans la salle; il demanda le renvoi de la dénonciation aux Comités réunis, disant qu'il saurait bien prouver que sa conduite avait toujours été régulière et « conforme aux lois »; et le *Moniteur* constate que ses paroles furent accueillies par des murmures. La dénonciation toutefois fut renvoyée aux trois Comités [2].

Une autre s'y joignit bientôt.

Le 25 floréal (14 mai), une députation de la commune de Coutances vint renouveler à la barre les accusations portées contre lui: « Elle le peint, dit le *Moniteur*, comme un de ces proconsuls féroces qui faisaient leurs délices des maux du peuple; elle se plaint du luxe insolent qu'il étalait dans les villes dont il était le fléau; lui reproche d'avoir entassé dans les prisons victimes sur victimes », etc.

Et Le Carpentier, présent à la séance, récrimine contre ses accusateurs. Il est calomnié par la malveillance, par l'aristocratie; ce sont des gens qu'il a fait mettre en liberté qui crient contre lui; et pour ceux qu'il a livrés à la mort en les envoyant à Paris, il cherche dans la Convention même son excuse:

Ce n'est pas moi qui les ai jugés, dit-il, je croyais le tribunal juste; il était institué par la Convention; il était placé près d'elle. (*Murmures.*) Toutes mes opérations sont [marquées] au coin de la pureté. (*Bruit.*) J'ai été très indulgent. (*Bruit.*) Au surplus, je demande le renvoi aux Comités et je ne serai pas embarrassé de me justifier. (*On rit* [3].)

---

1. Voy. ci-dessus, t. I, p. 377 et suiv.
2. Séance du 4 floréal an III (23 mai 1795), *Moniteur* du 8, t. XXIV, p. 301.
3. *Moniteur* du 28 floréal (17 mai 1795), t. XXIV, p. 462.

Ce rire ne lui présageait rien de bon; il le vit quelques jours plus tard.

*Javogues* avait été l'objet de nombreuses dénonciations personnelles. Le 19 floréal an III, les administrateurs du district de Bourg-en-Bresse le comprirent, avec Albitte, dans une accusation qui fut renvoyée aux Comités. Le 25 du même mois, un citoyen du département de la Loire vint à son tour apporter à la barre une accusation appuyée de plusieurs pages de signatures:

Ce représentant, dit-il, envoyé en mission dans son propre pays, en a été, à l'exemple de Lebon, l'assassin et le dévastateur.

Il parle de ses détournements et il ajoute:

Délégué par l'atroce Couthon dans le département de la Loire, instrument des infâmes Robespierre et Couthon, il n'est sorte de crimes dont il ne soit souillé.

*Le sang, a-t-il dit plusieurs fois, ruissellera un jour dans Montbrison, comme l'eau dans les rues après une grande pluie.*

*Que je serais heureux, disait-il à un juge de son tribunal révolutionnaire, si je pouvais changer mon sort contre le tien!.. que je savourerais le plaisir de faire guillotiner tous ces b...là! N'en laisse échapper aucun!*

Il ne reconnaissait, disait-il, de vrais patriotes que ceux qui, comme lui, étaient *à même de boire un verre de sang.*

Un mois à l'avance, il avait fait apporter à Saint-Étienne des paquets de corde destinés à lier les détenus; il baisait ces cordes avec transport.

Il publiait, d'après Marat son idole, qu'il fallait encore deux millions de têtes pour achever la Révolution; il recommandait aux patriotes, et surtout à son armée révolutionnaire, de tirer sur les ci-devant nobles, prêtres, hommes de loi et procéduriers, comme sur des bêtes fauves.

Que la Convention nationale, dans sa justice, ajoutait le pétitionnaire, envoie des commissaires, partout on trouvera des ruines et des victimes innombrables de ses rapines, de ses vexations et de ses cruautés[1].

---

1. Séance du 25 floréal an III, *Moniteur* du 28 (17 mai 1795), t. XXIV, p. 464.

*Pinet* aîné avait été dénoncé le 11 germinal par Saint-Martin comme le bourreau de son département (Ardèche)[1]. Bourdon (de l'Oise) invoquait contre lui le jugement de l'opinion publique :

Vous ne pouvez pas empêcher qu'elle ne regarde au moins comme très suspect celui qui a fait égorger trois militaires, parce qu'ils avaient osé monter à la loge de sa femme.
*Plusieurs voix.* C'est Pinet[2].

Et le 21 floréal, la Société populaire de Bayonne pressait la Convention de faire un prompt rapport sur la dénonciation qu'elle avait intentée contre lui et contre Cavaignac[3].

Le 25 germinal, les 24 et 27 floréal, diverses Sociétés populaires ou communes du Gard faisaient entendre dans la Convention leurs plaintes contre *Borie* qui, après sa mission à l'armée de la Moselle, avait été envoyé dans le Gard et dans la Lozère pour y étouffer les derniers restes de la révolte de Charrier. Il ne s'était pas borné à cette tâche. La Société populaire d'Uzès, le 25 germinal, lui reprochait « d'avoir volcanisé les têtes les plus scélérates, d'avoir créé un grand nombre de bastilles dont il ordonnait de fermer hermétiquement les fenêtres, afin de faire mourir les prisonniers par le méphitisme ; d'avoir fait embastiller des cultivateurs et des négociants à la veille de la foire de Beaucaire, etc., etc. » ; et le représentant Bartezin ajoutait :

J'atteste que Borie a dansé en costume de représentant devant la guillotine.

Fait que Borie nia, donnant des explications sur le reste : les fédéralistes et les gens suspects, ce n'est pas lui qui les avait fait incarcérer, c'est la loi du 17 septembre ; il avait même cassé le comité d'Alais qui avait ordonné trois

---

1. *Moniteur*, t. XXIV, p. 108.
2. 16 germinal, *ibid.*, p. 152. Voy. ci-dessus, t. II, p. 418, 420.
3. *Moniteur*, *ibid.*, p. 430.

cents arrestations en un jour. A Uzès, on l'avait sollicité d'établir un tribunal révolutionnaire : il s'y était constamment refusé ; à Nîmes, il s'était contenté du tribunal criminel ordinaire. Il en appelait au témoignage de Perrin son collègue ; mais Perrin, Doulcet et Rouyer, se joignirent à ses accusateurs [1]. On se contenta ce jour-là de renvoyer la pétition aux Comités ; mais, le mois suivant, la Société populaire de Saint-Jean-du-Gard, revint à la charge. Elle confirmait le fait attesté par la Société d'Uzès et qui avait excité dans la Convention des frémissements d'indignation : Elle dénonça Borie « pour avoir fait une farandole à Nîmes autour de la guillotine, revêtu de son costume de représentant du peuple, et assisté à ce spectacle avec Courbis, Lauteyrès, Rame et plusieurs autres ; pour avoir, pendant son séjour à Meyrews, menacé les dénonciateurs de Lauteyrès de voir tomber quarante têtes de citoyens d'Alais, et pour avoir menacé le département de la Lozère d'éprouver le sort de la Vendée, de Lyon et de Toulon et prêché à Meyrews le partage des fortunes et leur nivellement ; pour avoir donné un bal à Meyrews où il a forcé les épouses des détenus à figurer pour égayer le représentant du peuple et varier ses plaisirs ; enfin pour avoir, contre l'avis favorable des autorités constituées, renvoyé des pétitionnaires à la Commission populaire d'Orange ». — Il y avait peu de mérite à n'avoir pas créé de tribunal révolutionnaire, quand on usait de cette commission-là. — La Société populaire de Saint-Jean-du-Gard, continuant, tonnait avec l'accent du temps, et du Midi, contre « ce monstre de la nature, de la politique et des factions », qui unissait « le caractère atroce des cannibales au caractère auguste de représentant du peuple », et elle trouvait pour définir l'esprit de la secte un mot précieux à recueillir : la *sanguinocratie* [2]. Le 27 floréal, la commune d'Alais lui reproche aussi la protection ouverte

---

1. Séance du 25 germinal, *Moniteur* du 28 (17 mai 1795), t. XXIV, p. 221, 222.
2. Séance du 24 floréal, *Moniteur* du 27 (16 mai 1795), t. XXIV, p. 153.

qu'il accordait aux agents du crime, les ordres atroces qu'il a donnés et fait exécuter, les arrestations arbitraires sans nombre qu'il a commandées, enfin le deuil et les larmes dans lesquels il a plongé une foule de familles innocentes :

Le département entier du Gard se lève pour l'accuser, disait la députation; il a toujours tenu sous le couteau les vrais patriotes.

Et, pour donner une idée de sa conduite, elle déclarait que « dans une seule matinée il avait fait incarcérer trois cents personnes ». — Renvoi, comme pour les autres plaintes, au Comité de législation.

## II

### Journée du 1er prairial. — Invasion de l'assemblée.

Le 12 germinal, quand l'émeute eut évacué enfin la salle des séances, Sergent dit à la Convention :

J'ai pensé et je pense encore que cette journée a été pour la Convention nationale ce que fut pour le roi celle du 20 juin[1].

Les meneurs, après leur 20 juin, tentèrent d'avoir aussi leur 10 août dans la journée du 1er prairial. C'était comme la répétition du 12 germinal avec un plan d'exécution qui avait manqué ce jour-là.

Ce plan était tout rédigé par considérants et par articles et détaillé dans une affiche qui fut publiée dès les premières heures de la journée :

*Insurrection du peuple pour obtenir du pain et reconquérir ses droits.*

Le peuple, considérant que le gouvernement le fait mourir inhumainement de faim..;

Que le gouvernement est usurpateur, injuste et tyrannique, quand il fait arrêter arbitrairement, transférer de cachots en

---

1. Séance du 27 floréal, *Moniteur* du 30 (19 mai 1795), t. XXIV, p. 473.

cachots, de communes en communes, et massacrer dans les prisons ceux qui ont assez de courage et de vertu pour réclamer du pain et les droits communs...;

Qu'un gouvernement aussi atroce ne peut subsister qu'autant qu'on a la faiblesse de le craindre et de lui obéir;

... Que les républicains des départements et des armées ont les yeux fixés sur Paris qui deviendrait devant eux responsable de tout retard;

.. Que l'insurrection est pour tout un peuple et pour chaque portion du peuple opprimé *le plus sacré des droits, le plus indispensable des devoirs*, un besoin de première nécessité;

Considérant qu'il appartient à la portion du peuple la plus voisine des oppresseurs de les rappeler à leurs devoirs, en ce que, par sa position, elle connaît mieux la source du mal...

Ainsi, il s'agit bien d'une révolution ayant pour but de renverser le gouvernement, révolution faite par le peuple de Paris au nom du pays tout entier.

Et en voici les moyens.

Le peuple arrête ce qui suit:

ARTICLE I. — Aujourd'hui sans plus tarder les citoyens et les citoyennes de Paris se porteront en masse à la Convention nationale pour lui demander:

1° Du pain;

2° L'abolition du gouvernement révolutionnaire;

3° La proclamation et l'établissement sur-le-champ de la Constitution démocratique de 1793.

4° La destitution du gouvernement actuel, son remplacement instantané par d'autres membres pris dans la Convention nationale [on savait qu'on y avait des amis] et l'arrestation de chacun des membres qui composent les Comités actuels de gouvernement, comme coupables du crime de lèse-nation et de tyrannie envers le peuple;

5° La mise en liberté à l'instant des citoyens détenus pour avoir demandé du pain et émis leur opinion avec franchise, etc.

Les articles suivants prescrivaient d'observer « envers la représentation nationale le respect dû à la majesté du peuple français »; mais pour lui ôter la tentation de chercher des appuis au dehors, on devait fermer les barrières (art. II); tout représentant qu'on trouverait hors de la salle y sera sur-le-champ ramené (art. III).

Art. IV. — Le peuple s'emparera des barrières, de la rivière, du télégraphe, du canon d'alarme, des cloches destinées pour le tocsin et des tambours de la garde nationale, afin qu'il n'en puisse être fait aucun usage....

Les courriers entreront, mais ils ne sortiront pas jusqu'à nouvel ordre.

Art. V. — Les canonniers, la gendarmerie, les troupes à pied et à cheval qui sont dans Paris et aux environs sont invités à se ranger sous les drapeaux du peuple....

Art. VI. — Tout agent du gouvernement, tout particulier, qui tenteraient de s'opposer aux mesures indiquées dans le présent arrêté, seront regardés comme ennemis du peuple et traités comme tels....

Tout agent ou fonctionnaire du gouvernement, qui n'abdiquera pas sur-le-champ ses fonctions, sera regardé comme participant à la tyrannie et puni comme tyran.

Art. VII. — Quiconque proposerait de marcher contre le peuple... sera regardé comme ennemi de la liberté et puni comme tel.

. . . . . . . . . . . . . . . . . . . . . . . . . . .

Art. IX. — Le peuple ne se rasseoira pas qu'il n'ait assuré la subsistance, le bonheur et le repos de tous les Français.

Art. X. — Le mot du ralliement du peuple est : *Du pain et la Constitution démocratique de 1793.*

Une proclamation devait être adressée aux armées et aux départements.

Ce que l'affiche ne disait pas, mais ce qu'on disait dès la veille dans les groupes, c'est que dans cette marche en masse pour « tomber sur la Convention », on mettrait d'abord les femmes en avant, parce qu'on était sûr que la Convention n'oserait pas faire tirer sur elles; lorsqu'elles auraient préparé les voies, les hommes viendraient les seconder. Ce qui résultait de tout l'ensemble, c'est qu'une fois entrés dans la Convention ils comptaient bien en rester les maîtres.

Cette affiche fut apportée et lue par Ysabeau au commencement de la séance du 1er prairial; et la lecture fut suivie de bruyants applaudissements dans les tribunes[1] ; — c'était l'avant-garde du corps de bataille qui était en chemin. Au moins n'y avait-il pas de surprise, et l'assemblée était fixée sur le caractère de la visite qu'elle allait recevoir.

Au nom des Comités de gouvernement, Auguis proposa à la Convention de décider que tous les représentants resteraient à leur poste ; un membre dit que c'était le devoir de tous, et l'on vota l'ordre du jour.

L'ordre du jour n'empêcha pas d'échanger des observations sur la situation présente. C'était le programme du 12 germinal, et Lehardy ajouta :

Les chefs, les agents sont les mêmes ; ce sont ceux de vos membres que vous avez expulsés de votre sein et qui se sont soustraits à votre décret et peut-être même ont-ils encore des adhérents jusque dans le sein de la Convention.

Ce qui provoqua des murmures à l'extrême gauche.

Mais le mouvement d'insurrection étant avéré, La Porte, au nom des Comités réunis, proposa un décret qui rendait la commune de Paris responsable envers la République entière de toute atteinte qui pourrait être portée à la représentation nationale, et mettait hors la loi les chefs d'attroupement ; la Convention nationale se déclarait en permanence ; les Comités de gouvernement étaient tenus de lui rendre compte d'heure en heure de la situation de la commune, — décret qui fut voté à l'instant, mais accueilli par les rires ironiques des femmes dans les tribunes.

Cependant les députations des sections commençaient à défiler : ce fut d'abord la section de Bonconseil, apportant sa pétition sur la famine, l'agiotage, le renchérissement des denrées par l'avilissement des assignats, etc., pétition qui, d'ailleurs, ne sentait pas l'émeute et fut, comme le demandait la députation, renvoyée aux Comités. Mais l'émeute était derrière. A peine la proclamation de la Con-

1. *Moniteur* du 4 prairial (23 mai 1795), t. XXIV, p. 497.

vention aux citoyens de Paris était-elle lue et adoptée, que les femmes qui remplissaient les tribunes, montant sur les bancs, crièrent : *Du pain! du pain!* et plusieurs mêlaient à ces cris l'insulte et la menace. Le président Vernier se couvre, puis cède le fauteuil à André Dumont qui bientôt y est remplacé par Boissy d'Anglas. Les présidents, se succédant ainsi, déclarent qu'ils vont faire évacuer les tribunes ; mais par qui? Elles se remplissent de plus en plus, d'autres femmes arrivant des couloirs et criant : *Du pain! du pain! la Constitution de 1793!* quelques-unes, *la Constitution de 1789*; pour elles c'était tout une même chose.

André Dumont n'avait quitté le fauteuil que pour rédiger l'ordre de faire évacuer les tribunes. Un général de brigade était à la barre. Le président le nomme commandant provisoire de la force armée de Paris et lui ordonne de faire respecter la Convention. Le général monte dans la grande tribune, accompagné de quatre fusiliers et de deux jeunes gens armés de fouets de poste. Les femmes sont chassées ; mais la porte de la salle du côté du salon de la Liberté, violemment battue, cède, éclate et se brise. Les membres de la Convention se retirent dans la partie supérieure ; la gendarmerie des tribunaux les protège ; une lutte s'engage entre ceux qui ont forcé la porte et d'autres venus par la porte opposée au secours de la Convention. Un moment la foule est repoussée ; elle revient à la charge, elle est repoussée encore. Laignelot, Bourdon (de l'Oise), excitent par leurs paroles les défenseurs de l'assemblée ; Auguis est à leur tête, le sabre à la main. Quelques-uns des chefs de l'attroupement sont arrêtés et conduits au Comité de sûreté générale. Le président annonce que l'un de ceux qui demandaient ainsi du pain en avait les poches pleines.

Dans le moment où la Convention peut se croire dégagée, elle vote un décret qui charge Delmas de diriger la force armée de Paris, et l'on décerne une mention honorable aux représentants des puissances étrangères qui étaient restés dans leur tribune pendant cette invasion de la salle.

Ils n'avaient pas encore tout vu. Pendant que la Convention, sur la proposition de Garnier (de Saintes), prend des mesures pour hâter l'arrivée des approvisionnements de Paris, le gros de l'insurrection approche, le cri aux armes retentit dans le salon de la Liberté; la force armée s'y porte; des coups de fusil sont échangés; mais rien n'arrête la multitude. Le représentant Féraud croit lui faire obstacle en se jetant par terre, au seuil de la salle. On lui passe sur le corps. La salle est de nouveau envahie; le président menacé, couché en joue. Féraud qui s'est relevé, qui se précipite à la tribune pour le défendre, est atteint d'un coup de feu. On le traîne dans le couloir. On lui coupe la tête.

Cette nouvelle scène de violence durait depuis trois heures et demie. Vers quatre heures, il se fit un moment de silence et un homme s'écria : « Nous vous demandons la Constitution de 93 et du pain »; puis, interrompu par des cris : « Nous vous demandons ce que vous avez fait de nos trésors et de notre liberté ». — *Vifs applaudissements, roulements de tambours.*

*Le président.* Vous êtes dans le sein de la représentation nationale.
*La foule.* Du pain, du pain, coquin! Qu'as-tu fait de notre argent?

Les cris dégénèrent en tumulte.

« Un canonnier, dit le *Moniteur*, placé à la tribune et entouré de fusiliers, fait lecture du plan d'insurrection que nous avons rapporté au commencement de cette séance. Elle est interrompue à chaque instant par des applaudissements, des roulements de tambours et des injures qui s'adressent à toute la Convention. — La force armée paraît au haut de la grande tribune à gauche; la foule lui crie : « *A* « *bas! à bas!* » Elle est obligée de se retirer. — Les grenadiers de la gendarmerie paraissent au haut des bancs des représentants du peuple et semblent vouloir former une ligne pour faire évacuer la salle. La foule crie encore : « *A bas les armes!* » Ils sont obligés de se retirer. — Toute la partie de la multitude qui occupe les bancs de l'extrémité gauche cause avec les députés qui y sont restés; elle s'agite, elle gesticule. — D'autres hommes entrent par d'autres issues de la salle. — On entend des voix crier : « L'appel nominal « des députés sur notre adresse, que nous connaissions les « coquins. » — Un homme prend la parole : « Nous sommes « tous ici pour la même cause. Le danger presse; il faut « prendre des mesures. Respectons ce lieu-ci; il doit être « sacré pour nous; laissons délibérer nos représentants. » — « *A bas! à bas!* » lui crie-t-on. On continue la lecture du plan d'insurrection[1]. »

Le plan d'insurrection est donc lu; mais il marquait un but. Il ne s'agissait pas de renverser la Convention : comment sans elle s'imposer à la France? il s'agissait d'en user, au contraire, comme au 31 mai, pour arriver aux fins proposées. Or pour cela il fallait une action dirigeante, qui la dominât et en tirât ce qu'on voulait. Où était-elle? où étaient les chefs qui avaient tout préparé, comme le plan d'insurrection le prouve, et qui devaient être là pour le faire aboutir? Étaient-ils dans la Convention comme l'avait soupçonné Lehardy dès le matin; avaient-on compté qu'au moment voulu ils se produiraient?

Malheureusement il s'en produisit. Romme, Duroy demandèrent la parole. Le tumulte est tel que, malgré la foule qui crie : *Silence! silence!* trois quarts d'heure se passent sans qu'on puisse l'obtenir. — Il est six heures. Donnons les traits essentiels du texte du *Moniteur* sur cette scène décisive :

ROMME. Je demande la parole (*bruit*), c'est pour la liberté et l'égalité. (*La foule.* Oui! oui!) C'est au nom du peuple que je

---

1. *Moniteur* du 5 prairial (24 mai 1795), t. XXIV, p. 504.

demande la parole. (*La foule.* Tu l'as.) Un grand nombre de bons citoyens. (*La foule.* Nous sommes tous de bons citoyens).. Je ne vois dans cette enceinte que des républicains... (*Oui! oui!*)

Le président sonne... (*La foule.* A bas! à bas!)

ROMME. Vous êtes tous pressés du plus grand besoin. Je vous demande, au nom du peuple souverain, le plus grand silence et que la tribune soit libre à ceux qui voudront parler (*à tous ceux qui sont à la tribune!*). Je suis tout dévoué à la cause du peuple.

Le Comité de gouvernement a dû prendre des mesures pour l'arrivage des subsistances.

*La foule.* Nous n'en voulons pas; il nous faut du pain tout à l'heure.

Demi-heure de bruit.

Ici se place la scène hideuse qui caractérisa cette journée :

On recommence à crier au président : « *A bas! à bas!* » On retient ceux qui dirigent leurs fusils sur lui; une tête est apportée au bout d'un pique... c'est celle du malheureux Féraud. L'homme qui la porte s'arrête devant le président. La multitude rit et applaudit longtemps.

Le calme ne se rétablit par moment que pour faire place à un redoublement de tumulte. Quand le président remontre que l'on empêche la Convention de s'occuper des subsistances, la foule crie : *Du pain! du pain dans la minute!*

Les hommes qui occupent le bureau écrivent sur des papiers qu'ils jettent au milieu de la multitude. On se les arrache pour les lire. On crie : *La liberté des patriotes! A bas les coquins! L'arrestation des députés, l'arrestation de tous!*

Il est sept heures un quart. On est parvenu à obtenir un peu de silence.

Vernier en profite pour placer ces paroles :

Malheureusement les farines n'arrivent que la nuit. (*Des cris.*) N'exposez pas le peuple à manquer de pain; dans deux jours on aura de quoi fournir à vos besoins. (*Du pain! du pain!*) ...Écoutez-moi. (*C'est de la tactique cela, depuis trois mois on nous endort ainsi.*)

*Une voix.* L'appel nominal des députés, afin que nous sachions ceux que nous devons arrêter.

*Un homme des tribunes.* On demande que la Convention décrète la permanence des sections (*quelques applaudissements*); des visites domiciliaires pour les subsistances (*oui, oui!*); l'arrestation de tous les émigrés (*oui, oui!*); la mise en liberté de tous les patriotes (*oui, oui!*); l'activité de la Constitution de 1793 (*oui, oui!*).

Et les motions populaires se continuent ainsi :

La rentrée des députés patriotes;... une municipalité de Paris. Nous demandons que les députés qui nous ont mis hors la loi soient eux-mêmes mis hors la loi;

... l'arrestation des députés qui ne sont pas à leur poste;

... l'arrestation des coquins et des lâches.

Le *Moniteur* dit que celui qui prononça ces dernières paroles les répéta, par intervalle, pendant une demi-heure.

En voici un qui parut aborder plus directement la pensée politique de l'insurrection :

Le peuple, dit-il, vient vous dénoncer les membres du gouvernement. Il vous demande leur arrestation et de mettre à leur place des hommes purs, qui n'aient jamais varié. Il vous demande la liberté des patriotes. L'insurrection est le plus sacré des devoirs; mais les hommes libres n'en abuseront pas. Nous vous ferons un rempart. Nous vous demandons la Constitution de 1793. (*Oui, oui!*) Le peuple va quitter cette salle, mais il n'en quittera pas les portes que vous n'ayez décrété ses propositions. Les mêmes crimes qui ont été commis à Lyon l'ont été à Arles. (*La foule se récrie.*) Patriotes français, républicains, que ceci ne vous porte pas à des actes de vengeance! Liberté des opinions, respect pour les lois et pour la Convention, parce qu'elle est composé de délégués du peuple. (*La foule. Ce sont des coquins.*) Faites siéger dans votre sein les patriotes qu'une faction liberticide en a éloignés. (*Quelques applaudissements.*) Je me résume et je dis, parlant toujours au nom du peuple souverain, qu'il demande le député Soubrany pour général de l'armée parisienne. (*Tumulte.*)

C'était donc bien dans la Convention que l'on voulait prendre un bras pour diriger la force armée. C'est par la Convention que l'on voulait aussi faire décréter les motions populaires :

*Un autre homme.* Je demande que les représentants qui sont ici se rapprochent de la tribune pour pouvoir délibérer au nom du peuple. (*Des cris.*)

Une femme était à la tribune et voulait parler. On lui crie : *A bas!* elle eût dérangé tout ce plan. Elle est obligée de descendre; et un troisième individu :

Mes camarades, je vous somme au nom du peuple français de débarrasser les bancs du bureau et les banquettes d'en bas pour que les députés puissent s'y placer et délibérer. Nous ferons un rempart des deux côtés et nous les empêcherons de sortir.

Ils voteront donc : mais ce que voudra la foule et sous l'œil et la main de la foule.

« La foule, dit le *Moniteur*, obéit aux ordres qui viennent de lui être donnés; elle remonte dans la partie supérieure de la salle et en fait descendre les députés qui y étaient restés. Ils se placent sur les banquettes inférieures; ceux qui ne peuvent pas trouver de siège se tiennent debout dans le parquet. »

*Plusieurs voix.* L'appel nominal et l'arrestation de ceux qui ne sont pas à leur poste.
*Un homme.* Oui, et que la liste en soit envoyée aux quarante-huit sections.

C'est alors que plusieurs députés (était-ce complicité, comme on les en accusa, ou désir d'en finir sans effusion de sang, comme ils le dirent, ou conviction, ou entraînement, ou faiblesse?) se prêtèrent au rôle qui leur était fait et prirent part au débat. Vernier reprit place au fauteuil, comme au début de la séance, et le *Moniteur* enregistre ses premières paroles :

Sommes-nous en nombre suffisant pour délibérer?

Qui lui répond? la foule :

Oui, oui!

Romme qui avait déjà occupé la tribune dit :

Je demande qu'à l'instant le président mette aux voix la proposition que je fais comme représentant du peuple, c'est de mettre en liberté tous les patriotes. (*Bruyants applaudissements.*)

Comment allait-on voter au milieu de la foule? C'est un homme du peuple qui en fit le règlement :

Je demande que le peuple reste couvert et qu'il n'y ait que les députés qui lèvent leur chapeau en signe d'approbation ou d'improbation.

*La foule.* Oui, oui!

Duroy amenda la proposition de Romme :

Je propose que le décret soit ainsi rédigé : Que tous les citoyens qui ont été mis en arrestation pour opinions politiques depuis le 9 thermidor et contre lesquels il n'y a point d'acte d'accusation, soient mis en liberté dans toute la république, à la réception du décret. (*Vifs applaudissements.*)

Et Romme :

Je demande que le décret soit envoyé à l'instant par des courriers extraordinaires.

Duroy demanda encore que l'on rendit les armes à ceux qui avaient été désarmés pour cause de terrorisme et qu'on rapportât la loi désastreuse du 5 ventôse (la loi des suspects de la Terreur, frappant les anciens agents de la Terreur [1]).

Puis Romme encore :

Je demande la suspension de toutes les procédures commencées contre les patriotes incarcérés.

Et le président officiel, Vernier, demande si l'on est de cet avis. Quelques chapeaux se lèvent, dit le *Moniteur*, et la foule : *Oui, oui!*

---

1. Voy. *Moniteur* du 9 ventôse (27 février 1795), t. XXIII, p. 517, loi rendue sur le rapport du même Merlin (de Douai) qui avait été le rapporteur de l'autre loi des suspects!

Duroy et Romme alternaient dans ce simulacre d'assemblée délibérante :

Duroy. Nous ne pouvons pas dissimuler que depuis le 9 thermidor les ennemis de la patrie ont usé de réaction contre les patriotes. Ils ont mis la vengeance à la place de la justice. Rappelez-vous ce qui s'est passé ici le 12 et le 16 germinal. Je vous demande si nos collègues qui ont été incarcérés l'ont été légalement. (*La foule.* Non, non!) Je demande que la liberté soit rendue à ces représentants, sauf à examiner leur conduite s'ils sont accusés d'avoir fait quelque chose contre l'intérêt de la patrie; mais je demande qu'ils soient mis provisoirement en liberté et que le décret soit envoyé par des courriers extraordinaires aux différentes bastilles où ils sont détenus. (*Applaudissements. On lève les chapeaux.*)

Romme alors revient à la question des subsistances, celle qui, au fond, intéressait le plus la multitude jetée sur la Convention :

Il est temps de faire cesser le scandale qui a lieu depuis quelque temps relativement aux subsistances. L'abondance règne parmi ceux qui ont des assignats, tandis que l'indigent est obligé de mourir de faim. Nous sommes tous pressés par le besoin.

*La foule.* Il y a longtemps que vous le savez.

Et il demande qu'il n'y ait qu'une seule espèce de pain pour tous; plus de pâtés, plus de brioches; visites domiciliaires pour rechercher les farines. — Mais voici le corollaire périlleux de toute la scène :

Romme. Il ne suffit pas de rendre des décrets salutaires; il faut s'assurer des moyens de les faire exécuter.
Je demande la convocation des sections de Paris, leur permanence. (*Vifs applaudissements.*)
*La foule.* Et la municipalité.
Romme. Je demande de plus que les citoyens reprennent leurs droits, qu'ils nomment dans chaque section des commissaires pour les subsistances.
*La foule.* Et la municipalité.
Romme. Et que les comités civils de chaque section soient

renouvelés au gré du peuple. (*Vifs applaudissements. Les chapeaux se lèvent.*)

Romme. Je demande que le décret qui vient d'être rendu ne soit exécuté qu'après que les patriotes incarcérés auront été mis en liberté. (*Vifs applaudissements. Les chapeaux sont levés.*)

A mesure que Romme proposait ses décrets, Duroy les rédigeait, et il y ajouta comme complément naturel :

La liberté aux députés qui se sont soustraits au décret prononcé contre eux le 12 germinal et jours suivants. (*Les chapeaux sont levés.*)

Romme et Duroy avaient jusqu'ici principalement occupé la scène. En voici d'autres qui à leur tour s'y produisirent :

Goujon. Il ne faut pas que le réveil du peuple soit inutile. Il faut éclairer les départements et les armées : car nos ennemis ne manqueront pas de dénaturer les événements. Je propose de faire un appel aux patriotes opprimés et une proclamation pour les instruire des causes de ce mouvement. (*Vifs applaudissements.*)

La Convention vient de décréter de bonnes mesures; mais il faut des personnes chargées de les exécuter. Nous ne savons pas ce que font les Comités de gouvernement....

Et en effet on ne voyait pas trop ce qu'avait pu être leur action pendant cette longue journée.

Ils ne délibèrent point; ils ne marchent point. Il faut donc une autorité qui se porte d'intention à exécuter nos décrets. Je demande que la Convention nomme une commission extraordinaire pour faire exécuter les décrets qu'elle vient de rendre (*Applaudissements* [et le vrai cri de l'émeute]: *Du pain, du pain!*) Les patriotes ont été persécutés, non seulement ici, mais dans les départements. Il faut que les autorités soient seules responsables de l'inexécution de nos décrets. Je demande que la Convention rappelle tous les représentants du peuple dans les départements. (*Vifs applaudissements. Les chapeaux sont levés.*)

Un individu. Il faut aussi terminer les missions particulières.

Vernier. On demande aussi de terminer les missions particulières.

La foule. Oui, oui! (*Les chapeaux sont levés.*)

Duroy reprend la parole pour demander que les trois Comités rendent compte de leurs opérations et qu'on procède à l'appel nominal pour l'élection d'une commission de vingt membres qui les remplacera. — (Il n'attendait guère la reddition de leurs comptes!) — (*Les chapeaux sont levés.*)

Goujon. Je demande que les Comités de gouvernement soient renouvelés à l'instant. (*Vifs applaudissements. On demande l'ordre du jour. Les chapeaux sont levés.*)

Forestier. La suspension des Comités de gouvernement pourrait être funeste à la chose publique. Ils ne peuvent pas aller contre les décrets que vous venez de rendre; ainsi je demande qu'ils restent en place et qu'ils rendent compte de leurs opérations.

Proposition conservatrice, mais contenant un motif que l'on tourna contre le représentant. La foule pourtant en avait compris la portée générale quand elle cria : *Non, non!*

Albitte aîné trouva qu'on procédait bien irrégulièrement. Il y avait un président, bien docile! mais des secrétaires? il en fallait. Il demanda qu'on appelât au bureau, à ce titre, les anciens représentants près les armées. (*La foule. Oui, oui!*). Et Thirion est désigné pour y prendre place.

Autre représentant, qui aurait bien fait de s'abstenir encore quelque temps :

Bourbotte. La Convention vient de prendre d'excellentes mesures; mais il en est une bien essentielle qu'elle a oubliée. Il n'est aucun membre de la Convention, aucun citoyen qui puisse contester que l'esprit public a été corrompu par une foule de folliculaires vendus aux partis que vous venez de renverser; je leur attribue une partie des maux qui affligent la France. Ils ont couvert d'avilissement, ils ont traîné dans la boue ceux qui ont défendu la liberté; ils les ont mis sous les poignards des assassins et des contre-révolutionnaires. Il y a eu du danger à dire la vérité dans cette enceinte; il y aurait de la lâcheté à la taire aujourd'hui. Longtemps comprimé, longtemps avili, j'élève enfin la voix dans la Convention; je demande qu'elle soit juste; je demande qu'elle venge les vrais patriotes; je demande l'arrestation de tous les folliculaires qui ont empoisonné l'esprit public. (*Vifs applaudissements.*)

*Plusieurs voix.* L'ajournement.

*La foule.* Non, non!

(*Les chapeaux sont levés pour l'arrestation des journalistes.*)

*Un membre de l'extrémité gauche.* Je demande que, pour compléter cette journée, on abolisse la peine de mort.

*La foule.* Non, non!

N***. La proposition qui vient d'être faite prouve que ce ne sont point des buveurs de sang et des terroristes, qui remplissent la Convention. J'appuie la proposition, mais je demande qu'il soit fait une exception pour les émigrés et les fabricateurs de faux assignats. (*Les chapeaux sont levés.*)

Et enfin :

Duquesnoy. Je demande que le Comité de sûreté générale soit cassé et renouvelé à l'instant, que quatre de nos collègues soient nommés pour s'emparer de ses papiers, et qu'ils procèdent à la suspension des membres qui le composent actuellement. Si nous ne prenons pas cette mesure aujourd'hui, on fera demain ce qu'on a fait dans la nuit du 12 germinal. Je demande que le Comité soit en même temps commission extraordinaire.

« Les chapeaux sont levés en signe d'approbation de la proposition de Duquesnoy.

« Duquesnoy, Prieur (de la Marne), Bourbotte et Duroy sont nommés pour composer cette commission [1]. »

Les quatre députés nommés acceptent :

Duroy. Quelque pénibles et difficiles que soient les fonctions que la Convention vient de me confier, je saurai les remplir avec courage.

Duquesnoy et Bourbotte font la même déclaration.

Boissy d'Anglas venait de reprendre le fauteuil à la place de Vernier, quand Legendre et Delecloy parurent à la tribune. Ils venaient hardiment, au nom des Comités de gouvernement, inviter les représentants à rester à leur poste

---

1. *Moniteur*, t. XXIV, p. 507.

et la multitude à sortir. Grand tumulte. Le président se couvre; la foule crie : *A bas! à bas!* les huées éclatent et se prolongent. Legendre et son collègue sont forcés de se retirer.

Les Comités de gouvernement, que l'on traitait comme n'existant plus et qui venaient si tardivement de reparaître, étaient-ils définitivement enterrés ? On le put croire. Les députés qu'on venait de désigner pour les remplacer en prirent acte :

Duquesnoy. Vous voyez que les Comités de gouvernement sont contraires à vos décrets; j'insiste donc sur la proposition déjà faite, qu'ils soient à l'instant suspendus. Je demande que les quatre membres qui viennent d'être nommés au Comité de sûreté générale s'emparent de tous les papiers, et que, si les membres refusent de les livrer, ils soient mis en arrestation. (*Les chapeaux sont levés.*)

Soubrany. J'invite mes collègues qui viennent d'être nommés au Comité de sûreté générale à se réunir sur-le-champ, et à prendre toutes les mesures nécessaires pour empêcher que les tyrans du 12 germinal ne fassent encore une pareille journée [1].

« Il est minuit, dit le *Moniteur*. Les quatre membres partent; ils sont rencontrés par un détachement de bons citoyens à la tête desquels se trouvent Legendre, Auguis, Kervélégan, Chénier et Bergouin.

« Prieur (de la Marne) demande à Raffet, qui commande cette force, s'il a l'ordre du président d'entrer dans la Convention.

Raffet. Je ne te dois aucun compte.

Prieur, *se tournant du côté de la foule.* A moi, sans-culottes! à moi! (*Bruit.*)

« La multitude est sommée de se retirer. — Elle s'y refuse. — Le président le lui commande au nom de la loi. — Cris et mouvements de résistance. — La force armée avance, la baïonnette au bout du fusil. Un combat

---

1. *Moniteur* du 6 prairial, t. XXIV, p. 510.

s'engage. — La foule des révoltés prend la fuite. — Une partie revient à la charge et obtient un succès momentané. — Bourbotte, Peyssard, Édouard, Gaston et plusieurs autres membres, qui siègent ordinairement à l'extrémité gauche, crient *victoire!* du haut de la tribune et de leurs bancs.

« Le pas de charge, de nombreux cris de : *Vive la Convention! à bas les Jacobins!* se font entendre dans le vestibule, à l'extrémité droite de la salle. Ce bruit s'approche. Une force armée considérable entre dans la salle, et force d'en sortir la multitude qui y était encore. Les uns se précipitent aux portes, les autres dans les tribunes, d'autres s'échappent par les fenêtres. — La force armée s'empare de tous les points de la salle. — Les députés qui avaient fait les propositions adoptées par la multitude sont investis; les représentants reprennent leur place. La Convention, rendue à la liberté, est bientôt complètement réunie. *A bas les Jacobins! à bas les assassins!* s'écrient unanimement tous les citoyens libérateurs de la Convention; *Vive la République nationale! vive la République*[1]*!*

Les Comités restaient vainqueurs. La Convention était définitivement dégagée.

## III
### Journée du 1er prairial. — Les arrestations.

Les représailles ne devaient pas se faire attendre; et c'est ici que les souvenirs des excès commis dans les missions viennent se joindre aux griefs de la journée, quelquefois bien mal à propos. Legendre, qui avait eu sa part à la délivrance de l'assemblée, était monté à la tribune pour demander que tout ce qui s'était fait dans le tumulte de la séance fût abrogé. Précisément alors Duroy, qui siégeait ordinairement à l'extrémité gauche, alla se placer au côté

---

[1]. *Moniteur*, ibid., p. 510, 511.

droit. — Ce n'était pas détourner l'orage de sa tête. Pierret ayant fait allusion aux députés complices des actes de l'émeute... — « Président, dit Garrau, donne la parole à Duroy pour répondre »; et Pierret, continuant, dénonce comme les auteurs de cette journée :

Ceux-là qui dans les missions se promenaient avec des guillotines.
DUROY. Ce n'est pas moi.
PIERRET. Ceux-là qui ne mangeaient pas un poulet sans l'avoir fait guillotiner.
DUROY. Ce n'est pas moi.
PIERRET. Les petites guillotines sont au Comité de sûreté générale.

Duroy avait raison de dire : Ce n'est pas moi. C'est un autre que nous verrons accusé de s'être fait ainsi un jeu de l'échafaud. Mais son rôle dans la journée avait été trop en vue pour qu'il pût échapper.

Thibaudeau s'éleva contre l'idée d'abroger des décrets qui n'avaient pas été rendus; mais ce n'était pas pour en épargner les auteurs. Après une apostrophe violente contre les conspirateurs « qui étaient en cette enceinte et qui y sont encore », disait-il (*oui, oui! à bas les Jacobins!*), après avoir déclaré qu'il n'y avait plus de conciliation possible avec une minorité factieuse et turbulente; que le glaive était tiré et le fourreau jeté au loin, il demanda l'arrestation des députés qui, par leurs motions, avaient secondé les séditieux.

Pour les prétendus décrets, on en fit justice en les brûlant, séance tenante. Quant à leurs auteurs, on les passa en revue à l'instant même.

Bourdon (de l'Oise) dénonça Peyssard, « ci-devant noble, garde du corps de Capet, qui a fait assassiner notre collègue Féraud », ajouta-t-il — (je suppose qu'il ne voulait parler que d'une complicité morale dans l'assassinat), — et Soubrany, ci-devant marquis, « que les révolutionnaires ont demandé pour général de leur armée. »

Delahaye fit la motion qu'avec Duroy on arrêtât Bourbotte, Goujon, Albitte aîné. Duquesnoy voulut parler : on l'accueillit aux cris : *A bas, à bas!* Goujon demanda aussi la parole sans pouvoir l'obtenir. Prieur (de la Marne), déjà compromis dans l'émeute précédente, fut défendu par Bourdon (de l'Oise) et par Doulcet, mais il fut attaqué par Defermon et par André Dumont :

Jamais, dit Defermon, Prieur ne pourra se laver aux yeux des habitants de la ci-devant Bretagne d'avoir fait assassiner par une commission qu'il avait créée les administrateurs les plus patriotes de la France, ceux du Finistère.

Et comme Doulcet demandait qu'on n'évoquât point les faits antérieurs, André Dumont, le terroriste, qui, ayant tant d'excès à sa charge, aurait dû abonder dans ce sens, s'écria :

Si le 12 germinal on eût voulu m'entendre, la conspiration d'aujourd'hui n'eût pas éclaté. Rappelez-vous que ce jour-là, Prieur parla avec l'impudeur de la scélératesse, il dit impérieusement au président :

« Je demande que tu mettes aux voix que le peuple aura du pain avant de sortir de cette enceinte. »

Je demande si ce n'était pas par là provoquer le massacre de la Convention. Nous n'avions pas de pain dans nos poches pour en donner sur-le-champ à ceux qui nous assiégeaient.

Prieur fut décrété d'arrestation, de même Albitte aîné, quoique Vernier, au risque de rappeler le rôle qu'il avait rempli comme président, eût dit :

Après qu'une vingtaine de propositions eurent été faites et approuvées, Albitte vint me proposer de prêcher l'union et la fraternité, pour prouver, disait-il, à la France que la Convention avait été libre.

Voulait-il l'excuser, voulait-il l'accuser? Quand Albitte le jeune prit la défense de son frère qui n'avait voulu, disait-il, que la conciliation, Vernier, reprenant encore la parole, ajouta :

Il est venu me dire quand j'étais au fauteuil : « Mais il faudrait « au moins mettre un peu de formes afin qu'on ne pût pas « soupçonner que les décrets ne sont pas l'ouvrage de la Convention ». Il a ensuite proposé la réconciliation, mais dans un sens équivoque, imitant en cela les anciens oracles qui se ménageaient toujours deux issues.

C'est un peu ce que celui qui avait présidé à ces délibérations recherchait pour lui-même à cette heure. S'il n'accusait pas Albitte, évidemment il ne l'excusait pas.

On venait de décréter d'arrestation Bourbotte, Duroy et Duquesnoy. On frappa de même Romme, Soubrany, et Goujon. Goujon, qu'on n'avait pas autrement incriminé, demande la parole :

*Un grand nombre de voix.* Non, non, c'est un assassin!

Et le décret fut prononcé.

Au milieu du débat, Fréron, rappelant le 12 germinal, et comment plusieurs, décrétés d'arrestation, avaient pu s'y soustraire, avait dit :

Je demande, puisqu'il est dans l'intention de la Convention de faire une justice sévère, qu'elle ne laisse pas à ceux dont il s'agit dans le moment les moyens de fuir.

Et le président les consigna aux portes.

*Les citoyens des tribunes* (d'autres sans doute que la veille!). Qu'ils soient jugés demain.

C'était le vœu de plusieurs dans l'assemblée, et Tallien se fit leur organe :

La Convention ne peut tarder à faire justice des scélérats qui l'ont assassinée. (*Vifs applaudissements.*) Notre malheureux collègue est là qui demande vengeance.

Et, appuyant la demande d'arrestation, il sollicitait du Comité des mesures ultérieures :

Car il ne faut pas que le soleil se lève et que les scélérats existent encore.

L'arrestation fut décrétée comme on l'a vu; et Bourdon (de l'Oise) complétant la motion de Fréron, en vue de celle de Tallien :

Je demande, dit-il, que ceux qui viennent d'être décrétés d'arrestation passent à la barre et que la force armée s'en empare.

« Cette proposition, dit le *Moniteur*, fut décrétée au milieu des applaudissements. Bourbotte, Duroy, Duquesnoy, se rendent entre les mains des gendarmes. — On appelle Romme, qui ne répond pas. — Bourdon (de l'Oise) désigne la place où il est. — Romme se lève avec peine et marche à regret vers la barre. »

Et les dénonciations se succèdent à l'envi :

N***. Je demande le décret d'arrestation contre Peyssard, l'un des provocateurs de la révolte.

N***. Je demande le même décret contre Le Carpentier, le bourreau du département de la Manche.

N***. Je demande l'arrestation de Pinet aîné, le bourreau des habitants de la Biscaye et de la Guipuscoa.

N***. Je demande l'arrestation de Borie, le dévastateur du Midi.

N***. Je demande celle de Fayau dont la Vendée atteste encore les ravages [1].

---

1. Fayau, député de la Vendée, envoyé en mission dans son département aux débuts de l'insurrection, blessé dans une charge de cavalerie aux côtés de Westermann qui a rendu hommage à la vigueur du représentant (La Chataigneraye, 1ᵉʳ octobre 1793, *Moniteur*, t. XVIII, p. 92); rappelé ensuite à la Convention. On n'a pas de détails sur ses actes dans son pays; mais on sait, par ses discours, qu'il trouvait qu'on ne le traitait pas assez cruellement : « On n'a pas assez incendié en Vendée, disait-il le 17 brumaire (7 novembre 1793). La première mesure à prendre est d'y envoyer une armée incendiaire. Il faut que pendant un an nul homme, nul animal ne trouve de subsistance sur ce sol. » (Séance du 17 brumaire an II, *Moniteur* du 20, t. XVIII, p. 377.) Ce ne fut pas lui qui fut chargé d'appliquer ces idées. Retenu à Paris, il se borna à témoigner en toute circonstance de l'esprit qui l'animait, refusant que l'on entendît Danton à la barre, et, après la révolution de thermidor, s'élevant contre l'élargissement des aristocrates, poursuivant les thermidoriens Fréron, Tallien et Lecointre aux Jacobins, et s'opposant à ce que les jacobins descendissent à se défendre contre les attaques dont ils commençaient à être, de plus en plus, l'objet. Aussi, quoique muet dans les journées de germinal et de prairial, fut-il pris à partie pour cette dernière journée. On se souvint de sa courte, mais sanglante mission.

« Toutes ces arrestations, ajoute le *Moniteur*, sont successivement décrétées au milieu des plus vifs applaudissements et des cris de : *Vive la Convention!* [1] »

Delahaye demanda que les députés arrêtés fussent conduits au Comité de sûreté générale. Tallien ne les laissa point partir sans leur adresser cet adieu :

Malgré les assassinats, malgré les proscriptions que vous aviez organisés, misérables, la République vivra. Mais, représentants, ajouta-t-il, s'adressant aux autres, il ne faut plus de demi-mesures. Le mouvement d'aujourd'hui tendait à ramener les jacobins, à rétablir l'infâme Commune; il faut faire justice de ce qui reste; il faut que Pache, Bouchotte, deux chefs de la faction abominable, périssent... Vengeance, citoyens, vengeance prompte des assassins de leur collègue, des assassins de la représentation du peuple, des assassins de la patrie! [2]

## IV

### Journées des 2, 3 et 4 prairial.

La séance du 1ᵉʳ prairial s'était prolongée durant la nuit jusqu'au matin. En revenant à la Convention le 2, à 10 heures, les représentants croyaient pouvoir respirer. Ils firent un décret sur les subsistances ; non pas seulement pour Paris, mais pour toutes les communes, pour les armées. Ils reçurent les félicitations des administrateurs du département de Paris. Ils accueillirent par des applaudissements la nouvelle du traité de paix et d'alliance avec les Provinces-Unies, signé à la Haye quelques jours auparavant (27 floréal, 16 mai), et les citoyens des tribunes se précipitèrent

---

1. Séance du 1ᵉʳ prairial, *Moniteur* du 6 (25 mai 1795), p. 511, 513. Plusieurs autres aussi incriminés échappèrent : Bellegarde, Piorry, contre lesquels il n'y avait, touchant la journée du 1ᵉʳ prairial, que de vagues imputations ; Thirion, qui avait notoirement siégé comme secrétaire au bureau pendant la délibération tumultuaire ; Charlier, à qui on ne reprochait que d'être ami des jacobins ; Robert Lindet, qui avait défendu ses collègues au 12 germinal, mais dont les missions n'avaient mérité que des éloges ; tous, pour cette fois, furent couverts par l'ordre du jour.
2. *Ibid.*, p. 514.

au dehors pour en répandre la nouvelle aux cris de : *Vive la République! vive la Convention!* — « Jamais les Jacobins ne nous eussent donné cette paix », dit Marec. Au moins en ce moment songeaient-ils à tout autre chose.

On apprenait en effet que les révoltés s'étaient assemblés à l'Hôtel de ville :

> Ils se sont intitulés « Convention nationale du peuple souverain »; ils sont entourés d'une force armée. Leur intention est de réunir des troupes pour tomber sur la Convention.

Cette nouvelle à laquelle on ne s'attendait pas donna lieu aux motions les plus violentes :

> BOURDON (de l'Oise)....., Un décret de hors la loi, des forces et marchons. (*Vifs applaudissements.*)
> ANDRÉ DUMONT. Il faut que les brigands, que les voleurs qui se disent patriotes, il faut que les hommes infâmes qui donnent le nom de royalistes aux bons citoyens, il faut que ces hommes périssent. (*Vifs applaudissements.*)
> TALLIEN. Des ordres sont donnés et l'on marche contre l'infâme Commune. (*Vifs applaudissements.*) Je demande que les hommes qui y sont rassemblés soient fusillés. (*Nouveaux applaudissements.*) Je demande également que ceux qui étaient hier à la tête de la révolte contre la Convention soient à l'instant mis à mort.

Bourdon (de l'Oise) demanda pourtant qu'on ne mît hors la loi que ceux qui étaient en armes et qu'on se bornât à juger les prisonniers; mais Gouly :

> On a dit tout à l'heure qu'on ne devait pas mettre hors la loi ces hommes qui sont en prison ; ce principe est sacré; mais les hommes qui ont été arrêtés hier soir étaient déjà hors la loi; il suffit de constater l'identité des personnes. (*Vifs applaudissements.*)
> ...Je demande le renvoi au tribunal révolutionnaire de ceux qui ont été arrêtés hier, pour constater l'identité de leurs personnes et les livrer à l'exécuteur de la justice.

Et cette proposition fut décrétée [1].

---

1. *Moniteur* du 6 (25 mai 1795), p. 518.

La Convention adopta une proclamation de Louvet, qui appelait à sa défense les hommes du 14 juillet, du 10 août et du 9 thermidor (rien du 31 mai!), et une adresse, plus particulière aux Parisiens, présentée par Chénier au nom des trois Comités réunis. Legendre demanda qu'on fît rentrer chez elles les femmes qui se groupaient aux portes de la Convention :

La faiblesse de leur sexe, disait-il, désarme les hommes et j'avoue, ajoutait-il galamment, que je me ferais égorger plutôt que de blesser une femme.

Et Dussaulx :

J'appuie cette proposition, car c'étaient les femmes qui hier étaient les plus cruelles; elles nous menaçaient et nous attaquaient à chaque instant.

Quant aux hommes, s'ils n'étaient pas désarmés par les adresses que l'on rédigeait à l'envi dans la Convention (Auguis après Louvet et Chénier), ils étaient bien coupables! Les sections du centre de Paris se prononçaient d'ailleurs pour la Convention, à commencer par la section Le Peletier qui apporta son adresse et donna au président l'occasion de dire :

La Convention voit avec satisfaction les bons citoyens se ranger autour d'elle dans le moment du plus grand danger pour accuser le royalisme.

Royalisme, le faubourg Saint-Antoine! Des murmures éclatèrent et Henri Larivière s'écria :

C'est du terrorisme tout pur : aujourd'hui on a demandé les Jacobins!

Et le président :

Le royalisme et le terrorisme ne font qu'un.

Il aurait pu dire qu'en République *royalisme* fait mieux que *terrorisme* pour perdre un adversaire. De meilleures nouvelles arrivaient d'ailleurs de différents quartiers de Paris. Après la section Le Peletier, la section des Thermes venait protester de son dévouement. Le général Dubois que l'on avait nommé, au commencement de la séance, commandant de la cavalerie réunie ou à réunir dans Paris, venait dire :

J'ai vu les deux tiers et demi des sections; elles sont disposées à périr pour vous.

Mais il ajoutait :

Vous êtes prévenus que les factieux se rassemblent dans différents lieux; les troupes n'attendent que l'ordre pour marcher contre eux et moi pour les conduire.

Et Perrin (des Vosges) :

Je dois annoncer que les factieux ont quitté la Commune [l'Hôtel de ville], qu'ils se rassemblent au faubourg Antoine et qu'ils disent attendre les habitants des campagnes qui se joindront à eux. Les Comités sont prévenus et font les dispositions nécessaires pour que la liberté triomphe.

Bourdon (de l'Oise). Il faut marcher dessus.

Mais l'insurrection paraissait reculer. Elle n'était plus à l'Hôtel de ville, et les Comités, comme on l'avait dit, prenaient des mesures pour la poursuivre. On se rassurait donc, et la séance se continuait en congratulations et en accolades (Boissy d'Anglas et l'adjudant général Liébaut, le jeune Mally qui avait couvert le président de son corps, un autre jeune homme qui avait protégé André Dumont), sans oublier le tribut de regrets que l'on devait à la victime du jour, Féraud, et la vengeance que réclamait sa mort. Génissieux proposait « que l'on déclarât traître à la patrie tout représentant qui, lorsque le lieu des séances de la Convention serait violé par un attroupement quelconque, ferait des propositions qui pourraient être converties en décrets », motion dont il demandait lui-même et dont Boissy d'Anglas appuyait le renvoi au Comité de législation. C'était le cas des conventionnels arrêtés. Les deux représentants ne demandaient pas, il est vrai, qu'on donnât à leur proposition un effet rétroactif; mais qui pouvait répondre du lendemain? Thibaudeau crut assurer aux députés menacés une sauvegarde en faisant la motion de les mettre en accusation : ce qui fut voté avec applaudissements; et André Dumont demanda qu'on étendît le décret à ceux qui avaient été arrêtés le 12 germinal : on applaudit encore davantage.

Le décret fut rédigé en cette forme :

La Convention nationale décrète d'accusation les représentants du peuple :
Duquesnoy, Duroy, Bourbotte, Prieur (de la Marne), Romme, Soubrany, Goujon, Albitte aîné, Peyssard, Le Carpentier (de la Manche), Pinet aîné, Borie, et Fayau, décrétés d'arrestation dans la séance du 1ᵉʳ prairial;
Et les représentants Ruamps, Thuriot, Cambon, Maribon-Montaut, Duhem, Amar, Choudieu, Chasles, Foussedoire, Huguet, Léonard Bourdon, Granet, Levasseur (de la Sarthe), Lecointre (de Versailles), décrétés d'arrestation dans les séances des 12 et 16 germinal [1].

On excepta Rühl de ce décret, tout en le retenant en arrestation; on y maintint Prieur qu'un membre aurait voulu excepter aussi, mais Bourdon avança qu'un de ses collègues, au moment où le Comité fit entrer les bons citoyens pour chasser les factieux, l'avait entendu crier deux fois : « A moi, sans-culottes, à moi! » Quant à Thuriot et à Cambon, ils auraient pu avoir un sort plus dur encore, Girard ayant dit :

Les deux ou trois mille individus qui sont à la Commune ont, dans leur enthousiasme patriotique, nommé M. Cambon maire de Paris et M. Thuriot procureur de la Commune.

André Dumont, prenant cette nouvelle pour vraie, s'écria :

[1]. Séance du 2 prairial an III, *Moniteur* du 7 (26 mai 1795), t. XXIV, p. 522.

La peine de la déportation est trop douce pour des hommes qui, après avoir trahi leurs devoirs, servent encore de ralliement à tous les buveurs de sang. J'appuie la proposition de les mettre hors la loi.

Et Marec :

C'est inutile ; tous les brigands qui sont à la Commune sont hors la loi. Cambon et Thuriot, leurs chefs impies, y sont aussi sans doute.

C'est sur ce mot qu'on laissa tomber la proposition. Mais alors on revint aux trois membres du Comité de salut public :

Rouyer. Vous venez de frapper du décret d'accusation des députés arrêtés le 12 germinal et le 1er prairial ; par quelle funeste indulgence, en frappant les complices du triumvirat, avez-vous épargné les criminels qui le composaient, Collot d'Herbois, Billaud-Varenne et Barère ? Vous les avez condamnés à la déportation, mais ce décret ne s'exécute pas, et d'ailleurs avez-vous le droit de souiller une autre terre d'un sang aussi impur ? Je demande contre eux le décret d'accusation, et qu'ils soient renvoyés au même tribunal que les autres.

Hardy. Il n'est personne qui ne convienne que ces trois hommes ne soient les plus grands criminels qui puissent exister. Je demande qu'au nom du peuple français vous déclariez qu'ils ont mérité la mort (*on murmure*), et que, quant à Collot, il subisse les cruels tourments qu'il inventa pour les Lyonnais. (*Les murmures recommencent avec plus de violence.*)

De plus sages observations de Larevellière-Lépaux et de Thibaudeau firent passer à l'ordre du jour.

La Convention venait de voter une dernière proposition, par laquelle, pour enlever à l'émeute et se réserver à elle-même le secours du tocsin, elle décrétait :

Toutes les cloches qui existent dans la commune de Paris seront brisées et fondues en canons ;

La plus volumineuse de ces cloches sera placée au Palais-National pour servir de tocsin d'après la loi du 1er germinal,

quand on apprit que, sans se faire annoncer par ces moyens bruyants, l'insurrection était aux portes de l'assemblée. Les colonnes que l'on avait fait marcher sur l'Hôtel de ville avaient rencontré en chemin un gros d'insurgés qui se portaient sur la Convention, les sections de Montreuil, de Popincourt, des Quinze-Vingts; comme elles n'étaient pas en force, elles avaient dû se replier, et les sections, avançant toujours, s'étaient rangées en bataille sur la place du Palais-National (le Carrousel). Boursault vint, tout effaré, l'annoncer à la Convention, invoquant le secours des tribunes :

> Citoyens des tribunes, braves Parisiens qui contemplez ici l'attitude majestueuse des représentants du peuple, nous applaudissons à votre conduite, mais votre poste n'est plus ici; l'honneur vous appelle sous les drapeaux de vos sections.

Ils applaudirent et coururent aux armes. Il y avait d'ailleurs quelques troupes devant la Convention, ne fût-ce que celles qui venaient de se replier. La lutte allait-elle s'engager? « A sept heures un quart, dit le *Moniteur*, il se fait un mouvement parmi les sections de Montreuil, de Popincourt et des Quinze-Vingts sur la place du Palais-National. Les canonniers de ces sections, dont les pièces avaient toujours été braquées sur le palais, paraissent vouloir charger. Des canonniers dont les pièces du côté du palais menaçaient celles des révoltés, les tournent précipitamment et vont se joindre à eux avec leurs canons » — toute l'artillerie pour l'émeute! — « Un cri *aux armes!* se fait entendre dans la cour. Les citoyens des sections fidèles qui la remplissent se rangent aussitôt en ordre de bataille. Le bruit se communique dans l'assemblée et y excite quelques mouvements. » — On le conçoit!

Legendre supplie ses collègues de rester à leur poste :

> La nature nous a tous condamnés à la mort; un peu plus tôt, un peu plus tard, qu'importe? Soyons calmes : la plus belle motion que nous ayons à faire, c'est de garder le silence.

« L'assemblée reste calme », dit le *Moniteur*.

Une demi-heure se passe et Rabaud-Pommier vient dire :

Tous les citoyens paraissent disposés à fraterniser les uns avec les autres. On désirerait que la Convention nommât dix de ses membres pour qu'ils allassent s'expliquer avec ces citoyens pour éviter l'effusion du sang.

On n'hésite pas. La députation est nommée. A 8 heures, La Porte arrive :

Les Comités réunis me chargent de vous dire que la fraternité circule dans tous les rangs. (*On applaudit.*) Les projets de ceux qui voulaient armer les citoyens, les uns contre les autres, sont déjoués. Dans tous les bataillons, le cri de ralliement est *Vive la République! respect aux représentants!* Pour sceller cette réunion et combler tous les vœux, les Comités m'ont chargé de vous proposer le décret suivant :
« La Convention nationale, en déclarant qu'elle continue à s'occuper sans relâche des subsistances des citoyens de Paris, décrète que la commission des Onze lui présentera les lois organiques de la Constitution de 1793, quintidi, 25 du présent mois. »

*Du pain et la Constitution de* 1793! c'était le programme de l'émeute. — Et le projet de décret est adopté!

Les représentants envoyés en députation rentrent alors et racontent comment la chose s'est passée :

Nous nous sommes mêlés dans les groupes qui entourent la Convention, dit Delacroix. Ils ne désirent autre chose que l'organisation prochaine de la Constitution. Nous leur avons dit que vous aviez pris les mesures pour leur assurer les subsistances. Ils ont envoyé avec nous une députation de six citoyens pour vous faire part de leurs sentiments; nous leur avons promis que vous les recevrez avec des sentiments paternels. Je demande que le décret que vous venez de rendre leur soit envoyé par huissier.

Et les députés de l'insurrection étaient là! Malgré l'opposition d'un membre, ils sont admis, et l'un d'eux prenant la parole :

Sur l'invitation du général Dubois, les citoyens des faubourgs Antoine et Marceau nous ont nommés pour venir vous faire part de leurs sentiments. Le peuple demande du pain et la Constitution de 93, l'élargissement des patriotes mis en état d'arrestation. (*Violents murmures dans les tribunes. Les citoyens qui les remplissent s'écrient : A bas les Jacobins!* Le président réclame du silence.)

Le peuple demande l'élargissement des patriotes mis en arrestation depuis le 9 thermidor. (*Plusieurs voix.* Il n'y en a pas.) Le peuple demande la punition des scélérats, il demande vengeance de ceux qui l'assassinent en faisant une distinction entre l'assignat et l'argent. Le peuple demande l'exercice des droits que lui assurent la Constitution et la Déclaration des droits de l'homme. Le peuple, ami de la Convention et de l'humanité, est prêt à se retirer dans ses familles, mais aussi il est résolu à mourir au poste qu'il occupe en ce moment plutôt que de se désister des réclamations que je vous fais en son nom. (*Violents murmures.*)

Je ne crains rien, moi en particulier, je me nomme Saint-Giez. (*Murmures.*) Au surplus, voilà le vœu du peuple : *Vive la République! vive la liberté! vive la Convention!* si elle est amie des principes.

Et le président (toujours Vernier!) :

Citoyens, réunissons-nous tous contre l'ennemi commun, et, si nous sommes forcés de faire la guerre, que ce ne soit que pour établir la République. La Convention me charge de vous lire le décret qu'elle vient de rendre; elle pèsera dans sa sagesse les autres points de votre pétition sur lesquels elle n'a point statué.

Et il les invite aux honneurs de la séance. Ce n'était point assez. Gossuin demanda que le président leur donnât l'accolade fraternelle, au nom de toute la garde nationale de Paris, proposition qui souleva de violents murmures et quelques applaudissements; et l'accolade leur fut donnée au milieu du bruit et des murmures [1].

---

1. Gossuin s'excusa de sa motion, le lendemain : il était de la députation envoyée au Carrousel, il rentrait dans la salle, il n'avait pas entendu l'orateur; et plusieurs appuyèrent son excuse. L'assemblée passa à l'ordre du jour (*Moniteur*, t. XXVI, p. 532), mais l'accolade n'avait pas moins été donnée.

Charles Delacroix avait été sans doute du petit nombre de ceux qui avaient applaudi :

Je voudrais pouvoir vous rendre, dit-il, l'effusion de cœur, les serrements de main, la tendresse brûlante, qui ont marqué la réunion opérée, il n'y a qu'un instant, sur la place du Carrousel ou plutôt du Palais-National. Je suis rentré ici pénétré d'admiration pour la noblesse et la fermeté que les citoyens qui l'occupent ont montrées. Vous connaissez leur pétition, il ne vous reste plus maintenant qu'à prononcer.

Dussaulx eût voulu qu'on levât la séance; mais Taillefer et Delacroix insistèrent pour que l'on demeurât, et cela permit d'entendre encore une révélation curieuse sur les dispositions de la foule à l'égard des représentants :

J'ai vu, dit Boudin, par tout ce que m'ont dit les citoyens rassemblés sur la place du Carrousel, qu'ils sont trompés. Ils étaient intimement persuadés que les représentants du peuple recevaient une indemnité de 60 livres par jour dont 30 livres en numéraire. (*On rit.*) Je leur ai dit : Vous pouvez consulter les gendarmes en présence desquels les députés sont toujours payés, et vous vous convaincrez du contraire.

L'indemnité, qu'on dit démocratique, n'a jamais été populaire parmi ceux qui ne la touchent pas.

Sur de nouvelles assurances que la tranquillité était rétablie, la séance fut suspendue, c'est-à-dire levée, vers onze heures du soir.

Tout n'était point fini pourtant. La séance du 3 avait été marquée par une bonne nouvelle. On avait appris l'avant-veille le traité conclu le 27 floréal avec la Hollande. On annonça le complément du traité conclu le 24 germinal avec la Prusse, nouvel acte signé le 28 floréal à Bâle, qui stipulait la neutralité d'une partie de l'Allemagne du Nord (cercles de Westphalie, de la haute et basse Saxe, de la Franconie) et par conséquent en reprenait les troupes aux armées de l'Empire, c'est-à-dire de l'Autriche. C'était un acheminement notable vers la paix générale. Mais la paix intérieure était-elle bien solide? Le peuple avait réclamé, la Convention venait de promettre la mise en vigueur de la Constitution de 1793. Lanjuinais, tout en demandant l'affichage d'un acte qui témoignait en faveur de la politique de la Convention, fut amené à dire que cette Constitution de 1793, tant réclamée, ne pouvait, dans son intégralité, faire le bonheur de la France. — Tout le monde le savait bien, y compris ceux qui l'avaient faite autrefois et qui n'avaient jamais eu la pensée de l'appliquer; mais cette déclaration était périlleuse, après la pétition et le décret de la veille. Bourdon (de l'Oise) essaya de mettre la sourdine à cette parole trop franche :

Voici le sens de cette pensée, dit-il : dans la Constitution de 1793, il y a des nuances qui peuvent être adoucies par les lois organiques; ainsi la malveillance ne profitera pas d'un mot échappé au plus vertueux des législateurs. (*Applaudissements.*)

La Convention veut la Constitution de 93; mais elle ne veut pas tromper le peuple, et le peuple est trop juste pour ne pas convenir qu'il faille effacer les taches légères qui y sont. Il y aura unanimité dans la Convention pour les effacer, unanimité dans le peuple pour y consentir.

La Convention n'en était pas tellement convaincue, qu'elle ne prit des mesures contre le retour de l'émeute. Le 2, elle avait fait un décret sur les cloches; le 3, elle en fit un sur les tambours :

« Six mois de prison à qui battra la caisse sans un ordre écrit.

« La mort pour qui, sans le même ordre, battra la générale. »

Et les représentants Delmas, Gillet et Aubry furent chargés de la direction et de la surveillance de la force armée, tant de Paris que de la 17e division[1].

Ce n'était pas sans raison. Ce même jour, un homme du peuple, nommé Tinel, qui avait porté la tête de Féraud au

---

1. Séance du 3 prairial, *Moniteur* du 8 (27 mai 1795), t. XXIV, p. 529-531.

bout d'une pique, avait été condamné à mort par le tribunal criminel de Paris; mais, comme on le conduisait au supplice, il avait été enlevé des mains du bourreau, mis en liberté et « porté, disait-on, en triomphe dans les rues du faubourg Antoine »[1].

La Convention, dès le début de la séance du 4, rendit, sur la proposition des Comités, un décret qui, visant les mouvements insurrectionnels des 1er et 2 prairial, l'assassinat de Féraud et l'exaltation de l'un de ses assassins, sommait les habitants du faubourg de remettre le condamné à la justice, de livrer tous leurs canons, et, en cas de refus, invitait toutes les sections de Paris à marcher, sous les ordres des généraux, pour réduire les rebelles par la force.

Il y avait eu la veille des tentatives d'embauchage, de fausses patrouilles : autre décret; et celui-ci allait avoir une grande portée :

I. Tous individus surpris faisant de fausses patrouilles, cherchant à suborner les troupes et la garde nationale, ou portant sur leurs chapeaux ou vêtements, des signes séditieux, proscrits par la loi du 2 de ce mois, seront de suite livrés à la Commission militaire, pour être jugés et fusillés sur-le-champ.

II. Les Comités de salut public, de sûreté générale et militaire réunis, organiseront, sur l'heure, pour l'exécution de l'article précédent, la Commission militaire, composée de cinq membres.

La Convention nationale décrète que tout homme trouvé portant sur son chapeau les mots qui ont servi de ralliement aux factieux et aux assassins, le 1er de ce mois, sera sur-le-champ arrêté et livré à la Commission dont la création vient d'être décrétée.

En conséquence, tous les bons citoyens sont chargés de l'exécution du présent décret[2].

La force armée, le pouvoir judiciaire, tout désormais était prêt. Plus de transaction. Une députation de la sec-

---

[1]. *Moniteur* du 5 prairial (24 mai 1795), *ibid.*, p. 507; cf. p. 531 où il est dit qu'il fut enlevé de l'échafaud.
[2]. Séance du 4 prairial, *Moniteur* du 8 (27 mai 1795), t. XXIV, p. 534.

tion des Quinze-Vingts s'étant présentée, d'une tribune on cria : « Pas de compromission avec les traîtres »; et les autres tribunes applaudirent : car les tribunes continuaient de prendre part aux débats, c'était désormais avec la majorité de la Convention; et non seulement la députation ne fut pas admise, mais elle aurait été arrêtée, peut-être, si elle ne s'était retirée à temps. Dubois-Crancé avait proposé de répondre aux pétitionnaires que, s'ils ne se rendaient pas aujourd'hui, ils seraient bombardés demain, et André Dumont :

Non content de demander comme le préopinant que les révoltés soient bombardés demain, je propose de le faire aujourd'hui.

L'action en effet était engagée et le succès avait été rapide. A huit heures du soir, une lettre des représentants chargés de la direction de la force armée annonçait que la section Popincourt avait remis ses canons et que les autres allaient, sous un très court délai, faire de même. On avait fait un grand nombre de prisonniers parmi lesquels des gendarmes à pied et à cheval qui, envoyés contre les insurgés, avaient passé à eux. Dubois-Crancé demanda que les rebelles pris les armes à la main fussent traduits à l'instant devant la Commission militaire et que la Commission fut autorisée à juger de tous les faits relatifs à la conspiration des premiers jours du mois : ce qui fut décrété; et comme on demandait si les représentants compromis tomberaient sous sa juridiction (on supposait que Thuriot et Cambon, non arrêtés, se trouvaient dans le faubourg), la question fut résolue par ce nouveau décret :

La Convention nationale décrète que les représentants du peuple décrétés d'arrestation ou mis hors la loi qui se trouveront dans le faubourg Antoine ou parmi les révoltés, seront sur-le-champ traduits devant la Commission militaire et exécutés, conformément à la loi rendue aujourd'hui.

Le décret portait *seront fusillés*; on y substitua *seront punis de mort*, pour réserver les droits de la guillotine.

v. — 15

A ce moment, le bruit de tambour et le son des trompettes de la cavalerie, accompagnés des cris *Vive la Convention nationale!* annonçaient le retour des troupes, et Auguis, entrant dans la salle, proclama du haut de la tribune la victoire :

Tous les canons dont le faubourg Antoine était armé sont pris et sont en chemin. Un grand nombre de chefs les accompagnent et certes jamais ces derniers ne braqueront les canons contre vous. (*Vifs applaudissements.*)

Doulcet compara la journée à celle de Fleurus, et Fréron en esquissa le bulletin. Parmi les prisonniers se trouvaient 26 gendarmes, dont 9 à cheval, et le « canonnier nègre » qui, l'avant-veille, avait braqué le canon contre l'assemblée.

Mais l'individu qui avait été arraché à la justice n'avait pas été retrouvé, et de là des murmures. Plusieurs membres s'écrièrent que le décret n'était pas exécuté, et Génissieux :

Quant à moi, tant que l'assassin de mon collègue n'aura pas expié son crime, je ne croirai pas la journée complète.

Et il fut appuyé par Grégoire, par André Dumont[1].

Les vainqueurs du faubourg rebelle avaient été passés en revue et félicités par une Commission de vingt-quatre membres nommés à cet effet dans la Convention. Les Comités du gouvernement faisaient savoir que la tranquillité était véritable. — La séance fut suspendue à onze heures du soir.

Le 5, dès le commencement de la séance, on reçut et on lut une lettre de la Commission militaire portant :

Citoyen président, nous nous empressons de vous transmettre le jugement que nous avons rendu hier contre le nommé Delorme, capitaine des canonniers de la section de Popincourt

---

[1]. *Moniteur* du 9 prairial (28 mai 1795), t. XXIV, p. 531-539.

(c'est le nègre dont avait parlé Fréron)... Nous vous prions d'assurer la Convention nationale du zèle et de l'activité que nous mettrons à rechercher et à faire punir les brigands qui ont troublé la tranquillité et porté une main parricide sur la représentation nationale [1]. (*On applaudit.*)

A présent que l'on avait sous la main un instrument de justice si bien disposé, on pouvait regretter de s'être borné à frapper de déportation des hommes comme Billaud-Varenne, Collot d'Herbois, Vadier et Barère, qui étaient estimés les grands chefs de la conspiration avortée. Clauzel demanda, au nom de l'égalité, qu'on les ramenât à Paris pour les traduire devant la Commission militaire; qu'on y traduisît de même les représentants qui, par leurs discours, avaient soutenu l'émeute; que l'on punît de mort ceux qui donneraient asile aux fugitifs. La motion, combattue par Garran-Coulon, au moins sur le dernier point, fut appuyée par Dubois-Crancé et par Bourdon (de l'Oise) :

Souvenez-vous, dit Bourdon, d'un mot profond de l'un des scélérats que vous avez envoyés au château de Ham : « Cette Convention, disait-il à l'officier qui le conduisait, n'entend rien en révolution; si nous avions été les plus forts, nous ne les eussions pas envoyés à Ham ».

Il était donc d'avis que l'on revînt sur le décret de déportation, pour faire juger les quatre grands coupables par une commission militaire :

Mais, ajoutait-il, il ne faut pas que la République paie pour de pareils scélérats les frais d'un voyage. Je demande donc qu'ils soient jugés par une commission nommée, sur les lieux où ils se trouvent, par les Comités de gouvernement.

La proposition de Clauzel, ainsi amendée, fut adoptée, sauf rédaction. Ainsi, pour cette raison humiliante qu'ils ne valaient pas le prix du transport, on décida qu'ils

---

1. *Lettre de la Commission militaire établie en vertu de la loi du 1er prairial.* (C'est le 4 qu'il faut lire.) Séance du 5 prairial, *Moniteur* du 9 (22 mai 1795), t. XXIV, p. 510.

seraient jugés sur les lieux! Dans la rédaction qui fut adoptée à la fin de la même séance, on supprima l'article concernant l'asile donné aux fugitifs. Le décret de déportation était rapporté, et les quatre députés, traduits au tribunal criminel de la Charente-Inférieure.

Mais quand le courrier, porteur du décret, arriva, ils étaient partis (7 prairial[1]) excepté Barère. « C'est la seule fois, dit Boursault, qu'il ait manqué le vent[2]. » Barère fit mieux : transporté à Saintes, il s'évada[3]. Il fut élu député pendant les Cent jours; élu encore (élection annulée) à la Chambre de 1830, et mourut en paix en 1841[4].

Le même décret qui renvoyait les quatre anciens membres des Comités au tribunal de la Charente-Inférieure traduisait au tribunal criminel d'Eure-et-Loir plusieurs des hommes les plus compromis parmi les terroristes — « des monstres, disait Bourdon, qui n'ont été révolutionnaires que pour puiser dans le sac et tremper leurs mains dans le sang[5] » : Pache, l'ancien maire, et son gendre Audouin, agent du pouvoir exécutif en Vendée; Bouchotte, l'ancien ministre de la Guerre, et Daubigny, son adjoint; Héron, l'âme damnée du Comité de sûreté générale; Hassenfratz, l'orateur de la Commune dans la députation, qui, le 27 mai, vint demander l'arrestation des girondins, et deux autres encore (Marchand et Clémence). Boursault demanda qu'à Bouchotte on joignît Rossignol, son agent, l'auteur le plus diffamé des échecs subis en Vendée; et Defermon, en l'appuyant, signala la conduite d'Esnue-Lavallée dans

---

1. Lettre du 8 prairial, *Moniteur* du 10, t. XXIV, p. 615.
2. Séance du 11 prairial, *ibid.*
3. *Ibid.*, t. XXVI, 307.
4. Voy. *Histoire du tribunal révolutionnaire de Paris*, t. VI, p. 121. Vadier non plus n'était point parti. Renvoyé plus tard comme complice de Babeuf devant la Haute Cour, il fut acquitté, mais retenu en prison (6 prairial an V) et envoyé à Cherbourg avec ceux qui étaient condamnés à la déportation, en vertu de l'ancien décret qui le déportait. (*Moniteur*, t. XXVIII, p. 217 et 230.) — La question de savoir s'il serait déporté fut pourtant soumise par le Directoire au conseil des Cinq-Cents (22 messidor an V, 10 juillet 1797) : elle fut résolue en sa faveur.
5. Séance du 5 prairial, *Moniteur* du 10 (29 mai 1795), t. XXIV, p. 513.

l'affaire d'Enjubault-Laroche dont il a été parlé en son lieu ¹; cette double proposition fut décrétée ². De peur que la justice ordinaire ne leur profitât, on proposa d'envoyer deux représentants du peuple, avec le titre de procureurs nationaux, auprès de ces tribunaux et de rendre à leur égard les jugements définitifs à la façon des jugements révolutionnaires. La proposition figure au compte rendu de la séance du 6. On ne dit pas ce qu'elle devint ³.

## V

#### Enquête sur les actes des représentants en mission.

Le 23 floréal, au milieu des accusations qui, dans le cours de ce mois, avaient afflué contre les proconsuls des provinces, Durand-Maillane avait dit :

De toute part il arrive à vos Comités des dénonciations contre les représentants du peuple qui ont été en mission. Partout ils ont ordonné des atrocités ou les ont laissé commettre sous leurs yeux. Il est de l'honneur de l'Assemblée de faire examiner toutes ces réclamations; sans cela elle aurait l'air d'approuver et de partager tant d'horreurs.

Et Bréard avait répondu :

Le vœu de Durand-Maillane est déjà rempli; car un décret a chargé le Comité de législation de faire un rapport sur le mode qui sera suivi dans l'examen de la conduite des représentants dénoncés ⁴.

Le 5 prairial, André Dumont, cet odieux proconsul, payant d'audace, s'appropria la résolution de Durand-Maillane et fit rendre ce décret :

La Convention nationale décrète que son Comité de législation lui fera, primidi prochain, un rapport sur les dénonciations

---
1. Voy. ci-dessus, t. I, p. 366.
2. *Moniteur*, ibid., p. 517.
3. Séance du 6 prairial, *Moniteur* du 11 (30 mai 1795), t. XXIV, p. 553.
4. Séance du 23 floréal an III, 12 mars 1795, t. XXIV, p. 453-454.

qui lui seront parvenues contre les représentants du peuple accusés d'avoir fait couler le sang innocent ou commis des dilapidations dans les missions qui leur ont été confiées [1].

Les dénonciations et les arrestations ne s'arrêtèrent pas. Chaque jour, quelque nouveau représentant est frappé : le 5, *Forestier* et *Esnue-Lavallée* : *Forestier*, accusé d'avoir proposé, le 1er prairial, la mise en liberté de tous ceux qui avaient été arrêtés depuis le 9 thermidor et l'arrestation des membres du Comité de sûreté générale [2]; le 6, *Pautrizel*, député de la Guadeloupe, pour avoir voulu entraver la défense et, quand il voyait la tête d'un de ses collègues portée au bout d'une pique, proposé l'abolition de la peine de mort [3]; le 8, *Escudier*, *Ricord* et *Saliceti*, qui avaient été en mission dans le Var; *Laignelot*, « pour avoir assassiné tout ce qu'il y avait à Brest d'honnêtes gens »; de plus, on l'avait vu remplissant les fonctions de secrétaire au 1er prairial [4].

Cet incident donna lieu à un intermède tragi-comique. Panis, un des membres de la Commune aux journées de septembre, eut la bonne, mais malencontreuse idée d'intervenir :

PANIS. Point de barbarie, mes collègues.

BOURDON (en désignant Panis). Donnez la parole à un des conspirateurs.

PANIS. Moi ! moi ! Ah ! mon Dieu !

LEGENDRE. Je demande que Panis soit entendu et je me réserve de lui répondre.

Panis voulant justifier Laignelot de sa présence au bureau :

BOURDON. Défends-toi toi-même, je te déclare un des conspirateurs.

PANIS. Messieurs, messieurs, collègues, un instant.

1. *Moniteur* du 10 prairial (29 mai 1795). *Ibid.*, t. XXIV, p. 546.
2. *Ibid.*, p. 544.
3. *Ibid.*, p. 552.
4. *Ibid.*, p. 560.

*Plusieurs voix.* L'arrestation de cet assassin.

PANIS. Depuis six ans je suis abreuvé de calomnies.

Et comme on l'accusait d'avoir voulu faire arrêter Fréron et Tallien :

PANIS. Moi, mes amis, je n'ai jamais demandé l'arrestation de Fréron et de Tallien, jamais, jamais; ils connaissent mes sentiments, mais vous ne me connaissez pas; je suis digne d'être votre collègue, mon cœur est pur....

Son affaire fut suspendue par le vote d'un décret relatif à une insurrection des terroristes qui s'étaient emparés de l'arsenal de Toulon. On disait que le représentant Charbonnier y avait pris part, et Doulcet ajouta :

Sans le décret qui défend aux Comités de gouvernement de prononcer sur la conduite des représentants, vos Comités vous eussent demandé une mesure contre Charbonnier.

BOURDON. Je demande la mise hors la loi.

*Plusieurs voix.* Non, non, le décret d'accusation.

Clauzel se rallia à la demande de mise en accusation, mais il en prit occasion de traiter, d'une façon plus générale, la question des représentants accusés :

Dans les circonstances ordinaires, dit-il, la Convention avait bien fait de renvoyer à son Comité de législation l'examen de la conduite des représentants; mais, dans les circonstances présentes, il est nécessaire d'attribuer ce droit aux Comités de gouvernement.

C'était enlever aux représentants leur garantie, et cela excita des murmures. Mais Clauzel, continuant :

Le fléau le plus funeste pour un peuple, c'est la faiblesse du gouvernement. Quoi! des représentants ont organisé la révolte, ont dirigé le feu assassin, et ils sont tranquilles dans une prison d'où ils peuvent combiner de nouveaux mouvements! La France entière doit s'étonner de voir qu'on ait fait tomber la tête de quelques gendarmes et de quelques canonniers qui avaient secondé les révoltés par leur faiblesse [1] et que les chefs,

---

[1] Le 5 prairial, le tribunal de cassation en félicitant la Convention sur sa victoire, demande le licenciement des gendarmes de Paris « qui se sont

les instigateurs principaux de la révolte, ne soient pas punis. (*On applaudit.*)

On avait décrété que la Commission militaire jugerait les représentants qui ont pris part à la révolte de prairial. On a rapporté ce décret, à l'instant que la représentation nationale devait être entourée d'un triple rempart. Eh bien, avec un tel système, il est démontré que les scélérats qui ont organisé la première révolte trouveront le moyen d'en élever une seconde et chercheront à s'emparer du gouvernement.

Et il reprend, les uns après les autres, les représentants décrétés d'arrestation au sujet de ces journées :

*Rühl*, haranguant les révoltés et convertissant en motion leur signe de ralliement : *du pain et la Constitution de 1793*;

*Romme*, faisant rendre une foule de décrets au milieu de l'émeute, et disant : « Il ne suffit pas de décréter, il faut faire exécuter. Que les sections soient en permanence, que les autorités soient renouvelées », etc.;

*Duroy*, debout sur son banc, réclamant la liberté des patriotes, la liberté des députés arrêtés à l'occasion du 12 germinal et le retour de ceux qui s'étaient soustraits à l'arrestation;

*Goujon*, appuyant Duroy et demandant l'établissement d'une commission dictatoriale;

*Forestier*, s'opposant au renouvellement des Comités de gouvernement, acceptant comme décrets les motions les plus sanguinaires;

*Albitte*, s'appliquant à donner forme légale à ces décrets, de peur qu'on ne les tînt pour nuls;

*Bourbotte*, acceptant une place dans la commission dictatoriale;

*Duquesnoy*, prenant des mesures pour que la journée n'eût pas la même issue qu'au 12 germinal et demandant l'arrestation des Comités de gouvernement;

---

constamment montrés les amis des voleurs et des assassins ». (*Moniteur* du 10 [29 mai 1795], t. XXIV, p. 515.)

*Soubrany*, acceptant le commandement de la force armée des insurgés;

*Prieur (de la Marne)*, voulant arrêter la force armée de la Convention aux cris de : « A moi, sans-culottes, à moi! »

Et il fit la motion que les représentants décrétés d'arrestation dans la nuit du 1er prairial fussent traduits à la Commission militaire pour y être jugés, comme chefs de la révolte. Ce qui fut voté au milieu des plus vifs applaudissements.

Pendant qu'il mettait en forme son décret, on reprit l'affaire de Laignelot, auquel on avait joint Thirion qui avait rempli, comme lui, les fonctions de secrétaire pendant l'invasion de la salle.

Et cela tourna contre Panis; car Panis, ayant osé intervenir encore pour Laignelot, Auguis le prit à partie avec son protégé :

Toi-même, lui dit-il, et ton digne ami Laignelot, vous nous auriez assassiné, si vous aviez triomphé.

PANIS. Moi je t'aurais assassiné, Auguis! (*Nouveaux murmures.*)

Auguis apporta un nouveau grief contre Laignelot et il ajouta :

Je demande l'arrestation de Laignelot et même celle de Panis; j'en dirai les raisons. (*On applaudit.*)

PANIS. Moi, mon ami!

AUGUIS. Pas d'amitié avec le colporteur de la mort.

PANIS. Ah! Grands Dieux!

Mais les accusations arrivent de toutes parts. C'est Rovère, c'est Garnier (de Saintes), qui révèlent de lui des paroles compromettantes pendant l'émeute :

PANIS. Moi j'ai dit cela! Moi, messieurs! Messieurs, un moment!

GARNIER. Tu voulais assassiner la France.

*Plusieurs voix.* L'arrestation de ces hommes du 2 septembre.

Panis. Citoyens, la calomnie s'est attachée à moi depuis la journée mémorable du 10 août.

Delecloy. Voilà ta circulaire écrite en septembre : la reconnais-tu ?...

La circulaire qui invitait les départements à imiter Paris dans le massacre des prisonniers.

Panis. Je me fais gloire d'avoir contribué aux événements mémorables du 10 août. On a toujours mêlé mon nom aux événements qui ont suivi, mais j'y ai été étranger. J'ai été pendant vingt ans le défenseur de l'humanité.

N***. Et le 2 septembre, assassin ! aux voix l'arrestation.

Bergoing. Il y a trois ans que les citoyens de Paris réclament ta punition. (On applaudit.)

« La Convention, ajoute le *Moniteur*, décréta à l'unanimité l'arrestation de Panis. Elle décréta également celle de Laignelot et de Thirion (de la Moselle)[1].

Après cet incident, Clauzel relut le texte de sa proposition qui fut adoptée en ces termes :

La Convention nationale accuse Ruhl, Romme, Duroy, Goujon, Forestier, Albitte aîné, Bourbotte, Duquesnoy, Soubrany, Prieur (de la Marne), Peyssard, représentants du peuple, d'être les auteurs, fauteurs ou complices de la rébellion du 1er prairial et jours suivants contre la représentation nationale et les renvoie, pour être jugés, devant la Commission militaire établie à Paris par la loi du 4 prairial.

On pouvait bien croire que cette décision ne mettrait pas un terme aux poursuites. La voie était frayée, les dénonciations avaient libre carrière. Le 9, Gamon revint à la charge :

La présence des assassins de la patrie dans le sein de la Convention, dit-il, déshonore la représentation nationale... L'impunité du crime est un crime du gouvernement... Vous avez déjà enchaîné quelques-uns de ces tigres à face humaine; mais qui peut dissimuler qu'il en existe encore au milieu de vous ?

1. *Moniteur* du 12 prairial (31 mai 1795), t. XXIV, p. 562-563.

Vous avez chargé votre Comité de législation de vous faire un rapport à ce sujet : pourquoi ce rapport, si souvent demandé, si longtemps attendu, n'est-il point encore fait?

Et Henri Larivière, précisant :

Je sais que parmi les hommes dont on parle il en est sur le compte desquels vous ne pouvez prononcer sans examen préalable; mais je sais aussi qu'il en est d'autres dont les crimes sont si évidents qu'il n'est pas besoin de remplir aucune formalité pour s'en assurer. Ce sont ceux contre lesquels le sang innocent crie vengeance, ceux qui ont fait égorger vos collègues et qui vous feraient égorger demain vous-mêmes, s'ils en avaient encore le pouvoir. (*Applaudissements.*) Ce sont les membres des anciens Comités de gouvernement. (*Nouveaux applaudissements.*) Ces hommes sont autant de cancers qui rongeront le corps politique, si vous ne vous hâtez d'en extirper jusqu'à la dernière patte.

Carnot se défendit : il n'avait pas cessé de combattre Robespierre; il avait parlé pour Collot, Billaud et Barère, parce qu'il voulait mettre un terme aux proscriptions et assurer l'intégralité de la représentation nationale. Jamais, dans ses différentes missions, il n'avait fait périr personne. Il s'était toujours montré anti-maratiste : c'est pourquoi Saint-Just l'avait voulu chasser, comme Hérault, du Comité de salut public. Il s'était constamment renfermé dans la partie dont il était chargé, travaillant seize heures par jour. Quant aux signatures, il les avait données de confiance : il lui était impossible d'examiner toutes les pièces qu'on lui présentait à signer [1]. — Même quand il signait les instructions de la Commission d'Orange, même quand il signait la liste des quarante-neuf détenus de la prison des Carmes (le général Beauharnais, le vice-amiral Montbazon-Rohan, etc.), envoyés, sous l'odieux prétexte de conspiration des prisons, au tribunal révolutionnaire, c'est-à-dire à la mort [2], il n'y regardait pas!

1. Séance du 9 prairial (28 mai 1795), *Moniteur* du 13, t. XXIV, p. 570.
2. *Histoire du tribunal révolutionnaire de Paris*, t. IV, p. 93, et t. V, p. 91.

Carnot avait généreusement défendu les autres ; il trouva des défenseurs ; de même Louis (du Bas-Rhin) et Prieur (de la Côte-d'Or). Mais on frappa d'arrestation Robert Lindet, Jean-Bon Saint-André du Comité de salut public ; Voulland, Jagot, Élie Lacoste, Lavicomterie, David, Dubarran, Bernard (de Saintes), du Comité de sûreté générale [1].

C'est dans cette séance qu'il fut dit de Carnot : « Il a organisé la victoire ». Ce mot fut sa sauvegarde devant la Convention [2] ; qu'il protège sa mémoire devant la postérité !

Sur la proposition de Gouly, Levasseur (de la Sarthe), déjà arrêté, fut renvoyé au Comité de législation pour être mis en accusation [3].

Un de ceux qui venaient d'être ainsi atteints se déroba, sans plus attendre, au sort qui le menaçait : Rühl, qui était en arrestation chez lui, se tua d'un coup de poignard. Delecloy en l'annonçant à la Convention, le 10 prairial, appela, au nom du Comité de sûreté générale, l'attention de l'assemblée sur les représentants gardés à domicile. La Convention décréta qu'ils seraient transférés dans les maisons d'arrêt [4]. Le même jour, la motion de Lesage de les renvoyer devant les juges ordinaires, motion appuyée par Lanjuinais, Fréron, etc., combattue par Rovère, Legendre, Clauzel, Bourdon (de l'Oise), fut rejetée par la question préalable [5].

Les pièces relatives aux représentants incriminés pour leur conduite en mission avaient été réunies par le Comité de sûreté générale et remises au Comité de législation qui chargea Durand-Maillane, bien connu pour la modération de son caractère, d'en présenter le résumé à l'assemblée, sans avis ni conclusion. Il s'acquitta de cette mission le 13 prairial (1ᵉʳ juin 1795), protestant qu'il ne

---

1. *Moniteur* des 13 et 14 prairial (1ᵉʳ et 2 juin 1795), t. XXIV, p. 569, 574 et suiv.
2. *Ibid.*, p. 575.
3. *Ibid.*, p. 594.
4. *Moniteur* du 15 prairial (3 juin 1795), t. XXIV, p. 583.
5. *Ibid.*, p. 586.

l'avait acceptée que par devoir et pour relever la Convention des torts de plusieurs de ses membres : « O heureuse France, si elle n'avait connu la représentation nationale que par la sagesse de ses lois! » Durand-Maillane, dans son préambule, explique comment le Comité a été amené à étendre sur d'autres crimes les recherches que l'assemblée lui avait commandées. Son exposé sera donc plus long, et toutefois il aura des lacunes. Le Comité de sûreté générale avait remis à l'un de ses membres, Amar, le dépôt de ces pièces et de celles qui concernaient les jacobins! D'autre part, il avait écarté celles qui avaient trait aux conventionnels déjà mis en état d'arrestation ou d'accusation : cela désormais regardait la justice; et il n'avait admis que les griefs, appuyés de preuves bien constatées. Le rapport devait être complété par la suite.

Le rapporteur commence par *Dartigoeyte*, et donne lecture de la dénonciation de Pérès (du Gers). Pérès l'accusait : « d'avoir voulu anéantir dans Auch la morale publique par ses discours; d'avoir déshonoré l'autorité nationale dans le Gers, en paraissant en public toujours pris de vin et en vomissant toute espèce d'obscénités aux personnes du sexe qui allaient réclamer justice; d'avoir forcé les mères de famille, sous la menace de la réclusion, de conduire leurs filles à la Société populaire ou ailleurs, pour être les témoins des sentiments qu'il manifestait et qui n'étaient fondés que sur des prostitutions et sur l'immoralité; d'avoir insulté publiquement, à la comédie, dans un entr'acte, toutes les femmes qui s'y trouvaient; de leur avoir donné les qualifications les plus humiliantes et d'avoir fini cette scène scandaleuse en se montrant nu, au grand étonnement d'indignation de tous les spectateurs;... d'avoir dégradé l'humanité en faisant manger dans les crèches d'une écurie les reclus et d'avoir permis que ses sicaires leur enlevassent le plus souvent les aliments ». Suivait l'accusation de tolérer des vols publics et d'en avoir profité dans des orgies; de s'être approprié ou fait adjuger, à vil prix, des objets provenant de confiscation; « d'avoir, dans la séance tenue par la Société populaire d'Auch, le 20 frimaire de l'an II, provoqué la dissolution de la représentation nationale en votant une adresse à la Convention pour demander la mort de tous les membres, qui siégeaient au côté droit ». Puis venait la grande exécution dont ce représentant et ses deux collègues, Pinet et Cavaignac, s'étaient fait honneur l'année précédente à la Convention, comme d'une grande conspiration réprimée, mais qu'elle allait voir enfin sous son véritable jour :

« D'avoir, sous prétexte d'un assassinat supposé, laissé organiser dans Auch une boucherie de chair humaine, en permettant qu'une commission militaire, gorgée de vin et de sang, condamnât dans l'espace de quarante-huit heures neuf citoyens à la peine de mort, et d'avoir fait livrer à l'exécuteur le citoyen Delong de Marlion, sans jugement préalable »; — au moins, nous l'avons dit, son nom avait-il été omis dans la sentence [1]. « Les Comités du gouvernement, ajoutait le rapporteur, ont reconnu l'atrocité de cet assassinat en rendant les biens à son fils....

« Guillotine, déportation, réclusion, confiscation, tel était l'ordre du jour. »

Ces faits et d'autres encore justifiaient bien la demande d'arrestation que fit un membre. A Dartigoeyte quelques voix voulaient joindre *Cavaignac*, son collègue de mission dans le Midi. Mais un grand nombre prirent sa défense. Cavaignac, dans l'affaire du 1ᵉʳ prairial, avait agi résolument contre l'émeute [2]. Dartigoeyte seul fut décrété d'accusation [3].

Puis vint *Sergent*, Sergent-Agate, comme on l'appelait, le membre voleur de la Commune, chargé des dépouilles des victimes de septembre, signataire, comme Panis, de

---

1. Voy. ci-dessus, t. II, p. 417.
2. Séance du 6 prairial, *Moniteur* du 11 (30 mai 1795), t. XXIV, p. 552.
3. Séance du 13 prairial an III, *Moniteur* du 17 (5 juin 1795), t. XXIV, p. 602.

la circulaire qui voulait étendre le massacre aux département. Personne ne le défendit. On se borna à demander l'arrestation des autres signataires, si quelques-uns se trouvaient encore en liberté.

*Maure*, compromis aussi dans la journée du 1er prairial : mais les départements où il avait été en mission ne l'accusaient pas encore, ou, du moins, leur dénonciation n'était pas arrivée[1]. L'affaire fut renvoyée au Comité de législation. — Maure n'attendit pas sa décision : le 15, dans un appel nominal, on annonça qu'il s'était brûlé la cervelle. — Il se faisait justice. Le lendemain (16 prairial), le Comité aurait eu pour le juger cette dénonciation de la commune d'Auxerre :

Maure a exercé dans le département de l'Yonne le despotisme le plus atroce. Par ses ordres, de nombreuses victimes ont été envoyées au tribunal de Robespierre. Cent soixante détenus ont été accablés de traitements insupportables ; leurs épouses éplorées étaient indignement repoussées et brutalement insultées.

En messidor dernier, Maure consacra la terreur en ordonnant une fête populaire sous le nom de *fête de la Terreur*. Les instruments de la mort ont été portés en pompe par les satellites de Maure qui, de retour à la Convention, se proclama impudemment le favori de Robespierre.

Et on rappelait que, depuis le 9 thermidor, il se plaignait de l'oppression des patriotes :

Selon Maure, Duhem était le seul homme qui pût gouverner la République ; Carrier n'avait pour ennemis que des contre-révolutionnaires[2].

1. *Moniteur* du 19 (7 juin 1795), t. XXIV, p. 618. Dans la séance du 3 brumaire an III (24 octobre 1794), Clauzel, au nom du Comité de sûreté générale, avait demandé le rappel de Dartigoeyte : le motif, c'est que Dartigoeyte dirigeait des opérations publiques quoi qu'il ne fût chargé d'aucune mission par l'assemblée. — Ce rappel avait été décrété. (*Moniteur* du 6 brumaire, t. XXII, p. 311.)
2. *Moniteur* du 20 prairial (8 juin 1795), t. XXIV, p. 627. — Dans la séance du 2 vendémiaire an III (23 septembre 1794), Garnier (de l'Aube) lui avait fait un crime d'avoir mis des nobles en place ! (*Moniteur* du 6 [27 septembre 1794], t. XXII, p. 64.)

*Javogues.* — Pour celui-là, tout le monde l'accusait :

Javogues, dit Dugué d'Assé, est accusé par tous les partis, même par les jacobins, d'avoir commis les actes les plus atroces et les plus immoraux, d'avoir sacrifié à sa haine deux cents personnes de Montbrison, d'avoir enlevé des trésors, etc.[1].

Et le *Moniteur* résume, comme venant d'une commune du Puy-de-Dôme, l'accusation portée à la barre de la Convention, le 24 floréal, contre ce buveur de *sang*[2].

Son arrestation ne pouvait pas faire l'objet d'un doute.

Voici le résumé des accusations sur *Mallarmé* :

Il est prévenu d'avoir fait des proclamations qui ne respirent que le sang; d'avoir fait périr un grand nombre d'innocents; d'avoir fait arracher aux femmes et aux filles les croix d'or qu'elles portaient, sous prétexte de fanatisme; d'avoir mis en réquisition tout ce qui lui plaisait pour sa table et pour ses autres besoins et de n'avoir jamais rien payé;... d'avoir créé des tribunaux composés d'assassins, etc.[3].

Même décision.

*Milhaud* et *Guyardin*. Les administrateurs de Strasbourg avaient envoyé à leur charge plusieurs pièces émanées d'eux-mêmes, entre autres leur lettre aux jacobins de Paris, où ils disaient :

La Terreur est ici à l'ordre du jour... Saint-Just et Le Bas rivalisent avec nous. La guillotine est en permanence, etc.[4].

Guyardin se défendit et fut défendu par Serres comme ayant soustrait les habitants de l'Ardèche aux tentatives redoutables de la Commission d'Orange, et la Convention passa à l'ordre du jour sur lui et sur Milhaud[5].

1. *Moniteur* du 17 prairial (6 juin 1795), t. XXIV, p. 604.
2. Voy. ci-dessus, t. III, p. 240 et 332, et l'adresse des citoyens de Belley à la Convention : *Récit succinct de la conduite qu'ont tenue les représentants en mission dans le district de Belley.* (Bibl. nat., Lb$^{40}$ 891, in-4°.)
3. *Moniteur*, ibid., p. 604.
4. *Ibid.*, p. 604. Voy. ci-dessus, t. IV, p. 326.
5. *Moniteur*, ibid., p. 604.

*Lacoste* et *Baudot*, incriminés aussi pour leur mission en Alsace. Lacoste se défendit comme Guyardin, mais avec moins de succès. Dentzel, qu'il avait accusé autrefois, prenait là sa revanche au nom de son département :

> Ce sont eux qui ont institué cette Commission à l'aide de laquelle l'infâme Schneider assassinait tous les citoyens. Vous avez un échantillon de ses jugements dans celui qui condamnait à mort un citoyen pour avoir loué sa maison au-dessus du *maximum* et ordonné que cette maison serait rasée. C'est au sortir des orgies que les membres de cette Commission faisaient, avec Lacoste et Baudot, qu'ils allaient ordonner qu'on égorgeât les victimes. Ils ont bu mon vin, pris mes chemises, et je suis sûr que Lacoste en a encore une sur le corps.

Cette sotte accusation excita des murmures. Allait-il, séance tenante, lui reprendre sa chemise sur le corps! Mais le haineux accusateur reprit l'avantage en citant ce passage d'une lettre écrite par les deux représentants à leurs collègues Ruamps, Borie et Mallarmé :

> Quant aux aristocrates et aux f....,. Alsaciens, nous vous promettons d'en avoir soin ; et, sans la loi du tribunal révolutionnaire qui nous lie les bras, nous en aurions déjà fait une jolie fricassée (*mouvement d'horreur et d'indignation*); mais ils ne perdront rien pour attendre, parce que nous espérons que vous nous ferez donner des pouvoirs extraordinaires pour *franciser* ces coquins.

*Franciser!* c'est *sans-culottiser* qu'il voulait dire. Les Alsaciens ont toujours montré qu'ils étaient meilleurs Français que ces insulteurs.

On somma Lacoste de désavouer cette lettre. Vainement essaya-t-il une diversion : « La lettre, criait-on, il s'agit de la lettre ».

La Convention vengea l'Alsace, en décrétant d'accusation les deux représentants qui l'avaient opprimée et qui l'avaient voulu flétrir.

La même mesure frappa *Monestier* (du Puy-de-Dôme), accusé d'avoir, avec Pinet aîné, versé le sang des patriotes les plus purs; créé une Commission militaire à ses ordres, etc.

*Lejeune*, à qui s'appliquait ce qui avait été dit de la guillotine-joujou :

> Lejeune, pour repaître son imagination, avait fait construire une petite guillotine avec laquelle il coupait le cou à toutes les volailles destinées pour sa table; il s'en servait même pour couper les fruits. Souvent, au milieu du repas, il se faisait apporter cet instrument de mort et en faisait admirer le jeu à tous les convives ; cette guillotine est déposée au Comité de salut public.

*Allard*, nouvellement entré à la Convention, auparavant l'agent de Vadier qui en avait fait l'exécuteur de ses assassinats. Il se débattit en vain contre ses accusateurs.

La séance du 14 fut consacrée à la fête expiatoire du meurtre de Féraud. On lui associait aussi d'autres victimes, — victimes de la Terreur et des assassinats judiciaires. Une inscription du catafalque portait :

AUX MAGNANIMES DÉFENSEURS DE LA LIBERTÉ<br>
MORTS DANS LES PRISONS<br>
ET SUR LES ÉCHAFAUDS PENDANT LA TYRANNIE.

C'est Louvet, un des girondins échappés à la proscription, qui prononça l'éloge funèbre. Il parlait de Féraud. Il songeait aussi à ses anciens collègues de la Gironde, pour lesquels Thibaudeau, quand Louvet descendit de la tribune, fit voter une fête spéciale de même caractère à célébrer le 31 octobre, anniversaire de leur supplice[1]. On pouvait penser à bien d'autres victimes! mais pour celles-là, le jour de leur réhabilitation n'était pas encore arrivé.

---

1. Séance du 14 prairial, *Moniteur* du 19 (7 juin 1795), t. XXIV, p. 614.

# CHAPITRE XXXIX

## PROCÈS DES TERRORISTES

### I

**La Commission militaire du 4 prairial. — Procès des députés.**

Nous venons de parler de l'insurrection de prairial an III. Pour en donner immédiatement la conclusion, nous commencerons la série des procès par les actes de la Commission chargée d'en juger les complices [1].

Le 4 prairial, dès le jour de son institution, elle avait condamné à mort le mulâtre DELORME, capitaine des

---

1. Les Archives nationales gardent le registre de la Commission militaire établie par décret du 4 prairial an III (W, 548). On lit en tête : La Commission..., vu le décret du 4 prairial, vu aussi l'arrêté des Comités réunis en date de ce jour, portant organisation de cette Commission et nomination des citoyens ci-après, savoir : ROMANET, général de brigade, président; CAPITAIN, chef de brigade; TALMET, chef d'escadron; GAUDET, capitaine d'artillerie; LECLERC, volontaire de la garde nationale de Paris; ordonne que l'arrêté ci-dessus sera transcrit. — Il est transcrit à la p. 3. — Il fut décidé que l'exécution de ses jugements aurait lieu sur la place de la Révolution. A la Commission fut adjoint, dès le premier jour, Rouhière, commissaire ordonnateur des guerres, en qualité de secrétaire. M. Claretie désigne à tort Capitain comme président et Romanet comme volontaire (*les Derniers Montagnards*, p. 211). Il lui rend du reste son titre de général de brigade, p. 355. Romanet présida jusqu'au 11 prairial; puis il disparaît, malade sans doute, et est remplacé par Capitain qui signe vice-président. Il reparaît comme président depuis le 19 messidor jusqu'à la fin. Il y eut aussi quelques changements parmi les juges : Verger, adjudant général, au lieu de Gaudet; Deville au lieu de Leclerc, volontaire.

canonniers de la section Popincourt, dénoncé par toute une compagnie « des jeunes citoyens » comme ayant voulu ouvrir le feu contre la Convention le 2 prairial : c'est celui dont elle avait envoyé à la Convention le jugement comme prémices de sa justice ; le lendemain, Jean-Jacques Legrand, lieutenant de la première division de gendarmerie, coupable d'avoir passé, avec ses hommes, aux insurgés ; et le 6, dix-huit de ces gendarmes, la plupart âgés de plus de trente ans : cinq autres étaient condamnés aux fers. Elle en frappa d'autres dans des circonstances qui ne pouvaient guère exciter la pitié : l'un qui s'était vanté d'avoir en quelque sorte servi d'écran à celui qui avait tué Féraud d'un coup de feu ; un autre qui avouait lui avoir coupé la tête ; trois ou quatre reconnus comme ayant porté cette tête au bout d'une pique : car la pique, avec son sanglant trophée, avait passé de main en main, et plusieurs en convenaient. Deux ou trois s'étaient signalés parmi ceux qui avaient envahi la tribune, lu une pétition factieuse, demandé un tribun ou voulu contraindre le président à dire que l'insurrection était le plus saint des devoirs. Un des chefs de bande était un jeune homme de la première réquisition, revenu de l'armée de Dumouriez comme malade et qui, au lieu de rejoindre son corps à la frontière, avait trouvé plus commode de rester à Paris, parmi les canonniers du faubourg [1]. Le 9 prairial, un des complices de l'assassinat de Féraud, le premier qu'on avait arrêté, portant sa tête au bout d'une pique, Tinel, qui, condamné le 3 par le tribunal criminel, avait été délivré par la foule sur le chemin de l'échafaud, avait subi sa peine. Vivement traqué dans ses retraites au faubourg Saint-Antoine, il avait été repris comme il s'était blessé en tombant ou en se jetant du haut d'un toit, et cette fois personne ne tenta de le ravir au supplice [2].

---

1. Arch. nat., W 547 et la note XVII, aux Appendices.
2. *Moniteur* du 11 prairial (30 mai 1795), t. XXIV, p. 553. Claretie, *les Derniers Montagnards*, p. 193 et suiv.

La Commission continua de juger les jours suivants ceux qui avaient pris part à l'émeute. Les arrestations s'opéraient encore tous les jours. Les femmes n'avaient pas été les moins ardentes à la lutte. Garnier (de Saintes), par des considérants motivés, avait demandé qu'on les renvoyât aussi devant la Commission militaire (7 prairial)[1]. Plusieurs y furent traduites en effet; mais aucune, disons-le tout de suite, malgré la réquisition de Garnier, ne fut condamnée à mort.

Ceux dont on attendait surtout le jugement, c'étaient les représentants que la Convention, sur la proposition de Clauzel, y avait renvoyés par décret du 5 prairial[2]. Ils n'étaient plus à Paris. A la suite de leur arrestation, on les avait dirigés sur la Bretagne. C'était là sans doute qu'on s'était proposé d'abord de les faire juger. Une lettre des administrateurs du district de Dinan, lue dans la séance du 16, annonçait qu'on venait de les faire partir, sous bonne escorte, pour se rendre au lieu de sûreté où ils étaient envoyés par la Convention nationale[3]. On les fit revenir. Le 23, Sévestre donna lecture de l'extrait du procès-verbal qui, en exécution du décret du 8 prairial, devait motiver l'accusation[4].

Le procès-verbal de la Convention n'est pas comme le compte rendu du *Moniteur* une reproduction des débats,

---

1. « Les détails que vient de vous donner notre collègue Rouyer, dit-il, prouvent que dans tous les mouvements contre-révolutionnaires les femmes ont été les principales instigatrices. » Et il ajoutait qu'au 1er prairial il avait vu des femmes, armées de poignards, réclamer avec impatience le signal convenu pour égorger la représentation nationale. « Je demande, continuait-il, que l'Assemblée décrète que les femmes qui étaient à la tête de l'attroupement du 1er prairial soient arrêtées et jugées par la Commission militaire. » La proposition fut renvoyée à l'examen des Comités. (*Moniteur* du 11 prairial an III, 30 mai 1795, t. XXIV, p. 556.)
2. *Moniteur* du 10 (29 mai 1795), t. XXIV, p. 510.
3. *Moniteur* du 19 prairial an III (7 juin 1795), t. XXIV, p. 619. — C'était le château du *Taureau*. Voir sur ce voyage, Tissot, *Souvenirs de la journée du 2 prairial an III*, Paris, an VIII (on y trouve plusieurs lettres de Goujon sur ce sujet), et le livre de M. Claretie, *les Derniers Montagnards*, p. 274.
4. *Moniteur, ibid.*, p. 666 et suiv.

mêlant l'action des orateurs aux incidents de la séance; compte rendu où toutes les paroles ont pu ne pas être textuellement reproduites au milieu du tumulte, mais qui, par leur concordance avec toute la mise en scène, ont généralement un caractère de sincérité et de vérité. C'est un violent réquisitoire fait après coup. Que l'on en juge par ce passage :

On avait déjà remarqué quelques membres de la Convention, du nombre de ceux qui se sont si longtemps enorgueillis de siéger sur la Montagne, rester(sic)mêlés et confondus avec la foule des factieux ; l'aspect de la tête sanglante et défigurée du vertueux Féraud semble avoir rendu cette union plus intime. On voit ces indignes mandataires converser et rire familièrement avec les cannibales qui viennent de s'abreuver du sang de leur collègue; l'affreuse joie de leur cœur se peint sur leur physionomie et bientôt toute leur turpitude se décèle. Ils poussent l'impudeur et l'infamie jusqu'à appuyer les insolentes réclamations des révoltés, jusqu'à provoquer eux-mêmes des délibérations et rendre, de concert avec cet amas de brigands, ce qu'ils appellent des décrets. Ils ont pour orateurs Romme, Duroi, Peyssard, Goujon, Duquesnoi, Bourbotte, Forestier, Ruhl, Albitte aîné. Alors se décèle une triste vérité que la grande majorité des membres de la Convention n'avait fait que soupçonner : c'est qu'elle recèle encore des traîtres; c'est que les vrais auteurs de la révolte, les principaux conspirateurs, sont dans son sein.....

Voici un extrait de ce qui a été dit et prononcé par les différents membres qui se sont portés comme orateurs des séditieux.

Suit un résumé des faits relatifs à chacun d'eux, à peu près comme on le trouve dans le compte rendu de la séance du 8 prairial au *Moniteur* et dans le rapport de Sévestre au 23 prairial [1]; résumé qui, en vertu d'un décret spécial de ce dernier jour, fut en effet annexé au procès-verbal du 8, et délivré par extrait au Comité de sûreté générale pour être transmis à la Commission militaire [2]. On le retrouve

---

1. *Procès-verbal de la Convent. nat.*, 1er prairial, t. LXII, p. 19 et suiv. *Moniteur* du 12 (31 mai 1795) et du 25 (13 juin 1795), t. XXIV, p. 561 et 666.
2. *Ibid.*, p. 668.

dans le dossier du jugement aux Archives, découpé, en ce qui regarde chacun des Accusés, et joint, comme mémento pour le juge, à la minute de l'interrogatoire qu'il leur a fait subir.

Sur les onze mis en accusation, un s'était tué : le vieux Rühl ; deux autres faisaient défaut : Albitte aîné et Prieur (de la Marne). Leurs antécédents ne plaidaient pas en leur faveur ; *Albitte*, délégué jadis près l'armée des Alpes, puis dans les départements du Mont-Blanc et de l'Ain, se trouvait, au 1ᵉʳ prairial, sous le coup des accusations qui arrivaient de toutes parts contre les représentants en mission. Rien de plus accablant, en ce qui le concerne, que l'adresse des citoyens de la commune de Belley à la Convention, intitulée : « Tableau succinct de la conduite publique et privée des représentants en mission dans le district de Belley [1]. »

*Prieur* (*de la Marne*) n'avait pas laissé de meilleurs souvenirs en Bretagne. Rentré au Comité de salut public, il était resté en dehors de la sphère de Robespierre ; mais il n'avait guère suivi le mouvement des thermidoriens et se trouvait exposé à toutes les récriminations. Déjà, à l'occasion du 12 germinal, il avait failli être décrété d'arrestation pour avoir paru intervenir entre le président de l'assemblée et l'émeute [2]. Au 1ᵉʳ prairial, il prit plus décidément fait et cause pour les insurgés [3]. La fuite les sauva l'un et l'autre.

Les autres avaient été aussi, avant le 9 thermidor, délégués dans les départements et aux armées, et ils avaient pris, dans des proportions diverses, leur part du bien, du mal que nous avons eu à signaler dans ces missions.

*Soubrany*, délégué aux armées de la Moselle et du Rhin, n'avait guère servi les intérêts de la République quand il avilissait le commandement militaire devant la toute-puis-

---

1. Bibl. nat., Lb⁴⁰ 894, p. 6 et suiv.
2. Séance du 15 germinal, *Moniteur* du 18 (7 avril 1795), t. XXIV, p. 143.
3. *Ibid.*, p. 507.

sance des représentants, comme il le fit, de concert avec Ruamps et Milhaud, en mettant le général Custine dans la nécessité de se défendre devant eux contre la plainte d'un lieutenant-colonel[1]; quand il poursuivait de sa haine le même général, jusqu'à le rendre responsable de la capitulation de Mayence, jusqu'à présenter ce malheur comme le triomphe de Custine, jusqu'à dire : « Ce scélérat peut à présent livrer impunément Condé et Valenciennes[2]. » — Hélas! en ce moment, Custine était enlevé à l'armée du Nord; Condé avait succombé et Valenciennes allait avoir même fortune. — A l'armée des Pyrénées-Orientales où il avait été envoyé ensuite avec le même Milhaud (2 nivôse, 22 décembre 1793[3]), les deux représentants avaient trouvé dans Dugommier un général moins facile à entamer. Custine avait perdu Mayence; Dugommier venait de reprendre Toulon. N'espérant pas le dominer (et Dugommier dès l'abord leur en avait ôté la pensée[4]), ils prirent le sage parti de le seconder de leur mieux, rédigeant les bulletins de victoire[5]. Mais là aussi ils avaient apporté leurs défiances de montagnards, croyant avoir régénéré l'armée, parce qu'ils en chassaient les nobles qui combattaient pour la patrie, ne voyant que conspiration, ne parlant que de sévir; créant un premier tribunal militaire dont ils emprisonnaient les juges, avec menace du tribunal révolutionnaire de Paris, parce qu'ils ne condamnaient pas selon leur gré; puis un tribunal révolutionnaire, aux procédés sommaires, dont ils usèrent pour faire condamner à mort un officier supérieur que le premier tribunal

---

1. Lettre de Custine à la Convention lue dans la séance du 13 mai, *Moniteur* du 14, t. XVI, p. 375 et ci-dessus, t. IV, p. 93.
2. Lettre de Maribon-Montaut et Soubrany à la Convention, lue dans la séance du 28 juillet 1793, *Moniteur* du 31, t. XVII, p. 265.
3. *Moniteur* du 4 (24 décembre 1793), t. XIX, p. 30.
4. Voy. ci-dessus, t. II, p. 366.
5. Voy. leurs lettres du 21 germinal, des 3 et 12 floréal, du 9 prairial an II, *Moniteur* des 30 germinal, 10 et 18 floréal, 17 prairial, t. XX, p. 219, 333, 399, 691.

s'était borné à punir de la déportation [1]. C'est un fait qu'on peut rappeler à propos de celui des deux représentants qui allait à son tour comparaître devant une commission militaire.

Romme, délégué avec Prieur (de la Côte-d'Or) à l'armée des côtes de Cherbourg, n'avait soulevé contre lui aucun sujet de plainte, ni dans la Manche ni dans le Calvados ; c'est lui qui aurait pu se plaindre de Caen où il fut arrêté avec son collègue ; et pour toute vengeance, il supprima la Société des Carabots, qui se serait bien dissoute d'elle-même. De retour à la Convention, il se signala tout d'abord en proposant, au nom du Comité d'instruction publique, le cadre du calendrier républicain, avec un projet de dénominations morales à donner aux mois, aux décades et aux jours :

ROMME. Le premier jour est le jour des époux.
ALBITTE. Tous les jours sont les jours des époux.

On applaudit ; et, sur la proposition de Le Bon, on renonça aux dénominations morales [2]. Romme se dédommagea de cet échec par plusieurs motions d'un caractère fort démocratique, mais assez inoffensif, réclamant une place auprès du président pour la déesse Raison et les honneurs du Panthéon pour Marat [3]. Il s'occupa aussi de choses sérieuses, s'intéressant tout particulièrement aux questions d'instruction publique et de beaux-arts [4].

Il n'était pas d'ailleurs tellement montagnard qu'il ne

---

1. Voy. ci-dessus, t. II, p. 365, 367 et 395-397.
2. Séances du 20 septembre et du 5 octobre 1793, *Moniteur* du 23 septembre et du 8 octobre, t. XVII, p. 712, et XVIII, p. 55, 56.
3. Séances des 20 et 21 brumaire an II, *Moniteur* des 23 et 26, t. XVIII, p. 401 et 429.
4. Séances des 13 août 1793, 9 brumaire an II (30 octobre 1793), *Moniteur* des 15 août ; 9, 11 et 12 brumaire an II, t. XVII, 392 ; XVIII, 291, 305 et 313. — Il fit rendre un décret pour prévenir la destruction des objets d'art, sous prétexte de signes féodaux, et fit lever les scellés posés sur les fonds des Académies. (Séance du 4 brumaire, *Moniteur* du 6 (27 octobre 1793), t. XVIII, p. 223 ; séance du 26 nivôse, *Moniteur* du 27 (16 janvier 1794), t. XIX, p. 217.

témoignât son horreur pour les excès des proconsuls de province, et il en eut l'occasion en faisant, au nom de la Commission des vingt et un, le rapport qui concluait et qui aboutit à la mise en accusation du plus décrié de tous, Carrier[1]. Un tel homme semblait donc devoir arriver sans encombre au terme prochain de son mandat; et ce terme allait en être tragiquement avancé!

*Duroy*, député de l'Eure, envoyé en Normandie avec Robert Lindet, après l'arrestation de Romme, ne se montra pas plus cruel à l'égard du fédéralisme vaincu. Il était loin pourtant d'être du parti des modérés. Il avait demandé « qu'on jetât un voile sur les journées de septembre[2] »; et un jour il pressa l'assemblée d'abjurer ses dissensions[3] : cela ne l'empêcha point de demander le décret d'accusation contre Buzot, son collègue de députation[4]; mais depuis il avait fait assez de motions raisonnables[5] pour être dénoncé aux Jacobins[6].

Nous avons vu *Bourbotte* à l'armée du Rhin où il avait été envoyé par Carnot avant thermidor; nous ne l'avions que trop souvent rencontré dans la guerre de Vendée, soutenant envers et contre tous le malheureux Rossignol, payant de sa personne dans les combats où le triste général se faisait battre, mais prenant sa revanche sur les Vendéens, après une défaite, par la création des plus sanglantes commissions militaires : la commission de Noirmoutiers, les commissions Félix et Proust à Angers, la commission Brutus Magnier à Rennes[7].

---

1. Séance du 21 brumaire an III, *Moniteur* du 23 (17 novembre 1794), t. XXII, p. 481 et 491.
2. Séance du 8 février 1793, *Moniteur* du 10, t. XV, p. 397.
3. Séance du 18 avril 1793, *Moniteur* du 21, t. XVI, p. 181.
4. Séance du 13 juin 1793, *Moniteur* du 15, t. XVI, p. 634.
5. Séances des 24 et 25 septembre 1793, *Moniteur* des 26 et 27, t. XVII, p. 741, 742 et 752.
6. *Moniteur* du 29, t. XVII, p. 763. La date de la séance des Jacobins (18 septembre) est erronée : car on y fait allusion à l'intervention de Duroy en faveur de Landremont, de Houchard et des bons officiers d'origine noble dans la séance de la Convention du 24.
7. Voy. ci-dessus, t. IV, p. 286; t. I, p. 151, 289, 306, 309, 313; t. II, p. 16, etc.

Goujon, nommé, jeune encore, suppléant à la Convention et chargé de l'intérim des ministères de l'Intérieur et des Affaires étrangères quand on supprima les ministères pour y substituer des commissions, avait quitté ces fonctions pour entrer, comme titulaire, à la Convention nationale[1]; mais à peine entré, il en était sorti pour aller en mission aux armées du Rhin et de la Moselle; à ce titre, il avait eu l'honneur d'assister avec Hentz et Bourbotte aux succès des armées avant le 9 thermidor et le malheur d'être associé aux mesures d'inquisition et de persécution de Hentz en Alsace[2].

Nous avons eu souvent à parler de *Duquesnoy*; car il fut presque toujours en mission aux armées du Nord, des Ardennes et de la Moselle, surtout à l'armée du Nord : collègue de Carnot à la bataille de Wattignies, mais surtout collaborateur de Le Bon, son autre collègue de députation et de département. De concert avec Hentz et Peyssard, il avait dénoncé Houchard, dénonciation odieusement calomnieuse qui le fit envoyer à l'échafaud; il avait livré à la commission révolutionnaire d'Arras les généraux de brigade Gratien et Richardot, les généraux de division O'Moran, Beauregard, Chancel, Davaine et Méranvue, car sa principale fonction aux armées fut de démolir les généraux[3]; il ne s'appliquait pas moins à persécuter le clergé, j'entends les prêtres constitutionnels, et même les simples fidèles; et quand le tribunal révolutionnaire d'Arras fut supprimé, il envoyait, même après le 9 thermidor, cinquante-sept suspects, en trois charrettes, au tribunal révolutionnaire de Paris[4]. Envoi dont il se faisait encore un titre auprès des jacobins le 15 fructidor[5].

1. 19 germinal, *Moniteur* du 29 (9 avril 1794), t. XX, p. 168.
2. Voy. ci-dessus, t. IV, p. 281 et 391-394.
3. Voy. ci-dessus, t. IV, p. 150. Nous avons dit que O'Moran, Chancel et Davaine furent envoyés d'Arras au tribunal révolutionnaire de Paris, qui les condamna à mort; les autres lui échappèrent.
4. Voy. ci-dessus, t. I, p. 84 et 87.
5. Voy. ci-dessus, t. V, p. 150, et *Moniteur* du 19 fructidor (5 septembre 1794), t. XXI, p. 666.

Nous venons de nommer *Peyssard*, son collègue à l'armée du Nord, comme son complice (le mot n'est pas trop fort) dans l'accusation homicide portée contre Houchard. Peyssard avait concouru avec Élie Lacoste à l'établissement de ce comité révolutionnaire d'Arras et de ce comité de sûreté générale de Béthune, qui secondèrent si bien Le Bon dans son œuvre d'extermination [1]. Il avait créé avec le même Élie Lacoste et Duquesnoy, une commission militaire qui pouvait très bien servir à punir les employés infidèles de l'administration de l'armée, mais, dont l'organisation lui laissait bien peu le droit à lui-même de réclamer contre les procédés des commissions militaires : elle condamnait par trois voix sur cinq et le jugement était exécuté dans les vingt-quatre heures [2].

*Forestier* avait été envoyé avec Faure Labrunerie, lors de la levée des 300 000 hommes, dans le Cher et l'Allier; et je ne parle pas des arrestations de prêtres, de nobles et de suspects qu'ils opérèrent par supplément à leur mission, comme tant d'autres [3]. Un peu plus tard, il croyait, sans doute, faire œuvre d'humanité en faisant adopter un projet de décret qui allouait une pension à tout prêtre apostat [4]. En messidor il était revenu dans son département, avec la charge de surveiller la manufacture d'armes de Moulins [5]; et quoiqu'un autre, Vernerey, y fut particulièrement en mission, il ne laissa point que d'y faire, jusqu'à la fin de thermidor, des destitutions et des nominations à sa guise [6].

---

1. Voy. ci-dessus, p. 51.
2. Dépôt de la Guerre, armée du Nord, 18 octobre 1793.
3. Voy. ci-dessus, t. III, p. 289.
4. 2 frimaire, *Moniteur* du 4 (24 novembre 1793), t. XVIII, p. 493.
5. Arch. nat., AF II, 85, dossier 7, pièces 4, 6, 22, 26.
6. Voici comme cette usurpation de pouvoirs était justifiée par lui-même dans une affiche portant :

*Arrêté de Forestier, représentant du peuple, envoyé dans le département de l'Allier pour y surveiller la manufacture d'armes.*

Du 29 thermidor an II de la République une et indivisible.

« Considérant que, quoique chargé d'une mission spéciale et particulière, il trahiroit le caractère inaltérable dont le peuple l'a revêtu s'il

Il y trouvait d'anciens comités, peuplés de ses parents, de ses amis, et il leur rendit l'influence que Vernerey avait combattue :

Vernerey (dit un acte de dénonciation, adressé un peu plus tard à la Convention), avant le 9 thermidor, ne voit dans le district que des innocents persécutés. Forestier, après le 9 thermidor, ne voit dans la plupart de ces mêmes citoyens que des conspirateurs, des contre-révolutionnaires, et il les envoie au tribunal révolutionnaire de Paris ; et ils obtiennent tous, quelque temps après, leur liberté du Comité de sûreté générale. Vernerey, sous le règne de Robespierre, préchoit la justice et l'humanité. Forestier ranimoit la terreur, etc.[1].

Et ce même Forestier, en brumaire an III, était chargé d'une mission réparatrice dans les départements des Hautes et Basses-Pyrénées ! et il écrivait à la Convention qu'ayant achevé sa tâche dans le premier de ces deux départements, il allait aborder l'autre : « Partout, dit-il, il a fait succéder la justice à la terreur et les lois à l'anarchie[2]. » On put savoir déjà l'action qu'il avait exercée dans la Nièvre et l'Allier, quand, au cours de ce mois de frimaire, les habitants de Cosne-sur-Loire vinrent dénoncer leur comité à la Convention (16 frimaire an III) :

Depuis la chute de Robespierre, disaient-ils, nos égorgeurs, ivres de sang, et souvent de vin, ne cessent de prêcher la dissolution de la Convention ; ils ne publient que des maximes séditieuses, et cherchent à faire envisager à une partie du peuple

---

restoit spectateur indifférent des injustices, des erreurs qu  e sont commises dans les lieux où il se trouve ;

« Considérant que ses pouvoirs s'étendent nécessairement à tous les objets qui importent au plus grand bien de la République et que ces maximes ne sont plus méconnues que du petit nombre de ces individus, inquiets, turbulents, toujours prêts à contester à la représentation nationale le plus légitime exercice de ses droits, » etc. — Il rétablit dans ses fonctions d'accusateur public Blanchard destitué, et destitue et remplace le président et les juges du tribunal criminel de l'Allier. (AF II, 85, dossier 7, pièce 26.)

1. Voy. ci-dessus, t. III, p. 386.
2. Séance du 9 frimaire ; *Moniteur* du 11 (1ᵉʳ décembre 1794), t. XXII, p. 624.

qu'ils ont égarée, comme une crise suscitée par les malveillants, le règne de la justice et du vrai républicanisme, dont les heureux effets se propagent dans tous les départements [1].

On sut mieux la part directe qu'y avait eue Forestier, quand, le 26 pluviôse an III (14 février 1795), une députation de la commune de Moulins vint à la Convention demander justice des attentats commis dans le département :

De tous les comités révolutionnaires, qui ont été répandus comme autant de fléaux sur le territoire français, aucun n'a rempli d'une manière plus atroce les intentions de ses sauvages instituteurs que le comité de Moulins et celui de Cusset; aucun crime ne leur a été étranger, et ils ont dépassé la mesure de ceux qui étaient commis avant leur affreuse domination.

Et ils déposèrent les pièces à l'appui. Boisset dont nous avons dit la mission réparatrice dans ces parages, précisa l'accusation sur un point :

Il est, dit-il, un crime abominable dont il faut sévèrement rechercher l'auteur. Il faut savoir si les hommes qu'on vient de dénoncer en sont coupables. Le Comité de sûreté générale avait donné l'ordre de mettre en liberté deux citoyens de Moulins : l'ordre a été soustrait par des mains perfides et les deux victimes ont été guillotinées.

L'assemblée frémit d'horreur. Forestier, qui était présent, ne pouvait se taire. Il osa se déclarer défenseur du comité révolutionnaire de Cusset :

Ce Comité, dit-il, n'a fait qu'exécuter les lois rendues contre les personnes suspectes et se fût rendu coupable s'il eût tenu une autre conduite.

Et prenant l'offensive :

J'accuse les pétitionnaires d'avoir été dans leurs départements les soutiens de l'aristocratie et du royalisme et d'avoir favorisé les prêtres réfractaires. (*Murmures.*)

1. *Moniteur* du 18 frimaire an III (8 décembre 1794), t. XXII, p. 682.

Quant aux deux individus dont parle Boisset, continua-t-il avec audace, j'observe que ce n'est pas la première fois que des personnes guillotinées ont été mises en liberté[1]. D'ailleurs, un de ces individus était en chemin d'émigration.

« Les plus violents murmures, dit le *Moniteur*, empêchèrent Forestier de continuer. Il descend de la tribune. » — Cependant, comme, après une discussion plus générale, on demandait la mention honorable de l'adresse présentée, ce qui pouvait préjuger la question en d'autres cas, il obtint qu'elle fût renvoyée purement et simplement au Comité de sûreté générale[2]. Là il avait encore des amis qui pouvaient avoir intérêt à étouffer l'affaire. Mais les événements qui suivirent ne pouvaient que la réveiller.

L'incident de Forestier nous ramène au temps dont nous parlons. Nous l'avons remis en scène avec les autres députés accusés, afin de signaler par quelques faits le caractère de leur mission dont on commençait à s'occuper; mais ce n'était pas là ce qui, pour le moment, était en cause. Ce que l'on pouvait savoir déjà, c'est qu'ils n'étaient point ou qu'ils n'étaient plus avec ceux qui avaient fait le 9 thermidor, et plusieurs l'avaient plus d'une fois témoigné. C'était leur droit. Duquesnoy ne perdait aucune occasion de se plaindre de la persécution des patriotes; Goujon parlait dans le même sens, et seul il s'était élevé contre l'acte réparateur qu'avait accompli la Convention en rappelant ceux qui restaient des soixante-treize expulsés, emprisonnés sans jugement comme amis des proscrits du 31 mai.

Par quelle fatalité arriva-t-il que l'homme le moins compromis par ses antécédents se trouva tenir, en quelque sorte, le principal rôle dans l'affaire du 1er prairial? Je veux parler de *Romme*. Romme avait le premier paru à la tribune quand la salle des séances était depuis plusieurs

---

[1]. Ont été ou avaient été l'objet d'un arrêté de mise en liberté.
[2]. *Moniteur* du 29 (17 février 1795), t. XXIII, p. 470.

heures envahie. Il avait dit qu'il parlait au nom du peuple et qu'il ne voyait que des républicains dans cette enceinte; il avait demandé que la tribune fût libre pour tous; et, pendant qu'il y était, il avait fait voter plusieurs décrets, à savoir : mettre en liberté les patriotes et envoyer ce décret par des courriers extraordinaires; suspendre les poursuites contre les patriotes incarcérés, faire un même pain pour tous et opérer des visites domiciliaires pour rechercher les farines; il avait demandé encore la convocation et la permanence des sections, le renouvellement des commissaires civils, voulant que l'on ne se bornât point à faire des décrets, mais qu'on s'assurât les moyens de les faire exécuter. Voilà en somme ce qu'avait relaté le procès-verbal à sa charge et ce qu'affirmaient plusieurs témoins [1].

Romme dans son interrogatoire, sut répondre à ces griefs avec beaucoup d'habileté et de force [2]. Il avait demandé la parole, dit-il, comme représentant du peuple, nullement au nom du peuple; c'est aux représentants du peuple qu'il s'adressait, et c'est pour les représentants du peuple qu'il avait demandé la liberté de la tribune :

Qu'un des grands motifs de ses inquiétudes c'étoit de voir des hommes armés demander la parole au mépris de la représentation nationale qui seule avait le droit de parler dans cette enceinte; qu'il déclare que tout ce qu'il a fait avoit pour but de conserver ce droit sacré et que plusieurs fois, pour éviter cette violation, il a demandé au président Vernier de lui maintenir la parole, afin d'empêcher qu'elle ne fût prise par un homme monté sur le bureau des secrétaires qui la demandoit ardemment.

Un représentant, Delahaye, avait réclamé l'appel nominal; il s'y est opposé de peur qu'on en fît une liste de proscription. C'est alors qu'il a demandé la liberté des patriotes

---

[1]. Lecourt-Villers, Jean Long, Ignace Eck, Julian, Martainville, Pelletier, Saint-Julien, Jourdan, rédacteur du *Moniteur* (Arch. nat., W 547, pièces 125, 135, 139, 142, 143, 150).

[2]. Arch. nat., W 547, n° 15, dossier *Romme*, pièce 3.

incarcérés ; mais il y a mis cette restriction qu'on l'appliquerait uniquement à ceux qui l'auraient méritée. Quand il a demandé que le décret fût envoyé aux départements par des courriers extraordinaires, « la confiance paraissoit établie et dans les représentants du peuple qui prenaient part à la discussion et dans les assistants qui écoutoient en silence ».

Romme maintint son système de défense devant les témoins avec lesquels il fut confronté.

Mis en présence de Jourdan, rédacteur du *Moniteur*, il fit observer :

Que le rédacteur du *Moniteur* a fait une omission qui ne doit pas étonner dans le tumulte qui régnoit, mais qui doit aussi nous apprendre qu'on doit se tenir en garde sur les expressions qu'on met dans la bouche ;... que, quand il a quitté sa place pour aller à la tribune, il a dit, ce qu'il avoit déjà dit à plusieurs de ses collègues, que les représentants du peuple, qui avoient des réflexions à présenter pour sortir de l'état d'angoisse où étoient tous les esprits, pussent obtenir la parole et qu'il a demandé en conséquence que la tribune fût évacuée.

A propos des projets de décret mis aux voix, il fit encore cette observation importante :

Que le *Moniteur* omet ici de dire qu'avant qu'il ait été fait aucune proposition, [avant] qu'elles aient été mises aux voix (qu') on a organisé les moyens de délibération en réunissant les représentants du peuple en face de la tribune, en invitant les assistants au silence et au respect, en faisant évacuer le bureau et la tribune pour les laisser aux représentants du peuple et que tout ceci a été fait par les invitations répétées et par les ordres du président.

On pouvait se demander, en effet, pourquoi le président, s'il y avait des coupables, n'était pas en tête de la liste des accusés. — Et sur l'article relatif à la demande de liberté de tous les patriotes incarcérés, il s'en réfère à son interrogatoire :

Observant qu'il voit que la déposition s'accorde avec l'accusation et dans ses chefs et dans ses erreurs; qu'il paroit de là évident que l'une a été copiée sur l'autre; que l'auteur de l'une se trouve par conséquent l'auteur de l'autre; que l'accusation n'est que l'écho du témoin, c'est-à-dire qu'il n'y a réellement qu'un seul individu qui, tantôt se présente comme dénonciateur, tantôt comme accusateur, tantôt comme témoin.

Observation fort juste; mais il était permis à l'accusation de prendre pour base le texte du *Moniteur*, rédigé sur l'heure même, s'il se trouvait confirmé par d'autres dépositions.

Romme avait demandé que l'on entendît encore plusieurs représentants : Vernier, le malencontreux président, Laloy, Florent Guiot, Massieu.

Vernier n'eut garde de venir; Florent Guiot ne répondit pas davantage. Laloy vint et dit qu'au moment de l'invasion de la salle, un des secrétaires du Comité l'appela auprès de sa femme qui s'était trouvée mal en apprenant ce tumulte : il n'avait pu rentrer que quand la force armée pénétra dans la salle, c'est-à-dire quand tout était fini. Il n'avait donc rien à dire, ni à charge ni à décharge. Massieu ne vint pas, mais il fit connaître par une lettre une chose qui était à la décharge de l'accusé. Il avait dit à Romme, le voyant à la tribune : « Eh! laissez donc; tout cela tombe de soi-même, tout cela ne signifie rien! », voulant lui insinuer de cesser de parler. « Il me fit, ajoutait-il, un signe de la tête et de la main qui me parut signifier que son intention était de gagner du temps, de calmer les têtes effervescentes et de délivrer plus promptement la Convention, en évitant de nouveaux malheurs ».

Romme avait eu, en quelque sorte, comme second dans cette journée son collègue *Duroy*.

Duroy, interrogé, dit :

Qu'il est resté jusqu'à neuf heures du soir dans le haut, exposé aux injures d'une troupe de forcenés et notamment de deux ou trois femmes qui l'avoient distingué à cause de son embonpoint et qui lui reprochaient d'avoir plus de deux onces de pain par jour[1].

Vers neuf heures, il descendit comme plusieurs autres au pied de la tribune : on lui disait que le président y invitait. On votait au chapeau levé. Ce fut encore, croit-il, le président qui le régla ainsi. Quant aux propositions qu'il fit lui-même, il ne les conteste guère :

La mise en liberté de ceux qui avaient été arrêtés après le 9 thermidor? — Oui; c'est l'objet d'une proposition qu'il avait rédigée plus de deux mois avant le 1<sup>er</sup> prairial : s'il y avait contre eux quelques griefs, les plaignants avaient eu tout le temps de les produire.

La restitution des armes à ceux qu'on avait désarmés? — Oui; c'était la conséquence de l'abrogation de la loi du 5 ventôse qu'il avait demandée.

La libération provisoire des députés arrêtés? — Oui; mais sous la réserve d'examiner leur conduite.

Avait-il été l'un des quatre nommés pour exercer le pouvoir exécutif? — Comment l'eût-il nié? Mais il dit qu'il n'avait accepté que parce que Vernier mit la proposition aux voix; qu'il avait accepté sur les instances de ses collègues; et il n'avait pas non plus à nier qu'il avait juré de remplir ces fonctions avec courage.

*Goujon* n'était entré qu'à une heure déjà fort avancée dans l'action; mais ses propositions portaient coup. Il avait dit qu'il ne fallait pas que le réveil du peuple fût inutile; que les mesures prises étaient bonnes, mais qu'il les fallait exécuter. Il avait proposé un appel aux patriotes opprimés; la mise en liberté des représentants du peuple arrêtés; la nomination d'une commission extraordinaire et le renouvellement des Comités de gouvernement.

Dans ses réponses sur ces griefs[2], il précisa plusieurs des actes importants de cette journée. Il dit :

---

1. Arch. nat., W 547, n° 43, dossier *Duroy*, pièce 98.
2. *Ibid.*, dossier *Goujon*, pièce 80.

Que le président Vernier prit le fauteuil, fit faire place devant la tribune et apporter des banquettes pour que les membres de la Convention pussent s'y placer; — invitation réitérée trois fois; — de plus, un huissier vint inviter, au nom du président, les députés à descendre sur ces banquettes; qu'alors tous les membres qui étaient auprès de lui, déclarant, descendirent, et qu'il descendit avec eux. Ceux qui ne quittaient pas leurs places étaient insultés, menacés et même frappés pour les obliger à descendre.

On indiqua, il croit que c'est le président, mais ne peut l'assurer, le mode de délibérer, en élevant les chapeaux. — Point de secrétaires : — on invita les anciens secrétaires à prendre leur place, on l'y désigna même comme ancien secrétaire....

Il refusa.

On demanda l'appel nominal; il s'opposa à une mesure qui semblait tendre à faire une liste de proscription. Delahaye parlait et disait, comme il l'a cru voir dans un journal, qu'il ne s'y opposait pas : et cependant Delahaye est libre, et lui, accusé. Il ajoute :

Qu'on sait bien effectivement que ceux qui parlèrent alors n'eurent d'autre intention que de calmer la fureur qui menaçoit la représentation nationale entière et la patrie.

Il en fit l'observation à Lanjuinais. Lanjuinais répondit : « Eh bien! à la bonne heure; mais je ne lèverai pas mon chapeau.

Il dit encore :

Que les propositions se succédoient alors avec rapidité, que le président les mettoit aux voix et disoit qu'elles étoient décrétées.

Plusieurs de ses collègues disoient que tout étoit perdu, on le pressoit de parler...

Il expose avec une certaine chaleur les idées qui se présentaient à son esprit :

Paris livré aux fureurs de l'anarchie, et pas une seule autorité existante pour ramener l'ordre, puisqu'il n'y a dans Paris d'autre centre que les Comités de salut public et de sûreté générale qu'il devoit croire, qu'il croyoit, en effet, paralysés ou dissous.

Les scènes d'horreur dont il était le témoin ne lui permettaient pas d'en douter :

La Convention avoit décrété le matin que les Comités rendroient compte de l'état de Paris, toutes les deux heures, et aucun compte n'avoit été rendu.... S'il n'étoit établi sur le champ un pouvoir quelconque, il n'arriveroit pas pour le lendemain un sac de farine dans Paris où la famine entière produiroit alors de nouveaux malheurs....

C'est alors

Qu'il se précipita à la tribune et les propositions qu'il fit furent celles-ci :

1° Le complètement de la Convention par le rappel de ceux de ses membres en mission dans les départements, en en exceptant néanmoins ceux qui étoient auprès des armées ou envoyés pour les subsistances;

2° Une proclamation aux armées et aux départements pour les rallier à la Convention nationale;

3° La suspension des Comités de gouvernement, qu'il croyoit déjà suspendus par le fait, et la nomination provisoire, pour jusqu'au lendemain seulement, d'une commission de quinze ou vingt membres, qui seroit chargée de l'arrivage des subsistances pour le lendemain et du rétablissement du calme dans Paris.

— On lui dit que cela ne valoit rien, qu'il falloit se borner au renouvellement; il croit, mais il n'en est pas sûr, qu'il céda et qu'il abandonna sa première proposition pour le renouvellement actuel. — Il ne s'approcha du bureau que pour y rédiger ces propositions. — Sallengros et un autre lui dirent :

« Nous croyons que la mesure va trop loin », et il leur répondit : « Mes amis, si vous la trouvez mauvaise, je n'y tiens pas. Dites-moi ce que vous trouvez meilleur et pouvant nous sauver, et je le ferai volontiers, mais il faut tâcher de nous tirer de la position dans laquelle nous sommes. » Et le fait est que, sans une plus longue conversation et déférant en lui-même à l'avis d'un homme plus âgé que lui, il ne fit pas la rédaction de ses propositions, qu'il ne les relut point, et qu'il quitta à l'instant la tribune et fut s'asseoir sur une banquette pour calmer l'agitation dans laquelle l'avoit mis la vue du danger public.

Là se borna son rôle :

Ce fut quelque temps après cela que les représentants Legendre et Delcloix, membres des Comités de gouvernement, entrèrent dans la Convention avec une force armée; il resta à sa place et ne fuit pas, quoiqu'il eût pu le faire, parce qu'il ne croyoit pas, comme il ne croit pas encore, avoir rien fait de mal.

Il ajoute que les journaux ont rendu infidèlement tout cela :

Le procès-verbal de la Convention contient un faux certain, en ce qu'il impute à Duquesnoy une proposition que tout le monde sait avoir été faite par Soubrany, celle de nommer quatre membres pour remplacer le Comité de sûreté générale et prendre provisoirement ses papiers.

Le juge revenant en détail sur plusieurs des griefs articulés, Goujon répond que pour le fond des choses, il a tout dit; quant aux paroles, il ne sauroit les garantir, mais il fait observer qu'un mot changé dans une phrase peut rendre criminel ce qui ne l'est pas. Il faut ne prendre que ses propositions et en voir le but. Il ne décline, d'ailleurs, aucune responsabilité. Il n'invoque pas pour sa défense la liberté des opinions du représentant. Il se croit comptable envers le peuple des motifs de ses propositions dans l'Assemblée nationale.

Mais il avait pris la parole au milieu de l'invasion de l'assemblée. C'était là, au fond, le grand grief. Il tire, non sans habileté, d'un récent décret sa réplique :

Depuis le 1er prairial, la Convention a décrété que ceux de ses membres qui parleroient, alors qu'il y auroit des étrangers dans la salle, seroient déclarés traîtres à la patrie; qu'auparavant il n'y avoit donc point de loi qui le défendît; que cela étoit même permis; que plusieurs membres de l'assemblée ont parlé, d'autres ont fait les fonctions de secrétaire; le président ordinaire a présidé, a mis aux voix, a prononcé des décrets, — et qu'ils sont libres et qu'ils l'accusent!

Qu'au surplus, ces observations sont pour ses juges; qu'il est dans une position où on ne lui a même pas laissé la loi à réclamer; qu'il aime mieux être victime d'un pareil excès que d'en avoir été l'auteur.

Jourdan, le rédacteur du *Moniteur*, confronté avec lui, maintint l'exactitude rigoureuse de son texte :

Qu'il a transcrit littéralement dans son journal les mots dont s'est servi l'accusé; ce qui est d'autant plus facile à croire que, l'accusé étant souvent interrompu par les cris et le bruit, le témoin avait tout le temps nécessaire pour écrire littéralement la phrase que l'accusé venait de dire l'instant d'auparavant.

La commission réclamée par Goujon ne devait-elle être nommée que jusqu'au lendemain? Le témoin n'a pas entendu cette proposition restrictive. — Goujon répond qu'elle a été affirmée par d'autres : ce qui prouve, ajoute-t-il, que le témoin s'écarte de la vérité; et, s'attaquant aux comptes rendus en général, il dit que les journalistes font des extraits de ce qu'ils ont entendu; que ces extraits se ressentent des opinions :

Que le *Moniteur* de ce jour-là, d'après lequel paroît avoir été rédigé, à peu près mot pour mot, le procès-verbal de la Convention, contient, ainsi que le procès-verbal, un faux matériel... — la proposition de Soubrany, rapportée à Duquesnoy; — que le récit en ce qui le concerne n'est pas plus exact.

Goujon aussi avait invoqué le témoignage de plusieurs députés; la plupart ne vinrent pas. Delecloy écrivit qu'« étant resté à son poste au Comité de sûreté générale, il n'avait rien à dire qui pût intéresser les décharges de Goujon ». Haussmann ne se crut pas tenu d'une pareille discrétion à l'égard d'un collègue accusé. Il dit « que Goujon, après germinal, lui avait exprimé son horreur pour de pareilles scènes », et que lui personnellement « a toujours admiré sa moralité, la pureté de sa conduite et de ses mœurs et l'union admirable qui régnait dans sa famille ».

*Soubrany* était resté spectateur muet de l'émeute toute la journée; il était sorti un instant lorsque la salle fut évacuée. Comme il revenait, un de ses collègues lui dit : « Où vas-tu? — Je rentre à la Convention. » Ce collègue l'avertit qu'il venait d'être décrété d'arrestation; mais il lui répondit « que fort de sa conscience il allait se mettre entre les mains de la Convention nationale [1] ».

On a vu qu'il avait été nommé commandant de la force armée des rebelles. Il n'en savait rien, et il ajoute :

S'il eût eu combiné cette nomination avec celui qui l'a proposée, il eût alors cherché à la faire reproduire lorsque le président mettoit aux voix les différentes motions ; affirmant au contraire que si quelqu'un de ses collègues l'eût reproduite, il se seroit opposé avec force.

On peut admettre sa justification sur ce point, quand on voit avec quelle sincérité il se livre lui-même sur un autre :

Sur la nomination d'une commission de quatre membres, il a dit que, quoique l'acte d'accusation portât simplement qu'il a pris part à la délibération, il croyait devoir à la vérité, pour ne pas laisser planer le soupçon sur aucun autre de ses collègues, de déclarer avec franchise que ce fut lui qui fit cette motion.

Et il en donne les motifs :

Qu'ayant entendu prononcer successivement la suspension et le renouvellement du Comité de sûreté générale, dans un moment où le gouvernement avait besoin d'activité, il pensa que, pendant qu'on procéderait au renouvellement du Comité, il était nécessaire que quatre membres de la Convention en remplissent provisoirement les fonctions, affirmant de plus qu'il n'a proposé cette mesure que parce que, depuis plus de huit heures, ne recevant pas de nouvelles du Comité qui avait promis de rendre compte de ce qui se passoit d'heure en heure, ne sachant absolument rien de ce qui se passoit dehors, il dut croire que les Comités étoient eux-mêmes paralysés ou dans l'impuissance d'agir et que ce n'étoit plus dans la Convention qu'il falloit la sauver, elle et la République.

Il répond à plusieurs autres questions, et finit par une réflexion qui devait venir à l'esprit de tout le monde :

Sans prétendre inculper son collègue Vernier, aux intentions duquel il se plaît à rendre justice, si, dès la première motion

---

1. Arch. nat., W 547, n° 43, dossier *Soubrany*, pièce 36.

qui fut faite, il eût refusé de la mettre aux voix, s'il eût averti quelques-uns de ses collègues qu'il ne pouvoit laisser délibérer l'assemblée, lui répondant, eût attendu [en silence?] l'issue d'une journée dont il n'a jamais redouté les suites que pour la République.

Et il ajoute comme Goujon :

Que le décret que la Convention a rendu dans une des séances postérieures au 1$^{er}$ *germinal* (prairial) contre quiconque prendroit la parole, lorsque le sanctuaire des lois seroit violé, justifie celui qui, dans cette circonstance, n'a eu d'autre désir que le salut de sa patrie. — Il n'y avait donc pas de lois préexistantes ; qu'il a donc pu, dans sa conscience, user des moyens qu'il a cru les plus propres à terminer cette crise, etc.

*Bourbotte*, à la différence de Soubrany, n'avait guère assisté à la séance. Au commencement de l'invasion, il avait eu auprès de lui un homme « à la figure noire » qui, ne le traitant guère en complice, lui bourrait la tête de coups de poings. Il parvint à s'échapper et n'ayant rien pris depuis la veille, il entra dans un café où il ne trouva, pour tout objet de consommation, qu'une bouteille de vin. Il se mit en devoir de rentrer, quand il apprit qu'on allait faire l'appel nominal. A-t-il dit : « La Convention a pris d'excellentes mesures »? Il n'en a pas souvenir, toujours est-il qu'il était absent quand les décrets furent votés ; c'est dans la chaleur de ce vin, pris à jeun, qu'il avait fait ses propositions : « l'expulsion des journalistes ; l'abolition de la peine de mort excepté pour les émigrés, les assassins, les contrefacteurs d'assignats ». — Mais on avait fait une autre proposition qui le concernait personnellement. On l'avait nommé de la commission des quatre. Voici comme il s'en explique. Il avait demandé, en revenant du café, si les Comités de gouvernement avaient paru à la séance? — Non. — Croyant qu'ils étaient dissous, et ne sachant quel état était l'état de Paris, il accepta de faire partie de la commission, quoiqu'il ne sût, ni comment, ni pourquoi son nom se trouvait placé sur la liste. Il crut que c'était le vœu de l'assemblée, et il dit : « Dussé-je être incarcéré, dût ma tête tomber, je remplirai toutes les fonctions qui me seront déléguées par la Convention nationale! » — A peine finissait-il ces mots qu'il vit entrer deux membres du Comité de sûreté générale, sabre en main, à la tête de la force armée. Il s'établit en face de la tribune jusqu'à son arrestation[1].

*Duquesnoy* était aussi des quatre : c'était là le grand grief; il n'était pas l'auteur de la proposition (Soubrany, on l'a vu, en avait revendiqué pour lui seul la responsabilité); et nommé, il avait promis comme les autres de remplir ses fonctions avec courage; mais il atteste qu'il n'avait pas eu le temps de se mettre en mesure de les exercer. — Répondant à un témoin, il ajouta que s'il avait demandé le renouvellement, non pas des trois Comités, mais du Comité de sûreté générale seul, c'est parce que ce Comité n'avait pas rempli son devoir qui était de rendre compte d'heure en heure de l'état de Paris[2].

Les deux derniers représentants Peyssard et Forestier étaient beaucoup moins compromis.

*Peyssard* était accusé d'être de ceux qui avaient crié *Victoire!* lors d'un retour offensif de l'émeute. Il le niait et comment l'en convaincre dans le tumulte d'un engagement? On l'accusait encore d'avoir proposé de remettre en fonction les patriotes incarcérés : mais la proposition n'avait pas été lue. Il se défendait en rappelant ses mis-

---

[1]. A la fin du procès-verbal de son interrogatoire, il est dit : « Après lecture, le répondant a ajouté que dans un instant où, accablé de chaleur, la soif de vin (*sic*), et de fatigue, le rafraîchissement qu'il prit au café tout en donnant à ses idées une vivacité extraordinaire ne contribua pas à les rendre lumineuses. » (Arch. nat., W 547, n° 43, dossier *Bourbotte*, pièce 44.) Pierre Forestier (*Ibid.*, pièce 52), vers onze heures du matin, a vu Bourbotte, qui lui a demandé pourquoi le rappel? — « Les faubourgs Antoine et Marceau se portent en masse vers la Convention pour avoir du pain. — On n'en peut pas avoir si facilement. » Il est de la même députation que Bourbotte et rend hommage à son patriotisme. A quelqu'un qui déplorait le 31 mai où la minorité s'éleva contre la majorité, il a dit : « Je n'ai aucun reproche de cette nature à me faire; — la loi doit être le vœu de la majorité. » Depuis sa mission dans la Vendée, Bourbotte avait eu une fièvre putride qui lui a affaibli le cerveau.

[2]. Arch. nat., W 547, n° 43, dossier *Duquesnoy*, pièce 57.

sions qui n'avaient (officiellement du moins) suscité aucune plainte :

Que personne n'a encore élevé la voix contre lui, personne n'a pu lui reprocher ni exactions, ni destitutions arbitraires, ni taxes révolutionnaires, ni dilapidations, ni abus des pouvoirs illimités dont il a été investi et qu'il regardait toujours comme le fardeau le plus insupportable ; qu'à la sévérité commandée par les circonstances, il a sans cesse allié la pitié et l'humanité qu'il portait toujours dans son cœur [1].

A cet égard, il y aurait eu plus d'une réserve à faire.

*Forestier*, pour ce qui était de la journée du 1ᵉʳ prairial, pouvait plus facilement se défendre. Il avait voulu sortir de la Convention; il en avait été empêché par des femmes ivres. Il avait vu avec effroi la tête du représentant Féraud. Il n'avait pas été moins effrayé sans doute quand les femmes lui dirent que ce ne serait pas la seule tête de représentant qui serait coupée pendant la journée. Il a entendu la motion de suspendre les Comités : il s'y est opposé :

Non pas, comme l'assure le *Moniteur* sur la foi duquel il est enveloppé dans l'accusation actuelle, parce que les Comités ne pouvoient aller contre les décrets qui venoient d'être rendus, car il met en fait qu'il n'a jamais regardé l'assemblée, le 1ᵉʳ prairial, comme régulière et ses résultats comme des décrets ; mais qu'il motiva cette opposition sur les services rendus par les Comités, sur leur zèle ; que d'ailleurs il parla autant pour écarter des mesures dont les suites effrayèrent son imagination que pour gagner du temps et faire ainsi peu à peu cesser le désordre [2].

Il invoquait le témoignage de Merlin (de Douai) et de Bourdon (de l'Oise), auprès desquels il était assis, et il trouva des témoins à décharge pour établir qu'il s'opposa au renouvellement des Comités [3]. Mais quant à lui, les

---

1. W 517, n° 43, dossier *Peyssard*, pièce 28.
2. *Ibid.*, dossier *Forestier*, pièce 14.
3. *Sevestre* : « Lorsque je lui reprochai les faits cités dans le *Moniteur*, deux ou trois autres de mes collègues les attestèrent; cependant je crois

souvenirs de sa mission pouvaient peser sur l'esprit des juges. Les accusations arrivaient de son pays. Il avait su les écarter, les ajourner du moins avant germinal; elles revenaient plus nombreuses, plus accablantes. On trouve dans son dossier la brochure *Forestier tel qu'il est* (son portrait n'est pas flatté), avec une adresse des Sociétés populaires de Cusset et de Vichy à la Convention, couverte de signatures et suivie d'adresses semblables des citoyens de Puy-Rédan, de Varennes et de la Palisse.

Dans tous ces interrogatoires, on ne manqua point de demander aux accusés s'ils avaient connu le complot. Tous le nièrent, justifièrent leur dénégation, et l'on n'a rien pu alléguer pour les en convaincre. Ils ont donc été étrangers au complot. Mais n'ont-ils pris aucune part à l'attentat? A moins de prétendre que l'invasion d'une assemblée souveraine avec le but qui était proclamé, affiché dès le matin, ne fût pas un attentat, il serait difficile de le nier. Seulement, il eût été juste de faire mieux la part des responsabilités et, tout en suspectant les sympathies, de tenir compte des entraînements. Des juges plus indulgents, et disons-le, moins prévenus, auraient pu admettre aussi les explications que les accusés présentaient et que nous avons reproduites à leur décharge; explications qu'ils développèrent pour la plupart dans des défenses écrites dont il ne paraît pas qu'ils aient donné lecture à la Commission.

Ces explications, on s'étonne pourtant de les voir si facilement accueillies de leurs amis; car, au fond, l'attitude des accusés et leurs paroles, telles qu'on les trouve dans le *Moniteur*, dans le procès-verbal de la Convention et dans l'accusation, c'est bien l'attitude, ce sont bien les paroles de vrais montagnards. J'admets, quant à moi, si l'on veut, qu'ils étaient moins montagnards qu'on ne l'a voulu dire. Mais je comprends que la Commission les ait jugés tels

---

que Forestier n'est point aussi coupable dans ses intentions que les autres accusés pour ce qui regarde la conspiration des 1er et 2 prairial (pièce 10).

que les procès-verbaux et les témoignages les lui faisaient apparaître. Ce qu'on ne peut nier, c'est qu'elle ait procédé sans précipitation, et suivant des formes dont les commissions militaires, sous la Terreur, ne se croyaient guère tenues. Ce qui est regrettable, c'est que, sous l'impression du moment et selon la dure loi du temps, elle ait rendu un arrêt si impitoyable. Peyssard et Forestier obtinrent seuls une indulgence relative. Peyssard fut condamné à la déportation comme ayant proposé le renouvellement des autorités et lu à la tribune un projet de décret « dont plusieurs articles avaient de l'analogie avec les motions des factieux ». Forestier fut acquitté sur les faits du 1er prairial, mais renvoyé dans la maison d'arrêt sous la surveillance du Comité de sûreté générale, à raison des faits antérieurs aux 12 germinal et 1er prairial, les faits de sa mission dans l'Allier, qui le rangeaient dans la catégorie des députés arrêtés sur lesquels l'enquête était ouverte. Les six autres, Bourbotte, Romme, Goujon, Duquesnoy, Soubrany et Duroy furent condamnés à mort. On sait que, ramenés à la prison, ils se poignardèrent tous, les uns après les autres : Bourbotte, en présence des gendarmes et de la foule, comme il entrait dans la salle du rez-de-chaussée qui servait de prison aux accusés; Goujon, Romme, Duquesnoy, Duroy, Soubrany, d'un même couteau, au seuil de la chambre où se faisait la toilette des condamnés[1]. Romme, Goujon, Duquesnoy s'étaient tués. Soubrany fut porté mourant à l'échafaud, Duroy et Bourbotte purent montrer devant la mort toute l'énergie de leur caractère. Duroy disait : « Les assassins jouissent de leur ouvrage. Que je suis malheureux de m'être manqué! ces mains-là étaient-elles faites pour être liées par le bourreau! Bourbotte, attaché sur la planche, haranguait encore le peuple,

---

[1]. Clarelie, les Derniers Montagnards, p. 334 et suiv. Voy. les procès verbaux qu'il a tirés, soit des Archives nationales (W 547, dossier 43 : pièces relatives au suicide des représentants Romme, etc.), soit des Archives de la préfecture de police, brûlées par la Commune.

et, redressé par une fausse manœuvre du bourreau, il protestait qu'il mourait innocent, faisant des vœux pour la République (29 prairial an III, 17 juin 1795 [1]).

## II

### Brutus Magnier. — Fin de la Commission militaire.

La Commission militaire avait frappé l'attentat du 1er prairial dans la Convention et au dehors. Elle n'avait pas trouvé l'auteur du complot. Elle le rencontra ou du moins elle crut le tenir dans un homme qui se dénonça et se livra lui-même : Brutus Magnier, le président de la fameuse Commission militaire de Rennes; et, à ce titre, il a sa place dans ce chapitre parmi ceux qui, représentants en mission ou juges, eurent à répondre enfin de leurs actes.

Entre toutes les réhabilitations que l'on tente volontiers aujourd'hui des hommes les plus compromis de cette époque, la plus imprévue, sans doute, est bien celle de ce Brutus Magnier. Nous avons parlé de ce jeune homme de vingt-deux ans, soldat de Dumouriez, passant à l'armée de l'Ouest où Prieur de la Marne et Bourbotte le firent d'emblée capitaine, capitaine de sapeurs, et presque aussitôt président d'une commission militaire qui rivalisa avec les plus cruelles commissions d'Angers, la commission appelée justement de son nom. Nous l'avons vu, ayant dès lors, non plus à combattre, mais à égorger les Vendéens, faisant de ses jugements des exercices oratoires dont la conclusion était la mort; et ce juge, si prodigue de phrases dans ses sentences, avait pourtant des procédés qui parurent bien sommaires, même pour le temps, comme quand il écrivait à son agent Gatelier de lui expédier « deux ou trois gibiers de guillotine », lui envoyant un blanc-seing et l'invitant à y écrire les noms à sa volonté « avec une note

---

1. *Moniteur* du 4 messidor (22 juin 1795), t. XXV, p. 28.

quelconque sur leur compte », la matière du jugement[1]. Or, parmi ces noms, il y en eut un qui était d'un bon républicain, dont on produisit le certificat de civisme, — le lendemain de l'exécution[2]: « Brutus Magnier, dit M. Claretie était, on le voit, un peu bien expéditif. Il est d'ailleurs un frappant exemple de ce que l'on pourrait appeler, après la folie de la croix, après la folie de l'épée, la folie de la justice. » — La folie de la croix, la folie de la justice, pour le président d'un tribunal qui fit tomber deux cent soixante-sept têtes en cinq mois! — « Il frappe, continue l'auteur, comme tout à l'heure il demandera d'être frappé, emporté par la colère ou le désespoir. Un tel homme était fait pour commander à des bataillons, non pas à un tribunal, et quoiqu'il se servit de la plume avec un talent original, c'était le sabre qu'il devait garder toujours à la main[3] ». — Il garda la hache, en sa qualité de sapeur, et de bourreau!

On s'était souvenu de ces excès; on avait relevé aussi quelques peccadilles en matière de fonds publics dont il avait eu le maniement, et on l'avait envoyé devant le tribunal révolutionnaire de Paris (15 brumaire an III, 5 novembre 1794). En attendant son jugement, il employait ses loisirs à faire des chansons et à écrire un journal, *Démo-*

---

1. Voy. ci-dessus, t. II, p. 17-24.
2. Voy. l'acte d'accusation de Leblois (Arch. nat., W 497, dossier *Magnier*, pièce 5). Les deux pièces sont au même dossier, le billet tout entier de la main de Magnier (pièce 2) et dans le blanc-seing, le corps du réquisitoire de la main de Brutus Magnier, les noms de la main de Gatelier (pièce 22). Je reproduis en italiques ce qui est de ce dernier :

Amener devant la commission les nommés *Pierre Mounier, François Cousin et Julien L'Éperon pour y être définitivement jugés.*
Rennes, ce 17 germinal, 2ᵉ année républicaine.
L.-P.-B. BRUTUS MAGNIER.

et au-dessous, cette attestation d'authenticité de Gatelier :

*Remis ce jour la présente pièce au citoyen Bollouard et ainsi qu'elle m'a été rendue de la part du citoyen Brutus.*
Rennes, le 9 fructidor an II républicain.
GATELIER.

3. *Les Derniers Montagnards*, p. 233.

*crite* ou *Journal de midi*, journal écrit sur un tout autre ton que ses jugements, à tel point que l'on a supposé qu'il n'en était pas le véritable rédacteur [1]. Il put s'inspirer de l'esprit et des ressentiments des jacobins enfermés avec lui au Plessis, membres ou jurés de l'ancien tribunal révolutionnaire de Paris et d'autres patriotes de même espèce; mais le journal, sauf un numéro où il s'excuse de n'avoir pu le faire, est de sa main, signé par lui. Ce n'est plus l'emphase humanitaire et patriotique de ses sentences de mort : son style est bref, acéré, mordant et a été justement rapproché du style incisif de son compatriote Camille Desmoulins [2]. Ce journal va du 21 pluviôse au 23 ventôse. L'auteur y fait un résumé humoristique de la séance de la veille (la veille de la date qu'il lui donne : les journaux imprimés, comme le *Moniteur*, n'en parlent, pour une moitié au moins, que dans le numéro daté du surlendemain). Il y joint, sous le titre de Variétés, les nouvelles courantes, avec des réflexions dont la virulence devait plaire à ses lecteurs et pouvait braver la répression des Comités : car il restait manuscrit et ne s'adressait qu'au public de la prison. Ce qu'on y trouve principalement, et c'est ce qui nous le signale ici, c'est un incessant appel à l'insurrection :

Ah! que maintenant tout est bien changé, dit-il dans son premier numéro, *Quantum mutatus ab illo*. Patriotes, patriotes, qu'avez-vous fait depuis ce maudit neuf thermidor? Eh quoi! vous avez souffert que des nobles, des prêtres, des fédéralistes prissent sur vous le dessus? Que dis-je! Vous le souffrez encore!

Poltrons, vous avez peur d'être guillotinés si vous montrez de l'énergie. Eh! ignorez-vous que si vous n'en montrez pas et si vous vous laissez subjuguer, vous serez tous pendus. Oui, oui, pendus. Croyez-vous que Sa Majesté Louis XVII ne voudra pas cimenter par votre sang un trône qu'il croit que son père

---

[1]. La Grimaudière, *la Commission Brutus Magnier à Rennes*, p. 91.
[2]. Claretie, *les Derniers Montagnards*, p. 288.

n'a perdu que par son peu d'énergie, et sur lequel messieurs les gouvernants veulent le replacer [1]?

Toujours les thermidoriens royalistes!

Que faut-il faire? me direz-vous. — Jouir de vos droits et vous insurger contre ceux qui les violent, quels qu'ils soient. Je vous donnerai mes idées sur les moyens d'opérer une insurrection immanquable dans sa marche comme dans ses effets (p. 2-3).

A la fin du supplément au même numéro, on lit :

*Opinion du* Démocrite *sur l'insurrection à opérer pour sauver la patrie.*
Je dirai comme Babeuf : il y a lieu à insurrection puisque le gouvernement viole les droits du peuple.
(*La suite à demain.*)

C'est son refrain dans presque tous ses numéros.
Vers la fin du numéro 2, 25 pluviôse :

*Suite de l'opinion du* Démocrite *sur l'insurrection à opérer pour sauver la patrie.*
Préparons-la donc, cette insurrection, et faisons-la bien vite; car le salut de la patrie ne peut s'ajourner (p. 10).

Supplément au numéro 3, 26 pluviôse (p. 16) :

...Levez-vous, aux armes, aux armes...
Mais me direz-vous, vous prêchez l'insurrection; nous sçavons qu'elle est nécessaire, mais comment la combiner pour qu'elle soit immanquable et qu'elle n'augmente point les forces de nos ennemis.
Mes amis, en voici la marche.
(*La suite à demain.*)

Et le surlendemain, supplément au numéro 5, 28 frimaire (*lire* pluviôse) :

On vous a ravi bien des points de ralliement, les Jacobins, les Cordeliers, la Commune; mais il vous reste le meilleur de

---

1. *Démocrite ou Journal de midi*, n° 1, p. 2.

tous, c'est la Convention nationale. Eh bien!... Vainqueurs de la Bastille, du 10 août, du 31 mai, rendez-vous-y en armes avec vos canons. Investissez les jardins et les cours, cernez les Comités et songez que vous avez votre patrie à sauver (p. 26).

Dans le même numéro 3, page 32 :

*Suite de l'opinion, etc.*

Quand vous êtes bien assurés de ces mesures, qu'une députation nombreuse s'avance vers le Sénat, portant le bonnet rouge en tête, précédée de la Déclaration des droits de l'homme et de l'acte constitutionnel.

A cet aspect vous verrez pâlir tous les contre-révolutionnaires et la Convention vous tendra les bras.

Que l'orateur, dans un discours simple mais énergique, exprime au nom du peuple (et certes le peuple ne le désavouera pas), que depuis trop longtemps il est victime des secousses successives d'un gouvernement révolutionnaire qui, par sa fluctuation, donne des armes à vos ennemis extérieurs et favorise les passions de quelques ambitieux.

(*La suite à demain.*)

Et au supplément du numéro 8 (1ᵉʳ ventôse), il continue sa phrase :

Qu'il est temps enfin qu'il jouisse de ses droits et qu'il soit gouverné de la manière qu'il s'est prescrite lui-même en acceptant la constitution que la Convention lui a donnée.

Par cette pétition, vous fermerez la bouche à tous ceux qui pourraient vous traiter de rebelles, etc.

L'orateur déposera sa pétition. Quelque fidèle crétois [de la crête de la Montagne] paroîtra à la tribune en bonnet rouge (résumé de son discours) et il proposera le projet de décret que la Convention adoptera dans un mouvement de noble enthousiasme (p. 41).

Suivent et la déclaration et le décret :

La Convention nationale déclare qu'il y a eu tyrannie depuis le 10 thermidor; qu'une faction plébicide s'était emparée du gouvernement et que, se cachant sous des dehors trompeurs, invoquant sans cesse l'humanité, elle était parvenue à fasciner les yeux d'une partie du peuple...; que les habitants de Paris ont encore une fois sauvé la patrie par une insurrection énergique et légitime.

La Convention nationale décrète en outre ce qui suit :

Art. 1. — La Constitution de 1793 sera mise incessamment en exercice....

Art. 2. — Aussitôt la publication du présent décret, les membres des autorités constituées qui ont été remplacés depuis le 10 thermidor rentreront sur-le-champ dans l'exercice de leurs fonctions....

Art. 3. — Les autorités constituées cesseront leurs fonctions aussitôt que celles organisées par le choix du peuple seront installées....

(*La suite à demain.*)

Le lendemain, onze autres articles concernant la réinstallation des comités révolutionnaires (4); la mise en liberté des individus incarcérés depuis le 9 thermidor (5 et 6); la révocation de l'amnistie pour les brigands de la Vendée (7) — il n'oubliait pas ses anciens clients! — l'incarcération des autres amnistiés (8); la rentrée des armées, rapportant avec elles, des pays conquis, tout ce qu'elles pourront saisir, de blés, fourrages, argent, munitions, etc. (9); le renouvellement provisoire des comités de gouvernement (10); le rappel des députés en mission (11) :

Et ceux d'entre eux qui ont témoigné le plus d'attachement à la faction seront mis en arrestation avec Legendre, Tallien, Fréron, Barras, André Dumont, Dubois-Crancé, enfin tous les représentants qui sont prévenus de trahison.

(*La suite à demain.*)

Le lendemain, numéro 10, 30 ventôse :

*Fin de l'opinion du* Démocrite *sur l'insurrection à opérer pour sauver la patrie.*

Douze nouveaux articles (12-23) :

Suppression du tribunal révolutionnaire, remplacé par une commission de douze membres, choisis par la Convention, pour juger, selon les lois révolutionnaires, les députés qu'elle mettra en accusation (12); commission centrale pour reviser les lois votées depuis le 9 thermidor (13);

réinstallation des sociétés populaires (14); remise des restes de la famille Capet aux autorités autrichiennes (15); rappel du général Canclaux commandant en Vendée (16); inauguration nouvelle des bustes de Marat et de Le Pelletier (17); liberté de la presse; mais les auteurs d'écrits capables de troubler l'ordre, punis comme conspirateurs (18) :

Art. 19. — Le palais royal sera entièrement rasé et le local formera une place qui se nommera le *forum* du peuple.

Art. 20. — Toute division devant cesser dans la représentation nationale après la punition des traîtres....

— Toujours la proscription comme condition préalable de la pacification!

Il n'y aura plus, ni montagne, ni plaine, ni crête, ni marais.

Fête nationale le décadi 30 ventôse, en mémoire de la Révolution anti-thermidorienne (21); proclamation au peuple français (22); envoi du présent décret par courriers extraordinaires (23).

Et il ajoute :

Eh bien! sans-culottes, quand ce décret sera porté, les conspirateurs ne seront-ils pas au bout de leur carrière?

Incontestablement!

Suivent des recommandations de morale pour assurer la durée de l'âge d'or :

Je ne vivrai peut-être plus quand vous jouirez d'une si douce félicité, mais que m'importe pourvu qu'elle existe. On a assez vécu quand on a fait nombre parmi ceux qui ont préparé le bonheur de la patrie.

Vive la République françoise une, indivisible et démocratique!

L.-P.-B. Brutus Magnier [1].

---

[1] Suppl. au n° 10, p. 65.

Dans le supplément au numéro 6, 29 pluviôse, il avait écrit :

Le tribunal révolutionnaire a commencé ses séances publiques aujourd'hui [1]; la conduite de la Chambre du conseil, qui a élargi tout ce qu'il restait de contre-révolutionnaires dans les prisons, fait voir aux patriotes le sort qui les attend. Je dois paroître devant ces marchands de chair humaine quintidi prochain. Nous verrons ce qu'ils feront de moi; ils peuvent me tuer, mais non pas me punir; en tout cas, vogue la galère (p. 31-32).

Il comparut, non le 5, mais le 6 ventôse (24 février 1795). La question de dilapidation fut réservée, comme n'étant pas du ressort de cette justice; mais les abus d'autorité relevaient d'elle, et on alléguait, entre autres choses, contre lui ces réquisitoires en blanc qu'il avait donnés au concierge de la prison, Gatelier, pour qu'il lui envoyât du gibier de guillotine : des têtes ! quant aux motifs, il n'importait ! Le jury l'en déclara convaincu; mais, comme pour les membres du comité de Nantes, il déclara aussi qu'il avait agi sans intention criminelle, et, en conséquence, il l'acquitta. Restaient seulement les faits de dilapidation pour lesquels le tribunal s'était déclaré incompétent et qui motivèrent son renvoi devant le tribunal d'Ille-et-Vilaine [2].

Le *Démocrite* recommence le 10 ventôse (n° 12), rendant compte de la séance du 9, sans autre avis. C'est dans le

---

[1]. Le tribunal du 8 nivôse an III. Voyez en effet l'*Histoire du tribunal révolutionnaire de Paris*, t. VI, p. 61.

[2]. Voy. *Histoire du trib. révol. de Paris*, t. VI, p. 69 et H. de la Grimaudière, *la Commission Brutus Magnier*, p. 89 et suiv. — Dans le suppl. au n° du 11, il prend congé de ses abonnés : « Mes amis, je termine aujourd'hui l'agréable fonction de vous intéresser et de vous amuser. C'est demain que le tribunal des honnêtes gens décideront si je suis un homme de sang et prononceront sur mon sort. Je suis dans la position de l'agneau devant les loups. Si j'en réchappe, je reviendrai souvent vous voir; si je suis sacrifié, je vous laisse ici l'expression des sentiments dans lesquels je mourrai :

ROMANCE
Oh ! pour le coup, c'est tout de bon.
Demain je monte à l'audience
Etc., etc. »

supplément, sous la rubrique *du Plessis*, que notre Brutus parle de son jugement :

> Les patriotes... auront été autant surpris que charmés d'apprendre que je n'ai pas été immolé. Hélas! mes amis, ils n'ont fait que reculer mon supplice....
>
> C'est ainsi qu'après m'avoir acquitté, quoique à leur grand regret, des imputations calomnieuses intentées contre moi pour cause de contre-révolution, ils me renvoyent pour être jugé, sur un objet de dilapidation, par les chouans, oui, par les chouans eux-mêmes; car le tribunal criminel d'Isle-et-Vilaine n'est composé que d'outrés fédéralistes, de nouveaux élargis, de ces scélérats qui recéloient et nourrissoient les chouans. C'est Boursault qui a organisé cet étal de bouchers devant lequel on me renvoie.

Comme il regrette de n'y pas revenir présider!

Revenir à Rennes pour rendre compte de ses dilapidations devant un tribunal ordinaire, dans une ville qu'il avait ensanglantée par ses exécutions, c'est une chose qui ne laissait pas que d'inquiéter fort Brutus Magnier. Il n'avait d'espoir que dans un mouvement qui ramenât au pouvoir ses amis. Il lui tardait donc qu'il éclatât. Il gourmandait ceux qui, étant libres, n'agissaient pas. Il disait dans son numéro du 17 ventôse :

> Je tonnerai, sans-culottes, contre vous, je vous accuserai de lâcheté jusqu'à ce que vous soyez déterminés à courir sur vos ennemis. Non non, il n'y a que la lâcheté qui puisse vous maintenir dans l'indécision. Seroit-ce l'envie de bien combiner vos forces?... Seroit-ce le doute? Mais c'est vous faire une injure, que de soupçonner que vous hésitez à croire que la contre-révolution est à l'ordre du jour [1].

Et cependant rien ne bougeait encore; et le 6 germinal, Magnier arrivait à Rennes pour comparaître devant ses nouveaux juges.

Le 12 germinal, le 1er prairial, qu'il avait appelés de ses vœux, éclatèrent, et l'on a vu ce qui en arriva. C'était bien

---

[1]. *La commission Brutus Magnier*, p. 100.

le plan qu'il avait tracé, ce plan exposé par lui à ses codétenus du Plessis, lecteurs de son journal, et communiqué, peut-être, par eux à leurs affiliés du faubourg Saint-Antoine : et ce plan qui devait immanquablement réussir avait échoué !

Le peuple avait marché sur la Convention, réclamant la Constitution de 1793 et la Convention ne lui avait pas ouvert ses bras; elle n'avait pas rendu ce grand décret dont il avait pris la peine de rédiger les vingt-trois articles; et les députés qui avaient fait voter des décrets partiels étaient frappés d'arrestation et livrés à une commission militaire !

Ces échecs qui trompaient toutes ses espérances le jetèrent dans un état d'exaspération inimaginable. Il écrivit de sa prison, le 14 prairial, au Comité de sûreté générale une lettre qui fut interceptée à Rennes, mais qu'on ne crut pas possible de ne pas envoyer à Paris :

De la prison Porte-Marat, à Rennes, le 14 prairial, 3ᵉ année de la République françoise, une et indivisible, mais jusqu'à présent problématique.

BRUTUS MAGNIER, ex-président d'une commission militaire révolutionnaire établie près les armées dirigées contre les brigands par les braves montagnards Prieur de la Marne, Bourbotte et Turreau,

*A l'infâme Comité de dévastation générale.*

O monstres, vomis par les démons du despotisme et de la cruauté, votre triomphe est donc complet aujourd'hui. C'en est donc fait de la liberté de ma patrie. Eh bien ! sachez que j'ai fait serment de ne pas lui survivre. Je livre donc à votre rage dévastatrice et inextinguible une nouvelle victime : c'est moi ! Frappez, frappez, bourreaux, j'ai le noble orgueil de vous dire qu'il n'est pas un François qui ait plus justement mérité de tomber sous vos coups, que moi qui ai présenté au comité d'insurrection un plan de réveil du peuple qu'on a suivi de point en point et que j'aurois dirigé, si le tribunal révolutionnaire, qui a eu l'impéritie de m'acquitter le 6 ventôse dernier (je dis impéritie, car j'en avois fait assez pour la liberté pour qu'il me sacrifiât), ne m'eût renvoyé, pour un objet de dilapidation, au tribunal criminel du département d'Isle-et-Vilaine. Vous ne sauriez croire quelle douleur je ressens de ce que les différentes tentatives que l'on a fait pour anéantir le despotisme thermidorien n'aient pas été couronnées de succès. Mais pouvaient-elles l'être, puisque les insurgés ont eu la maladresse de ne pas faire main basse sur les membres des Comités de gouvernement, les mis hors la loi et les 73, sans oublier les scélérats Fréron, Tallien, Legendre, Barras, Rovère, And. Dumont, Thibaudeau, Auguis, Boursault, Chénier, Dubois-Crancé, Sieys, les deux Merlins et tous les assassins de Robespierre. Je frémis encore en parlant de Robespierre et je me reproche continuellement l'erreur où je suis tombé involontairement à son égard, en croyant un instant qu'il étoit coupable; mais cette erreur a été bientôt dissipée, quand je me suis aperçu de la funeste réaction que l'horrible événement du 9 thermidor a préparé et que je vois compléter, de jour en jour, avec plus d'effronterie. Il est de votre intérêt de me joindre à ces généreux citoyens que vous livrez à la Commission militaire et que vous faites envoyer à la mort pour avoir conspiré votre perte; car jusqu'à mon dernier soupir je m'écrierai que les montagnards étaient les seuls patriotes. Bien plus, je jure de venger la mort de ceux que vous assassinez, en plongeant le poignard de Brutus dans le sein du premier de vous que je pourrai rencontrer, ne fût-ce que dans trente ans. Je voue à l'exécration la bande usurpatrice de contre-révolutionnaires qui ose encore se nommer Convention nationale. En est-il assez de cette lettre, cruels tyrans, pour diriger contre moi toute votre colère? Si vous hésitez, je vous dirai que je suis encore porteur de l'original de mon plan d'insurrection; mais je ne le montrerai qu'au tribunal, et certes vous pouvez attribuer le droit de m'immoler à celui de Rennes qui ne demande pas mieux.

J'ai fini, scélérats, puisse-t-elle cette lettre, qui ne contient malheureusement que la vérité, être pour vous tous la tête de Méduse.

Brutus Magnier.

Dans un post-scriptum, il répudie son oncle, le général Dubois, qui avait combattu l'insurrection et proteste que s'il a l'occasion de le rencontrer, Dubois n'aura pas d'autre bourreau que lui[1].

1. Le texte donné par le *Moniteur* est abrégé. Séance du 23 prairial, *Moniteur* du 28 (16 juin 1795), t. XXIV, p. 690. — Avec un pareil accusé,

Cette lettre, interceptée à Rennes, y avait donné lieu à un premier interrogatoire qui fut envoyé, en même temps, à Paris et lu à la Convention le 25 prairial, le jour où commençait le procès des huit représentants.

« Dans cet interrogatoire, dit le *Moniteur*, il avoue être l'auteur d'un plan d'insurrection qu'il a envoyé à un comité formé à Paris : il déclare que ce plan a été presque entièrement exécuté; que les patriotes étaient sacrifiés et placés sous le couteau d'une justice vénale; que Carrier avait été assassiné par les ordres des gouvernants; qu'il aurait des vengeurs, qu'il les connaissait, mais que c'était là son secret; et que, malgré la faction thermidorienne, malgré la brillante jeunesse de Fréron, le plan conçu par lui serait tôt ou tard exécuté. »

Le rapporteur demandait et il obtint facilement que l'on accordât à Magnier ce qu'il demandait, son renvoi devant la Commission militaire[1]. On aurait pu se demander si cette lettre et ces réponses à l'interrogatoire n'étaient pas d'un fou; et c'est peut-être ce que pensa la Commission quand, informée de l'incident, elle ne suspendit pas pour cela le procès des députés. Quand Magnier fut ramené à Paris, les débats étaient clos et les députés condamnés.

on n'avait pas eu de peine à recueillir à sa charge les lettres qu'il écrivait de sa prison ou qu'il y recevait : lettre à Pomme l'Américain, son ancien compagnon de traversée, maintenant conventionnel : « Je rougis d'avoir applaudi au 9 thermidor! » (21 germinal an III, pièce 16); lettre au citoyen Lemoine Delforges, accusateur public (28 germinal, pièce 19), où il le presse de le faire juger : « Je m'attends à tout sous le règne de nos tyrans actuels et je m'honorerai d'un châtiment que je n'aurai pas mérité. Les fers qu'on va me donner me seront chers parce qu'ils m'assimileront physiquement aux patriotes énergiques, nommés terroristes, hommes de sang, avec lesquels je m'identifie de cœur et d'intention. Frappez bourreaux, mon éternel et dernier cri sera vive la République démocratique! »
L.-P.-B. BAURES MAGNIER.

Lettre de regret de ses anciens compagnons de prison à Rennes lors de son départ, gémissant du vide qu'il y laisse (4 prairial, pièce 42) : « Quoique *terroriste*, quoique royaliste, homme de sang, anarchiste, buveur de sang, contre-révolutionnaire, avilisseur de la Convention nationale, etc., etc., tu seras toujours notre ami. »

1. *Moniteur* du 28 prairial an III (16 juin 1795), t. XXIV, p. 690.

Rentré dans sa prison de Paris, Magnier soutint son rôle. Voici comment il s'adressa aux juges qui devaient le juger :

De la maison d'arrêt des Quatre-Nations, 16 messidor.

BRUTUS MAGNIER, ex-président d'une commission militaire établie pour juger les brigands

*Aux égorgeurs des patriotes*

Réunis dans une étale qu'ils appellent Commission militaire.

Messieurs,

Je suis arrivé d'hier et, tout en rendant justice au zèle que vous employez pour remplir les vues de vos dignes instituteurs les gouvernants, je vous invite à ne pas m'oublier. Frappez, frappez, bourreaux. Je mourrai en criant :

Vive la République!

L.-P.-B. BRUTUS MAGNIER [1].

On ne le fit pas trop attendre. On l'interrogea le 24 messidor. Il répondit comme à Rennes: Il avait bien rédigé le plan d'insurrection, mais sans savoir quand il serait exécuté; il avait écrit la lettre au Comité de sûreté générale.

Pourquoi dans sa lettre au Comité de sûreté générale il intituloit *au Comité de dévastation générale?*

A dit qu'il étoit inutile de lui faire répondre des vérités dont on ne conviendroit pas avec lui....

Que s'il l'a intitulé *au Comité de dévastation générale*, c'est qu'il a cru et qu'il croit encore que cette dénomination lui convient beaucoup mieux que celle dont il se pare; que les patriotes incarcérés depuis le 9 thermidor, ceux égorgés depuis la même époque et notamment depuis le 1er prairial l'en ont convaincu.

Pourquoi il regarde les hommes qu'il dit avoir été incarcérés et égorgés depuis le 9 thermidor comme les soutiens de cette même constitution de 1793, puisqu'ils ont été les premiers à empêcher de la mettre à exécution?

A dit que cela n'excuse pas ceux qui l'ont fait depuis.

1. Arch. nat., W 548, pièce 17.

On lui demande à qui il a adressé son plan d'insurrection : il refuse de le dire ; il s'offre comme victime ; il n'en veut pas d'autre. — Où il a déposé ce plan ? Il l'a consigné par morceaux dans un petit journal qu'il rédigeait pendant qu'il était en prison pour se désennuyer :

Il étoit à la maison de justice du Plessis quand il le rédigeoit ; qu'il en a extrait une copie qu'il a envoyée à un patriote bien connu qui a dû la remettre à un représentant ; qu'il ignore le nom du représentant et qu'il taira le nom de son ami.
Il s'agissait d'une insurrection pacifique.

Le juge réplique :

D'après sa lettre où il désigne le massacre de cent représentants du peuple, ses vues n'étoient rien moins que pacifiques.
— S'il a sorti de ses premiers sentiments, c'est parce qu'il a vu que l'audace des gouvernants augmentait de jour en jour, et que ceux-ci ayant juré la mort des sans-culottes, que nécessairement il fallait que l'un ou l'autre parti succombât, il a cru que la mort des gouvernants était nécessaire pour consolider la liberté.

On lui demande qui sont ces sans-culottes ?

Les vainqueurs de la Bastille, du 10 août et du 31 mai ; ceux qui ont été signalés sous le nom de terroristes et de buveurs de sang par des cannibales qui méritoient plus justement ce titre.

On avait saisi, entre autres pièces, une lettre d'un de ses amis où on lisait ce vers de Voltaire :

Le bien public est né de l'excès de ses crimes.

On lui demande s'il approuve cette maxime ?

Très fort.... Qu'il valoit mieux mettre à mort les ennemis de la liberté, surtout les royalistes, les fédéralistes, les chouans, les Vendéens, les prêtres réfractaires, que de les laisser subsister....
Leur triomphe aujourd'hui en est la preuve.
Il a cru Robespierre coupable, puisque la Convention l'avoit condamné ; mais qu'il croit avoir été dans l'erreur, puisque les Fréron, les Tallien, les Dubois-Crancé et tant d'autres jus-

tifient aujourd'hui par leur conduite contre-révolutionnaire qu'il avoit raison de le faire [d'agir comme il l'avait fait].

Que s'il y a eu tyrannie, la Convention tout entière est coupable.

La France eût été heureuse du triomphe de l'insurrection, dès l'instant que la Constitution de 1793 lui eût été rendue.

— S'il persiste dans les principes qu'il a professés, tant dans son journal que dans sa lettre au Comité de sûreté générale, et, si l'occasion étoit favorable pour la réussite des conseils qu'il donne, s'il coopéreroit à les faire exécuter?

A dit qu'il le feroit de tout son cœur et qu'il est aussi impossible de faire de lui l'ami du gouvernement actuel que de républicaniser le roi de Prusse.

Le 23 messidor, on lui donne lecture des interrogatoires qu'il avait subis :

S'il persiste à provoquer la mort des membres du gouvernement, et des soixante-treize rappelés à la Convention?

— Qu'il ne vote leur mort que parce qu'il les croit dans l'intention de donner à la France un gouvernement monarchique ou tout au moins aristocratique; mais s'ils sont républicains, et qu'ils ne diffèrent avec le répondant que sur les moyens d'établir la démocratie, il verra avec plaisir tomber sa tête[1] en expiation d'une erreur où il n'est tombé que par amour pour sa patrie.

Ce n'était pas atténuer beaucoup ses réponses, et, tout en offrant ainsi sa tête, il affectait à l'égard de ses juges une dédaigneuse familiarité. Il leur écrivait le 24 messidor :

Citoyens, pendant que vous interrogez cet Anglais accusé d'espionnage,... il me vient une idée : c'est de vous transcrire ici mes deux dernières chansons.

Et il les donne. — Elles sont un peu longues.

Cependant il finit par réfléchir sans doute que l'honneur d'avoir été l'inspirateur du 1ᵉʳ prairial serait peut-être payé un peu cher au prix de sa vie. Le jour où il comparut, il

---

1. Voir tomber sa propre tête!

déposa sur le bureau de la commission une pièce intitulée MON DERNIER MOT :

Eh quoi! dit-il, un cruel devoir m'oblige de venir ici défendre une vie qui m'est odieuse !

Il le fait sur les instances de ses amis, par patriotisme et par amour de la vérité :

O généreux patriotes, braves compagnons d'infortunes, qui avez employé si utilement à mon égard la voie de la douce persuasion pour suspendre mon désespoir, me voici devant cette fatale Commission militaire. Eh bien, je vais tenir la parole d'honneur que je vous ai donnée.

Je vais donc vous prouver, citoyens frères d'armes, qu'on a chargés de me juger :

1° Que je ne suis point auteur du plan d'insurrection des premiers jours de prairial;

2° Que quand je le serois, il est impossible de le prouver;

3° Que ma conduite depuis le 9 thermidor, mon journal satyrique, mon plan de réveil du peuple, mes lettres au Comité de sûreté générale, à Pomme et Boursault [1] et tous autres quels qu'ils soient ne sont pas des délits;

4° Enfin qu'il résulte des trois précédentes assertions que la Commission ne peut m'infliger aucune peine.

Et il en fait la démonstration. Il a rédigé son plan d'insurrection à la fin de pluviôse, quand il sut qu'il allait être jugé par le tribunal révolutionnaire :

J'ai présenté mes vues sur les moyens d'opérer une insurrection, parce que je la croyois nécessaire.

A cet égard, il revendique sa liberté de penser :

Mais la marche de l'insurrection de prairial est à peu près la même que celle que vous traitez. — Eh bien! cela fait voir que je n'étois pas seul de mon avis. Au reste, l'insurrection n'a d'autre défaut que de n'avoir pas réussi; car si elle eût été couronnée de succès, vous auriez vu les adresses de félicitations pleuvoir. Et qui sont ceux qui les auroient envoyées? Ceux même qui en rédigent aujourd'hui en sens contraire!

---

1. Elles sont au dossier.

François, vous êtes trop légers....

Au 1ᵉʳ prairial j'étois absent depuis deux mois et demi, occupé à cent lieues d'ici du second jugement que j'allois subir.

Quant à sa lettre au Comité de sûreté générale, il ne la désavoue pas ; mais il s'en justifie par un brocard : *Nemo auditur perire volens.*

Cette façon de se défendre, mêlée d'excuses et de provocation, acheva probablement de convaincre la Commission qu'elle avait affaire à un maniaque, sinon à un fou ; et comme elle n'avait pas à revenir sur les faits antérieurs que le tribunal révolutionnaire avait constatés, mais dont il l'avait déchargé en raison de l'intention ; comme il ne s'agissait que de l'insurrection du 1ᵉʳ prairial, elle aussi, elle déclara les faits constants :

Déclare qu'il est bien constant, même du propre aveu de l'accusé, qu'il a rédigé un plan d'insurrection pendant qu'il étoit détenu dans la maison du Plessis et en jugement devant le tribunal révolutionnaire de Paris, et que la conduite de l'insurrection des premiers jours de prairial a une analogie frappante avec ce plan dont la production a été faite au procès, comme pièce de conviction ;

2° Que, par sa lettre au Comité de sûreté générale du 14 prairial dernier, Antoine-Louis-Bernard Magnier dit Brutus est convaincu d'avoir voulu avilir, injurier et dissoudre la représentation nationale et particulièrement le Comité de sûreté générale, en le traitant de Comité de dévastation générale et en lui donnant des qualifications qui ne pouvoient tendre qu'à lui faire perdre la confiance publique ; que par ses écrits et ses propres aveux il paroit avoir eu le dessein d'anéantir le gouvernement actuel et d'y faire substituer le gouvernement tyrannique et sanguinaire qui a été abattu le 9 thermidor ;

La Commission militaire condamne ledit A.-L.-B. Magnier dit Brutus à la peine de la déportation.

Ordonne qu'à cet effet, etc. (3 thermidor). *Signé* : Le général de brigade ROMANET, président ; M.-J. CAPITAIN ; BEAUGRAND ; TALMET, chef d'escadron ; DEVILLE.

Il fut déporté, en effet, et il paraît qu'à Sinnamari il avait repris son rôle d'agitateur qui ne lui avait guère réussi en

Franco[1]. Mais il en revint. Rentra-t-il dans l'armée? Le 30 germinal an VI (19 avril 1798), le ministre de la guerre Schérer informe le citoyen Lagarde, secrétaire général du Directoire, que le citoyen Magnier surnommé Brutus n'est porté sur aucun contrôle d'officiers de chasseurs, soit en pied, soit à la suite[2]. Espérons que si on l'y recherchait c'était pour l'en chasser[3].

Après la condamnation des six députés, le 29 prairial, la Commission militaire n'avait plus prononcé qu'une seule condamnation à mort, le 12 messidor. C'était encore un de ces hommes qui avaient porté en trophée la tête de Féraud, Martin TACQUE, conducteur de bœufs, homme grossier, plus digne peut-être de pitié que les autres : arrivé le matin du 1ᵉʳ prairial avec des bœufs à Paris et, tombant au milieu de l'émeute, il prit une pique, l'arme du jour, et en fit cet odieux emploi. Il le niait, mais trop de témoins l'avaient vu, tenant sa pique ensanglantée, tout couvert de sang lui-même ; et, ce qui confirma ces indices, c'est qu'on l'avait entendu s'en vanter ou du moins en convenir.

Les autres accusés qui comparurent devant la Commission jusqu'au jour où elle fut supprimée, le 17 thermidor (4 août 1795), furent ou mis en liberté ou condamnés à la prison ; très peu à la déportation[4].

Dans les journées des 12 germinal et 1ᵉʳ prairial, il y

---

1. Claretie, *les Derniers Montagnards*, p. 272.
2. *Moniteur*, t. XXIX, p. 245.
3. On n'a pas de raisons suffisantes pour l'identifier avec « Magnier, officier réformé, électeur du département de la Seine » qui « demande une prorogation de temps pour les opérations de l'assemblée électorale ». 25 germinal (*ibid.*, p. 248) ; ce qui, du reste est sans intérêt.
4. Arch. Nat., W 548, nᵒˢ 44-77. Le dernier acte (11 thermidor an III) est un arrêt de mise en liberté. Le 17, la Commission dresse un procès-verbal de clôture, où elle témoigne des sentiments qui l'ont animée. Ce procès-verbal est signé : M.-J. CAPITAIN, VERGER, adjudant général, TALVET, chef d'escadron, BEAUGRAND, capitaine, DEVILLE, volontaire et ROUMIÈRE, commissaire ordonnateur, secrétaire (Registre, p. 67-71). Le général Romanet, qui a signé depuis le 19 messidor et qui a encore signé l'avis du 14 thermidor, ne reparaît pas dans ce procès-verbal de clôture.

avait eu une tentative de réaction en faveur des terroristes et notamment des représentants en mission à qui l'on commençait à demander compte de leurs excès ; on l'a pu voir par plusieurs des décrets votés au milieu de l'émeute ; et tout récemment lorsqu'on envoyait Brutus Magnier devant la Commission militaire, Boursault, tout en montrant que cet extravagant n'était pas fou, avait dit, rappelant ses forfaits :

C'est ainsi que ces scélérats effectuaient la dévastation des départements et l'assassinat des citoyens. Déployez à leur égard toute la sévérité des lois..., ; trop d'indulgence enhardit les scélérats, décourage le peuple et fait douter de votre volonté de terrasser le crime. J'appelle sur ces monstres toute la surveillance, toute la sévérité du gouvernement.

Invocation qui amena Clauzel à dire :

J'annonce que les Comités de gouvernement préparent un rapport général sur cet objet[1].

On allait bientôt voir les effets de cette déclaration. La Convention, du reste, en avait déjà donné un gage dans le procès de Carrier ; il y en eut un autre où elle répondit aussi au cri de la province, c'est le procès de Joseph Le Bon.

## III

### Procès de Joseph Le Bon.

Après Carrier, l'homme qui s'attira justement les plus terribles malédictions de la province, c'est Joseph Le Bon.

On n'avait pas attendu la chute de Robespierre pour l'attaquer. Son arrestation mit un terme aux témoignages dont il avait compté user pour se défendre. La Société populaire de Cambrai rétracta les éloges qu'elle lui avait

---

[1]. Séance du 25 prairial an III, *Moniteur* du 28 (16 juin 1795), t. XXIV, p. 691.

prodigués le 6 messidor[1]. On arrêta ses principaux complices, et la même réaction se produisit dans le Pas-de-Calais : Arras, après Cambrai, vint signaler à la Convention les crimes de son proconsul[2]. Cependant les Comités de sûreté générale et de législation, chargés par le décret du 16 thermidor d'informer dans le plus bref délai sur les crimes dont on l'accusait, ne se hâtaient pas de faire leur rapport. Depuis plus de trois mois ils gardaient le silence, quand le cri public qui réclamait Carrier remit aussi Le Bon en mémoire. Le représentant Raffron (6 brumaire an III, 27 octobre 1794) pressa les comités de déposer leurs conclusions. Les mesures qui furent prises le surlendemain (8 brumaire) à propos de Carrier devaient aussi le regarder lui-même. Désormais les trois Comités de salut public, de sûreté générale et de législation devaient examiner toute plainte portée contre un représentant ; s'ils déclaraient qu'il y avait lieu à examen, une commission de vingt et un membres devait instruire l'affaire et présenter l'acte d'accusation[3].

Cette mesure appliquée à Carrier, sans précipitation d'ailleurs, mais sans délai, en raison du procès pendant contre les membres du comité de Nantes, fut ajournée encore en ce qui touchait Le Bon : trop de membres étaient intéressés à ce qu'on ne remuât point le passé davantage. Ce ne fut pas assez de la condamnation de Carrier, ni même de l'arrestation de Billaud-Varenne, de Collot-d'Herbois et de Barère (12 ventôse an III, 2 mars 1795)[4] : il fallut l'enquête ouverte sur les papiers trouvés chez Robespierre à la suite du rapport de Courtois, pour rappeler l'attention sur cet ami de Robespierre, tant ménagé, presque choyé dans les rapports de Barère. Les Comités, mis de nouveau en demeure, n'osèrent plus rester dans

---

1. *Moniteur* du 11 messidor et du 16 thermidor, t. XXI, p. 83 et 376.
2. A.-J. Paris, t. II, p. 200 et suiv. ; Thénard, p. 376 et suiv.
3. A.-J. Paris, t. II, p. 313 ; Thénard, p. 390.
4. *Moniteur*, t. XXIII, p. 589.

l'inaction. Ils firent comparaître Le Bon devant eux; on l'entendit, mais sans conclure; et ni l'activité de Guffroy, aiguillonnée par sa haine, ni l'autorité de Merlin (de Douai), ne réussirent à pousser la chose plus avant. Pourtant après l'émeute du 12 germinal (1ᵉʳ avril), quand on arrêta dix-sept députés de la Montagne et qu'on décréta la déportation de Billaud-Varenne, de Barère et de Collot-d'Herbois, Le Bon revint en mémoire, et Tallien proposa de le déporter aussi. Mais Bourdon (de l'Oise), on l'a vu, se récria contre cette façon de le soustraire au supplice [1]. Il y fallait donc aviser. Le lendemain de la condamnation de Fouquier-Tinville, le 18 floréal (7 mai 1795), les Comités firent leur rapport et, sur leurs conclusions, la Convention nomma la commission de vingt et un membres, chargée d'instruire. Nouvel incident : l'émeute du 1ᵉʳ prairial qui fit arrêter l'un des vingt et un. Un instant, on eut l'idée de se passer aussi des vingt autres. La Commission militaire ayant été créée le 4, en vue des insurgés, Thibault demanda que « l'infâme » Le Bon y fût renvoyé pour être jugé militairement (5 prairial); mais de violents murmures s'élevèrent de toutes parts : et un membre s'écria : « Que deviendra donc la loi de garantie sur la représentation nationale ?! » — Et la proposition n'eut pas de suite.

Enfin, le 1ᵉʳ messidor, la Commission des vingt et un fit son rapport qui concluait à la mise en accusation : elle fut prononcée par appel nominal le 22; et le 29 (17 juillet 1795), la Commission présenta l'acte d'accusation qui, séance tenante, fut adopté [3].

A cette époque, le tribunal révolutionnaire, même sous sa dernière forme, n'existait plus. La loi du 12 prairial an III (31 mai 1795) l'avait supprimé, renvoyant la connaissance

---

1. 16 germinal, *Moniteur* du 20, t. XXIV, p. 151 et ci-dessus, p. 186.
2. *Moniteur* du 10 prairial (29 mai 1795), t. XXIV, p. 515.
3. A.-J. Paris, t. II, p. 312-325; Thénard, p. 392. Tous ces retards de la Convention qui semblaient témoigner de l'intention de sauver l'accusé provoquèrent un déluge de pamphlets contre lui. Nous en avons cité plusieurs ci-dessus, p. 85, et dans la note X, aux Appendices.

des délits qu'il avait à juger aux tribunaux criminels de département. C'est aux tribunaux criminels du Pas-de-Calais ou du Nord qu'il eût appartenu de juger Le Bon; mais le Pas-de-Calais et le Nord pouvaient être écartés, par raison de suspicion légitime. On le renvoya devant le tribunal criminel de la Somme. Le décret du 12 prairial, selon lequel le tribunal devait juger, comportait deux modes de procéder : l'un, conforme au droit commun, réglé par la loi du 16 septembre 1791 ; l'autre, déterminé par la loi du 8 nivôse an III (28 décembre 1794) relative aux accusés traduits par un décret du Corps législatif pour faits de conspiration : dans ce cas, le tribunal criminel devait juger avec un jury spécial qui était tiré au sort sur une liste de trente membres, dressée par le procureur général syndic du département, et le jugement était sans recours en cassation [1]. Le Bon qui, lui aussi, avait pratiqué une justice si terriblement sommaire, ne négligea aucun moyen d'entraver ou de ralentir la marche de son procès. Le tribunal (et c'est à regretter) avait décidé qu'il lui appliquerait la loi du 8 nivôse. Le Bon protesta, et, dans le cours des débats, il saisit une autre occasion de revendiquer le recours en cassation que la loi du 8 nivôse lui refusait. La constitution qui venait d'être achevée,—la Constitution de l'an III, — rétablissait, sans exception, ce recours pour tout jugement rendu en dernier ressort par les tribunaux. Cette constitution ayant été promulguée le 1er vendémiaire an IV (23 septembre 1795), Lebon en réclama immédiatement le bénéfice. La question fut réservée et les débats continuèrent.

Ils occupèrent vingt-huit séances pendant lesquelles 94 témoins furent entendus. Ainsi les actes du proconsul y purent être passés en revue tout à loisir : la conservation illégale du tribunal révolutionnaire d'Arras après la loi du 27 germinal; la pression exercée sur les décisions

---

1. A.-J. Paris, t. II, p. 328.

des jurés et des juges par tous moyens, insinuation, menace, destitution, incarcération; des citoyens acquittés et remis immédiatement en jugement pour le même fait; les pouvoirs attribués par la Convention à son commissaire, délégués sans droit ou exercés sans mesure; le talent et la richesse devenus une cause de persécution; les autorités constituées avilies et déshonorées, sans raison ni prétexte, et, parmi les faits particuliers, des brutalités à l'égard de simples femmes, de pauvres jeunes filles[1]; toute une famille de cultivateurs mise à mort pour avoir donné dans les hallucinations d'un jeune fanatique; l'exécution d'un condamné suspendue sur l'échafaud pour le plaisir cruel de l'apostropher et de lui raconter

---

[1]. Un de ces faits est attesté par les deux prisonniers qui ont écrit *les Horreurs des prisons d'Arras*, et ils l'attestent comme témoins oculaires : « Ce fut alors, disent-ils, qu'à travers les fenêtres du grenier nous avons été témoins d'une scène entre Joseph Lebon et deux citoyennes que nous n'avons pu connoître. Les ayant vues assises sur le rempart, dans un endroit où, suivant ce frénétique, elles ne devoient pas être, il tira son sabre, les en frappa et aidé de son don Quichotte Lefetz, il les arrêta et les conduisit à la Providence. » (*Hist. des prisons*, t. III, p. 333.) Ces femmes sont probablement Mme Desvignes et sa fille dont il est dit à sa charge, dans l'acte d'accusation, art. 13 : « D'avoir intimidé d'un coup de pistolet les citoyennes Desvignes qui se promenaient sur le rempart d'Arras, de les avoir fouillées lui-même, d'avoir fait déshabiller la jeune Desvignes en sa présence, de l'avoir frappée d'un coup de poing; enfin de l'avoir conduite, ainsi que sa mère, en état d'arrestation, quoiqu'il n'eût rien à lui reprocher, et d'avoir, par cette conduite, avili en sa personne le caractère de représentant du peuple français. » (*Hist. de Jos. Lebon*, t. II, p. 328.) Des faits divers contenus dans ce chef d'accusation il y en a un qui est pleinement admis: l'arrestation arbitraire; deux qui sont contestés : ce sont les deux dont nos auteurs ne disent rien, le coup de pistolet et le fait d'avoir contraint la jeune Desvignes à se déshabiller en sa présence; pour les autres, voici le verdict du jury : « Est-il constant que les citoyennes Desvignes aient été fouillées? — *Oui*. — Joseph Lebon est-il convaincu de les avoir fouillées lui-même? — *Oui*. — A-t-il eu intention criminelle? — *Non*. — Est-il constant que la jeune Desvignes ait été frappée d'un coup de poing? — *Oui*. — Joseph Lebon est-il convaincu de lui avoir donné le coup de poing? — *Oui*. — A-t-il eu intention criminelle? — *Non*. » Rendons au jury cette justice que sur cette autre question : « A-t-il, par cette conduite, avili en sa personne le caractère de représentant du peuple français? Il a répondu : *Oui*; et il lui a refusé à cet égard le bénéfice des circonstances atténuantes. — A-t-il eu intention criminelle? — *Oui*. (*Questions soumises aux jurés*, Appendice à l'*Histoire de Joseph Lebon*, t. II, p. 350.)

des nouvelles; le juge de paix de Rœux et son greffier mis à mort pour un jugement rendu jadis contre Le Bon, tels sont les principaux faits que posait l'acte d'accusation et qui restèrent définitivement à sa charge [1]. Le 12 vendémiaire, le président résuma les débats et posa au jury cent trente-six questions (par chaque fait, trois questions au moins, y compris la question intentionnelle). Le verdict fut affirmatif sur cent vingt-trois, négatif sur treize. Le tribunal condamna donc Le Bon à mort, mais ordonna qu'il serait sursis à l'exécution, jusqu'à ce que la Convention se fût prononcée sur la question de l'appel en cassation. La Convention déclara le jugement définitif, et le 24 vendémiaire (16 octobre 1795) [2], Le Bon expiait ses forfaits [3] : — tant de forfaits! et il n'avait que trente ans.

## IV

### Procès de Lacombe à Bordeaux.

Il y eut d'autres assises où la justice révolutionnaire eut à rendre compte de ses excès. Avant le procès de Joseph Le Bon, qui fut le procès de la commission extraordinaire d'Arras et de Cambrai, avait eu lieu à Bordeaux le procès de Lacombe, président de la Commission militaire qui ensanglanta cette ville; puis vinrent le tribunal révolutionnaire de Brest, le tribunal révolutionnaire de Nîmes, la commission d'Orange, de sinistre mémoire.

Commençons par Bordeaux.

A la nouvelle du 9 thermidor, Garnier (de Saintes) n'avait pas trouvé plus sûr moyen de se sauver que de prendre les devants en frappant Lacombe, président de la Commission militaire, comme on appelait le tribunal extraordinaire de cette ville. Il avait appris la révolution nouvelle par un

---

1. A.-J. Paris, t. II, p. 325 et 329.
2. L'an III à six jours complémentaires. Le 1ᵉʳ vendémiaire an IV équivaut au 23 septembre.
3. A.-J. Paris, t. II, p. 327; Thénard, p. 440.

courrier extraordinaire dans la nuit du 14 au 15 thermidor (du 30 juillet au 1er août), et la même nuit, il faisait arrêter Lacombe : si bien que la ville put connaître en même temps la chute de l'odieux président et celle de Robespierre.

Ce n'était point assez. Le 2 août, Garnier suspendit la Commission militaire, et, le 7, il en faisait arrêter tous les membres : cela devait lui réconcilier les esprits ; mais Bordeaux fut plus rassurée encore lorsqu'on apprit que Tallien, dont on avait jadis apprécié la modération relative, faisait renvoyer dans les départements du Bec-d'Ambez et de Lot-et-Garonne son ancien collègue Ysabeau.

Ysabeau, en arrivant, abolit la Commission militaire que Garnier avait suspendue, et il alla plus loin. Garnier, avant de partir, avait déjà préparé le jugement de Lacombe, en provoquant les dénonciations sur les concussions et les abus dont il s'était rendu coupable. Bientôt le dossier fut en état, et, le 26 thermidor (13 août 1794), Ysabeau institua la nouvelle Commission militaire, « chargée spécialement et uniquement de juger les délits attribués au ci-devant président de tribunal établi sous ce nom et à ses complices ».

Le président était Lataste ; l'accusateur public, Derey.

La Commission siégea dès le lendemain (27 thermidor, 14 août).

Lacombe, amené au lieu où il avait jadis présidé, portait à son chapeau une large cocarde. « A bas la cocarde nationale ! lui cria-t-on sur la route ; il n'est pas digne de la porter ! » et un jeune garçon, se glissant sous le cheval d'un gendarme, se jeta sur l'accusé, la lui arracha et s'enfuit. Les cris de mort, les menaces, l'assaillirent de toutes parts, sur la route, et au tribunal il fut accueilli par des huées. Ce n'était que le commencement de l'expiation. Lorsque, interrogé par le président sur son état, il dit : « Instituteur ; j'ai accepté la place de président de la Commission militaire, c'est-à-dire la mort », des cris d'indignation s'élevèrent contre le bourreau qui se posait en victime. La lecture de l'acte d'accusation et les débats montrèrent qu'il y avait quelque chose de plus que le bourreau en lui : il y avait le concussionnaire, spéculant sur le prix du sang. S'il n'avait pas envoyé plus de monde à la mort, c'est qu'il faisait trafic de la vie des accusés; mais quelquefois, après avoir reçu l'argent, il prit aussi la tête. La multitude furieuse n'eut aucun respect pour sa situation d'homme traduit en justice. Souvent il était interrompu par ce cri : *Assieds-toi, nous sommes fixés sur ton compte!* — C'est la formule par laquelle lui-même avait fermé la bouche à tant de malheureux qui comparaissaient devant lui.

Lacombe ne plaidait point pour sa vie; il déclara même que si les juges avaient la lâcheté de ne point le condamner, il se ferait justice de ses propres mains : sorte de bravade qui n'attendrit personne; mais il voulait défendre au moins son frère et sa femme; il voulait dénoncer deux complices, le boulanger Rey et l'ancien avoué Bizat, dont il suspectait la trahison. Le président luttait en vain pour contenir les murmures de la foule : elle ne fit silence que pour entendre chacun des juges opiner contre lui; et quand la peine de mort fut prononcée, elle poussa tout d'une voix le cri de *Vive la République!*

Lacombe aussi répéta le cri, agitant son chapeau.

On le conduisit directement du tribunal à la guillotine. La multitude ne l'aurait peut-être pas laissé aller jusque-là, si, au lieu de le mener à pied, comme il le demandait, on ne l'eût fait monter sur la charrette. Il n'en fut que mieux exposé aux imprécations et aux insultes. Une musique militaire l'attendait sur le lieu de l'exécution, jouant des airs patriotiques. Le malheureux monta à la hâte les gradins, se précipitant vers la bascule : mais l'assistance voulait le voir. On lui fit faire le tour de l'estrade avant de le jeter sous le couteau! Et sa mort n'apaisa point la multitude : des misérables se disputèrent son cadavre; sa tête, promenée au bout d'une pique au milieu des chants et des danses, fut soustraite enfin à ces cannibales et ne fut pas retrouvée.

Le jour même, la guillotine qui était en permanence fut démontée par ordre d'Ysabeau.

On en fit encore usage. — Le cri public redemandait les complices de Lacombe, complices non de ses violences, mais de son avidité, les receleurs ou les entremetteurs de ses concussions : son frère et sa femme qu'il avait défendus, Rey et Bizat qu'il avait accusés. Rey fut condamné à mort, le 2 brumaire an III (23 octobre 1794), les trois autres, à vingt ans de fers. La réaction à Bordeaux se renferma dès lors dans les agitations du club national [1].

## V

**La commission d'Orange, les tribunaux révolutionnaires de Nîmes et de Brest.**

C'est le Comité de salut public lui-même qui, obéissant au décret du 11 thermidor (29 juillet 1794), avait, par un arrêté du 13, signé Collot-d'Herbois, Carnot, etc., suspendu les commissions ou tribunaux révolutionnaires d'Orange et de Nîmes.

A Orange, l'arrêté du Comité de salut public du 13 avait été communiqué, le 18, par l'agent national, à la commission qu'il concernait [2]. Les noms des membres qui signaient cet arrêté, le maintien de Maignet à son poste et la proposition faite le lendemain, 14 thermidor, par Barère, de confirmer Fouquier-Tinville dans ses fonctions d'accusateur public au tribunal révolutionnaire de Paris, tous ces indices leur faisaient croire que la Terreur était toujours debout; qu'il n'y avait que les triumvirs à bas. Fauvety, le président de la commission d'Orange, écrivait à Mai-

---

1. Voy. pour toute cette fin de la Terreur à Bordeaux le livre de M. Vivie que nous avons déjà cité, t. II, p. 407-461.
2. L'abbé Bonnel, *les 332 Victimes de la commission populaire d'Orange en 1794*, t. II, p. 431.

gnet pour savoir si la suspension durerait longtemps[1]. Cependant Maignet, malgré son adhésion chaleureuse au 9 thermidor, était fortement attaqué à Paris comme ami de Robespierre et de Couthon; le 26 thermidor, un décret le rappelait expressément, et déjà un nouveau représentant, Goupilleau, était envoyé dans le département de Vaucluse. La réaction, d'abord hésitante, ne pouvait pas manquer de se produire, et, pour en éviter les violences, l'agent national reçut l'ordre de mettre en arrestation tous les membres de la commission : il les surprit pour la plupart à table et les expédia sur Paris sans retard. A Lyon, la multitude les voulait massacrer. Au milieu du tumulte, Fernex, un des juges, se jeta dans le Rhône et gagna la rive à la nage; malheureusement pour lui, il revint un peu plus tard à Lyon et, reconnu par la veuve d'une de ses victimes, il s'engagea dans une rixe où il fut renversé, foulé aux pieds, étouffé et jeté à l'eau. Deux autres membres de la commission avaient échappé à l'arrestation : le président Fauvety et le greffier Benet. Après diverses vicissitudes, ils avaient gagné Paris où ils furent arrêtés dans les premiers jours de brumaire an III. Survinrent les journées de germinal et de prairial, dont le contrecoup fut la résolution d'en finir avec tous ceux qui avaient été les instruments de la Terreur dans les départements.

A peu près en même temps que Maignet était mis en accusation, un ordre du Comité de sûreté générale, conformément à un décret du 6 messidor, fit extraire les membres de la commission d'Orange de la prison du Plessis, pour les traduire à Avignon devant le tribunal criminel du département de Vaucluse. Cette translation faillit servir les deux principaux de la troupe, le président Fauvety et l'accusateur public Viot. Ils s'échappèrent pendant

---

[1]. 24 thermidor, Baumefort, *Tribunal révolutionnaire d'Orange*, note 73, p. 335. — Cf. la lettre de la commission de surveillance d'Orange, 29 thermidor, *ibid.*, note 75, p. 338.

une station au bourg de la Blanchère, près Joyeuse[1]; mais ils furent repris; ils comparurent avec les autres le 2 messidor an III (20 juin 1795) et, après cinq jours de débats, un jugement les condamna tous à mort : VIOT, accusateur public, FAUVETY, président, ROMAN-FONROSA, MEILLERET, RAGOT, juges; BARJAVEL, ancien accusateur public du tribunal criminel de Vaucluse, adjoint comme conseil à l'accusateur public, et BENET, greffier de la commission. NAPPIER, huissier, enrichi des dépouilles des victimes, était condamné à douze ans de fers et à l'exposition.

L'exécution eut lieu le 8 à Avignon. On dit que Ragot, Viot et Barjavel, donnèrent, avant de mourir, des signes de repentir et de foi. Nappier, pendant son exposition, ayant répondu par des grossièretés à des insultes de quelques enfants, fut arraché de l'échafaud, accablé de coups, tué par la populace et jeté dans le Rhône[2].

A Nîmes, le maire Courbis, le grand pourvoyeur du tribunal, fut arrêté, et son procès, dont les pièces sont restées au greffe de la cour de Nîmes, donne de curieuses révélations sur les actes de l'administration et de la justice révolutionnaire dans le Gard[3]. Les juges aussi furent mis en arrestation, excepté Boudon qui se brûla la cervelle; Giret,

1. Beaumefort, *l. l.*, p. 191 et note 78, p. 342.
2. Beaumefort, p. 191, 202-206 et les pièces justificatives qu'il donne à la fin du volume.
3. On accusait Courbis d'avoir dansé autour de la guillotine. Voici son interrogatoire à ce sujet : « Dans un de tes précédents interrogatoires, il a été question de la farandole autour de la guillotine. Tu conviens bien d'avoir dansé tout auprès, mais non pas autour d'elle. Cependant deux déclarations de témoins affirment de t'avoir vu danser autour avec Giret, Colognac père; l'un des témoins dit t'avoir vu réitérer cette danse. » — On lui présente les dépositions. — « R. Je n'ai jamais fait la farandole autour de la guillotine et beaucoup moins eu cette intention. La farandole se commençoit sur l'esplanade où étoit la guillotine; c'est une danse où quelquefois il y avoit deux cents personnes, dansant à la même farandole en parcourant l'esplanade : il n'est pas surprenant qu'il ait pu paroître aux témoins que l'on dansoit autour de la guillotine, surtout quand on faisoit cette danse autour de l'arbre de la liberté qui étoit très voisin de la guillotine. » (Interrogatoire du 23 vendémiaire an III. Procès de Courbis, greffe de la cour de Nîmes.)

qui n'avait osé l'imiter, fut trouvé pendu dans sa prison; pour la plupart des autres, la fureur populaire les enleva à l'action de la justice. Le maire Courbis fut massacré avec deux autres dans la citadelle dont on força les portes (10 prairial an III, 29 mai 1795); le vice-président Beaumet et l'accusateur public Bertrand eurent le même sort, comme on les menait de la prison du palais à la citadelle (19 prairial). Ce fut seulement à la fin de messidor an III que le président Pallejay et le juge suppléant Pelissier, déclarés par le jury coupables d'assassinats judiciaires, furent condamnés à mort; mais le jugement fut cassé, la cause renvoyée devant un autre tribunal, et, grâce à ces délais, ils gagnèrent le décret d'amnistie de brumaire an IV qui les mit en liberté [1].

Quant au tribunal révolutionnaire de Brest, il avait cru pouvoir durer sous le patronage de Prieur (de la Marne). Il avait acclamé la chute de Robespierre, et, le 24 thermidor, il jugeait encore. Mais le jour même, à Paris, un arrêté du Comité de salut public suspendait le président Ragmey de ses fonctions [2], et bientôt les juges se voyaient vivement attaqués sur les lieux mêmes.

Un huissier nommé Roffin, franc révolutionnaire, « basilic ardent et perpétuel de l'aristocratie et du modérantisme », comme il s'appelle lui-même, mais révolté de ces attentats, les attaqua dans une réunion de la Société populaire le 27 fructidor (13 septembre 1794). On l'y reçut très mal. La séance fut levée brusquement et lui-même faillit être assommé à la sortie. Mais il revint à la charge et, dans une brochure qui porte pour épigraphe : *le Doigt de Robespierre est ici* [3], il signala à l'indignation publique

1. Berriat Saint-Prix, t. I, p. 378. Voy. aussi, dans l'ouvrage spécial cité plus haut (*Pièces et documents officiels*, etc.), des notices sur chacun des juges et des jurés du tribunal, p. 122 et suiv.
2. Arch. nat., AF II, 69, pièce 150.
3. *Dénonciation de la conduite atroce du tribunal révolutionnaire de Brest*, Roffin à ses concitoyens (brochure in-8°).

tous les excès de ce tribunal : un accusateur public qui se vantait de mépriser les décrets de la Convention et de n'obéir qu'à des ordres secrets venus de Paris; qui mandait les jurés au parquet pour les endoctriner avant l'audience; un président qui exerçait, à l'exemple de Dumas et de Coffinhal, un affreux despotisme dans la direction des débats; des juges qui échangeaient des signes d'intelligence avec les jurés; qui s'en allaient dîner avec eux, l'audience étant suspendue; des espions entretenus dans les prisons; les apprêts du supplice toujours faits pendant le jugement et l'impunité assurée à cet exécuteur muscadin, qui, de sa propre autorité, sans doute, par un raffinement de cruauté, rangea en rond, sous les yeux du peuple, vingt-six têtes sanglantes, encore agitées par les convulsions de la mort [1]. Le tribunal fut supprimé (16 vendémiaire an III, 7 octobre 1794) [2] et les juges poursuivis. Sur la plainte des Brestois, la Convention renvoya l'examen de leur conduite aux Comités de sûreté générale et de législation réunis, et c'est en leur nom que Génissieux fit son rapport dans la séance du 16 prairial an III (4 juin 1795). Ce fut la révision du grand procès des administrateurs du Finistère et l'apologie du fédéralisme au sein de la Convention, désormais affranchie de ses maîtres :

Nous avons examiné, dit-il, avec soin et sans prévention, les pièces sur lesquelles étaient fondées ces imputations odieuses; nous pouvons vous assurer qu'au lieu des projets perfides imputés aux Brestois, nous n'y avons trouvé que des intentions droites, un patriotisme ardent, mais pur, une volonté très prononcée de faire respecter la représentation nationale, de rendre à la Convention la liberté dont elle était privée;... en un mot, d'opérer par la force départementale ce que vous avez depuis exécuté par votre sagesse et par votre énergie. Tels étaient les véritables desseins des Brestois, et plût au ciel qu'ils eussent pu les accomplir! nous n'aurions pas à pleurer aujourd'hui sur

---

1. Roffin, *ibid.*, p. 11.
2. Arch. nat., AF II, carton 22, dossier 70.

les ruines de Lyon, sur les désastres de la Vendée, sur les massacres d'Orange, ni sur une foule d'autres forfaits qui ont souillé le berceau de la liberté [1].

La réhabilitation des victimes entraînait la flétrissure de leurs bourreaux. Génissieux trace à grands traits le tableau de l'odieux tribunal, œuvre de Robespierre et mis aux mains de ses créatures : les juges, les jurés dont plusieurs faisaient en même temps partie de la Société populaire, foyer des délations; en sorte qu'ils avaient à juger quelquefois ceux qu'ils avaient dénoncés; le tribunal faisant la police des prisons, et, dès l'arrestation, disposant des biens et de la personne des prévenus; les témoins à charge, bien accueillis, les témoins à décharge, menacés, et l'accusateur public ayant d'ailleurs, pour cet office, une caisse à lui et des mercenaires à gages; les défenseurs gênés dans leurs plaidoyers, arrêtés à tout propos; les accusés n'ayant pas plus de facilités pour se justifier eux-mêmes; les condamnations les plus iniques; et le *vengeur du peuple* se faisant un jeu des exécutions.

Ce rapport fut suivi d'un décret qui renvoyait au directeur du jury du tribunal de Brest, pour être mis en accusation, s'il y avait lieu, le président Ragmey, les juges Palis et Lebas, l'accusateur public Donzé-Verteuil, deux greffiers, plusieurs jurés et l'exécuteur Ance. Mais Ragmey et quelques autres n'avaient pas encore été arrêtés : l'affaire était si vaste qu'elle réclamait une longue instruction; si bien que les accusés finirent par gagner vendémiaire an IV et le décret d'amnistie du 22 qui les fit mettre en liberté [2]. Le président Ragmey, dit M. Berriat Saint-Prix, est mort paisiblement en 1837 dans un des faubourgs de Paris [3].

1. *Moniteur* du 20 prairial an III (8 juin 1795), t. XXIV, p. 623. Defermon, dans la séance du 1er prairial, rendait, on l'a vu, Prieur (de la Marne) responsable de la mort des administrateurs du Finistère, *Moniteur* du 6 (25 mai 1795), *ibid.*, p. 513.
2. Séance du 22 vendémiaire an IV, *Moniteur* du 26 (18 octobre 1795), t. XXVI, p. 207 et suiv.
3. Berriat Saint-Prix, *la Justice révolutionnaire*, p. 253.

La commission militaire de Rennes avait comparu devant le tribunal révolutionnaire de Paris après le 9 thermidor dans la personne de son président Brutus Magnier qui fut déchargé, comme le comité révolutionnaire de Nantes, de tous ses excès, en raison de ses bonnes intentions, et renvoyé seulement pour quelques faits de dilapidation devant le tribunal criminel de Rennes; mais nous avons vu comment il y échappa, en se vantant d'être l'auteur de la conspiration du 1er prairial et se faisant ainsi appeler devant la commission militaire établie pour juger cet attentat : ce qui lui valut la peine de la déportation.

J'ai parlé, à propos de Lyon même, de ce qui advint des présidents des deux commissions judiciaires de cette ville, Dorfeuille et Parein : Dorfeuille, victime des massacres qui signalèrent (nous le verrons plus bas) la réaction dans Lyon le 16 floréal an III (5 mai 1795); Parein, général de brigade, destitué le 27 vendémiaire an III, réintégré dans son grade pour avoir défendu la Convention dans la journée du 13 vendémiaire an IV et envoyé à l'armée d'Italie; mais, opposé au 18 brumaire, mis à la réforme et terminant paisiblement ses jours après avoir vu la révolution de 1830 (24 mai 1831)[1].

Que ceux qui ont échappé à la sentence des tribunaux subissent au moins le jugement de l'histoire !

1. Voy. ci-dessus, t. III, p. 172.

# CHAPITRE XL

RÉACTION GÉNÉRALE. — LA TERREUR BLANCHE. — DERNIÈRES POURSUITES. — L'AMNISTIE.

## I
### Réaction générale.

La réaction n'atteignit pas seulement les juges; elle s'attaqua également à tous ceux qui, à quelque titre que ce fût, avaient pris part aux excès de ce régime : réaction d'autant plus forte que ce régime avait été plus violent. La Terreur à son tour eut ses suspects, et plusieurs ne s'étaient que trop dénoncés eux-mêmes par des actes. Il faudrait, pour dresser le tableau de ces troubles, refaire l'histoire particulière des villes depuis le 9 thermidor et dans tout le cours de l'an III (1794-1795).

On peut regarder comme un fait général les épurations des comités de surveillance et des autorités constituées; résultat fatal des épurations jadis faites : *abyssus abyssum invocat*; les emprisonnements, en moins grand nombre, toutefois, et, après la loi du 21 germinal (10 avril 1795), les désarmements. Dans plusieurs villes, on paraît s'en être tenu à cette dernière opération. Ainsi dans le Nord on dressa des « états de ceux qui ont été reconnus devoir être désarmés [1] ».

---

1. Voy. pour Douai le Recueil de Plouvain, I, n° 5. Le 19 prairial an III (7 juin 1795), les représentants Merlin et Lefebvre (de Nantes) sont à la

Dans les villes où la Terreur avait été le plus sanglante, dans le ressort de Joseph le Bon, à Arras, à Cambrai, les plus compromis de ses agents avaient été d'abord mis en prison. Ils en sortirent. Quelques-uns se firent oublier en allant s'établir dans les villes du voisinage.

En Normandie où la Terreur n'avait pas été excessive, les représailles furent aussi très limitées. A Rouen, on publia des libelles : « Vente après décès de la bibliothèque de nos égorgeurs [1] »; on changea des noms de rues, proscription fort anodine. Rouen eut aussi son émeute de germinal : du 13 au 15, il y eut comme un contre-coup du mouvement du 12 à Paris, un cri *du pain* et non pas *la Constitution de 1793*, mais tout au contraire, *Vive Louis XVII!* Le représentant Duport fut impuissant; il fallut l'arrivée du général Danican pour que l'ordre fût rétabli. Dieppe aussi eut son émeute, mais en prairial, émeute surtout de femmes. Ailleurs encore, à Normanville, par exemple, on abattit des arbres de liberté, on cria : *Vive Louis XVII!* impunément [2].

Dans la Manche, où le représentant Bouret avait succédé à Le Carpentier, une enquête, ordonnée par l'accusateur public Lemenuet sur les exactions des terroristes, en fit renvoyer plusieurs devant le tribunal criminel [3]; il eût été à désirer qu'il en fût ainsi partout et que la justice eût seule à sévir.

En Lorraine, le terroriste Robinot Garnier, mis en arrestation par Delacroix, avait été défendu auprès du Comité de salut public par Garnier (de la Meuse), son beau-frère. La Société populaire de Bar-sur-Ornain s'adressa, le 25 frimaire an III (15 décembre 1795), au Comité de sûreté

---

séance du conseil général de Douai et l'invitent à prendre des mesures contre les terroristes qui ont des conciliabules vers Tournai. Le conseil répond que la ville est tranquille et que le peu de jeunes gens qui cherchent à exciter le peuple n'est pas à craindre. (*Ibid.*)

1. Voy. Gosselin, ouvrage cité, p. 194-196.
2. *Ibid.*, p. 209.
3. Sarot, *la Terreur dans la Manche*, p. 306.

générale et publia un acte d'accusation en trois colonnes, présentant : 1° les griefs; 2° les réponses de Garnier; 3° la réfutation des réponses; le tout terminé par des observations nouvelles de Garnier avec une réfutation plus accentuée encore [1].

Mêmes manifestations en Auvergne. La Société populaire d'Aurillac signalait des hommes qui, sous la protection de Carrier, avaient rempli le district et le département tout entier « de désolation et de désespoir »; et plusieurs venaient d'être mis en liberté! Elle demandait justice [2].

Le Doubs offre l'exemple d'un département qui, durement opprimé par la Terreur, sévit peu contre les terroristes. Ce sont les représentants Fouché, Pelletier et Sevestre qui, après le 9 thermidor, avaient été envoyés dans cette région. Ils firent dans les administrations les remaniements qui étaient à l'ordre du jour. Les plus odieux des terroristes furent privés de leurs emplois; et toutefois le tribunal criminel, qui avait été leur instrument, fut maintenu d'abord; ce fut seulement le 29 nivôse (18 janvier 1795) que les représentants en exclurent le président Nodier. En regard du journal *la Vedette*, qui avait été l'organe de la Terreur, s'était élevé *le Neuf Thermidor* qui, comme son nom l'indique, était le porte-voix de la réaction; et ceux qui dominaient naguère, les Briot, les Rambour, les Jos. Droz, y étaient peu ménagés. Les plus compromis dans les comités de surveillance ou les administrations furent dénoncés et livrés au tribunal : il y eut des condamnations à douze ans, à vingt ans de fers, pour faux en écriture publique, détournement de biens des condamnés; car ces comités de patriotes prenaient volontiers leur part à l'amiable dans le produit des confiscations. Hors ces cas par trop criants, les terroristes pouvaient ne pas se croire absolument perdus, quand ils voyaient un homme comme Fouché parmi les représentants en mission

---

1. Bibl. nat., Lb$^{40}$, 888.
2. Bibl. nat., Lb$^{40}$, 882.

du nouveau régime : il n'y avait pas si longtemps qu'on l'avait vu dans la Nièvre et à Lyon. Ils eurent plus à craindre quand Saladin, député de la Somme, fut délégué le 19 germinal (8 avril 1795) dans le Jura, la Haute-Saône et le Doubs, avec les pouvoirs illimités des représentants en mission [1]. Saladin avait donné la preuve de ses dispositions à l'égard des hommes de la Terreur dans son rapport du 12 ventôse, au nom de la Commission des vingt et un, contre les membres des Comités. Les terroristes durent s'attendre à subir, là comme ailleurs, le contre-coup des insurrections manquées du 12 germinal et du 1$^{er}$ prairial. Néanmoins l'esprit naturellement peu persécuteur de Saladin tempéra l'application de ces mesures dans les départements placés sous sa direction; et les administrations qu'il recomposa, en général, des anciens proscrits, ne recherchèrent pas avec beaucoup d'âpreté la vengeance.

M. Sauzay a pu dire en terminant le tableau qu'il en a retracé : « Ce qui frappe tout d'abord, c'est la modération incontestable que gardèrent les victimes de la Terreur en passant presque immédiatement de la prison au pouvoir, et le peu de représailles qu'elles exercèrent envers leurs persécuteurs. En effet, tout se borna à la destitution d'une partie des fonctionnaires, qui n'avaient dû leur élévation qu'à l'illégalité ou à la violence et contre lesquels le vœu général n'avait pas cessé de protester; à l'incarcération temporaire d'une trentaine des principaux agitateurs qui, au lieu de rentrer dans l'ombre où le mépris public les eût laissés, travaillaient encore, avec leur redoutable activité, à perpétuer le désordre et à ressaisir le sceptre de la sanglante tyrannie; et enfin au désarmement anodin d'une soixantaine d'anarchistes qui, sans doute, au fond de l'âme, s'estimaient très heureux d'en être quittes à si bon marché et de trouver dans leurs vainqueurs une indulgence qu'ils leur avaient impitoyablement refusée eux-mêmes [2]. »

1. *Moniteur* du 22 (11 avril 1795), t. XXIV, p. 175.
2. Sauzay, *Histoire de la persécution révolutionnaire dans le Doubs de 1789 à 1801*, t. VII, p. 96.

## II

### Réaction dans le Midi. — La Terreur blanche.

Lyon, Marseille, Toulon, ces villes si cruellement traitées par la Terreur, et en général les villes du Midi poussèrent beaucoup plus loin les représailles. Ce fut peu de désarmer les terroristes ; ce ne fut pas assez de les jeter en prison : en plus d'un lieu, la multitude voulut se faire justice à soi-même. Que dis-je? il se forma des bandes de massacreurs, les compagnies dites du *Soleil* ou de *Jéhu*; et, pour que rien ne manquât à l'analogie, en plus d'un lieu elles opérèrent avec la connivence des commissaires de la Convention, et dans le silence de la Convention.

Charles Nodier, dans ses *Souvenirs de la Révolution*, a parlé de ces compagnies de *Jéhu* ou de *Jésus*, comme on les appelait par corruption dans le langage populaire, institution, dit-il, « qui n'avoit plus de type dans nos annales depuis le moyen âge, mais qui se rattache, par une filiation très sensible, à ces redoutables *chevaleries* de brigandage et d'assassinat dont un jeune savant nous promet l'histoire. Il est peu de personnes qui savent que cette armée étoit organisée avec beaucoup de puissance, qu'elle avoit sa hiérarchie, ses cadres, ses statuts, sa discipline, ses volontaires, ses mercenaires, ses *enfants perdus*. Le nom sacramentel des *Vengeurs* était *Compagnons de Jéhu*, et fort bien approprié à leur cruel ministère. Jéhu étoit, comme on sait, un roi d'Israël qui avoit été sacré par Élisée sous la condition de punir les crimes de la maison d'Achab et de Jézabel, et de mettre à mort tous les prêtres de Baal. Ce fut un étrange, un épouvantable spectacle! On n'a peut-être jamais vu aussi longtemps, chez aucun peuple, l'autorité légale mise en interdit, et la vengeance barbare hardiment érigée en place de la loi. Ce n'étoit pas une question, c'étoit un droit. On exécutoit un assassinat comme un jugement, et les gens qui passoient n'avoient rien à dire¹. »

A Lyon, à peine Robespierre était-il tombé, qu'on s'en prit aux complices de Fouché et de Collot d'Herbois qui, eux, étaient toujours debout. On les allait arrêter chez eux, on les faisait sortir comme pour les emmener à la Commune, et ils étaient égorgés dans la rue, jetés dans le Rhône. Il y eut même un peu plus tard des massacres en masse : dans la soirée du 16 floréal an III (5 mai 1795), trois groupes se portèrent vers les prisons des Recluses, de Saint-Joseph et de Roanne, et ils y égorgèrent quatre-vingt-dix-sept prisonniers. La municipalité laissait faire; la justice acquitta! Il y eut aussi des assassinats isolés à Marseille, vers la fin de l'an II et dans le cours de l'an III, et un massacre des détenus de Marseille dans la prison d'Aix, le 22 floréal (11 mai 1795); ni la troupe envoyée pour protéger la prison, ni la Commune qui tenta de s'y porter, ne purent se frayer un passage. La multitude armée et munie même de canons resta maîtresse de la place et y marqua son passage par le meurtre et par l'incendie. Vingt-neuf prisonniers périrent, soixante-dix-huit furent épargnés².

Les principaux massacres eurent lieu à la suite et sous le prétexte d'un mouvement insurrectionnel qui avait éclaté à Toulon. Un certain nombre de terroristes, menacés dans leurs communes, s'y étaient réfugiés. Ils trouvèrent dans le peuple et dans les ouvriers de l'arsenal assez d'appui pour

---

1. Charles Nodier, *Souvenirs de la Révolution*, § 5, la réaction thermidorienne, t. I, p. 114-115. (Éd. Charpentier, 1864.)
2. Buchez et Roux, *Histoire parlementaire*, t. XXXVI, p. 103-121. On peut tenir en défiance la partialité des deux auteurs et, plus encore, pour ce qui va suivre, celle de leur auteur principal, Fréron, l'un des massacreurs de Toulon et de Marseille, qui, accusé à propos de sa seconde mission dans le Midi, fit un mémoire pour se défendre. Mais Fréron a joint à ce mémoire des pièces justificatives qui sont, pour la plupart, des procès-verbaux rédigés sur les lieux mêmes, immédiatement après les événements : ce sont là des documents officiels qui établissent authentiquement les faits principaux.

CH. XI. — RÉACTION GÉNÉRALE, ETC. 309

hasarder un soulèvement. Sur le bruit qu'on voulait égorger les patriotes détenus dans les prisons, ils prirent les armes; ils tentèrent même de s'emparer de l'escadre (28-30 floréal, 17-19 mai 1795)¹. On fit courir le bruit qu'ils voulaient, à leur tour, livrer le port aux Anglais. De plus, les représentants en mission dans le pays écrivirent à la Convention que sept à huit mille terroristes avaient pillé l'arsenal, et que vingt-cinq mille hommes, réunis de divers lieux, allaient marcher vers le Nord pour rétablir la Montagne à Paris. La Convention en reçut la nouvelle quand elle venait de triompher de l'émeute du 1ᵉʳ prairial : c'était au moment où les principaux membres de la Montagne, compromis dans l'envahissement de l'assemblée par la foule, étaient mis en accusation. Le péril était moins grand que ne le faisaient craindre les lettres des représentants Chambon, Guérin et Chiappe, présents sur les lieux. Les insurgés, mal armés, mal conduits furent cernés, sabrés par les milices venues d'Aix et de Marseille, et une commission militaire fut chargée d'informer contre ceux qu'on avait fait prisonniers². Mais cela ne suffisait pas au ressentiment des populations.

Dans la nuit du 5 au 6 prairial (24-25 mai 1795), un premier massacre eut lieu à Tarascon. Une bande armée, trompant la sentinelle du château et forçant le poste, avait pénétré à l'intérieur et égorgé les prisonniers de deux chambres, qu'ils jetèrent dans le Rhône. La municipalité, par son rapport, permet de croire qu'il n'y eut pas seulement surprise; elle dit l'irritation produite dans la foule

---

1. M. E. Quinet, à propos de ces journées (*la Révolution*, t. II, p. 371), prend pour des massacres de terroristes ce qui a été, au contraire, une insurrection armée de terroristes. Voy. Buchez et Roux, *Histoire parlementaire*, t. XXXVI, p. 427.

2. *Histoire parlementaire*, t. XXXVI, p. 427. — La Convention, à ce propos, décréta d'arrestation le représentant Charbonnier qu'on accusait d'avoir favorisé l'insurrection, et les représentants Escudier, Ricord et Saliceti qu'on soupçonnait d'en être les complices. Séance du 8 prairial, *Moniteur* du 12 (31 mai 1795), t. XXIV, p. 558-560 et p. 563, et le rapport de Chiappe, du 19 prairial (séance du 25 prairial, t. XXIV, p. 691).

par les nouvelles de Toulon, et comment elle craignit qu'une résistance de sa part n'exaspérât les esprits, « au point de les pousser à de plus grands excès », protestant toutefois « qu'elle ne s'attendait pas à cet acte d'inhumanité[1] ». Il y a comme un indice de complicité dans ses excuses : « Les attentats qui viennent d'avoir lieu à Toulon, écrit-elle à la Convention, sont les seules causes de ces actes de vengeance atroce. Le peuple a cru pouvoir donner la mort à celui qui la lui donnait depuis trop longtemps! »; et dans les lettres au district : « Le peuple dans sa vengeance n'a pas écouté le cri de la loi! » Des relations du temps donnent à croire que la municipalité n'a pas fait grand effort pour le lui faire entendre. Elles disent que le tocsin n'a retenti que le matin, quand tout était fini ; et le lendemain fut pour la ville comme un jour de fête. On y dansa la farandole, plusieurs avec des vêtements et des souliers tachés de sang[2].

La nouvelle de ce qui s'était passé à Tarascon provoqua un massacre plus odieux encore à Marseille. Le 17 prairial (5 juin), une compagnie du Soleil, commandée par Robin, s'empara du fort Saint-Jean, envahit la chapelle, égorgea tous les détenus qui s'y trouvaient et s'attaqua aux autres cachots. Plusieurs des prisonniers eurent le temps de se mettre en défense : on employa contre eux le canon à mitraille, les vapeurs et la fumée de la paille, jetée mouillée au feu ; mais quelques-uns firent une résistance assez longue pour que la garnison eût le temps d'intervenir et de mettre un terme à ces assassinats[3]. On a porté le nombre des victimes à plus de deux cents[4].

1. *Histoire parlementaire*, t. XXXVI, p. 131-133.
2. *Ibid.*, p. 433.
3. On trouvera dans l'*Histoire des prisons*, t. IV, p. 153, à la suite des *faits graves imputés à Fréron*, un extrait du mémoire de Fréron sur le massacre des prisonniers du fort Saint-Jean à Marseille, notamment le récit d'un des prisonniers échappé au massacre, Paris, d'Arles, médecin et président du directoire du département des Bouches-du-Rhône.
4. Le procès-verbal dressé par trois juges de paix de Marseille en signale trente tués par des armes tranchantes et la plupart méconnaissa-

Ce qu'il y eut de plus grave ici, c'est qu'on y trouve l'action directe d'un représentant. Les témoignages recueillis au procès de l'un des assassins, les déclarations de plusieurs prisonniers échappés au massacre, signalent le rôle qu'y joua le conventionnel Cadroy. Cadroy avait voulu empêcher qu'on battît le rappel; il arracha des mains des grenadiers plusieurs assassins, pris en flagrant délit; il aurait dit en arrivant, selon un autre témoignage : « Qu'est-ce que ce bruit? Est-ce que vous ne pouvez pas faire ce que vous faites en silence? Cessez ces coups de pistolet. Qu'est-ce que ces canons? ça fait trop de bruit et met l'alarme dans la ville! etc. [1] ».

Si les massacres de Tarascon avaient provoqué ceux de Marseille, ceux de Marseille, à leur tour, en suscitèrent de nouveaux à Tarascon. Quinze jours après l'attentat du fort Saint-Jean, les égorgeurs de Tarascon s'emparèrent une deuxième fois du château. La municipalité, informée du mouvement qui se préparait, convoqua huit hommes par compagnie, visita la prison, vit que tout était en ordre et s'en revint : les patrouilles ne donnaient que des rapports satisfaisants; mais vers les trois heures, les officiers municipaux étant retournés à la prison, ils trouvèrent les portes forcées, les clefs éparses et deux chambres vides. Vingt-trois prisonniers, dont deux femmes, manquaient à l'appel. Des traces de sang qui conduisaient aux fenêtres ouvertes sur le Rhône, marquaient comment, et par quel chemin ils étaient sortis de la prison [2]. Un troisième massacre y fut tenté le 22 thermidor an III (9 août 1795). La municipalité avertie n'y trouva plus les égorgeurs : mais

---

bles, étendus sur la place, puis une *infinité* d'autres, tués de la même manière, deux cachots où il paraissait qu'on avait mis le feu et trente-huit cadavres à moitié brûlés; en outre, une quinzaine d'hommes respirant encore. L'état des prisonniers morts ou reconnus manquants porte trente-huit noms; mais il est déclaré que le refus des prisonniers restants de répondre à l'appel n'a pas permis de le rendre plus exact. (*Histoire parlementaire*, t. XXXVI, p. 434-437.)

1. *Ibid.*, p. 440-442.
2. *Ibid.*, p. 467.

les barricades, derrière lesquelles s'étaient retranchés les prisonniers, montrèrent que ce fut à leur énergie seule qu'ils durent cette fois leur salut[1].

Tels sont les principaux épisodes de ce que les historiens de la Révolution appellent la *Terreur blanche*. Pourquoi *Terreur blanche*? Est-ce pour en rejeter la responsabilité sur les royalistes? Mais les fédéralistes, les partisans des Girondins, tous les partis révolutionnaires qu'avait voulu détruire Robespierre n'y eurent pas moins de part que les autres. Au dire d'un auteur que M. Louis Blanc aime à citer, comme un contemporain, qu'il a cité même pour ces massacres : au dire de Charles Nodier, ce serait encore un fruit de la Terreur : « Je me suis plus d'une fois demandé, dit-il dans ses *Souvenirs de la Révolution*, en parlant des compagnies du Soleil ou de Jéhu, quel étoit le rêve intime, quel étoit le pôle sympathique des jéhuistes. Ce n'étoit pas la religion du pays, puisque la moitié de ceux que j'ai connus étoient libertins et athées. Ce n'étoit pas l'amour de la dynastie déchue ;

---

[1]. *Histoire parlementaire*, ibid., p. 469-471. — Pour la réaction dans le Midi dans les commencements de l'an III (1794-1795), voy. le *Rapport d'Auguis et Serres sur leur mission dans les départements des Bouches-du-Rhône, du Var et de l'Ardèche*, ventôse an III (Arch. nat., Le39, 213); ils y parlent de l'émeute du 5 vendémiaire an III à Marseille ; — les *Pièces jointes au rapport fait à la Convention nationale par Espert*, ventôse an III (Ibid., 228); — les *Arrêtés et Correspondance avec le Comité de salut public du représentant du peuple Cadroy en mission dans le département du Rhône*, messidor an III (Ibid., 295); — le *Rapport de Chambon, représentant du Gard, sur sa mission dans les départements des Bouches-du-Rhône, du Var et de Vaucluse*, fructidor an III (Ibid., 325); (Réponse à Goupilleau, avec pièces justificatives); — *Cadroy à ses collègues membres du Corps législatif pour servir de suite au compte rendu de ses diverses missions dans les départements méridionaux*, brumaire an IV (Ibid., 345); il s'indigne, dans une note, contre un journal qui l'accuse d'être responsable du massacre du fort Saint-Jean à Marseille en s'appuyant, dit-il, sur un extrait du mémoire de Chambon; il cite un autre passage de Chambon ; que « sûrement » Cadroy ne se doutait pas de l'événement des prisons, et l'adjure de déclarer s'il a voulu l'accuser; qu'il était à Marseille sans administration. — A quoi il faut joindre le *Rapport de Cadroy sur ses diverses missions dans les départements méridionaux*, 17 frimaire an IV (Ibid., 365); enfin, *Dernier état du Midi ou rapport de Durand-Maillane, au retour de sa mission*, 12 frimaire an IV (Ibid., 363).

il n'y avait pas un homme sur cent parmi eux qui en eût approché ou qui en attendît quelque chose. Ce n'étoit pas la vengeance : les jeunes hommes de cette monstrueuse association, qui appartenoient aux familles des proscripteurs, étoient plus nombreux de beaucoup que ceux qui appartenoient aux familles des proscrits. Ce n'étoit pas la cupidité. Ce n'étoient pas, sinon par exception, des antipathies de maison ou des haines personnelles. Ce que c'étoit, il faut le dire, c'étoit une monomanie endémique, un besoin de fer et d'égorgement, éclos sous les ailes des harpies révolutionnaires, un appétit de larcin, aiguisé par les confiscations, une soif de sang, enflammée par la vue du sang. C'était la frénésie d'une génération nourrie comme Achille de la moelle des bêtes féroces, et qui n'avoit pas de types et d'idéalités devant elle que les brigands de Schiller et les francs juges du moyen âge. C'était l'âpre et irrésistible nécessité de recommencer la société par le crime comme elle avait fini, etc.[1] »

L'imagination de l'auteur n'ajoute-t-elle rien à ses souvenirs? Je n'en voudrais pas répondre et, bien que les terroristes se soient volontiers entr'égorgés les uns les autres, quand je vois qu'ils sont seuls ici massacrés, je suis amené à croire qu'ils n'étaient pas les plus nombreux parmi les massacreurs. Flétrissons donc ces odieuses représailles, sans en excepter personne, mais que cela ne nous amène point à absoudre la longue série de crimes qui les avait provoquées.

### III

#### Enquête sur les détenus et les nouveaux suspects.

On vient de voir que la Convention nationale, après avoir commis ou laissé commettre bien des crimes, avait voulu, à la suite du 9 thermidor, en faire justice elle-même, non

---

1. *Souvenirs de la Révolution*, t. I, p. 128.

sans mettre quelquefois de la violence dans son zèle à les réparer; mais tous les coupables n'avaient pas été atteints, et, d'autre part, le mouvement de réaction contre la Terreur avait amené l'arrestation d'un bien grand nombre de suspects d'une autre sorte. Les grands Comités de la Convention durent s'occuper de l'une et l'autre chose, et cela amena encore deux importants débats dans la Convention avant qu'elle finît.

Le 26 messidor an III (14 juillet 1795), à l'occasion de l'anniversaire de la prise de la Bastille, Legendre avait demandé que l'on songeât aux patriotes détenus, et il invitait le Comité de sûreté générale « à distinguer des véritables buveurs de sang ceux qui, incarcérés comme eux, avaient conservé leur âme et leurs mains pures [1] ». Les manifestations patriotiques, provoquées par cette fête, avaient donné prétexte au bruit que la Convention voulait rétablir la Terreur : de là des troubles au théâtre des Arts, au boulevard Italien et au jardin Égalité (Palais-Royal); troubles facilement réprimés et que l'assemblée acheva de dissiper par une proclamation; ce fut Chénier qui la fit adopter, au nom des Comités de salut public et de sûreté générale. Quant aux détenus, les deux Comités avaient rédigé un projet dont Genevois demanda la discussion : il s'agissait d'établir une commission de police extraordinaire, chargée de prononcer sur les motifs d'arrestation et sur les délits imputés aux détenus pour faits relatifs à la Révolution [2]. Après quelques observations de Delahaye et de Legendre, le projet fut renvoyé au Comité de législation; on l'invitait à en faire son rapport le surlendemain.

Le 6 thermidor, Delahaye donna lecture du projet nouveau qui renvoyait aux tribunaux de district pour les départements et à une commission de police pour Paris

1. *Moniteur* du 30 messidor an III (18 juillet 1795), t. XXV, p. 240. — Cf. p. 261, où il insiste sur cette déclaration qu'il n'entend pas favoriser le terrorisme.
2. Séance du 1er thermidor, *Moniteur* du 6 (24 juillet 1795), t. XXV, p. 286.

ceux qui, jugés suffisamment punis par leur détention préventive, devaient être mis en liberté; les autres devaient comparaître devant un jury compétent.

Cette intervention de la justice inquiéta les amis de ceux qui pouvaient avoir quelque compte sérieux à lui rendre. Gourdan demanda que la commission chargée d'examiner les arrestations pour faits révolutionnaires fût composée de douze membres, pris dans la Convention. Le projet des Comités fut soutenu par Bailleul et Merlin (de Douai), mais combattu par Bentabole, Quirot, Lehardy (de la Seine-Inférieure). La priorité fut accordée au contre-projet de Gourdan et on vota, en principe, que la commission serait prise dans la Convention, les Comités étant chargés de régler comment elle serait formée[1].

Les Comités ne s'inclinèrent point devant cette décision et ne désespérèrent pas de ramener l'assemblée à leurs vues. Le décret qu'on venait de rendre rétablissait cette confusion du pouvoir législatif et du pouvoir judiciaire dont la Convention s'était si longtemps rendue coupable et qu'elle ne pouvait pas assez déplorer. Henri Larivière, chargé du rapport, le présenta dans la séance du 19 thermidor an III (6 août 1795) :

Représentants du peuple, disait-il, vous le savez, si la Révolution a détruit beaucoup d'abus, elle en a fait naître beaucoup d'autres....

Et il retraçait rapidement le tableau des égarements où le peuple avait été entraîné. Il montrait l'empire qu'une société fameuse (il s'agit des Jacobins) avait su prendre et il ne craignait pas de dire à la Convention elle-même :

La verge de la tyrannie passa dans leurs mains; ils en frappèrent tout ce qui pouvait leur nuire, mais ce fut contre la Convention nationale qu'ils dirigèrent plus particulièrement leurs efforts. Ce corps, tout à la fois puissant et faible, mêlé de scé-

1. *Moniteur* du 12 thermidor an III (30 juillet 1795), t. XXV, p. 330-333.

lérats et d'hommes de bien, n'offrit pendant quelque temps qu'une vaine résistance à ses ennemis, d'autant plus redoutables que la plupart d'entre eux siégeaient dans son sein.

Il les montrait « mettant l'assemblée sous le joug d'une municipalité tyrannique dont ils étaient les maîtres », calomniant, proscrivant les membres les plus purs :

Journée fatale du 31 mai qui fut l'exécrable fruit de ces combinaisons infernales! Qui peindra l'excès des maux où tu plongeas ma patrie? Plus de cent représentants du peuple incarcérés, proscrits ou égorgés sans être entendus; une foule innombrable d'hommes atroces constitués juges suprêmes de la vie des citoyens; la France couverte de bastilles et d'échafauds; des milliers de victimes, de tout sexe et de tout âge, arrosant chaque jour de leur sang innocent le pavé des places publiques; des communes entières incendiées; des fleuves entravés dans leur cours par des monceaux de cadavres; de nombreuses armées conduites à la boucherie par des généraux imbéciles ou assassins; nos frontières envahies; l'ennemi à nos portes;... voilà, oui, voilà le spectacle affreux que présenta pendant quinze mois la nation la plus sensible et la plus généreuse qui eût jamais existé !!

Autant il exècre le 31 mai, autant il exalte le 9 thermidor; il y rattache le succès de nos armes auquel le 9 thermidor ne nuisit pas, sans doute, mais qui avait recommencé sous Robespierre (bataille de Fleurus) : le territoire délivré, l'envahisseur envahi à son tour; la paix reconquise [2]. Il ne se dissimule pas qu'à l'intérieur la paix ne s'est pas trouvée aussi facilement rétablie :

Je sais que dans les arrestations faites après les journées de prairial se sont trouvés aussi compris des hommes qui n'avaient été qu'égarés...

---

1. *Moniteur*, ibid., p. 121.
2. Les traités de paix avaient été signés : avec la Prusse, le 16 germinal an III (5 avril 1795); avec la Hollande, le 27 floréal suivant (16 mai); avec l'Espagne, le 4 thermidor (22 juillet), et bientôt avec l'électeur de Hesse-Cassel, le 11 fructidor (28 août 1795). Voy. Martens, t. VI, aux dates, et le *Moniteur* aux dates des 14 floréal, 9 prairial, 14 et 17 fructidor an II, t. XXIV, p. 189 et 535 et t. XXV, p. 603 et 644.

Mais la justice a-t-elle méconnu son propre caractère?

Dites-vous plutôt s'il n'est pas vrai que l'on a lentement épuisé les formes et les longueurs de la procédure pour convaincre des scélérats contre qui pourtant la France entière réclamait... Carrier, Fouquier-Tinville, le comité révolutionnaire de Nantes, la commission d'Orange et leurs infâmes complices. Et c'est après cela que vous jetez l'alarme sur le sort des détenus! Ah! rassurez-vous, le temps des assassinats est passé, et c'est pour cela même que nous ne voulons plus vous entendre.

Dans la suite de son discours, il rappelait les principes : le législateur ne doit pas usurper le pouvoir judiciaire; et pour conclusion, il présentait un nouveau décret qui rapportait celui du 6 thermidor, renvoyait aux juges de paix l'examen des dénonciations et aux directeurs de jury l'affaire de ceux qui étaient actuellement détenus ou frappés de mandats d'arrêt.

Le nouveau projet rencontra les mêmes adversaires. Les brigandages des compagnons de Jéhu, qui n'étaient pas encore entièrement réprimés, servaient d'argument à ceux qui, dans les mesures proposées, voyaient une arme contre les patriotes prétendus opprimés. Tout ce qu'on put obtenir, c'est que l'article I, rapportant le décret du 6 thermidor, fût voté. Les autres, relatifs à la juridiction des juges de paix ou des tribunaux sur les dénoncés ou les détenus, furent ajournés à trois jours pour qu'on les imprimât. Les Comités les réduisirent à trois nouveaux articles : 1° les détenus seront traduits sans délai devant l'officier de police de l'arrondissement où ils sont en arrestation; 2° l'officier de police procédera selon les formes prescrites par la loi du 16 septembre 1791; 3° les détenus frappés d'une déclaration de mise en accusation pourront opter entre le tribunal criminel du lieu ou les deux tribunaux criminels les plus voisins. C'est en ces termes que le décret fut adopté (12 fructidor, 29 août 1795)[1].

1. *Moniteur* du 15 fructidor an III (1er septembre 1795), t. XXV, p. 615.

## IV

**Rapport sur les représentants dénoncés. La Convention jugée par elle-même. — L'amnistie.**

Parallèlement à ce débat sur les dénoncés ou les détenus du dehors avait eu lieu la suite de l'autre sur les représentants dénoncés par la province et dont l'arrestation était réclamée.

C'est en effet le 21 thermidor (8 août 1795) que Girod-Pouzol vint, au nom du Comité de législation, lire son rapport[1]. Lui aussi, il faisait de cette époque de la Révolution, tant prônée de nos jours, cette appréciation dont la Convention qui l'écoutait était sans doute le meilleur juge.

« Il rappelle, dit le *Moniteur*, les malheurs de la Convention, la persécution, dès les premiers jours de la session, des membres les plus purs, bientôt leur assassinat, et depuis, jusqu'au 9 thermidor, la terreur, l'avilissement et l'oppression des représentants du peuple. Il répond à cette plainte, articulée quelquefois, que la Convention est responsable des maux enfantés par Robespierre, puisqu'elle ne l'a pas abattu plus tôt. Il repousse cette injure, en répétant cette idée que les représentants qui eussent attaqué Robespierre avant de le séparer de ses infâmes complices, n'eussent fait qu'offrir de nouvelles victoires[2] à nos tyrans réunis encore pour leur perte. »

Cette excuse dut plaire à l'assemblée ; elle ne nous satisfait point aujourd'hui. — Le *Moniteur* continue :

« A ce tableau de l'intérieur de la Convention nationale succède celui de la France, ensanglantée à la fois par le fer de l'ennemi et par celui des bourreaux, désolée par l'anarchie, étouffée sous les coups du vandalisme, en proie aux ravages de la cupidité, livrée aux excès de l'ignorance

---

[1] *Moniteur, ibid.*, p. 438.
[2] Il faut peut-être lire victimes, mais le mot peut se comprendre dans le même sens.

et de la férocité. » — C'était le règne des proconsuls. Le rapport servait de préface à l'exposition de leurs actes, selon les pièces qui avaient été soumises au jugement des Comités.

Bezard, qui vint ensuite à la tribune, commença cet exposé par la lecture de la plainte de la commune de Rochefort contre LAIGNELOT et LEQUINIO. Le système de terreur établi à Rochefort, les orgies où les proconsuls décidaient de la vie et de la fortune des citoyens; un tribunal révolutionnaire établi sans motif; la guillotine dressée en permanence; le bourreau amateur admis à leur table, tels étaient les principaux griefs des habitants. Lequinio était particulièrement accusé d'avoir fait de la guillotine une tribune aux harangues, d'avoir assassiné un détenu, sans défense, dans la prison. — On avait, sur ce dernier fait, l'aveu écrit de Lequinio. — A la plainte de Rochefort répondait un mémoire de Lequinio dont il fut aussi donné lecture. Lequinio niait certaines choses que nous avons omises à dessein et il expliquait le reste. Il ne niait ni l'honneur fait au bourreau, ni l'échafaud pris pour tribune aux harangues : tribune digne des harangueurs! il croit tout excuser en disant : « Ce jour-là, il n'y avait pas d'exécution. » Lequinio dans son mémoire invoquait le témoignage de son collègue Blutel qui était venu après lui à Rochefort. Blutel aurait peut-être aimé autant n'avoir rien à dire. Invité à parler, il ne put taire l'état d'oppression où il avait trouvé la ville sous l'empire d'une douzaine d'individus parmi lesquels on comptait les membres du tribunal révolutionnaire créé par Lequinio. Lequinio lui-même y faisait peur encore, dix mois après le 9 thermidor :

Il vint, dit Blutel, à Rochefort, à l'époque du 1er prairial, avec un congé pour rétablir sa santé. Sa présence fit concevoir les plus grandes alarmes aux habitants de cette commune... Il me chercha à Rochefort, tandis que j'étais à la Rochelle. Il vint même me trouver dans cette dernière ville. Je dirai au surplus que sa présence causa à la Rochelle les mêmes alarmes qu'à Rochefort[1].

1. *Moniteur, ibid.*, p. 139.

Lequinio fut décrété d'arrestation; et comme on avait parlé de biens mal acquis, de deux tonnes d'écus expédiées par lui chez son frère, dans le temps même où il interdisait la circulation du numéraire, ordre fut donné de mettre les scellés chez ce frère comme chez lui[1].

Laignelot fut laissé de côté pour le moment. On passa à Lanot que la Corrèze avait envoyé à la Convention comme député et qu'elle en reçut comme tyran : « Il est accusé par la commune de Brives, dit le *Moniteur*, de s'y être fait précéder par la guillotine et deux bourreaux, de s'y être entouré de tous les coquins du pays et de beaucoup d'autres qu'il traînait à sa suite; d'avoir persécuté et incarcéré les patriotes; d'avoir opprimé la société populaire, de l'avoir mise sous le joug d'une poignée de délateurs; d'avoir provoqué la dévastation et quelquefois dévasté lui-même en personne; d'avoir influencé le tribunal criminel; d'avoir fait rester exposé, pendant vingt-quatre heures, aux regards du public, le cadavre d'un vieillard, père de onze enfants, qu'il avait fait exécuter. »

Lanot s'était expliqué de tout cela au Comité de législation. L'exposition du cadavre, c'était une mesure d'intimidation que le tribunal avait ordonnée; il avait laissé faire. Brival, son collègue, prit sa défense; un autre cita un trait en sa faveur, et quelques voix, à l'extrême gauche, demandèrent l'ordre du jour. Mais le rapporteur lut une autre dénonciation : elle portait « que Lanot, dans sa mission, avilissait le caractère de représentant du peuple, en se traînant de taverne en taverne avec une bande de gens toujours ivres comme lui; qu'il ordonna la démolition d'une maison à laquelle, dans un jour d'ivresse, il avait cru voir des cré-

---

[1]. Le décret était des plus flétrissants : « La Convention nationale décrète que les scellés seront apposés sur les effets de Lequinio, ex-trinitaire de Vannes, et que, par les officiers de police des communes de Rochefort et de Vannes, il sera informé de l'envoi fait par le représentant du peuple Lequinio à son frère, ci-devant trinitaire, de deux barils remplis d'argent sur une barque partie de Rochefort et arrivée à Vannes, où elle a été arrêtée par la municipalité, etc. » (*Ibid.*)

neaux. Comme on la détruisait, une poutre tomba sur une femme qu'elle tua. On fut instruire Lanot de ce malheur, il répondit : « Bah! ce n'est rien, il faut que le peuple s'amuse! » — Brival essaya de justifier au moins la démolition de la maison, comme maison féodale, ajoutant :

Il est beaucoup de membres de cette assemblée plus grièvement inculpés et sur le compte desquels on a passé à l'ordre du jour[1].

Mais on décréta l'arrestation de Lanot.

Après Lanot, LEFIOT. Le rapporteur cita de lui un arrêté qui, « sur le vu d'une lettre écrite le 29 juin 1792 par des citoyens de Montargis au ci-devant roi » contre la journée du 20, « avait envoyé quatre des signataires au tribunal révolutionnaire, prononcé la détention d'un très grand nombre jusqu'à la paix, et infligé à tous les autres un blâme public, avec menace de la guillotine pour le moindre acte d'incivisme »; et il ajouta :

En marge de l'arrêté est une note qui contient ces mots : *les quatre personnes traduites au tribunal révolutionnaire par cet arrêté ont été guillotinées.*

Lefiot, présent à la séance, ne le nia point : il avait obéi aux instructions du Comité de salut public :

Quatre des premiers, ajouta-t-il, ont été effectivement guillotinés, mais plusieurs de ceux que je n'ai pas traduits au tribunal révolutionnaire l'ont été depuis, et ils ont péri. (*Murmures.*)

Et il eut l'impudence de dire :

Au surplus, je n'ai pas de faute à me reprocher; c'est tout au plus une erreur à laquelle le Comité de sûreté générale aurait pu remédier entre la traduction de ces individus au tribunal révolutionnaire et le jugement qu'ils y ont subi. (*Murmures.*)

Il ajouta qu'il avait été accusé de modérantisme dans sa mission (ce qui fit rire); le Comité de salut public l'en avait

---

1. *Moniteur, ibid.*, p. 440.

blâmé ; la lettre était signée : Collot, Billaud, Couthon et Barère. — (On rit encore plus.)

Mais il y avait eu du sang versé : quatre têtes sacrifiées pour une adresse au roi, quand il était légitime encore d'écrire au roi ! — Lefiot fut décrété d'arrestation [1].

Cette triste revue des derniers proconsuls se continua dans la séance du 22 thermidor. Après un court débat sur Dupin jeune, suivi de son arrestation comme assassin et comme voleur, pour avoir, par son rapport, amené la condamnation des fermiers généraux et pris quelque part à leurs dépouilles, Génissieux produisit le dossier de Bô qui avait laissé sa trace sanglante en tant de départements du Midi et du Nord. La commune de Reims lui reprochait d'avoir dit publiquement « qu'en révolution, on ne devait connaître ni parents ni amis ; que le fils pouvait égorger son père, si celui-ci n'était pas à la hauteur des circonstances ». Des citoyens du Lot lui attribuaient autre chose que des paroles plus ou moins authentiques. Ils l'accusaient d'avoir soulevé Toulouse et le canton de Fonds, district de Figeac, « en s'y faisant un jeu, avec quelques brigands de sa suite, d'arracher toutes les croix et de détruire toutes les images du culte, en voulant obliger tous les hommes et femmes qui se présentèrent d'imiter leur exemple, et en se permettant, sur le refus de ces bonnes gens, toutes espèces d'injures, de menaces, d'atrocités contre eux ». Le canton n'ayant pas supporté ces outrages, il le déclara en état de rébellion, y envoya une armée révolutionnaire, c'est-à-dire une troupe de ces bandits qui ne savaient prendre les armes que pour combattre des gens désarmés, et mit sur le pays une taxe énorme. Il y fit venir le tribunal criminel du département ; il l'érigea en tribunal révolutionnaire et le fit procéder comme cela ne se vit nulle part : à huis clos, sans jury, sans aucune forme judiciaire. Dans les troubles de ce canton, il avait été sans doute assez malmené. Il

---

1. *Moniteur* du 26 thermidor an III (13 août 1795), t. XXV, p. 445.

y vit un attentat contre la représentation nationale, et, le 11 germinal, trois de ceux qui avaient fait partie de l'attroupement furent condamnés à mort[1]. Au nombre des victimes immolées à ses fureurs par cette espèce de tribunal, on citait un cultivateur de quatre-vingt-dix ans, l'homme le plus respecté du canton. Et comme il accueillait les pétitionnaires, les suppliants! On disait que la nièce d'un détenu étant venue lui demander la grâce de son oncle : « Je prendrai sa tête, dit-il, je te laisserai le tronc : retire-toi. »

Le rapporteur présenta la justification de Bô sur les faits de Reims et de Figeac. Mais Penières en produisit immédiatement d'autres relatifs au Cantal; il cita entre autres, parmi ses créations, cette commission révolutionnaire qui avait fabriqué des timbres étrangers et menaçait les citoyens aisés d'en marquer les lettres qui leur seraient adressées, — correspondance avec l'étranger, crime puni de mort! — s'ils ne se rachetaient à prix d'argent[2]. Blaviel, du Lot, attestant en son propre nom la vérité des faits contenus dans la plainte de ses concitoyens, ajouta :

Il est un propos tenu par Bô dans la société populaire de Cahors qu'il est essentiel de faire connaître à la Convention. Des inquiétudes se manifestaient dans cette commune sur les subsistances. Bô dit aux citoyens réunis dans la société populaire : « Rassurez-vous, la France sera assez populeuse avec douze millions d'hommes : on tuera le reste et bientôt vous ne manquerez plus de vivres. »

L'assemblée frémit d'horreur, dit le *Moniteur*. Une voix tenta d'effacer cette impression en alléguant la conduite du représentant à l'armée des Pyrénées; mais vingt autres s'élevèrent pour l'accabler, et Legendre, qui s'était proposé de le défendre, demanda lui-même qu'il fût arrêté : il fut décrété d'arrestation[3].

1. Ramiez, Delort et Laplace père. (Arch. nat., BB 72, 2, et Berriat Saint-Prix dans le *Cabinet historique*, t. XVI, p. 117.)
2. Voy. ci-dessus, t. III, p. 227.
3. Séance du 22 thermidor an III, *Moniteur* du 26 (13 août 1795), t. XXV, p. 447.

Puis vint Piorry. Girod-Pouzol, succédant à Génissieux, n'eut qu'à citer sa fameuse lettre sur Ingrand à la société populaire de Poitiers :

> Songez qu'avec ce bon b... de montagnard vous pouvez tout faire, tout briser, tout incendier, tout déporter, tout renfermer, tout guillotiner, tout régénérer. Ne lui laissez pas une minute de patience : que par lui tout tremble, tout croule [1] !

La lettre était signée et elle fut avouée par Piorry. La Convention n'en demanda pas davantage : il fut décrété d'arrestation [2].

Massieu, l'ancien évêque constitutionnel et député de l'Oise, déjà incriminé le 6 prairial par André Dumont [3]. Il était accusé, avec Bô, Hentz et Levasseur, « d'avoir porté la terreur et la désolation dans les Ardennes, d'y avoir prêché publiquement les maximes les plus incendiaires et les plus destructives de la morale publique,... enfin d'avoir envoyé à l'échafaud trente-deux fonctionnaires de ce département dont la conduite, à l'égard de Lafayette, avait été couverte par un décret d'amnistie [4] ».

Le rapporteur Girod-Pouzol faisait remarquer avec raison que ces attentats n'étaient point expressément mis à sa charge; que ses collègues en pouvaient être les auteurs. La seule imputation qui lui fût tout à fait personnelle, c'est qu'en passant à Reims « il provoqua, par ses discours, au pillage et au meurtre; qu'il menaça de faire de Reims une nouvelle Lyon et qu'il engagea les comités révolutionnaires à multiplier les arrestations, s'ils ne voulaient pas encourir ses vengeances ». Mais les accusations se multiplièrent, dans l'assemblée même, sur les points que le rapporteur aurait voulu réserver, et Massieu fut décrété d'arrestation.

1. Voy. ci-dessus, t. II, p. 142.
2. *Moniteur*, t. XXV, p. 452.
3. *Moniteur* du 11 prairial (30 mai 1795), t. XXIV, p. 551.
4. Voy. la lettre de la société populaire de Sedan, lue à la Convention le 22 prairial an III, *Moniteur* du 25 (13 juin 1795), t. XXIV, p. 664.

Chaudron-Rousseau eut le même sort. Il n'avait pas pu être en mission dans tant de départements, notamment dans l'Aude, l'Ariège, les Pyrénées-Orientales, sans y avoir laissé plus d'un douloureux souvenir. On lui reprochait en particulier d'avoir livré à un tribunal militaire Pierre d'Escalès aîné, pour avoir dit la vérité sur le 31 mai ; et comme Génissieux lui-même, chargé du rapport, demandait qu'on attendît son retour pour qu'il pût répondre à l'accusation, plusieurs se récrièrent que les faits étaient suffisamment constatés. Un membre ajouta même :

J'atteste que Chaudron-Rousseau a porté le fer et le feu dans mon département ; qu'il y a entassé d'innombrables victimes dans les cachots et qu'il y a tout fait pour exaspérer les esprits et les porter à la révolte. C'est lui qui ordonna, sous peine de mort, aux femmes et aux enfants d'assister au brûlement des images et des ornements d'église[1].

Et l'assemblée n'en demanda pas davantage.

Vint ensuite la plainte portée par le département de la Nièvre contre Laplanche, Fouché (de Nantes), Noël Pointe et Lefiot.

Lefiot venait d'être arrêté. Contre LAPLANCHE, qui avait été, lui aussi, chargé de tant de missions, il y avait beaucoup à dire. On se contenta d'alléguer des faits généraux : arrestations arbitraires, contributions d'un emploi inconnu, désorganisation des autorités constituées, insulte à la morale publique en invitant publiquement les filles à se livrer au libertinage par cette maxime : La République a besoin d'enfants. — Laplanche fut décrété d'arrestation[2].

FOUCHÉ pouvait fournir matière à une large exposition et au moins donna-t-il lieu à un plus long débat. Il avait écrit aux administrateurs de la Nièvre : « Que la foudre éclate par humanité! ayons le courage de marcher sur des

---

1. *Moniteur*, t. XXV, p. 153.
2. Laplanche publia le mois suivant, 16 fructidor an III, une protestation contre son arrestation (Bibl. nat., Lb⁴¹, 2011) : « J'ai pu commettre des erreurs et avoir quelque exagération inspirée par les circonstances... »

cadavres pour arriver à la liberté! » il avait levé d'énormes contributions, incarcéré sur simple soupçon, etc.

Mais Fouché avait eu soin que l'accusation ne se produisît pas sans sa défense. Le rapporteur résumait devant l'assemblée le mémoire que l'habile homme avait rédigé, mémoire où chaque grief était repris et réfuté à l'instant même. — Il a été l'ami de Chaumette : il l'a vu à peine. — Il a forcé d'échanger l'or contre les assignats : des décrets l'y autorisaient. — Il a proscrit le culte et persécuté les prêtres : qui ne l'a fait? on le faisait encore; — levé une armée révolutionnaire : il y en avait dans chaque département [1].

L'accusation se renfermait généralement dans la Nièvre. On lui parlait à peine de Lyon; et qu'aurait-on pu lui dire de Lyon, sans qu'il eût le droit d'opposer le décret qui ordonnait la destruction de la ville, et les applaudissements qui avaient accueilli les lettres écrites par lui-même ou par Collot d'Herbois? Fouché avait donc répliqué à peu près à tout; et il avait dans la Convention des amis comme Legendre, Tallien, qui disaient bien haut qu'il avait été menacé par Robespierre et avait conspiré d'intention au moins contre le tyran au 9 thermidor. — Il fut pourtant décrété d'arrestation [2].

Quant à NOEL POINTE, le Comité ne l'avait pas entendu : on l'ajourna [3].

Le rapport du Comité de législation s'arrêtait là, il y avait pourtant un proconsul fameux dont on n'avait point parlé : Francastel. Lofficial, provoqué par Lesage, donna connaissance de ce passage d'une dénonciation d'Angers, rapportée dans deux adresses des sociétés populaires d'Angers et de Niort :

1. Sa *Réponse aux calomnies*, etc. (Bibl. nat., Le³⁰, 282), se réduit à quatre pages et ne contient que des généralités.
2. Séance du 22 thermidor an III, *Moniteur* du 27 (14 août 1795), t. XXV, p. 455.
3. *Moniteur*, t. XXXV, p. 453-455.

La marche tenue à Nantes par Carrier a été suivie par Hentz et Francastel dans notre commune, et par le comité révolutionnaire et la commission qui étaient à leurs ordres.

Peut-on sans horreur reporter les yeux sur cette innombrable multitude de victimes, conduites à la boucherie, au son d'une musique militaire, sous les fenêtres du représentant du peuple?

Des hommes barbares ont immolé l'enfant et la mère; de jeunes victimes de deux ou trois ans, portant des marques de baïonnettes et de sabres, existent encore dans nos murs et peuvent être appelées en témoignage contre leurs bourreaux.

« L'Assemblée, dit le *Moniteur*, frémit d'horreur. » Rouzé demanda que le comité de législation fît une enquête sur cette dénonciation comme sur les autres, et plusieurs membres appuyèrent cette proposition. Lofficial affirma que bien d'autres faits atroces étaient consignés dans les pièces déposées :

J'ignore, ajouta-t-il, pourquoi le Comité ne vous en a pas parlé. Ces pièces lui avaient-elles été soustraites? Je demande qu'il fasse son rapport sous trois jours. Vous saurez alors qui a rallumé la guerre de Vendée; vous saurez que le général Thiéry est actuellement détenu et qu'on ne veut pas le faire juger : il assure que, s'il a fait égorger les femmes, les enfants, les vieillards, il en avait l'ordre signé des représentants du peuple; vous saurez que vous devez cette guerre interminable à Hentz et à Francastel, qui firent massacrer deux mille sept cents hommes qui avaient mis bas les armes sur la foi de l'armistice. J'insiste pour que le rapport soit fait sous trois jours.

Delaunay (d'Angers) trouva le délai trop court pour un mûr examen. Bezard dit que les pièces étaient entre les mains des Comités et il voulait qu'on donnât le temps de les voir. Quelqu'un proposait huit jours, quand Thibault, demandant la parole pour une motion d'ordre :

Il est temps, dit-il, de terminer la tâche pénible que nous remplissons; il est possible que la malveillance se glisse dans les opérations qu'on nous propose : il faut fermer la porte à tout esprit de haine et de vengeance. Je demande que le Comité qui a eu, depuis trois mois, le temps d'examiner toutes les dénonciations qui lui ont été renvoyées se borne maintenant à examiner celles de Noël Pointe, de Hentz et de Francastel.

Lecomte. Je m'oppose à cette proposition, l'épuration de cette assemblée est encore loin d'être complète... (*Il s'élève des murmures.*)

N\*\*\*. Oui, sans doute, si l'on veut expulser les républicains après en avoir chassé les scélérats [1].

Cette parole d'un inconnu exprimait la pensée de la majorité; les anciens représentants en mission faisaient nombre et la plupart avaient des raisons pour craindre d'être, à leur tour, pris à partie. La question préalable fut adoptée sur les motions de Lecomte et de Thibault. La Convention décréta que le Comité de législation examinerait la conduite des représentants Noël Pointe et Francastel (Hentz était déjà mis en accusation) et qu'il en ferait un rapport.

Le rapport ne fut jamais fait.

La Convention touchait au terme de ses travaux. La constitution était votée, article par article, et acceptée dans son ensemble. Elle crut n'avoir plus rien à faire, avant de se séparer, que de publier une amnistie (4 brumaire an IV, 26 octobre 1795). C'est à cela qu'aboutissaient toutes les accusations qu'elle avait accueillies et les arrestations qu'elle avait prononcées. Ces « assassins », ces « voleurs » qu'elle venait de flétrir étaient remis en liberté. Plusieurs finirent comme on devait s'y attendre : témoin Huguet, évêque constitutionnel et député de la Creuse, mis en arrestation le 12 germinal, et l'odieux Javogues, compris l'un et l'autre dans l'affaire de la conspiration du camp de Grenelle et condamnés à mort [2]. D'autres, décrétés d'arrestation, n'avaient jamais été arrêtés : parmi les plus célèbres nommons

---

1. *Moniteur*, t. XXV p. 455.
2. 28 fructidor an V, *Moniteur* du 20 vendémiaire (11 octobre 1796), t. XXVIII, p. 154.

Cambon, Thuriot, Prieur (de la Marne), Maignet, Moyse Bayle et Hentz[1]. Quelques-uns sollicitèrent et obtinrent des places, même de fort petites places ; d'autres arrivèrent aux honneurs, non pas seulement du Directoire, mais de l'Empire et même de la Restauration : témoin le plus souillé de sang, le proconsul de Lyon, Fouché, duc d'Otrante, ministre de la police de Napoléon et de Louis XVIII. La Convention, dans ces enquêtes et ces poursuites, avait voulu se laver des crimes antérieurs au 9 thermidor. Elle constata, comme il convenait, ces crimes ; elle ne réussit point à en décliner la responsabilité. A ces tardives rigueurs, les accusés opposaient cette réplique : « C'est vous qui l'avez ordonné, c'est vous qui l'avez su, au moins, et l'avez approuvé, soit par vos applaudissements, soit par votre silence. » L'histoire a le droit de reprendre pour elle ce cri des accusés. Oui, c'est la Convention qui a établi la justice révolutionnaire ; oui, c'est la Convention qui, par l'institution des représentants en mission aux pouvoirs illimités, l'a étendue aux provinces et y a fondé un régime tyrannique dont on n'avait pas eu l'idée jusque-là. Si l'on ne veut pas que la forme de gouvernement proclamée par la Convention en soit elle-même solidaire, il faut réprouver énergiquement ces excès de toute sorte et livrer aux sévérités de l'histoire tous ceux qui, individus ou assemblées publiques, doivent en répondre devant la postérité.

[1]. Séance du 29 germinal, *Moniteur* du 4 floréal (23 avril 1795), t. XXIV, p. 266. Levasseur, sommé, comme les autres, de se constituer prisonnier, se rendit en prison. (*Ibid.*, p. 277.)

# CONCLUSION

## I

Les châtiments et les représailles des violences accomplies en l'an II nous ont conduit au terme même de la Convention. Notre revue est complète et, pour qu'elle fût absolument fidèle, nous avons tenu à présenter les hommes et les choses au jugement du lecteur dans toute la sincérité des documents authentiques, appelant chacun à comparaître devant lui par ses écrits, par ses paroles, par ses actes dûment constatés, et n'intervenant le plus souvent dans le débat que par le cri d'une conscience indignée devant des scènes trop révoltantes ou par un coup de fouet justement appliqué à des personnages trop impudents.

La justice révolutionnaire est suffisamment définie par son nom : c'est le contre-pied de la justice. Son décalogue est un code barbare qui, sous prétexte d'attaque à la Révolution, proscrit les deux grandes choses que la Révolution a produites, l'égalité, la liberté : l'égalité, puisque la noblesse qui avait été un privilège devient un signe de réprobation; la liberté, car nulle de ses formes ne trouve grâce : liberté d'écrire, liberté de parler, liberté de penser, liberté de croire; et pour tout délit de cet ordre, jugé contre-révolutionnaire, une seule peine : la mort. La mort non seulement pour le prêtre qui n'a pas abjuré, mais pour la pauvre femme qui lui a donné asile; la mort pour des écrits, dont on est, je ne dis pas l'auteur, mais simplement le possesseur; la mort pour des lettres indifférentes, adressées au dehors, ou même reçues du dehors, le timbre de la poste, indépendamment du contenu, étant preuve du délit; la mort pour la pensée non seulement traduite par des actes, des écrits, des paroles, mais la mort pour la pensée elle-même, puisqu'on a vu des malheureux envoyés à l'échafaud pour le cri de : Vive le roi ! proféré dans l'ivresse, c'est-à-dire dans un état où la responsabilité de la parole est nulle, où l'on ne peut atteindre que le sentiment intime, trahi par un acte inconscient. Et la procédure était digne de ce code homicide, surtout depuis la loi du 22 prairial : ce que nous avions vu à Paris s'est retrouvé de même dans les départements.

Ici pourtant, il y a des exceptions. La volonté du législateur n'a pas été partout obéie. Les tribunaux criminels, chargés de juger révolutionnairement, n'avaient pu entièrement se déshabituer des procédés de la justice ordinaire, et ils usèrent de tempéraments dans l'application de ces nouveautés, surtout avant la loi du 22 prairial, et après le 9 thermidor quand cette loi fut abolie. On déclarait les faits constants, mais on en écartait l'intention criminelle, et alors ce n'était pas simplement un adoucissement dans la peine, c'était l'absolution : les terroristes en bénéficièrent pour des faits constants bien graves; témoin le comité révolutionnaire de Nantes, déclaré coupable de noyades, de fusillades, d'assassinats, et absous. Mais à côté des tribunaux ordinaires où les juges montrèrent quelques scrupules, il y eut des commissions jugeant sans jury, à trois contre deux et même quelquefois à deux contre un, ou encore des jurys choisis pour imposer leurs verdicts à la conscience des juges. Ai-je besoin de rappeler les commissions militaires créées en Vendée ou dans les pays touchés par le soulèvement de la Vendée, à Angers, au Mans, à Laval, à Rennes, à Noirmoutiers, etc., commissions jugeant, non pas seulement les Vendéens pris les armes à la main, mais des femmes qui les avaient suivies fuyant devant l'incendie, l'outrage ou le massacre; mais des familles des pays traversés qui les avaient recueillis par compassion? Peut-on oublier les commissions militaires de Marseille, de Toulon, de Lyon, la commission d'Orange, les tribunaux révolutionnaires de Brest, de Bordeaux, de Nîmes, de Dijon, de Strasbourg, d'Arras : où de simples propos inciviques, des opinions suspectes étaient punis de mort comme à Paris; où, non seulement des émigrés rentrés, mais des émigrés sans le savoir, des malheureux qui, par mégarde, avaient passé et repassé une frontière invisible, et même des hommes qui ne l'avaient pas franchie du tout, qui n'avaient pas quitté le pays, mais dont les certificats de résidence avaient quelque lacune, étaient, par haine politique ou par convoitise de leur fortune, sur la simple décision d'un directoire de département ou de district et la constatation de leur identité, envoyés impitoyablement à l'échafaud? Il n'y a pas un seul des griefs que je signale ici dont on n'ait pu retrouver de nombreux exemples dans ce qui précède.

## II

A la justice révolutionnaire en province, se rattachent intimement les missions des représentants : car ce sont eux qui l'y ont organisée.

Les missions des représentants sont d'ailleurs d'un autre ordre et j'ai dit ce qui les justifiait à l'origine, soit dans les départements, soit près les armées. La constitution de 1791 avait donné aux départements une existence presque indépendante. Le gouvernement central n'avait pas prise sur eux et le défaut d'une administration suffisamment organisée pouvait laisser les armées sans approvisionnements et sans ressources. De là ces missions dont il y avait des exemples dès l'Assemblée législative, surtout après le

10 août, et qui devinrent plus nécessaires au jour du péril, lors du grand effort de la France pour sa levée de 300 000 hommes. Mais la Convention commit la faute énorme de leur donner des pouvoirs illimités; et par là, à côté de représentants qui surent se contenir avec sagesse dans le strict accomplissement de leur mandat, elle créa des despotes qui s'enivrèrent de leur puissance, comme des Caligula ou des Commode sur le trône impérial; elle détruisit cette unité de la France, créée par la royauté, pour y substituer une sorte de féodalité nouvelle, ou, comme le disait Babeuf, un nouveau régime mérovingien. Le Comité de salut public avait encouragé ce despotisme, tout en cherchant à le subordonner à son autorité propre, au moyen des rapports périodiques, exigés de chacun. Ceux qui savaient se modérer eux-mêmes s'y astreignirent, les autres s'en dispensaient, ou même affichaient hautement leurs actes despotiques, assurés de les faire approuver, puisqu'ils répondaient aux passions dominantes : les cartons du Comité de salut public en sont remplis, c'est la principale source de cette histoire. Et les représentants en mission aux armées ne firent guère en général autrement que leurs collègues dans les départements : il suffit de rappeler que Prieur (de la Marne), Bourbotte, Hentz, Francastel, Esnue-Lavallée, Fréron, Saint-Just, Le Bas, etc., furent des représentants près les armées.

On s'accorderait bien encore à condamner le despotisme des représentants en mission dans les départements; mais on voudrait absoudre de ce reproche les représentants près les armées. N'était-on pas forcé d'en agir ainsi aux armées? L'état de guerre ne justifiait-il pas tous les moyens? — Non! à moins de prétendre que la France de la Révolution n'avait pas assez de patriotisme pour fournir, je ne dis pas sans réquisition, mais sans contrainte, des hommes, des munitions, des vivres à la défense du pays; allégation injurieuse contre laquelle proteste ce que l'on a pu voir en Alsace, en Lorraine, dans les Ardennes et sur toute la frontière du nord, pour nous borner à cette région. Ce qui a pu provoquer la résistance en plus d'un lieu, c'est la brutalité même de la réquisition, c'est cette façon de prendre les approvisionnements sans payement, sans gage, d'exposer les villages à mourir de faim en s'emparant de toutes leurs denrées, sous prétexte de les soustraire à l'ennemi contre lequel on ne savait pas les défendre. Rappelons deux exemples : au midi, Barras et Fréron proposant de ravager la Provence, de faire table rase du pays, depuis la Durance jusqu'à la mer, pour affamer les Anglais, maîtres de Toulon — et de la mer! au nord, Lejeune et Roux voulant enlever de force tous les blés des départements frontières pour les transporter à l'intérieur, sans se demander comment les habitants feraient pour vivre [1].

Le Comité n'approuva point ces actes de démence, et l'on peut admettre qu'en général les représentants en mission surent pourvoir aux besoins des troupes, sans se jeter dans ces excès. Le service des approvisionnements et de la défense des places, est assurément celui où ils se sont rendus le plus utiles. En peut-on dire autant de leur action sur les armées? Quelle était la vraie force de nos armées dès le commencement de la guerre? La troupe de ligne. Les volontaires vinrent leur apporter un complément précieux, indispensable, mais à une condition, c'était d'être incorporés dans les anciens cadres : qu'on se rappelle ce que Carnot lui-même disait alors des volontaires! Telle fut notre armée de l'Argonne, de Valmy, de Jemmapes, celle qui soutint le premier choc de l'ennemi et commença cette période de conquêtes, si tôt terminée avec Dumouriez. Ici les représentants (je ne dis pas tous les agents) ont énergiquement contribué à soutenir le général dans ses victoires, à l'arrêter dans sa trahison. Mais que voit-on après? et c'est le moment où est créé le Comité de salut

---

1. Voy. ci-dessus, t. III, p. 52, et t. IV, p. 170.

public. On voit la crainte de la trahison troubler toutes les intelligences, dominer tous les actes, tant du Comité que des représentants chargés de veiller sur nos armées. Alors commencent ces procédés de désorganisation qui leur portèrent un coup si funeste : les généraux en chef devenus suspects dans leurs revers, même après et surtout après les plus brillants succès, comme Custine; suspects dans leurs victoires, comme Houchard; suspects s'ils entendaient la conduite des opérations militaires autrement que les représentants, comme Brunet, comme Biron, comme Jourdan, comme Hoche. Alors se pratique en grand ce système de proscription contre tout général, même contre tout officier inférieur, d'origine noble ou simplement n'ayant pas donné des gages suffisants à la sans-culotterie, système mis en œuvre par Bouchotte à l'aide d'agents chargés de provoquer les dénonciations des soldats contre leurs chefs à tout degré; combattu, il faut le dire, quelquefois par les représentants en mission qui, étant sur les lieux, voyaient à quoi cela les exposait eux-mêmes, mais appliqué par la plupart et qui s'imposa partout, patronné par le Comité de salut public, sans l'assentiment duquel le ministre (il le déclarait hautement) ne faisait rien.

Mais la France a vaincu et la Convention ne s'en alla point sans avoir conquis plusieurs traités de paix qui rompirent la coalition. C'est vrai : mais n'a-t-elle pas été exposée à de grands périls, quand Biron était rappelé de l'armée des Côtes pour faire place à des généraux ineptes, improvisés en quelques jours, comme Rossignol et Léchelle (qu'eussent-ils fait sans Kléber et Marceau?); quand Custine était enlevé à l'armée du Nord, quand Beauharnais allait au-devant d'une destitution imminente; quand Jourdan, le vainqueur de Wattignies, était lui-même suspendu, quand Hoche était traîtreusement ravi à ses troupes victorieuses et jeté en prison! et croit-on que le succès n'eût pas été plus assuré, si ces grands généraux, l'honneur du nom français, fussent restés sans trouble à leur poste? C'est après tout parce qu'on revint au vainqueur de Wattignies, que l'on remporta la victoire de Fleurus. Ces deux journées dont l'une arrête l'ennemi à la frontière et l'autre le força d'abandonner la Belgique, ont été remportées sous la Terreur : oserait-on en faire honneur à la Terreur? Je ne crains pas de dire que la victoire de Wattignies eût été suivie plus tôt de la victoire de Fleurus, si l'exemple de Custine, de Houchard n'eût pesé sur les résolutions du général en chef, en lui montrant la mort par le bourreau comme conséquence d'une opération manquée, ou même d'une victoire incomplète; si les mêmes craintes n'eussent dégoûté, détourné même les généraux des périlleux honneurs du commandement, si des défiances injustifiées n'eussent pas entravé leur marche, paralysé leur action; si le défenseur de Dunkerque et le libérateur de Landau n'eût pas été abandonné par Carnot lui-même au ressentiment de Saint-Just.

Cela n'est pas une hypothèse : c'est l'évidence.

Il y a donc plus d'une réserve à faire dans les éloges prodigués aux représentants délégués près les armées. Ils ont su approvisionner les troupes, ils leur ont assuré autant que possible les vivres, les munitions, les armes : je suis tout disposé à admettre que l'excès ici ait été l'exception; je ne demande pas mieux que de rendre hommage aussi à leur valeur, à leur patriotisme. Mais l'honneur d'avoir chargé bravement à la tête des troupes, ne compense pas l'obstacle qu'ils ont bien souvent mis à nos succès par leur conduite à l'égard des généraux : dislocation de leurs états-majors, suspension, destitution, arrestation; et quoi que l'on veuille dire, ce sont bien les généraux qui, lorsqu'on les laissait faire, ont gagné les batailles. C'est là qu'ils offraient leur sang à la patrie. Aux représentants d'en répondre, s'ils l'ont versé sur l'échafaud!

Il y a donc, je le disais, plus d'une réserve à faire dans les éloges donnés aux représentants en mission près les armées. Il n'y en a pas au blâme encouru par ceux qui allèrent établir le gouvernement révolutionnaire dans les départements.

## III

Ici, je le sais, je me heurte aux plus furieuses déclamations du parti montagnard. Plus les excès de la Révolution ont été criants, plus on crie pour les mieux couvrir. Il n'y a pas eu, dans l'histoire, de fanatisme plus aveugle, de culte plus sanglant que celui-là. On voit des gens qui se prosternent devant la Révolution comme devant l'image du dieu Baal. Ils ne lui refusent aucun sacrifice d'hommes; ils trouvent qu'on n'a point jeté assez de victimes dans la fournaise. Naguère, à la Chambre des députés, un membre ayant dit qu'en 1793 beaucoup avaient émigré pour sauver leur tête, cette interruption partit de l'extrême gauche : *On n'a pas assez coupé de têtes en 1793!*[1] Les hommes de la Révolution sont des géants, des titans qui se meuvent dans une sphère où l'humanité n'a rien à voir; la morale vulgaire n'a pas été créée pour eux. Tout ce qu'ils ont fait est grand; tout ce qu'ils ont fait est bon, et s'ils ont péri, c'est qu'ils n'ont pas trouvé, dans leur génération, des hommes capables de les comprendre.

On prétend les mieux comprendre aujourd'hui. L'histoire qu'on leur consacre est une apothéose, et ceux qui y contredisent, des blasphémateurs, dont on ne sau-

---

[1]. Cette interruption n'ayant pas été reproduite au *Journal officiel*, M. le duc de La Rochefoucauld à qui elle était adressée réclama à la séance suivante (21 mai 1886). Le président dit : « Le bureau n'a pas entendu cette interruption, c'est pourquoi elle n'est pas au *Journal officiel*. »
*A droite.* « Nous l'avons tous entendue. »
*M. de La Rochefoucauld.* « *Elle figurait à la sténographie.* »
Elle figurait aussi dans plusieurs journaux (par exemple le *Temps* du 27 mai), car elle avait été entendue de la tribune des journalistes. — L'auteur de l'interruption était un ancien membre du Conseil municipal de Paris; son nom a été publié dans les journaux, et il n'y eut pas de démenti.

rait trop maudire l'audace, ou mieux encore étouffer la voix.

Cette voix finira bien pourtant par être entendue, quoi qu'on fasse. Il n'est pas possible que l'opinion publique se laisse égarer bien longtemps par cette mise en scène de personnages de fantaisie. Il est temps de les dépouiller de ces masques de théâtre, de ces manteaux de pourpre trop souvent teints de sang, et de les montrer tels qu'ils sont, tels que nous les a gardés le dépôt de nos archives, cette grande nécropole d'où l'on peut sûrement évoquer les morts. C'est par leur bouche qu'il faut imposer silence à leurs bruyants panégyristes. Au grand rôle qu'on leur fait jouer, nous avons opposé les actes mêmes de ces proconsuls, les arrêtés qu'ils ont pris, les lettres qu'ils ont écrites dans la libre pratique de leur mission et le plein exercice de leurs pouvoirs illimités. Ah! vous voulez présenter Joseph Le Bon comme un martyr[1] et pour réhabiliter sa mémoire vous ne craignez pas de flétrir encore aujourd'hui les populations honnêtes qu'il a décimées : des traîtres, dites-vous! — Des traîtres! des vieillards coupables d'avoir servi le roi sous la royauté; des femmes coupables d'avoir soulagé les misères créées par la Révolution, et tant d'autres sans raison plus sérieuse, sans motifs plus avouables. Après Le Bon, Carrier aura son tour, et pourquoi pas? Ce n'est pas la faute de Le Bon si ses deux tribunaux révolutionnaires n'ont pas fait plus de victimes. Lui aussi aurait bien voulu avoir un moyen plus prompt de *dégorger* les prisons : mais la Loire ne coule pas à Arras, et l'Escaut est bien petit à Cambrai!

Tout le monde ne va pas jusqu'à ces réhabilitations impossibles; mais au moins voudrait-on encore couvrir

---

[1]. Voy. *les Journées de Thermidor*, étude-conférence, par le F∴ Émile Bourdin. Paris, 1879, in-16 : « Insulter, outrager les grands hommes qui pendant la Révolution..., c'est outrager le peuple. »

« Conformément à cette idée, les loges maçonniques l'*École* et les *Amis bienfaisants* ont voté, à l'unanimité des membres présents, l'impression de cette étude-conférence. » (Avril 1879.)

ces hommes et détourner les sévérités de l'histoire des crimes qu'ils ont commis sur les actes qui en ont été le châtiment. Le 9 thermidor, où le commun des historiens croyaient voir la fin de la Terreur, n'en est plus que le commencement : c'est « l'ère des assassinats » et la Convention en va donner le signal. J'ai réprouvé aussi énergiquement que personne les meurtres que des populaces égarées ou des bandes trop bien inspirées des enseignements et des exemples de la Terreur ont commis sur les terroristes. Qu'y a-t-il de commun entre ces massacres et l'action publique poursuivie au sein de la Convention soit contre les membres des comités, complices de la Terreur, soit contre les représentants qui en avaient été les principaux agents en province ? N'était-il pas juste que ceux qui avaient tyrannisé les départements dans leur proconsulat rendissent compte de leurs actes ? Si la Convention a mis quelquefois trop de passion dans leur poursuite, comme quand elle frappait de déportation des hommes qu'elle aurait dû, selon ses intentions primitives, simplement faire juger, si elle s'est montrée impitoyable dans sa propre vengeance en prairial, elle s'est honorée, disons-le, en accueillant les plaintes des populations contre le despotisme dont elles avaient souffert, dût-elle s'exposer elle-même au reproche de l'avoir trop longtemps toléré. Il ne suffit donc pas de dire que tous les partis ont eu leur Carrier. Il ne faut pas, sous prétexte de compensations problématiques, soustraire ces Carrier à la justice et prétendre leur assurer l'impunité en disant que faire le procès à ces hommes, c'est faire le procès à la Révolution.

Ce serait condamner la Révolution. Si on veut plaider victorieusement sa cause, au contraire, il faut savoir la dégager des excès qui ont mis en péril les grandes choses qu'elle a faites ; il faut avoir le courage de répudier les crimes qu'elle a laissé commettre et ne pas hésiter à flétrir les hommes qui les ont commis. Déchirons donc impitoyablement ces voiles qui, d'ailleurs, ne cachent rien à personne et ne nous attachons pas en désespérés à ce bois pourri qui n'est bon que pour le feu. On prétend réhabiliter la Terreur! On irait jusqu'à lui rapporter le salut de la France! — Ce sont les fautes de la Convention qui ont créé le péril de la France. Qui peut nier que le jugement de Louis XVI n'ait accru la coalition et provoqué la guerre de Vendée? Et ce n'est pas la Terreur, nous l'avons prouvé par les faits, qui a conjuré ce péril : ce n'est pas la Terreur qui a désarmé la coalition, pacifié la Vendée! A-t-elle sauvé la Révolution? Elle a proscrit ceux qui ont fait les grandes choses de la Révolution. Les grands noms de la Constituante sont inscrits les premiers parmi les victimes de la Convention nationale. La Terreur a envoyé à la mort les Bailly, les Barnave, les Chapelier, les Thouret; le titre seul d'ex-constituant, quand on ne l'avait pas fait réviser aux Jacobins, était un brevet de guillotine. Elle a frappé les hommes; elle avait au préalable supprimé les grands principes qu'ils avaient établis : l'égalité, la liberté [1]. L'égalité a survécu, mais la liberté avait été si cruellement atteinte qu'elle ne s'en est pas de bien longtemps relevée. La réaction, en effet, ne lui est pas meilleure que la tyrannie. Depuis la prise de la Bastille, on avait compté la marche de la Révolution par sanglantes journées : les 5 et 6 octobre, le 10 août, les 2, 3, 4 et 5 septembre, le 21 janvier, le 31 mai, etc. Après le 9 thermidor, on ne procède plus que par coups d'État. Ils se succèdent les uns aux autres, jusqu'à celui qui, le 18 brumaire, balaya tout le régime. Le 18 brumaire fut moins encore l'usurpation d'un général heureux que l'abdication d'un peuple fatigué d'anarchie, désabusé de ses espérances. Le régime républicain, épuisé, s'affaisse de lui-même et la France, surmenée, acclame le jeune héros qui, du moins, lui avait

---

1. Voy. le livre d'Edgar Quinet, *la Révolution*. Je demande au lecteur la permission de le renvoyer aussi aux conclusions de mes deux ouvrages : *la Terreur, études critiques sur l'histoire de la Révolution française*, et *Histoire du tribunal révolutionnaire de Paris*.

donné la gloire et lui promettait (promesse trompeuse!) le repos au prix de la liberté.

On sait trop où cela nous a conduits et comment, après un nouveau cycle marqué par des phases analogues (royauté constitutionelle, république, empire, invasion), nous sommes revenus à la République. Ce que l'on ne devrait pas oublier, c'est combien les souvenirs de la Terreur ont pesé et pèsent encore sur le nom de la République. Il ne faut pas dire qu'on ne peut rien revoir de pareil, que les temps sont changés. Qu'importe, si les hommes ne changent pas? Admettre la justification d'un gouvernement de violence et de sang dans le passé, c'est lui ouvrir les portes de l'avenir. Car qui peut dire que ces fanatiques de la Terreur d'autrefois ne trouveront pas un jour les circonstances plus impérieuses, et la nécessité d'y recourir plus urgente? Et n'avons-nous pas été nous-mêmes témoins de choses que 1793, que le terrible an II n'avait pas vues? La commune de Paris s'insurgeant, sous le canon de l'ennemi, contre la Représentation nationale; contraignant, aux jours de la lutte, les jeunes citoyens à marcher, sous peine de mort, dans les rangs de l'émeute, et au jour de la défaite livrant Paris aux flammes, les maisons particulières, les monuments publics : non seulement les Tuileries, cet antique palais des rois, mais l'Hôtel de Ville, ce palais du peuple, mais, autant qu'il a été en elle, le Louvre, ce palais des Beaux-Arts que l'Europe nous envie! Ce sont des crimes dont on peut amnistier les auteurs, mais non pas abolir la mémoire. N'exposons pas le présent à un pareil lendemain. Le gouvernement révolutionnaire, le régime de la Terreur a toujours été détestable. Il n'y a qu'une règle à suivre en politique, c'est celle du droit et de l'équité. Tout ce que la saine morale réprouve doit être rejeté comme funeste. Purifions donc la Révolution de ces souillures qui la compromettent dans l'histoire : c'est la seule manière de défendre ce qu'elle a produit de grand et de légitimer son empire dans le monde. Pour moi, arrivé au terme d'une carrière déjà longue, je n'ai pas voulu poser la plume sans combattre, par l'autorité des textes et l'évidence des faits, de dangereuses théories, et j'opposerai à ceux qui se croient les vrais défenseurs de la Révolution, parce qu'ils veulent la défendre en tout et contre tous, la moralité de la fable :

> Rien n'est si dangereux qu'un *imprudent* ami,
> Mieux vaudrait un sage ennemi.

# APPENDICES

## I

### Les deux agents Thierry et Mauger.
(Page 8.)

Mauger avait été précédé à Nancy par un agent d'un esprit tout différent : c'était Thierry, chargé de cette mission (4 juin) par Garat, ministre de l'intérieur, et qui, n'ayant pas trop combattu la révolution du 31 mai, avait été laissé en place. A la suite d'une première lettre où il parlait des subsistances, Thierry, dans un rapport plus étendu (29 juin), donnait son impression sur la ville; et elle est généralement favorable. L'aristocratie est anéantie, le peu d'aristocrates qui restent cachent leurs sentiments au fond de leur cœur. Le peuple obéit aux lois et respecte les magistrats. Les corps constitués sont sages. Le commerce, l'agriculture sont en progrès, l'état des esprits est satisfaisant; on compte sur l'éducation nationale. Les prêtres insermentés sont déportés; les autres, surveillés pour voir s'ils lisent les décrets. Un seul s'est marié et il a été si mal vu qu'il a dû se retirer. Thierry revient ensuite sur la question urgente des subsistances. Le plus grand fléau, c'est le renchérissement des denrées. Le voisinage des armées épuise tout.

Dans une lettre du 6 juillet, il parle des établissements hospitaliers et spécialement des frères de Saint-Jean de Dieu qui soignent les maladies épidémiques :

« Depuis la Révolution, on leur a laissé la liberté d'administrer leurs revenus en commun.

« On peut considérer cette maison comme une réunion de médecins et de chirurgiens qui exercent gratuitement leur art dans tout le département, portant aux malheureux les secours dont ils ont besoin dans leurs maladies. C'est assez vous dire, citoyen ministre, combien un pareil établissement est précieux pour l'humanité et combien il importe qu'il puisse être maintenu. »

Il y a encore l'hôpital Saint-Charles, pour les pauvres malades de la ville, et trois autres, tenus par les sœurs :

« Il me seroit difficile, citoyen ministre, de vous faire connoître combien sont respectables le zèle et l'activité de ces femmes et avec quel ordre vraiment admirable ces maisons sont entretenues, et les malades, les enfants ou les veillards confiés à leur surveillance sont soignés. C'est là qu'on apprend tout ce que peut le véritable amour de l'humanité et quels miracles produit une économie qu'il dirige. La plupart de ces maisons ont perdu la moitié ou les trois quarts de leurs revenus, et je n'ai pas vu qu'un seul de leurs malades pût s'en apercevoir. Je ne balance pas à le dire ; Il n'y a que des femmes élevées dans cet état et décidées à y consacrer leur vie entière qui puissent se livrer aussi efficacement à tant de soins minutieux et importants. »

C'est le commissaire d'un ministre de l'Intérieur de 1793 qui parle ainsi!

Notre agent ne s'en tint pas à Nancy, il visita les villes, les campagnes de la Meurthe : il vante les bonnes dispositions des campagnes :

« Dans les villes, on parle beaucoup plus de patriotisme et souvent on agit beaucoup moins » ; — et puis il y a les clubs : « le peuple ne sait pas toujours se défier de ces hommes dangereux qui ne se font patriotes que pour le tromper. »

Il compte donc sur le patriotisme des campagnes. Mais il ne faut pas le mettre « à une trop rude épreuve par l'excès des charrois militaires » qui sont l'épuisement de l'agriculture. (Vézelize, 12 août.)

Pendant qu'il s'acquittait ainsi de sa charge, Mauger arrivait à Nancy. La scène change. Thierry écrit le 17 août à son ministre :

« L'agitation la plus effrayante a succédé à ce calme heureux, et cette agitation est excitée par un homme que vous avez envoyé pour prêcher la paix, par le citoyen Monger (Mauger), qui se dit chargé par le Conseil exécutif d'une mission importante. »

Prévenu de son arrivée, il est allé le trouver : impossible de s'entendre :

« Depuis 8 jours qu'il est arrivé, il n'a eu avec les corps administratifs aucune conférence, mais il s'est occupé à leur ravir la confiance… Il ne s'est entouré que de quelques hommes proscrits par l'opinion publique. » Et notre commissaire en nomme plusieurs : Grandjean, « méprisable autant que méprisé »,… etc.

« Croyant qu'il n'étoit qu'égaré, j'ai cherché à le ramener aux vrais principes et à l'amour de l'ordre. Il ne m'a répondu que par des paroles de sang. Il parle de faire égorger une partie de la ville de Nancy : « J'ai été envoyé pour prêcher la paix, m'a-t-il dit, mais je ne
« la prêcherai qu'un poignard à la main. »

« Je lui ai opposé la Constitution. — Il répond « qu'on ne devait
« l'exécuter que lorsque les lois ultérieures qu'elle suppose seront
« promulguées. »

« Sa conduite à la société populaire, qu'il a désorganisée, est conforme à ce langage. Aussi, depuis deux jours, s'y est-on permis les motions les plus atroces. Monger y a proposé de faire arrêter tout ce qu'il plaît à lui, et à ses adjudants, d'appeler hommes suspects, et leurs enfants; de les placer dans un appartement miné qu'on ferait sauter au besoin. Ces hommes prétendus suspects sont les hommes éclairés et courageux de la société populaire, que les agitateurs ont cherché à en éloigner pour s'emparer des places auxquelles le choix éclairé de leurs concitoyens ne manquerait pas de les appeler. »

Mauger a donné ordre, par ses acolytes, à la municipalité, de les arrêter au nombre de quatre-vingts, jamais on ne vit plan de désorganisation plus manifeste.

« Monger a mis le comble à son extravagante conduite, ce soir, dans une assemblée du conseil général de la Commune où il s'est permis d'injurier les magistrats du peuple avec audace. J'ai été témoin de cette scène.

« Le conseil général de la Commune a pris contre le citoyen Monger des mesures sévères... Il adresse à la Convention nationale et à vous, citoyen ministre, l'exposition de sa conduite et des motifs qui l'ont déterminé. »

Dans une lettre du 22 août, Thierry dit que Mauger vient de publier sa justification : « Il m'a inculpé. J'ai cru devoir repondre. Je m'empresse de vous adresser cette réponse qui n'est qu'un compte rendu de ma conduite dans toute cette circonstance. » (Ce compte rendu n'est pas au dossier.)

Mais Garat n'était déjà plus ministre. On n'avait plus d'inquiétude sur les suites de la révolution du 31 mai en province : la Constitution était faite, acceptée, proclamée. La démission que Garat, se sentant mal à l'aise au ministère de l'Intérieur, offrait depuis longtemps venait d'être agréée (15 août), et Paré fut nommé à sa place (20 août). Un de ses premiers actes fut de rappeler Thierry qui, évidemment, ne répondait plus à la situation. Thierry écrit d'Épinal, 28 août, qu'il obéit à l'ordre de rappel. (Arch. nat., F1a 551, dossier *Thierry*.)

Mauger, débarrassé de Thierry, eut à Nancy d'autres adversaires; nous parlons dans le texte des vicissitudes qu'il traversa jusqu'à sa chute finale.

II

### Différend de Faure et de ses deux collègues Lacoste et Baudot.

(Page 19.)

Faure n'avait été envoyé originairement en Lorraine que pour la nouvelle levée de cavalerie. Un décret postérieur lui donna des pouvoirs illimités pour l'épuration des autorités constituées (14 brumaire, 4 novembre 1793). Le premier décret en faisait un auxiliaire des représentants envoyés près les armées du Rhin et de la Moselle; le second l'allait mettre en conflit avec eux : car ces représentants aux pouvoirs non moins illimités n'entendaient pas se borner aux choses militaires dans la circonscription de leurs armées. Faure, qui avait tous les antécédents d'un terroriste, fut réputé modéré quand il se trouva à Nancy en présence d'un Mauger et d'autres patriotes de même espèce. Or ces patriotes étaient soutenus par Baudot et Lacoste. Parmi les sans-culottes, amis de Mauger, qu'il envoyait au tribunal révolutionnaire de Paris pour leurs excès, il y avait un nommé Richard, « un des apôtres de la propagande ». Baudot et Lacoste le réclamaient (18 nivôse, 7 janvier 1794). Faure envoie au Comité de salut public copie de leur lettre et de sa réponse : « Je dois vous dire qu'ayant, par un arrêté, ordonné que quatorze faux patriotes, fripons et contre-révolutionnaires seroient traduits au tribunal révolutionnaire, et un d'eux se trouvant, à la suite de la propagande, auprès de deux de mes collègues, ces deux collègues m'ont écrit à ce sujet et je leur ai répondu de suite. Je crois devoir vous adresser copie de ces deux lettres, car il me semble que de cela que je persécute les fripons, on a envie de me persécuter. » (Arch. nat., AF II, 153, nivôse, 2ᵉ partie, pièces 49 et 50.)

Nous avons dit comment Lacoste et Baudot se vengèrent de Faure en défendant aux autorités, par un arrêté du 2 pluviôse, d'exécuter les arrêtés qu'il aurait pris seul.

Le 3 (22 janvier 1794), Faure, qui est à Sarrelibre, se plaint au Comité des actes de Baudot qui jettent le trouble dans Nancy, le priant d'y envoyer des commissaires.

Le 15 (3 février), il écrit du même lieu que Baudot et Lacoste ont nommé une commission pour juger les prévenus de contre-révolution : ses agents ont été traduits devant elle : « Ils ne peuvent être coupables, dit-il, sans que je le sois moi-même. » (AF II, 154, pluviôse, à la date.)

Le 21 (9 février), il insiste pour faire suspendre les poursuites commencées contre ces agents (*ibid.*, pièce 99).

Le 23 (11 février), Lacoste prie le Comité d'attendre ses observations (pièce 157), et il envoie son mémoire qui est une attaque contre Faure (pièce 169).

Le 24, lui et son collègue Baudot se sont rencontrés avec Bar à Nancy, et c'est alors qu'ils ont décidé de renouveler la société populaire (lettre de Bar du 29 pluviôse, AF II, 122, dossier 2, pièce 2).

A partir de ce moment, ils sont les maîtres.

Le 26 pluviôse, ils font savoir par une affiche que la société populaire de Nancy est recréée (*ibid.*, à la date).

Le 28 pluviôse, ils annoncent au Comité de salut public que « les autorités de Nancy sont entièrement régénérées : « Les républicains ont pris la place des imposteurs. » (AF II, 154, pluviôse, pièce 216.)

Le 29 ventôse, Lacoste avait rédigé à Nancy un rapport sur la conduite de Faure, qu'il fit imprimer. En se servant d'un exemplaire de ce factum qui n'a pas moins de quatre-vingt-huit pages, Faure y joint une réponse manuscrite qu'il adresse au Comité du salut public (14 germinal, 3 avril, AF II, 156, pièce 178). Voy. aussi les deux rapports de Faure. (Bibl. nat., Le³⁹, nᵒˢ 57 et 58.)

Pflieger, qui se trouvait alors à Nancy (19 germinal, 8 avril), dit que la ville reste divisée, par suite du différend de Faure avec Baudot et Lacoste, et que pour y ramener la concorde, il y fait envoyer un représentant étranger à tous les partis (*ibid.*, pièce 226).

## III

### Tribunal criminel et révolutionnaire de la Meurthe.

(Page 22.)

Le tribunal criminel de la Meurthe, d'après un relevé fait à Nancy et communiqué à M. Berriat Saint-Prix (*Cabinet historique*, t. XI, p. 283), prononça, du 20 avril 1793 au 21 frimaire an III, treize condamnations à mort, dont onze avant et 2 après le 9 thermidor.

Voici quelques-unes de ces condamnations, avec les motifs des jugements :

Jean BERNARD : correspondance avec les émigrés.

Claude HUSSON DE PRENY ; Toussaint BERNARD ; Anne FOCLON : émigration.

Louis LAUGIER : correspondance avec émigrés.

Jean LHUILLIER (13 nivôse) : émigration.

1ᵉʳ pluviôse. Jean-Pierre VATELLE, volontaire du 92ᵉ bataillon de la Haute-Saône : propos tendant au rétablissement de la royauté. Il avait dit : « Je servois le roi, j'avois de l'argent ; maintenant je sers la nation, je suis misérable, je ne suis pas payé ; je ch.. sur la nation. Je veux servir pour le roi et non pour la coquine de nation. Je n'ai pas de cocarde à mon chapeau, j'aimerois mieux être pendu que d'en porter une de la nation », et qu'il « mourroit pour son roi ». (Arch. nat., BB³, carton 2.)

Jean THOUVENIN, lieutenant : propos contre-révolutionnaire.

Charles THIERRY : correspondance avec émigrés.

François HADOR, prêtre : s'est soustrait à la déportation.

Ajoutez des condamnations à six ans de fers ou de réclusion pour recel de prêtres, discrédit d'assignats, etc. (Greffe de la cour de Nancy.)

Il n'était pas sûr, au milieu des vicissitudes de la guerre, de garder les détenus dans les villes ouvertes. Blaux (du 13 mars au 16 mai 1793) ordonnait de conduire dans les prisons de Metz les prêtres à déporter que l'on trouverait (Arch. nat., D, § 1, carton 18). Lacoste, Mallarmé et Faure, en octobre de la même année, prenaient l'arrêté suivant :

« Nous, représentants du peuple près l'armée du Rhin, autorisons les autorités constituées réunies de la ville de Nancy à prendre telles mesures qu'elles aviseront convenables pour faire transférer sous bonne et sûre garde, et partout où elles jugeront à propos, dans l'intérieur de la République, les individus détenus dans les diverses maisons d'arrêt pour faits relatifs à la Révolution et aux crimes contre-révolutionnaires. »

« Nancy, le dixième jour du [deuxième mois] de la seconde année de la République.

« Attendu que l'ennemi étant aux portes de Saverne, près Nancy, et que les chances de la guerre peuvent devenir funestes aux armes de la République, l'ennemi pourroit pénétrer facilement à Nancy et les détenus deviendroient, comme partout ailleurs, les dénonciateurs et les bourreaux des amis de la liberté... » (Greffe de la cour de Nancy.)

Immédiatement après le 9 thermidor, Mouton, l'accusateur public près le tribunal criminel, ayant été arrêté, le représentant Pflieger se hâta de pourvoir à sa place :

« Nous, représentant du peuple près l'armée de la Moselle, considérant qu'il importe que le tribunal criminel du département de la Meurthe ne perde point de son activité par l'arrestation de Mouton, accusateur public près ce tribunal; que dans le moment surtout où il va commencer sa session il est essentiel, tant pour les accusés qui doivent être jugés que pour les témoins qui se sont rendus ici pour y être entendus, qu'il n'y ait aucun retard : arrettons, d'après ces motifs, que le citoyen Mallarmé l'aîné remplira provisoirement les fonctions d'accusateur public près le tribunal criminel du département de la Meurthe et qu'il sera tenu d'entrer en exercice, dès le jour, à peine d'être traité comme suspect.

« Nancy, 12 thermidor an II de la république françoise une et indivisible. » (Greffe de la cour de Nancy.)

Déjà, le 6 thermidor, Pflieger avait fait arrêter six hébertistes à Nancy; le 9, il donnait sur eux de nouveaux détails, et le 21, il les dénonçait comme complices présumés de Robespierre; un septième avait dit publiquement à Nancy, le 10 thermidor : « Encore deux jours et la bombe éclatera! » (Arch. nat., AF II, 158, thermidor, pièces 42, 64 et 114.)

Trois mois après, on n'avait pas fini encore de s'occuper des citoyens envoyés au tribunal révolutionnaire de Faure.

Génevois, représentant du peuple, en mission dans les départements de la Meurthe et de la Moselle, écrivait le 16 frimaire an III (6 décembre 1794) au greffier du tribunal criminel du département de la Meurthe :

« Je suis instruit qu'il existe entre tes mains des pièces relatives à la détention de plusieurs citoyens, envoyés au tribunal révolutionnaire établi par le représentant Faure, à Nancy; je t'invite à me faire remettre, dans le jour, les dittes pièces, afin que je puisse connoitre les charges qu'elles renferment. » (Greffe de la cour de Nancy.)

## IV
### Mission de Cusset.
(Page 20.)

On se rappelle la mission libre, et même un peu trop libre, de Cusset à l'armée de la Moselle (à la fin de 1792) et ce qu'en dit alors Beurnonville.

Il eut une autre mission près la même armée; et sur ce qu'il y fit, il est curieux de l'entendre lui-même :

« *Compte rendu à mes collègues et au souverain le Peuple le 25 frimaire l'an 2e.*

« Citoyens mes collègues, et vous souverain, le Peuple, lisez un millième de mes crimes qui sont les auteurs de tant de persécutions et de calomnies. »

Il est allé à Verdun : — « Je ne regardai pas, comme quelqu'un l'a prétendu, si j'étois dans le département où la Convention m'envoyoit, je m'informai seulement si je pouvois être utile à ma patrie. Je visitai les magasins de tout genre ; je confisquai quelques mille paires de souliers et bas dont j'envoyai des échantillons à la Convention et aux Jacobins. »

Le lendemain il ira à Metz; puis à Thionville, et il dit les mesures qu'il a prises à la frontière contre l'ennemi et à l'intérieur contre les fanatiques. Suivent les pièces: Procès-verbal du 7 juillet fait à Verdun, portant remerciement au citoyen Cusset, député de Rhône-et-Loire, commissaire à l'armée de la Moselle ; — extrait des registres de Sierck, 22 août 1793; et des lettres de lui-même (Bibl. nat., Le[39], 49).

A la fin de ce rapport, daté, sur le titre, du 25 frimaire an II, on trouve une lettre du 3 nivôse suivant aux représentants Saint-Just et Le Bas, lettre où il se félicite que le Comité de sûreté générale leur ait déféré sa plainte contre le tribunal révolutionnaire de la force armée du département de la Moselle; et il se plaint surtout de Gobert, de Lemoine, curé de Longwy, de Bessière, général de brigade : « Si vous êtes à Metz, ils sont aux petits soins et hurlent le patriotisme pour surprendre votre religion. » On avait mis en question à la société de Metz si on l'arrêterait : « Enfin, ajoute-t-il, ce tribunal liberticide fit tomber ses coups sur Lafontaine, procureur syndic du district de Thionville, qui m'avoit prévenu de tout... Ils ont fait plus : lorsque je suis parti, cette armée s'est répandue sur la frontière avec une commission pour s'informer de ma conduite. »

Cette lettre est suivie d'une autre, du 19 pluviôse, qui y fait allusion. Les deux pièces ont été sans doute ajoutées au rapport pendant qu'on l'imprimait, car la pagination s'y continue (p. 89-91).

Le malheureux Cusset fut impliqué dans la conspiration du camp de Grenelle et condamné à mort avec Javogues, etc., le 28 fructidor an V (14 septembre 1796). (*Moniteur* n° 20; 20 vendémiaire an V, t. XXXVIII, p. 154.)

## V

### Tribunal criminel de la Moselle.

(Page 33.)

Voici les condamnés à mort dont on a les jugements en manuscrit ou en placards dans le dossier de la Moselle aux Archives nationales (BB³, carton 12).

20 janvier 1793. Pierre Caymas, dit Marc-Antoine, dragon déserteur, et Jacques Cremer, huissier : pour avoir émigré et porté les armes contre la France.

25 mars. Nicolas Saler, boulanger : pour avoir favorisé l'ennemi en désarmant les patriotes, etc.

21 avril. J.-Fr. Gallois, homme de loi; N.-Fr. Muel, tailleur; J.-Fr. Henry, arpenteur; J.-Fr. Eloi, rentier; Clément-Fr. Duquesnoi, aide commis au tribunal de district; L.-Fr. Duquesnoi, ex-antoniste; J. Manier, serrurier; J.-B. Maillefer l'aîné, notaire; Nic. Avet le jeune, marchand; Jean-François Pelletier, marchand; Pierre dit Corbas, fils de Jos.-Pierre; J.-B. Gentil, ci-devant juge; Fr. Mathias, journalier; Miscauld, ci-devant dit Chevalier; Troyon, homme de loi, tous habitants de Briey; J.-P. Passerel, préposé de la nation au poste de Bistein; Ch.-François Goussaud, ci-devant conseiller au Parlement : accusés d'avoir porté les armes contre la France, favorisé les progrès de l'ennemi.

27 mai. J. Paqué, boulanger à Sierk : introduction de faux assignats.

10 juin. Jos.-Fr. Maire, ci-devant marchand conducteur de charrois à l'armée de la Moselle : pour propos tendant au rétablissement de la royauté. Il avait dit que c'était à tort que la Convention avait fait mourir Louis Capet et qu'il fallait un régent; que l'Empereur et le grand Turc avaient fait la paix; que l'Empereur envoyait 120 000 hommes contre la République[1].

26 juillet. Nic. Weber, garçon meunier : accusé d'avoir favorisé les progrès de l'ennemi; chansons inciviques; violences contre les patriotes.

10 septembre. J.-Marie Comte, sergent-major au 7ᵉ bataillon de Rhône-et-Loire siégeant à Longwy : propos tendant au rétablissement de la royauté : qu'il « falloit un roi, soit Égalité, soit le fils de Capet ».

26 septembre. Angélique Galonnière, émigrée : on refusa d'entendre son défenseur.

28 vendémiaire an II (19 octobre). Barbe Vuillaume, femme de chambre de la femme Saulnier, émigrée, émigrée elle-même.

---

1. 27 juin. Ch.-Fr. Baltus, ex-conseiller au bailliage : bannissement à perpétuité et confiscation; et Madeleine-Françoise Meffet : quatre ans de détention pour avoir transmis de l'argent au dehors.

30 vendémiaire an II (21 octobre). Guillaume LE FRANÇOIS, émigré.
Même date. Toussaint PIXION, émigré.
4 brumaire (25 octobre). Louis BALTHASARD fils, demeurant à Hayange : il avait sur lui un portrait de Louis Capet et la lettre du roi à l'Assemblée nationale, et avait été arrêté quand il allait passer la frontière.
22 frimaire (12 décembre). Nicolas SCHOULER, serrurier, provocation au rétablissement de la royauté : il avait dit « que dans six semaines il y aurait un roi ou un régent; que le diable emporte les assermentés! [1] »

## VI

### Le représentant Perrin dans les Ardennes.
(Page 41.)

Le représentant Perrin, qui avait été en mission dans les Ardennes au mois d'août 1793 et qui s'y retrouve encore après la bataille de Wattignies, s'occupant des approvisionnements de l'armée [2], eut à débattre devant la Convention plusieurs des actes de son administration dans ce département. Il avait fait arrêter un des chefs des sans-culottes du pays, nommé Vassan, ancien rédacteur d'un journal fédéraliste, et qui avait racheté ces antécédents en se jetant dans la sans-culotterie. Les frères et amis réclamaient sa mise en liberté, et ils l'obtinrent sur le rapport du Comité de sûreté générale, auquel l'affaire avait été renvoyée [3]. Autre affaire à propos du tribunal militaire qu'il avait établi à Sedan et qui était accusé d'avoir persécuté les patriotes. La Convention sursit à l'exécution de ses jugements; mais, le 21 pluviôse, une députation de la commune de Sedan vint démentir les accusations dont le tribunal et en particulier l'accusateur public avaient été l'objet [4].

## VII

### Les meneurs du département de la Meuse et des Ardennes.
(Page 43.)

Delacroix, dans son rapport, en fait des portraits qui donnent une idée du régime de terreur imposé à ces départements :

NOGUE, d'abord royaliste effréné, puis ultra-révolutionnaire, —

---

1. 15 frimaire (5 décembre), Henri SPRINGER, vannier, fabricant de fausses pièces de 30 francs : quinze ans de fer; 22 messidor an II, Isaac BEHR : dix ans de fer pour avoir fait sortir du territoire de la République des suifs en branches.
2. Lettre de Sedan, 21 août 1793, sur les recrues fournies par les Ardennes, séance du 26, *Moniteur* du 28, t. XVII, p. 501. Lettre de Soire-le-Château, 8 de la 3e décade du 2e mois ou 19 octobre 1793, *Moniteur*, t. XVIII, p. 213.
3. Séances des 6 et 18 pluviôse, *Moniteur* des 7 et 20 pluviôse (26 janvier et 8 février 1794), t. XIX, p. 303 et 416.
4. *Moniteur* du 23 pluviôse, *ibid.*, p. 437.

abusant pour satisfaire ses passions personnelles des pouvoirs qui lui furent donnés; vil flatteur d'un homme riche dont il cherchait à devenir le gendre, et, pour prix de son refus, voulant le conduire à l'échafaud; rédigeant, de concert avec son digne ami Barraux, de nombreuses listes de proscription et partageant avec lui, dans leurs dénonciations combinées, les rôles d'accusateur et de témoin.

Barraux, calomniateur impudent, voleur d'effets appartenant à la République, déclarant hautement que, sous le gouvernement révolutionnaire, il ne faut pas avoir égard aux lois.

Vassan, partisan de Vincent et de Ronsin.

Gérard-La-Chapelle, qui prend le nom de Marat : digne favori de Le Bas et de Saint-Just; il est appelé avec Durège dans le département du Rhin, et concourt efficacement aux mesures ultra-révolutionnaires qui ont enlevé à l'agriculture et aux arts une multitude de citoyens utiles.

Gallet Delécole, l'inventeur de cette conspiration de Givet, proclamée à la tribune de la Convention, qui coûta la liberté à une multitude de bons citoyens et qui, sans le 10 thermidor, leur eût peut-être coûté la vie.

Crin, qui faisait conduire dans les prisons tous les accusés, coupables ou innocents : « Le tribunal, disait-il, les jugera. » Il se vantait d'avoir dans sa poche des *ordres en blanc* pour arrêter quiconque parlerait des détenus.

Durège, Varoquier, dilapidateurs des effets de la République, complices de Vassan et de Mogue : Durège qui, dans la société populaire, fit la motion de faire une nouvelle Saint-Barthélemy, une propagande patriotique, sabre et pistolets en main, pour égorger les aristocrates et les modérés qu'on trouverait en son chemin. « Ces barbares, ajoute l'auteur, indiquaient des bals, célébraient des orgies dans les maisons des veuves, des enfants infortunés de leurs concitoyens qu'ils avaient conduits à l'échafaud. Et le père de Varoquier était du nombre (de ces victimes). Et les buveurs de sang, ses dignes amis, le félicitaient de la fermeté stoïque qu'il avait montrée en apprenant son supplice. Impie !.. que le sang de ton père soit sur ta tête! »

Delacroix en nomme encore plusieurs autres : Renaud, apôtre effréné du terrorisme; Robinot-Garnier, un des « auteurs de ces listes de proscription qui coûtèrent la liberté à une multitude de bons citoyens et faillirent coûter la vie à plusieurs ». — « Et c'est, ajoute-t-il, à de pareils hommes qu'étaient livrés deux départements importants par leur position sur les frontières, par les sacrifices nombreux qu'ils ont faits à la révolution. » (*Rapport de Delacroix*, Bibl. nat., Lc$^{39}$, 100, p. 7-13.)

Il ajoute quelques renseignements complémentaires sur plusieurs :

J.-J. Regnauld, de Bar-sur-Ornain, jeune démagogue de vingt ans qui s'était soustrait à la loi de la première réquisition, résistant par la force, menaçant et insultant les autorités chargées de mettre cette loi à exécution, et qui, usurpant le caractère d'adjoint au représentant du peuple, dispensait à ce titre (moyennant finances, on le peut croire), les jeunes gens de la première réquisition de se rendre à leur poste et donnait des réquisitions pour se faire délivrer des chevaux et de l'avoine aux dépens de l'armée.

Doucet, qui disait « qu'un parti doit écraser l'autre et le traîner à l'échafaud »; qui prêchait « une morale de sang », s'était attribué une partie des fonds destinés à indemniser les cultivateurs pillés par l'ennemi; faisant insérer au registre du département un arrêté supposé; traitant avec acharnement les détenus, etc.

Et mille autres traits sur MARTIN, sur GUERY, sur ROBINOT-GARNIER, sur CHOPIN, sur GOULSERT, sur GERAUD-MARSON (*ibid.*, p. 85-100).

Parmi les pièces justificatives jointes au rapport, on trouve trois lettres de Mogue :

Une à Robespierre où il dit que des scélérats « dont il a la tête dans son portefeuille » ont formé le projet de le perdre dans l'opinion des membres du Comité de salut public (p. 17).

Une seconde à Vassan (Paris, 29 pluviôse an II) :

« Je suis arrivé à Paris le 26 pluviôse, je suis descendu au Comité de salut public, où j'ai révélé de grands complots qui se tramentdans le département d'Indre-et-Loire. Déjà j'en avois écrit à nos braves frères de ce Comité. Hentz, notre ami, et Garreau, qui tous deux sont des b... à poil, sont partis pour aller donner la chasse aux prêtres, aux procureurs, aux négociants, qui, dans ce pays comme partout ailleurs, travaillent le peuple pour opérer des mouvements contre-révolutionnaires. »

La troisième à Barraux :

« La guillotinade de Messieurs de Sedan ne rehaussera pas le courage des intrigants qui remuent ciel et terre en leur faveur. Les patriotes espèrent que la série de 1792 les suivra de près; ensuite viendront les fédéralistes (ceux de 1793), car tous les assassins du peuple auront leur tour, tôt ou tard. »

On trouvera un plus grand nombre de pièces, provenant de cette mission, aux Archives nationales D, § 1, cartons 10, 11, 13, 14 et 16.

## VIII

**Lettre de Gossuin et Boyaval, députés du Nord à la Convention nationale, aux administrateurs du département du Nord.**

(Page 54.)

Paris, 3 juin l'an II de la République.

Citoyens compatriotes,

Le retard de la poste et les intrigues des malveillants ont peut-être déjà porté l'alarme dans notre département sur ce qui s'est passé à Paris depuis le 27 dernier. Rassurez-vous, le sang de personne n'a coulé, aucune propriété n'a été violée. De grandes forces se sont développées. Le peuple en masse s'est levé, a réclamé la réparation d'une violation faite aux droits de l'homme. Mais ses réclamations ont été faites par les députations de ses administrateurs de département, de ses officiers municipaux, des commissaires de ses sections ; en un mot de tous ceux qui, même dans un temps de révolution, jouissent de sa confiance et sont ses organes. Sachant bien que les pervers, pour empoisonner ses démarches, pouvoient tenter de faire commettre quelque crime, soit envers la représentation nationale, soit en se livrant à quelque désordre dans les établissements et caisses publiques, prisons et autres édifices nationaux, c'est là qu'il a placé la force la plus imposante pour ôter à ses ennemis jusqu'au prétexte de les calomnier. Et tout a répondu à ses vœux. Témoin journalier des écarts et des erreurs d'un certain nombre de membres de la Convention nationale, dont le système paroît être de fédéraliser quelques départements et de les isoler du reste de la République et surtout de Paris dont il semble avoir juré la perte, le peuple les a fait dénoncer à la Convention par ses magistrats et a demandé contre eux un décret d'accusation ; mais il a respecté leurs personnes et leurs propriétés et leur liberté, puisque la plupart d'eux se sont défendus en personne à la tribune de la Convention nationale et étoient présents à la séance où la Convention a décrété leur arrestation à laquelle ils ont déclaré se soumettre. Le peuple, en étant informé, en a fait témoigner sa satisfaction par les administrateurs du département, et ceux-ci se sont offerts pour otages individuels de la sûreté de chacun des membres de la Convention pendant le temps de leur arrestation. La nécessité du moment ayant fait placer la force armée à toutes les issues de la Convention, ce qui naturellement gênoit la libre circulation à cause de l'affluence qui (comme je l'ai dit plus haut) avoit pour objet d'empêcher que par aucun ressentiment particulier ou dessein criminel, il n'arrivât d'accident fâcheux, l'assemblée a cru devoir, pour ôter tout prétexte à la calomnie, suspendre un moment sa séance ; mais pour prouver à la République qu'elle n'avoit rien à redouter de ce peuple nombreux et qu'elle savoit qu'il n'étoit armé que pour la sûreté individuelle de tous les membres de la Convention nationale, elle a arrêté de se transporter sur le champ au milieu de toute la force armée et d'en parcourir les rangs.

À peine s'est-elle montrée que les cris de : *Vive la République une et indivisible ! Vivent les représentants du peuple ! Union et constitution*, se sont fait entendre de toute part.

Cette marque de confiance de la part de l'assemblée dans le peuple de Paris, lors même qu'il avoit à se plaindre de la violation de ses droits et qu'il en venoit réclamer la réparation, a resserré de plus en plus les liens qui l'attachent au dépôt sacré que lui ont confié les départements.

L'Assemblée, étant rentrée dans le lieu de ses séances, a délibéré paisiblement, et, après avoir entendu le rapport du Comité de salut public, a décrété l'arrestation des membres dénommés [1]. Ceux d'entre eux qui se sont trouvés présents à la séance ont déclaré s'y soumettre.

La Convention a ensuite levé sa séance. Il étoit dix heures du soir. La force armée s'est retirée dans le plus grand ordre; et on auroit inutilement cherché dans Paris une heure après les vestiges d'un aussi grand rassemblement.

Il a été décrété que les questions constitutionnelles seroient discutées chaque jour, depuis midi jusqu'à six heures, à dater de lundi prochain.

Signé : GOSSUIN, BOYAVAL.

(Arch. nat., AF II, 129, dossier 22, pièce 2.)

Voilà comme on trompait les départements sur le vrai caractère de la révolution du 31 mai!

## IX

### Tribunal criminel du Nord.

(Page 83.)

Le tribunal criminel du Nord, tant à Douai, où il avait son siège, que dans les villes où il se transporta, prononça, en matière révolutionnaire, huit condamnations à mort. A cet organe de la justice commune, il faut joindre la commission militaire de Cambrai qui prononça, du 15 vendémiaire au 7 floréal, neuf condamnations à mort, et celle d'Avesnes qui, du 21 prairial au 22 thermidor, en prononça seize, quinze avant, une après Robespierre. (Berriat Saint-Prix, dans le *Cabinet historique*, t. XI, p. 281.) — Nous parlons aux chapitres XXXVI et XXXVII de Cambrai et de Valenciennes.

Les tribunaux criminels, aux termes du décret du 7 avril 1793, devaient, sur les réquisitions des administrations des départements, se transporter dans les chefs-lieux de district pour y juger, conformément à la loi du 19 mars, les prévenus de révoltes ou émeutes contre-révolutionnaires.

Le tribunal criminel du Nord, requis de se transporter à Valenciennes, répondit :

« Le tribunal criminel qui doit se rendre à Valenciennes, en conséquence du décret du 9 de ce mois, vient se concerter sur les mesures à prendre pour son transport; il demande l'opinion du département sur le lieu où il doit tenir sa session qui commence demain; il doute même s'il ne seroit pas bien de la tenir ici, fût-ce pendant quelques jours seulement, parce qu'il n'y a pas de local préparé à Valenciennes et que les jurés et témoins qui sont assignés arriveront tous à Douai

---

[1]. Peut-être *dénoncés* dans l'original.

ce soir ou demain. » — Il fut arrêté qu'il tiendrait une séance à Douai et partirait le lendemain pour Valenciennes.

(Extrait du registre aux procès-verbaux des séances particulières du conseil du département du Nord, du 14 août 1793, 2ᵉ de la République française, p. 1.)

Le tribunal n'aimait guère à se déranger. On lit dans le registre des délibérations du directoire du département (séance du 28 juin 1793) :

« L'accusateur public du tribunal criminel du département du Nord, après avoir obtenu la parole, dit qu'il n'y avoit à juger à Lille par le tribunal, comme tribunal révolutionnaire, qu'une seule cause de peu d'importance qui ne demande peut-être pas une heure de travail; que si le tribunal se transporte à Lille pour cet objet, il va en coûter néanmoins 600 livres au moins à la République; que d'un autre côté ce déplacement va faire perdre près de trois jours au tribunal et retarder par là le jugement de plusieurs causes importantes que l'on pourroit terminer dans la session prochaine et qui sont au nombre de plus de trente. »

Ordre fut donné de transporter le prévenu à Douai. (Lille, Archives, 4ᵉ sect., reg. n° 206, f⁰ˢ 8, 9.)

Il en coûtait plus de transporter la guillotine. Le représentant Desacy écrivait d'Arras (16 juillet 1793) :

« Des pièces... que nous vous envoyons vous prouveront que l'énormité des dépenses, les dilapidations se portent jusque sur la guillotine et que l'exécuteur a aussi ses spéculations financières. 1400 livres pour faire faire quelques lieues à la guillotine, et cette machine ne coûte que 1100 livres! Ne vaudroit-il pas mieux en faire faire plusieurs? Si ce n'étoit pas contraire à la loi qui veut que la mort soit égale pour tous les coupables, si je ne trouvois pas moi-même que c'est trop d'honneur pour un traître, pour un rebelle, de mourir de la main d'un soldat de la République, je vous proposerois de faire fusiller les émigrés pris les armes à la main. Ce seroit une grande économie. » (Arch. nat., AF II, 148, juillet, pièce 87.)

Hoche, n'étant encore qu'adjudant général, avait osé murmurer contre l'attitude impérieuse des représentants en mission dans les armées. Il fut traduit par eux devant le tribunal criminel du Nord, qui s'honora par cette sentence :

« Vu par le tribunal du département du Nord la réquisition en copie des citoyens Letourneur, Cochon et Delbrel, représentants du peuple auprès de l'armée du Nord, du 6 du présent mois d'août, l'ordre d'arrestation du citoyen Louis-Lazare Hoche, adjudant général de la dite armée du Nord, prévenu d'avoir dit « qu'il vaudroit beaucoup mieux « que Cobourg commandât toutes nos armées, parce qu'ils seroient « traités avec plus de douceur que par ces messieurs là »;

« Vu les dépositions, l'interrogatoire subi à Landrecies par ledit Louis-Lazare Hoche ; considérant que le délit dont Hoche est prévenu n'est pas prouvé, que les quatre témoins produits racontent diversement les propos qu'il a tenus le 31 juillet dernier, les uns dans un sens qui rendroit ces propos coupables, les autres dans le sens le plus innocent et les feroit considérer comme l'expression de l'indignation que ressentoit ce militaire des perfidies et des trahisons auxquelles la France est journalièrement exposée; que dans cette variété de témoignages il est de la justice de se décider pour l'accusé, surtout lorsque, comme au cas présent, cet accusé a fait preuve de patriotisme et de valeur;

« Le tribunal déclare que le délit n'est pas constant; en conséquence, acquitte Louis-Lazare Hoche de l'accusation intentée contre lui, ordonne au gardien de la maison de justice du département de le mettre sur le champ en liberté, ordonne qu'à la diligence de l'accusateur public le présent jugement sera mis à exécution, permet audit Hoche de faire imprimer le présent jugement.

« Fait à Douai, à l'audience du tribunal criminel révolutionnaire du département du Nord, le 20 août 1793, l'an II de la République une et indivisible.

« BÉTHUNE, président, GRANGER, HANNOYE. »

(Registre, etc., p. 32.)

## X

### Pamphlets et caricatures contre Joseph Le Bon.
(Page 85.)

J'ai cité les écrits où l'on attaque Joseph Le Bon avec passion, mais en s'appuyant de pièces authentiques. Beaucoup d'autres ne seraient à produire que comme un témoignage des ressentiments qu'il avait provoqués : par exemple la *Confession générale de Joseph Le Bon et bande, ou prédiction de Jean Sans-Peur, applicable à tous les autres buveurs de sang et complices du terrorisme* (juin 1795), potpourri, entremêlé de prose, sur le sort qui l'attend (Bibl. nat., Lb⁴¹, 1822); et parmi les gravures : les *Formes acerbes de Joseph Le Bon*, traduction satirique du mot de Barère :

Joseph Le Bon, étendu sur un tas de cadavres décapités, entre deux guillotines (Arras et Cambrai), s'abreuve du sang qui jaillit des corps des suppliciés. — Les victimes, levant les yeux au ciel, y aperçoivent la Convention à qui la Justice dévoile la vérité, tenant deux brochures, l'une les *Angoisses de la mort*, et l'autre *Atrocités exercées envers les femmes*. — Dans le fond, les prisons. (Bibl. nat., Qb 102, collection Hennin.)

Le *Dernier gémissement de l'humanité contre Joseph Le Bon et ses complices*, adressé à la Convention nationale par l'auteur de la gravure des *Formes acerbes* (12 messidor an III) : il y résume cinq des principales affaires mises à la charge du proconsul. — « *Mon nec plus ultra, ou le dernier coup de massue*, en réponse aux impostures que Joseph Le Bon s'est permises soit à la séance du 11 thermidor au II, jour de son arrestation, soit dans les numéros qu'il a osé publier astucieusement depuis le 1er messidor présent mois pour moyens de défense » (20 messidor an III), brochure dont il fit une nouvelle édition : *Toi ou moi, ou le Dernier Coup de massue*, etc. Une note finale de la première édition annonce que, pendant qu'on l'imprime (22 messidor), la Convention vient de voter dans une séance de nuit la mise en jugement de Le Bon. Enfin quand le procès est entamé : *Satan ou Joseph Le Bon et bande bombardés*, par Jean Sans-Quartier, diatribe entremêlée de couplets sans le nom de l'auteur, mais où on le reconnaît à l'attention qu'il a de renvoyer à la gravure des *Formes acerbes* (*se trouve chez tous les libraires*). — Après cela il avait bien le droit de se récuser, quand il fut cité comme témoin dans le procès (*Exceptions* adressées au tribunal criminel du département de la Somme, séant à Amiens, par le citoyen Poirier, de Dunkerque). Il avait assez publiquement pris parti dans l'affaire.

## XI

### Le représentant Duquesnoy au 9 thermidor.

(Page 151.)

Duquesnoy, ce grand ami de Le Bon, n'avait rien eu de plus pressé, après le 9 thermidor, que de renier Robespierre. Le 13 thermidor, il écrit de Béthune qu'en apprenant cet événement il est parti pour Arras où il a trouvé le plus grand enthousiasme [1]. Même explosion à Béthune où il est revenu. La nouvelle de l'arrestation et de l'exécution du « nouveau Catilina » a été accueillie au cri de : « Vive la Nation! Vive la République! Vive la Convention nationale et nos braves frères de Paris! »

Une adresse a été votée. Mais il est loin de croire que la Terreur soit finie : « Je resterai ici quelques jours, dit-il, et n'en partirai qu'après avoir fait partir pour le tribunal révolutionnaire de Paris cinquante-quatre à cinquante-cinq conspirateurs et contre-révolutionnaires, avec toutes les preuves et pièces à leur charge. » (Arch. nat., AF II, 158, thermidor, pièce 86.) Et de Béthune, en effet, il envoie au Comité de salut public la liste de cinquante-sept détenus qui vont partir pour le tribunal révolutionnaire. (*Ibid.*, carton 164, thermidor, pièce 70.) Ce n'est pas tout. Un décret du 21 messidor avait fait mettre provisoirement en liberté des gens de la campagne, entassés dans les prisons et dont on avait besoin pour les travaux de la moisson. Il s'en était indigné : « Je passerai, disait-il dans sa lettre du 13 thermidor, je passerai par Arras où je ne sais par quelle fatalité on a élargi tous les contre-révolutionnaires des campagnes. J'apprends qu'il en est

---

[1]. C'est ce qu'il dit aussi dans son rapport : « J'étois encore chez moi lorsque vous terrassâtes le tyran Robespierre et ses complices, et, quoique malade encore, je me rendis à Arras pour m'informer si ce monstre n'y avoit pas des partisans. » (Rapport, brumaire an III, Bibl. nat., Le³³ 80, p. 9.)

de même dans les districts de Saint-Pol, Bapaume, etc. Je prendrai en passant à Arras des mesures à ce sujet. » (Rapport, *ibid.*)

Il n'y manqua point. Par une lettre datée d'Arras, 20 thermidor, il transmet au Comité deux arrêtés, dont l'un avait pour objet de réintégrer en prison « des conspirateurs mis à tort en liberté, par une fausse application de la loi sur les laboureurs ». (*Ibid.*, pièce 3.)

Cette mesure provoqua de la part de plusieurs de ses collègues du Pas-de-Calais la protestation suivante :

« Les représentants du peuple soussignés, députés à la Convention par le département du Pas-de-Calais,

« Exposent au Comité de salut public que Duquesnoy, qui n'a aucune mission à remplir dans le Pas-de-Calais, vient de faire réincarcérer un grand nombre de cultivateurs que la loi ordonnoit de mettre en liberté et que même avant-hier il a fait arriver et traduire au tribunal révolutionnaire 58 de ces citoyens, la plupart laboureurs, et qui, au milieu de la moisson, ont le plus grand besoin chez eux. Il suffit d'exposer ces faits au Comité pour être certain qu'il ne balancera pas à prononcer la liberté provisoire de ces prisonniers dont plusieurs d'entre eux sont connus pour être d'excellents citoyens.

« Paris, le 23 thermidor, l'an 2 de la République françoise une et indivisible.

« ESLARD, BOLLET, DUBRECCQ, GUFFROY. »

(Arch. nat., AF II, 158, thermidor, pièce 21.)

On comprend qu'avec ces dispositions Duquesnoy soit resté dans le parti qui entraîna sa chute au 1er prairial.

## XII
### Valenciennes avant le siège de 1793.
(Page 152.)

Il y eut dans les premiers temps de la Révolution, à Valenciennes et aux environs, comme en maint autre lieu, des violences qui agitèrent le pays; mais rien qui ait amené un dénouement fatal devant la justice. Les archives de la ville n'ont gardé sur ce sujet que fort peu de chose. Un ecclésiastique, Gosseau, curé de Saint-Géry, est dénoncé par le nommé Bondu à la société des amis de la Constitution comme ayant dit en chaire, le 6 mars [1791], que les évêques nommés par le peuple et les prêtres qui recevraient d'eux leurs pouvoirs étaient *ipso facto* schismatiques. La dénonciation est transmise par M. Grenet procureur de la commune, à M. Fanyau accusateur public du district, et des témoins assignés par Jacques-Laurent Béthune viennent déposer. L'un ne fait que rendre hommage à son vénérable pasteur; le vicaire dit qu'il a parlé de l'Église grecque et de l'Église anglicane, et qu'il a déclaré que ces Églises, par le fait qu'elles étaient détachées de l'Église romaine, étaient sans pouvoirs pour les sacrements. La plupart disculpent leur curé. Seul un enfant de quinze ans, Toussaint-Joseph

Fouquet, fils de François, cabaretier, « dépose sur les faits mentionnés en la plainte, de laquelle nous lui avons fait lecture, que dimanche, 6 du présent mois de mars, M. le curé de Saint-Géry a prêché publiquement, dans l'église de cette paroisse à la grand'messe, « que tous « les évêques nommés par le peuple, que tout curé qui recevroit ses pou- « voirs des mêmes évêques, étoient *ipso facto* schismatiques et excom- « muniés, incapables d'administrer les sacrements », — « qui est tout ce qu'il a dit savoir », ajoute le procès-verbal. Je soupçonne bien que le curé a parlé ainsi; mais le *ipso facto* dans la bouche de cet enfant me fait bien croire que le jeune témoin s'est borné à dire *oui* à la plainte dont on lui a donné lecture. L'affaire, du reste, ne paraît pas avoir dépassé les limites du tribunal de district. A la date du 30 avril 1792 : « J.-B. Deruesne, prêtre non assermenté, ci-devant curé de la paroisse de Condé, est accusé d'avoir exercé les fonctions curiales, après son abdication et son remplacement, et manifesté des opinions religieuses qui ont occasionné des divisions nuisibles à la tranquillité publique parmi les citoyens dudit Condé. » Le jury d'accusation déclare qu'il y a lieu à poursuivre, et la pièce est signée par le juge faisant les fonctions de directeur du jury, L. Béthune, — mais rien ne dit à quoi la poursuite a mené. Le registre du tribunal de Valenciennes pour les années qui précèdent le siège, registre fort détérioré et presque tombé en pourriture, ne présente, dans ce qui est lisible, que des délits communs.

Signalons une dernière pièce des archives qui se recommande par le nom de Fouquier-Tinville. A la date du 15 mai 1793, il écrit au commissaire national du tribunal de district de Valenciennes pour avoir des informations concernant un nommé Lécuyer contre lequel un jugement avait été rendu à la date du 13 : « Je désirerois aussi que vous vous informiez, dit-il, s'il n'y auroit pas quelques témoins à Valenciennes qui fussent dans le cas de déposer des faits dont est prévenu Lécuyer, et enfin quel étoit le moral de ce citoyen. » Fouquier ajoute de sa main : *S'il a jamais donné des preuves d'incivisme*. — Duhot répond, au nom du commissaire national, que dans la correspondance de Lécuyer, scrupuleusement examinée, il n'y a pas une ligne à sa charge, ni qui fasse apercevoir quelque trace de délit; rien qui lui vaille le blâme ou la louange. — Il s'agit de Charles-Joseph Lécuyer, prévôt général de l'armée du Nord, maréchal de camp, assez compromis dans la défection de Dumouriez pour que Fouquier-Tinville n'eût guère besoin de tant de témoignages. Lécuyer fut condamné à mort par le tribunal révolutionnaire le 14 août 1793. (*Hist. du tribunal révolutionnaire de Paris*, t. I, p. 105.)

## XIII
### Capitulation des Autrichiens à Valenciennes.
(Page 158.)

Voici les articles que l'administration de Valenciennes avait voulu faire introduire dans la capitulation pour sauvegarder les intérêts de la ville :

« Le Conseil particulier étant extraordinairement convoqué, à l'effet de proposer à M. le général commandant pour Sa Majesté l'Empereur et roi les articles de la capitulation relatifs aux intérêts de la ville et de ses habitants, dans le cas où il dût la rendre à la France, a arrêté les dispositions suivantes :

« Art. 1. Il sera libre à toutes personnes, de tel état et qualité qu'elles soient, de sortir de la ville et même du territoire françois avec la garnison et d'emporter leurs effets avec elles.

« Art. 2. Les habitants des deux sexes actuellement en cette ville ou y réfugiées, les fonctionnaires publics, les prêtres, religieux ou religieuses ne seront point recherchés ni inquiétés pour leurs opinions politiques ou religieuses; ils auront leur honneur, leur vie et leurs propriétés mobiliaires et immobiliaires sauves, soit qu'ils veulent continuer leur résidence en cette ville, soit qu'ils veulent retourner dans leurs foyers respectifs, ou enfin qu'ils désirent se retirer hors du territoire françois, pour lequel effet, il leur sera accordé un terme de six mois avec la faculté de vendre et disposer de leurs meubles et immeubles au profit de qui bon leur semblera dans ledit terme.

« Art. 3. Le magistrat et autres personnes y attachées ainsi que le conseil particulier actuellement en exercice qui ne sont entrés en fonctions que forcément, suivant les déclarations de M. de Cammeller, général commandant, des 3 et 10 juillet dernier, ne seront point inquiétés pour les places qu'ils ont occupées, pour les faits de leur administration, et jouiront de tous les avantages requis en l'article précédent pour les autres habitants.

« Art. 4. Les personnes qui composoient la magistrature depuis le mois d'août 1793 et les autres habitants qui, par crainte ou pusillanimité, ont abandonné la ville depuis quelques mois auront la liberté d'y rentrer dans le terme de six mois, pendant lequel leurs biens resteront sous la sauvegarde de la loi et de leurs parents, amis, concierges et domestiques, qui en sont actuellement chargés et qui pourront en disposer, suivant les pouvoirs respectifs qu'ils ont reçus desdits absents et à leur profit.

« Art. 5. (Garantie et jouissance paisible à chacun de ses propriétés mobilières et immobilières.)

« Art. 6. La commune, les collèges, hôpitaux ou autres établissements d'utilité publique ou de charité demeureront en la libre et paisible possession et jouissance de tous leurs biens, tant meubles qu'immeubles.

« Art. 7. (Liberté du culte et des opinions religieuses.)

« Art. 8. Les dettes contractées par les anciennes municipalités ou magistratures, tant liquidées qu'à liquider, seront tenues pour légales et bien contractées.

« Art. 9. Les habitants ne pourront être assujettis forcément à aucun service militaire, au moins hors de la ville.

« Art. 10. Moyennant leur soumission aux lois civiles du gouvernement, ils ne pourront être inquiétés pour quelque cause que ce soit, ni obligés de prêter aucun serment contraire à la religion qu'ils professent.

« Approuvé pour être envoyé sans délai à M. le général commandant.

« Signé : BERTIN, prévôt, etc. »

## XIV

### Valenciennes pendant l'occupation autrichienne.

(Page 159.)

Nous empruntons au registre de M. Verdavaine les principaux faits de l'histoire de la ville qu'il y a consignés, d'après les pièces du temps. Les actes de l'autorité autrichienne, trouvés dans la place après la rentrée des Français, ont été envoyés à Paris et se trouvent, rangés à leur date, dans les cartons de l'armée du Nord, au Dépôt de la guerre.

La Jointe impériale avait publié à Condé, le 20 juillet 1793, une déclaration applicable à tous les pays occupés que l'on regardait déjà un peu comme réunis aux provinces de l'Autriche en Belgique.

Août, 3. Rétablissement des autorités à Valenciennes dans la forme antérieure à la Révolution : Prévôt, M. de Pujol (le père du peintre notre contemporain, membre de l'Institut); échevins : M. Jos. Bertin, etc.

7. Des ouvriers ayant refusé de faire des réparations au pont-levis de la porte Tournai, mesures prises par la municipalité contre ce refus.

8. La Jointe : contre l'abus des réquisitions; sur les justices à établir.

13. On admet le payement des contributions en nature.

19. La Jointe : facilités pour la réparation des maisons.

20. Règlement à propos des assignats. « Règlement du magistrat de la ville de Valenciennes concernant les agitateurs, les clubistes, les voleurs, les receleurs ou gens sans aveu. »

21. Contre la chute des matériaux des maisons endommagées.

26. Sur les fossoyeurs.

28. La Jointe : contre les armes cachées.

Septembre, 28. Le magistrat : enlèvement des décombres.

Octobre, 27. La Jointe : Défense à ceux qui n'étaient pas militaires, de porter la cocarde noire. — Le peuple l'appelait l'*hirondelle*. Un bourgeois qui l'aurait portée eût été insulté.

Novembre, 4. Deux individus qui avaient chanté des chansons en l'honneur des Français sont mis en prison.

15. Ordonnance contre les chansons (à diverses dates, il y eut des condamnations pour chansons).

La Jointe rétablit la juridiction prévôtale.

19. Rétablissement des impositions.

Décembre, 1ᵉʳ. Rétablissement de l'académie et des écoles de mathématiques et d'architecture de Valenciennes.

Ordonnance du duc de Saxe-Cobourg contre les abus d'autorité.

9. Représentation du magistrat contre l'annulation, sans remboursement, de la vente des biens ecclésiastiques.

27. Démolition des maisons dans la zone de 300 toises.

Janvier 1794, 12. Rétablissement des justices seigneuriales.

21. Le magistrat : Les boutiques seront fermées en signe de deuil.

Février, 7. Défense de se masquer.

19. Carillon et illuminations pour l'arrivée du prince de Cobourg.

28. Le magistrat : Réparation des digues de l'Escaut.

Mars, 7 et 12. Jugement qui expulse la dame Pillion et Auguste Pillion, pour correspondance hostile aux Autrichiens.

13 et 18. Sur les émigrés.

23. Édit impérial : défense de faire des payements aux personnes résidant en France.

Avril, 13. Règlement pour la réception de l'Empereur.

19. Rétablissement des octrois

30. Le magistrat : Règlement sur l'arrivée et le séjour des étrangers.

Mai, 8. Le prévôt et les échevins réclament contre l'élévation des droits d'octroi dont la ville est surchargée.

21. Requête pour l'hôpital général.

Juin, 27. Avertissement aux habitants. C'est le contre-coup de la victoire de Fleurus; on pressent l'attaque prochaine des Français. Ceux qui avaient accepté le pouvoir municipal, effrayés de l'application possible du décret du 23 décembre 1793, émigrent, sauf M. Bertin, échevin, âgé de 80 ans.

Le 3 juillet, le général major Cammeler, commandant de la place, institue un nouveau magistrat, composé de Bertin, prévôt; Thellier de Poncheville, conseiller pensionnaire, etc.; Boca, procureur syndic. Alors s'accentue de plus en plus le conflit entre le commandant étranger et l'administration municipale que nous avons signalé ci-dessus, sur les réquisitions des travailleurs, sur l'emprunt, sur les approvisionnements, etc. [1], jusqu'au jour où les Autrichiens rendirent la place.

Les Autrichiens n'avaient donc guère eu à se louer du bon vouloir des habitants de Valenciennes. Ce qui est triste à dire, c'est que le plus grand péril pour la ville n'était pas dans ce général ennemi, dont ils avaient, autant qu'ils l'avaient pu, contrarié l'action, mais dans les représentants qui venaient y rapporter le drapeau de la France. De Dune-libre (Dunkerque), 3 thermidor (21 juillet 1795), Florent

---

1. Notons en particulier cet avis du 7 août : « De la part de M. le général commandant des ville et forteresse de Valenciennes : Comme il se trouve en ce moment en cette ville un assez grand nombre de vaches appartenant à l'empereur et roi, M. le général commandant a pensé que les bourgeois et habitants de cette ville se chargeraient avec plaisir d'héberger et nourrir plusieurs de ces vaches, moyennant de leur en laisser la jouissance. » Et on règle les formalités à remplir : certificat de solvabilité, etc.

Guiot envoyait, au Comité de salut public, deux lettres écrites par l'agent national du district de Valenciennes sur la conduite à tenir dans les circonstances actuelles, et il ajoutait :

« J'ai reçu des avis multipliés que, depuis les succès des armées de la République, les contre-révolutionnaires de Condé, Le Quesnoi et surtout Valenciennes, convaincus que ces places ne tarderoient pas à être reprises, s'empressent de les évacuer et de rentrer dans l'intérieur » : — il est instant de prendre des mesures de vigueur et de sévérité à cet égard; — ils vont devenir les auxiliaires de la faction hébertiste, qui n'est rien moins que détruite.

Indulgence pour les campagnes, mais « sévérité pour ces vils coquins qui ont livré leurs foyers aux satellites de Georges et de François ».

(Arch. nat., AF II, 158, thermidor, pièce 12.)

On pouvait présager, d'après cette lettre, dans quelles dispositions les représentants devaient rentrer à Valenciennes.

Nous disons dans le texte (p. 149) ce que J.-B. Lacoste fit avec ses deux collègues pour y établir le régime de la Terreur. Une lettre du 14 vendémiaire an III au Comité, signée de lui et de deux autres collègues, Berlier et Briez, n'exprime pas une grande satisfaction de l'état d'esprit où ils ont trouvé le pays : « Les assignats n'y ont pas grand crédit et les mémoires du cy-devant culte catholique n'en ont que trop; nous espérons sur ces deux objets améliorer sensiblement l'esprit public; nous n'épargnerons rien à ce sujet » (Archives du Ministère de la marine, BB³60, f° 6). — On le verra bien par leurs arrêtés.

## XV

### Les détenus de Valenciennes devant la 2ᵉ section du tribunal criminel du Nord.

(Page 170.)

Douai, 10 brumaire an III de la République une et indivisible.

L'accusateur public du tribunal criminel du département du Nord, séant à Douai, aux citoyens juges composant le même tribunal.

L'accusateur public soussigné, citoyens juges, vous expose que l'administration du district de Valenciennes lui auroit adressé, par ordre du représentant du peuple Lacoste, une grande quantité de détenus inscrits dans une liste qui n'indique que leurs noms, sans donner aucune connaissance des délits qu'on leur impute, ni presque aucun renseignement sur les causes de leur arrestation. On voit à la tête de cette liste ces mots : « 2ᵉ classe : les individus qui, détestant la révolution et ayant ouvertement manifesté des principes contraires, ont profité de l'invasion de l'ennemi dans ce pays pour abandonner leurs foyers et leurs effets. »

Je n'ai pu, citoyens juges, me former l'idée d'un délit dans l'indication qui précède. Elle est trop vague, elle ne caractérise aucune chose, elle ne donne aucun moyen de mettre aucun des individus, auquel on pourrait l'appliquer en jugement. Extrêmement embarrassé de la conduite que j'avois à tenir en cette circonstance, j'ai adressé ladite liste à l'administration de ce département, à effet, par elle, d'examiner si, parmi les personnes y reprises, il y en avoit qui fusse prévenu du crime d'émigration, et je me suis ensuite transporté dans les maisons d'arrêt où étoient ces détenus pour apprendre d'eux les causes de leur arrestation. Voici le résultat de mes recherches.

1. Thérèse CASTILLON, ex-ursuline à Valenciennes, n'a jamais quitté cette commune, n'a prêté aucun serment décrété par la loi; pendant l'invasion des Autrichiens elle a retourné à son couvent, y à repris son costume, ainsi que ses fonctions religieuses abolies par le régime actuel.

2. Il en est de même de Catherine LOIRE, née Autrichienne, converse ursuline à Valenciennes.

3. Félicité MESSINE, ex-ursuline à Valenciennes, y est revenue de Mons, son lieu natal, reprendre le costume religieux et l'exercice public du culte catholique.

4. Eusèbe DELAUNEL, de Vrancourt, département du Pas-de-Calais, est passé de sa commune non envahie à Valenciennes; il est âgé de vingt ans; je l'ai dénoncé à l'administration de ce département comme émigré.

5. Il en est de même d'Auguste DELAUNEL.

6. Auguste-Yves VIOLET, de Landrecy, est dans le même cas; il paroît d'ailleurs être dans le même cas de ceux qui, étant autrefois aux armées, en tant que chargé de la distribution des bois de chauffage des troupes en la commune de Landrecy, n'est pas rentré dans l'intérieur de la République.

7. Arnold-Jos. DE WAVRIN, né à Wallers, paroît avoir passé de cette commune non envahie; je l'ai aussi dénoncé à l'administration de ce département comme émigré.

8. Il en est de même de Jean DIDOT, né et domicilié à Souhainé, près la commune d'Étain, département de la Meuse; il prétend qu'il venoit à Cambrai pour chercher une condition, et qu'il a été arrêté par les Autrichiens près de Paillencourt; il assure qu'ils lui ont pris son butin et l'ont conduit à Valenciennes. Comme il n'est âgé que de vingt-cinq ans, il y a quelque apparence qu'il s'est sauvé de la commune pour se soustraire à la réquisition.

9. Hilaire BOURGEOIS, prêtre, ex-recollet, n'a pas repris son costume; il demeuroit à Avesnes, d'où, par mesure de sûreté, les autorités de ladite commune l'ont déporté à Noyon. Au lieu de s'y être rendu, il s'est en allé à Valenciennes, envahie, d'Avesne qui ne l'étoit pas. Cet ex-récollet avoit prêté tous les serments prescrits par la loi. Je l'ai dénoncé à l'administration de ce département comme émigré.

10. Nicolas BALANT, ex-curé de Préseau, non assermenté, âgé de soixante-dix ans, retiré à Marpent, près Avesne, a repris ses fonctions curiales pendant l'invasion de l'ennemi.

Ces dix personnes, citoyens juges, peuvent et doivent devenir l'objet de l'attention de la justice, et il sera pris des mesures pour les mettre en jugement, après que, d'une part, l'administration du département aura prononcé sur les faits d'émigration, et que, d'autre part, j'aurai obtenu certains renseignement dont j'ai besoin pour prendre le parti que veut la loi. Il n'en est pas de même de ceux dont je vais vous rendre compte. — Suit une liste composée en grande partie de religieuses ou de prêtres qui furent renvoyés sous la surveillance de la municipalité (27 brumaire an III) [1].

## XVI

### Compte général de la justice révolutionnaire.
(Page 175.)

M. Berriat Saint-Prix, à qui nous avons si souvent renvoyé, a dressé le tableau général des tribunaux ou commissions qui ont jugé révolutionnairement et il a fait le compte des condamnations qu'ils ont prononcées du 17 août 1792 au 12 prairial an III (31 mai 1794).

Presque tous les tribunaux criminels des départements ont jugé révolutionnairement; quatre seulement dans le territoire de l'ancienne France, les Hautes-Alpes, le Cher, la Corse et la Nièvre, font exception, et plusieurs furent doublés par les tribunaux révolutionnaires spéciaux que nous avons eu l'occasion d'énumérer. Le nombre des commissions judiciaires, sous divers noms, dépasse 150. Le nombre des condamnations s'élève à 14 051 avant la chute de Robespierre et 268 après le 9 thermidor. Il y faut joindre le contingent des commissions militaires aux armées : 109 avant le 9 thermidor et 13 après; et des commissions qui opérèrent dans les pays conquis (La Dyle, le Mont-Terrible, l'Ourthe, La Roër) : 47 avant le 9 thermidor et 45 après; au total 14 807 condamnations capitales avant la chute de Robespierre et 326 après.

Il est bien entendu que nous n'y comprenons pas les exécutions en masse opérées dans la guerre de Vendée, à Lyon, à Marseille, à Toulon, sans que les formes judiciaires soient intervenues.

Voy. *Cabinet historique*, t. XI, p. 265-303.

## XVII

### Commission militaire du 4 prairial an III.
(Page 211.)

Le *Moniteur* a enregistré les jugements qu'elle a prononcés [2], et chacun de ses jugements a son dossier aux archives (W 516, 517, 518). Nous nous bornerons à indiquer les condamnations à mort, en tirant

---

1. *Registre de la 2ᵉ section du tribunal criminel de Douai*, p. 51.
2. T. XXIV, p. 526, 629, 655, 677, 695; t. XXV, p. 21.

des interrogatoires, des actes d'accusation ou des arrêts, quelques-uns des motifs sur lesquels elles se fondent.

5 prairial, n° 1. Guillaume DELORME, mulâtre, capitaine des canonniers de la section Popincourt. La dénonciation faite par une « compagnie de jeunes citoyens armés par le représentant du peuple Bergoing » contient deux pages de signatures.

5 prairial, n° 3. Jean-Jacques LEGRAND, lieutenant de la 1re division de gendarmerie, compagnie Brossard.

5 prairial, n° 4. Nicolas-Joseph GENTIL, trente-huit ans, menuisier, « atteint et convaincu d'avoir tenu des propos séditieux et porté, de son aveu, à son chapeau le signe de ralliement des rebelles : *Du pain et la Constitution de 1793*, le 2 de ce mois, à huit heures du soir, et d'être, par le fait, un des auteurs et complices de la conspiration qui a existé contre la représentation nationale. »

6 prairial, n° 5. Luc BOUCHER, vingt-six ans, marchand de vin : « Interrogé si c'est lui qui a coupé la tête du représentant du peuple Féraud après qu'il a été assassiné, a dit que malheureusement c'étoit lui. »

6 prairial, n° 6. Affaire des vingt-trois gendarmes. Déclaration du représentant Fréron, et du citoyen Hurault; interrogatoire des gendarmes : les réponses sont généralement collectives : *Ont dit*, etc. Cinq furent condamnés à une année de fers, et dix-huit condamnés à mort et exécutés le même jour à une heure du soir.

8 prairial, n° 8. Jean-Nicolas HENNEQUIN, prévenu d'avoir porté la tête de Féraud au bout d'une pique. Il avait dit que Tinel, condamné à mort comme assassin (ou complice de l'assassinat) de Féraud et soustrait au bourreau, était un honnête homme. Il l'avoue dans son interrogatoire, et déclare qu'il l'avait toujours connu comme tel : ce qui est consigné dans son jugement, ainsi que le fait d'avoir écrit la devise de la rébellion sur son chapeau.

8 prairial, n° 9. Ignace-Nicolas DUPUY, quarante-huit ans, journalier, qui s'était vanté à son patron (et le patron en dépose) d'avoir aidé à l'assassinat de Féraud.

11 prairial, n° 16. Jean-Louis CHAUVEL, cinquante-deux ans, serrurier, prévenu du même fait. Il dit que la tête de Féraud avait été jetée dans sa compagnie, qu'il l'a portée dans ses mains et que Tinel l'a portée au bout d'une pique.

La sentence portait qu'il avait dit de plus « que si on l'eût laissé faire, il eût porté cette tête au faubourg Antoine ».

11 prairial, n° 17. Nicolas-Étienne CHENAIE, cinquante-sept ans, prévenu d'avoir lu une pétition à la Convention et d'avoir voulu forcer le président à déclarer que l'insurrection était le plus saint des devoirs; que pour sauver la patrie, il fallait un tribun. Il reconnaissait qu'il était monté à la tribune; qu'on lui avait fait passer une pétition, mais il s'était excusé de la lire et l'avait transmise à un autre.

11 prairial, n° 17. Pierre-François DUVAL, vingt-cinq ans, cordon-

nier, un de ceux qui ont aussi occupé la tribune : il a lu de la pétition deux articles, et n'a pas menacé le président.

18 prairial, n° 28. René MAUGER, perruquier, un de ceux qui ont porté la tête du représentant assassiné.

Voilà les condamnations à mort qui ont précédé celles des représentants (une dernière, celle de Taque, conducteur de bœufs, eut lieu le 12 messidor; voy. ci-dessus, p. 287). Il y eut des condamnations à la déportation ou à de moindres peines et des arrêts de non-lieu. Les dossiers n'offrent rien d'intéressant à cet égard, et il suffit de renvoyer au *Moniteur*.

FIN DU DERNIER VOLUME

# TABLE GÉNÉRALE

## DES MATIÈRES CONTENUES DANS LES CINQ VOLUMES [1]

## A

ABANCOURT (D'), ministre de la Guerre, IV, 9, 401.

ABOVILLE (François-Marie, comte d'), général, IV, 101, 206.

ACHARD, jacobin de Lyon, III, 111, 165, 170.

ADAM, juge au tribunal révolutionnaire de Strasbourg, IV, 368.

ADNÉMAR, juge de la commission militaire de Valence, V, 100.

ADMINISTRATEURS DU FINISTÈRE (les 20), II, 53-58.

ADVISARD, chanoine, V, 90.

AGENTS du Comité de salut public, I, 60; IV, 93; du conseil exécutif, I, 22, 23, 59, 110; IV, 66, 91, 137; de simples agents, I, 61; des représentants, I, 55; du ministère de la Guerre, III, 411; IV, 82, 83, 110; du ministère des Affaires étrangères, I, 62, 113.

AGRA (évêque d'), voy. GUILLOT DE FOLLEVILLE.

AIGUEPERSE (troubles d'), III, 210.

AIX, missions, I, 98; III, 233; tribunal criminel, III, 260, 265.

AISNE, missions, III, 381; tribunal criminel, III, 395; suspects de 3 ans, de 20 mois en prison, 398; en liberté, 399.

AIX DE RÉMY (le baron d'), V, 108.

ALBITTE aîné (Antoine-Louis), homme de loi à Dieppe; dép. de la Seine-Infér. à la Conv.; régicide; plus tard, sous-inspecteur aux revues; † dans la campagne de Russie (1812), I, 20, 30, 71, 75, 82; III, 16, 22, 25, 30, 38, 39, 58, 97, 99, 101, 107, 111, 151, 216-250, 407, 411, 123, 127; IV, 15, 189, 205, 210, 217, 232, 231, 217, 219.

---

[1]. Les représentants figurant dans plusieurs missions et reparaissant à diverses fois dans cet ouvrage, il m'a paru plus commode de donner la notice biographique sommaire de chacun d'eux dans la table générale. En quelque endroit qu'ils soient nommés, on les pourra plus facilement retrouver. Pour ces notices j'ai consulté, outre les listes de l'*Almanach national* pour les années correspondantes à la durée des Assemblées : la *Biographie des contemporains* de MM. ARNAULT, JAY, JOUY, etc. (1823-1825); la *Biographie universelle* de MICHAUD; la *Biographie générale* de DIDOT; le *Dictionnaire encyclopédique de la France* rédigé par PH. LE BAS (Didot, 1810-1845); la *Convention nationale*, liste des députés et des suppléants publiée par M. GUSTAVE BORD dans la *Revue de la Révolution*, t. III et IV (1884-1885), précieuse pour le contrôle des noms et prénoms; les *Conventionnels*, listes par départements et par ordre alphabétique des députés et des suppléants par M. JULES GUIFFREY (1889), qui donne en outre, autant que possible, les professions et les dates de naissance; enfin les notes du *Recueil des actes du Comité de salut public*, etc., publié par M. AULARD, t. I et II (1889-1890). — Les noms, diversement écrits dans les documents, sont donnés généralement ici d'après les signatures originales.

Un mot sur les abréviations : *Const.* indique l'Assemblée constituante; *Lég.*, l'Assemblée législative; *Conv.*, la Convention. — *Député* (dép.), seul, veut dire député à la Convention. — Les 73 sont les députés expulsés ou arrêtés pour avoir protesté contre le 31 mai et rappelés le 18 frimaire an III (8 décembre 1794). — L'amnistie dont il est parlé pour plusieurs est l'amnistie du 4 brumaire an IV (26 octobre 1795), décrétée par la Convention avant de se dissoudre. Les mots *Cinq-Cents* et *Anciens* doivent s'entendre des deux Conseils qui ont suivi la Convention. — La date suivant le nom indique le jour ou l'année de la naissance; le signe †, la mort.

ALBITTE le jeune (Jean-Louis), député de la Seine-Inférieure, V, 210.
ALLARD (Pierre), agent de Vadier; suppléant, puis député de la Haute-Garonne; décrété d'arrestation en prairial an III; amnistié en brumaire an IV, II, 385; V, 212.
ALLIER, missions, III, 289; tribunal criminel, III, 310.
ALLOBROGES (rép. des), la Savoie, III, 5.
ALPES (BASSES-), missions, III, 15, 86; tribunal criminel, III, 89.
ALPES (HAUTES-), missions, III, 15, 88; trib. criminel, III, 89.
ALPES-MARITIMES, missions, III, 11; justice révolutionnaire, 86.
ALPES (armée des), III, 5, 56.
ALQUIER (Charles-Jean-Marie), 13 octobre 1752, à Talmont (Vendée); prés. du tribunal criminel de Seine-et-Oise; dép. de l'Aunis aux États généraux; de Seine-et-Oise à la Conv.; régicide; en mission dans l'Ouest et à l'armée du Nord; des Anciens; consul général à Alger; ministre plénipotentiaire en Bavière, etc., † 1826.
ALSACE, IV, 297-300; missions depuis la Convention, IV, 302 et suiv.; suspects et détenus, IV, 387 et suiv., 419.
ALTEMAYER, accusateur public au trib. révolutionnaire de Strasbourg, IV, 368.
AMAR (Jean-Pierre-André), à Grenoble, vers 1750; avocat au Parlement de Grenoble; dép. de l'Isère; régicide; impliqué dans la conspiration de Babeuf; † subitement en 1816, III, 2, 17, 33, 235; V, 170, 185, 217, 237.
AMBERT, général, IV, 235, 239.
AMEY, général, I, 270.
AMNISTIE du 4 brumaire an IV (26 octobre 1795), V, 328.
AMPÈRE (Jean-Jacques), juge de paix à Lyon, immolé à la mémoire de Chalier, III, 128.
ANCE, bourreau amateur à Rochefort et à Brest, II, 42, 45, 57; V, 301.
ANCENIS, commission militaire, I, 293.
ANDRÉ, huissier du trib. révol. d'Arras, V, 141.
ANDRIEUX, juge à Lyon, III, 135.
ANGERS (siège d'), I, 106; comité révol., 307, 319, 321; commission Félix, I, 292; trib. criminel et com-
missions militaires, I, 306 et suiv.; nombre des victimes, I, 333.
ANJOU, justice militaire accusée d'indulgence, I, 477.
ANSART (dom), V, 108.
ANSELME (Jacques-Bernard-Modeste D'), 22 juillet 1740, général; fait la conquête de Nice; disgracié; † 1812, III, 2, 4, 8.
ANSTETT, complice de Schneider à Strasbourg, IV, 365.
ANTHOINE (François-Paul-Nicolas), 1720, ancien lieutenant général du bailliage de Boullay; dép. de son bailliage à la Const. et de la Moselle à la Conv.; régicide; en mission dans la Meurthe et la Moselle en mars 1793; † à Metz du 21 au 26 août 1793, IV, 102.
ANTIBOUL (Charles-Louis), député du Var; un des Girondins proscrits; † 31 octobre 1793, III, 10.
ANTONELLE, commissaire à l'armée du Centre, plus tard juré au trib. révol. de Paris, IV, 11.
ANVERS, pris, IV, 29; perdu et repris, 211.
ANZIN (combat d'), IV, 89, 90.
AOUST (Jean-Marie, marquis D'), 1710, à Douai; dép. du Nord à la Const.; à la Conv.; régicide; commissaire dans les dép. du Nord et du Pas-de-Calais; maire de Quincy; † 1812, II, 354, 361, 365, 367.
AOUST (Eustache D'), fils du précédent, général à l'armée des Pyrénées-Orientales; condamné à mort par le trib. révol. de Paris, 2 juillet 1794, IV, 19, 39.
APOLLON (procès de l'équipage de l'), I, 298; II, 41.
ARDÈCHE, missions, II, 337; trib. criminel, 339.
ARDENNES, missions, V, 37; sociétés populaires, 38; trib. criminel, 45; militaire du 1er arrond. de l'armée des Ardennes, 41; les administrateurs, IV, 42; V, 41; armée des Ardennes, 81; intrigants, 354.
ARGONNE (les défilés de l'), thermopyles de la France, IV, 16, 105.
ARIÈGE, missions, II, 350, 384; trib. criminel, 399.
ARLES (victimes d'), III, 200.
ARMÉES, I, 45; II, 315; réparties en huit, IV, 22; réorganisées en onze, I, 139, et IV, 92; des Alpes, etc. (voy. ALPES, etc.), révolutionnaire du Nord, IV,

166-169; de Strasbourg, 319, 320; actes d'indiscipline signalés, IV, 102, 107, 108, 113; abus de nouveaux corps, IV, 7, 10; commissaires près les armées, IV, 7, 10, 92, 93; arrondissements des armées, 455.

ARRAS, trib. criminel, V, 87; devient révolutionnaire, jugeant sans jurés, 89; avec jurés, 96; prisons, 100-101; jugements, 105 et suiv.; reconstit. du tribunal, 118; suite des condamnations, 132 et suiv.; membres et acolytes du tribunal, 142 et suiv.; suspension, 150.

ART (objets d') de Belgique, IV, 266.

ASSIGNATS (inconvénient des), IV, 80.

AUDE, missions, III, 347; comité révol., 349; justice révol., 351 et suiv.

AUBERT-DUBAYET, général de l'armée de Mayence, I, 7, 8, 160, 162, 459.

AUBRY (François), en 1749, à Paris, officier d'artillerie; député du Gard; l'un des 73 proscrits; rappelé le 8 décembre 1794; succède à Carnot au Comité de salut public (15 germinal an III); accusé d'avoir désorganisé les armées; déporté comme un des chefs du parti *clichien* le 18 fructidor an V; évadé de la Guyane; + en Angleterre en 1802, II, 342; IV, 394; V, 223.

AUBE, missions, II, 330, 384; trib. criminel, 392.

AUDENARDE (prise d'), IV, 257.

AUDOUIN, gendre de Pache, V, 228.

AUGEREAU (Pierre-François-Charles), 1757, à Paris, maréchal de l'Empire, duc de Castiglione; + 12 juin 1816, II, 358.

AUGUIS (Pierre-Jean-Baptiste), en 1718, à Melle (Deux-Sèvres); prés. du tribunal de cette ville, dép. des Deux-Sèvres; en mission dans les Deux-Sèvres et la Vendée, puis à Marseille après le 9 thermidor; à l'armée des Pyrénées-Orientales; des Cinq-Cents; du Corps législatif sous l'Empire; + 1810, I, 128, 449; V, 195, 196, 207, 215, 226, 233.

AUTUN (directoire du district d'), III, 310.

AUVERGNATS (les onze) condamnés à Arras, V, 89.

AUVERGNE (fédéralisme en), III, 207.

AUXONNE (comm. milit. d'), III, 331.

AVANCEMENTS SCANDALEUX, I, 136, 140.

AVEYRON, missions, II, 325; trib. criminel, 327, 336.

AVIGNON, trib. criminel, III, 171.

# B

BACHELIER, procureur gén. syndic du Nord, V, 73.

BABEUF (Caïus-Gracchus=François-Noël), I, 51, 279.

BAGDELAUNE, général, III, 101.

BAILLE (Pierre), administrateur et député des Bouches-du-Rhône; régicide; arrêté à Toulon; + en prison du 11 septembre au 8 octobre 1793, III, 31, 27.

BAILLET, d'Arras, V, 55.

BAILLEUL (Jacques-Charles), juge de paix au Havre; dép. de la Seine-Inférieure; l'un des 73 proscrits pour avoir protesté contre la journée du 31 mai; rappelé dans la Conv.; des Cinq-Cents; du tribunat; en 1804 directeur des droits réunis de la Somme jusqu'à la seconde Restauration, V, 315.

BAILLEVAISE, lieut. de Turreau, I, 271.

BAILLY de Juilly (Edmond-Louis-Barthélemy), 1760, à Troyes, oratorien; dép. de Seine-et-Marne; en mission à Strasbourg après le 9 thermidor; puis des Cinq-Cents; déporté le 18 fructidor an V; préfet du Lot après le 18 brumaire; + 1819, IV, 398; V, 6.

BAJOT, vicaire épiscopal du Haut-Rhin, IV, 226.

BALLAND, général, IV, 226.

BANCAL des Issarts (Jean-Henri), notaire à Clermont-Ferrand; dép. du Puy-de-Dôme; en mission près de Dumouriez; arrêté; échangé au traité de Bâle; des Cinq-Cents; + en 1826, I, 73; IV, 73.

BAR (Jean-Étienne), 1749, juge de paix à Saint-Avold; dép. de la Moselle, régicide; des Anciens, puis prés. du trib. de Thionville; + en 1809, IV, 364, 372, 432, 450; V, 17.

BARA (le jeune), I, 175.

BARBAROUX (Charles-Jean-Marie), 6 mars 1767, à Marseille, homme de loi; député des Bouches-du-Rhône; régicide; un des principaux Girondins; fugitif; arrêté à Saint-Émilion; exécuté à Bordeaux le 25 juin 1794, II, 262-266.

BARD, général, I, 268, 269.

BARÈRE de Vieuzac (Bertrand), 10 septembre 1755, à Tarbes; dép. de Bigorre à la Const. et des Hautes-

Pyrénées à la Conv.; régicide; du Comité de salut public; frappé de déportation; s'échappe; † 15 janvier 1811, I, 11, 56, 65, 83, 156, 163, 164, 169, 176, 210, 218, 235, 236, 240; II, 342, 411; III, 3, 61, 65, 103, 116, 150, 356; IV, 109, 157, 172, 207, 218; V, 11, 147, 148, 179, 180, 184, 227, 228, 261, 289.

BARJAVEL, accusateur public du trib. crim. de Toulouse, adjoint à la commission d'Orange, V, 298.

BARNAVE (Pierre-Joseph-Marie), 1761, à Grenoble, député du Dauphiné à la Const.; cond. à mort le 28 novembre 1793, V, 340.

BARON, garde-magasin, I, 224.

BARRAS (Paul-François-Jean-Nicolas, vicomte DE), 30 juin 1755, à Fox (Var); dép. du Var; régicide; en mission dans les Hautes et Basses-Alpes, Alpes-Maritimes, Var, Bouches-du-Rhône et l'armée d'Italie, etc.; général en chef au 13 vendémiaire, membre du Directoire, etc.; rentre à Paris après la Restauration; † à Chaillot 1829, III, 11, 25, 27, 38, 44, 46, 47, 49, 52, 73, 76, 86, 88, 407.

BARREAUX, patriote des Ardennes, V, 352.

BARRÈRE (J.-P.), vicaire épiscopal, I, 37.

BARREZ (Jeanne-Louise), ursuline, V, 166.

BASCHEN, III, 363.

BASIRE (Claude), février 1761, à Dijon, oratorien, dép. de la Côte-d'Or à la Lég. et à la Conv.; régicide; en mission à Lyon; condamné à mort le 16 germinal an II (5 avril 1794), III, 6, 20.

BASSAL (Jean), septembre 1752, à Béziers, de la congrégation des missions; curé constitutionnel de Saint-Louis à Versailles; député de Seine-et-Oise à la Lég. et à la Conv.; régicide; en mission dans le Jura, etc., et plus tard avec Championnet en Italie; † 1802, III, 33, 235, 266, 317; V, 50.

BATAILLE (Mme veuve), V, 111.

BAUDIN (Pierre-Charles-Louis), 18 octobre 1748, à Sedan; député des Ardennes à la Lég. et à la Conv.; des Anciens et du Corps législatif; † 14 octobre 1799, IV, 12.

BARBOT (Marc-Antoine), médecin à Charolles; dép. de Saône-et-Loire; régicide; chargé de plusieurs missions; à Toulouse, à Bordeaux, à l'armée du Rhin; décrété d'arrestation en prairial; amnistié; il se retira en Suisse, puis à Liége; † 1830, I, 96; II, 171, 193, 206, 298, 306, 309, 311, 317, 383, 390; IV, 181, 188, 189, 193, 196, 197, 199, 214, 326, 332, 336, 355, 363, 366, 372, 383; V, 18, 20, 21, 23, 26, 27, 241, 316.

BAUDRY, agent du Cons. exécutif, I, 110, 117, 121, 143, 450.

BAYLE (Moyse), 1760, en Languedoc; maire de Marseille; dép. des Bouches-du-Rhône; régicide; en mission dans la Drôme et les Bouches-du-Rhône; décrété d'arrestation le 16 germinal an III; amnistié; employé dans la police sous le Directoire, III, 90, 203; V, 187, 329.

BAYLE (Pierre). Voy. BAILLE.

BAYONNE (commission militaire de), II, 406; ses diverses assises, 409; à Dax, 409; à Auch, 410; affaire de la *brique*, 410-416; affaire de la loge de Pinet et Cavaignac, 419; fin de la commission, 421; à Bayonne, 493 et 497; à Saint-Sever, à Dax, à Auch, 496.

BAZIN, agent nat. de Chartres, I, 354.

BAZIRE. Voy. BASIRE.

BÉATES (les) de la Haute-Loire, I, 82; III, 219.

BEAUCAIRE (troubles de), II, 421.

BEAUCHAMP (Joseph), dép. de l'Allier; régicide; des Cinq-Cents; du Corps législatif jusqu'en 1802, II, 387, III, 88.

BEAUFORT, adjudant, IV, 419.

BEAUGRAND, membre de la commission milit. du 4 prairial an III, V, 286.

BEAUHARNAIS (Alexandre, vicomte DE), 1760, à la Martinique; général en chef de l'armée du Rhin; † sur l'échafaud le 23 juin 1794, IV, 103, 109, 153, 154, 157, 295.

BEAULIEU, général autrichien, IV, 231.

BEAUMET, juge de Nîmes, V, 299.

BEAUPUY, général, I, 168, 207.

BEAUREGARD (le général PAILLOT DE), IV, 81, 131, 150, 423.

BEAUREGARD (dit *Wolgard*), général, IV, 438.

BEAUVAIS DE PRÉAUX (Charles-Nicolas), médecin, député de Paris à la Lég. et à la Conv.; régicide; détenu avec Baille à Toulon; † à la suite de sa captivité, III, 11, 27.

BEC D'AMBÈS, nom nouveau du département de la Gironde, II, 103.

TABLE GÉNÉRALE DES CINQ VOLUMES 373

BECKER (Joseph), 1744, à Saint-Avold; juge de paix; dép. de la Moselle; en mission dans la Moselle; des Anciens, IV, 356; V, 37.

BÉCOURT, général, IV, 137.

BÉDARRIEUX (troubles de), II, 432.

BÉDOIX (affaire de), III, 174, 179.

BEFFROY DE BEAUVOIR (Louis-Etienne), 1751, à Laon, officier au régiment de Champagne; dép. de l'Aisne; régicide; en mission à l'armée d'Italie; + 1825, IV, 110, 111.

BELGIQUE, IV, 28, 268, etc. Voy. ARMÉE DU NORD, CARNOT, DUMOURIEZ, JOURDAN, PICHEGRU.

BELLEGARDE (Antoine DUBOIS DE), 1740, à Angoulême, garde du corps et chevalier de Saint-Louis avant la révolution; dép. de la Charente à la Lég. et à la Conv.; régicide; en mission aux armées du Nord, des côtes de la Rochelle; des Anciens; après le 18 brumaire, employé dans l'administration des eaux et forêts; exilé en 1816; + 1825, I, 165, 169, IV, 16, 19, 62, 68, 75, 77, 93, 96, 98, 105; V, 159.

BELLEY (société pop. de), III, 240, 246.

BENABEN (l'agent), I, 61.

BENABEN, commissaire de l'administration de Maine-et-Loire, I, 172, 187, 188, 205.

BENET, greffier de la commission d'Orange, V, 297, 298.

BENTABOLE (Pierre), 4 juin 1756, avocat; procureur général syndic; dép. du Bas-Rhin; régicide; en mission à l'armée du Nord; des Cinq-Cents; + 3 floréal an VI (22 avril 1798), I, 376; III, 380; IV, 143, 306; V, 54, 315.

BEROF, Hollandais, IV, 238.

BERGER, agent, IV, 203, 209, 328, 438.

BERGOEING (François), vers 1753, à Saintes, chirurgien; dép. de la Gironde; de la commission des Douze; hors la loi après le 31 mai; reparait après le 9 thermidor; des Cinq-Cents; employé par Murat à Naples; + 1820, V, 207, 231.

BERLIER (Théophile), 1761, à Dijon, avocat; dép. de la Côte-d'Or; régicide; en mission à l'armée du Nord; des Cinq-Cents; après le 18 brumaire conseiller d'État, comte de l'Empire; exilé 1816-1830; + vers 1840, IV, 134, 144, 146, 163.

BERNADA, admin. de la Gironde, II, 223.

BERNARD (Pioche-Fer=André-Antoine), dit Bernard de Saintes, 21 juin 1751 à Saintes; près. du trib. de cette ville; dép. de la Charente-Inférieure; régicide; en mission dans les deux Charentes, dans la Côte-d'Or, à Montbéliard; chargé de fonctions judiciaires sous l'Empire; dép. de la Charente à la Chambre des représentants en 1815; banni par la Restauration; + en Amérique 1819, I, 71, 72; II, 86, 105, 185; III, 33, 236, 237, 271, 286, 317, 319, 321, 326, 328, 330, 336, 339, 345; V, 236.

BERNARD (Jeanne), dite Duperchei, sœur hospitalière de Doué, I, 309.

BERNÈDE, général, II, 361, 362.

BERRUYER (Jean-François), 1737, à Lyon, général en Vendée; + 1804, I, 111, 112, 118.

BERTHELMY, aide de camp de Houchard, IV, 133, 145.

BERTHIER (Alexandre), général, I, 139, 151; IV, 3.

BERTHOIS, officier du génie, massacré à Lille en 1792, IV, 4.

BERTIN (J. Joseph), prévôt de Valenciennes, V, 170.

BERTON, agent, IV, 118, 166, 432, 438.

BERTRAND, maire de Bordeaux, II, 212.

BERTRAND, maire de Lyon, III, 20.

BERTRAND, accusateur public de Nîmes, V, 299.

BÉRU, général, IV, 112, 296, 436.

BESCHEN, procureur gén. syndic de la Mayenne, I, 365.

BESSIÈRES, général, V, 319.

BESSON (l'agent), I, 148, 158, 154.

BÉTHUNE (comte DE), V, 93, 96.

BÉTHUNE (Isabelle DE LA VIEFVILLE, femme du comte DE), V, 118.

BÉTHUNE, président du tribunal criminel du Nord, V, 357, 359.

BÉTOLAUD, prêtre const.; démagogue de la Creuse, II, 161.

BECONIER, président du tribunal criminel d'Arras. V, 87, 116, 121, 131.

BEURNONVILLE (Pierre DE RUEL DE), né à Champignolle le 10 mai 1752; + 23 avril 1821; général; l'Ajax français; ministre de la Guerre, IV, 2, 17, 20, 23, 26, 33, 44, 48, 51, 54, 61, 72, 413, 414.

BEYSSER, général, I, 115, 131, 149.

BÉZARD, 1761, à Rogny; dép. de l'Oise; régicide; en mission à Chantilly;

des Cinq-Cents; du tribunat; procureur impérial à Fontainebleau; conseiller à la cour d'Amiens, 1811; exilé, 1816; + 1849, III, 382; V, 319, 327.

BIOXON, président d'une commission militaire, I, 311, 133-137.

BILLAUD-VARENNE (Jacques-Nicolas), 23 avril 1756, à la Rochelle; préfet des études au collège de Juilly; avocat à Paris en 1785; dép. de Paris; régicide; en mission dans les Côtes-du-Nord et l'Ille-et-Vilaine; du Comité de salut public; déporté à Cayenne en prairial an III; se réfugie en 1816 à Haïti; + 1819, I, 44, 46, 65; II, 6, 10, 47; III, 181; IV, 151, 172, 207, 218, 225; V, 179, 180, 181, 227.

BINGEN (bataille de), IV, 99.

BIRON (Armand-Louis DE GONTAUT, duc DE LAUZUN, puis duc DE), né à Paris, 15 avril 1747; + sur l'échafaud 31 décembre 1793, I, 5, 6, 115, 117, 123, 125, 127, 131, 134, 140, 153; III, 8; IV, 2, 3, 4, 5, 9, 13, 20, 21, 31, 35, 51, 52, 54, 101, 295, 299, 403, 411, 412.

BIROTTEAU (Jean-Baptiste), né à Perpignan, 21 octobre 1758; dép. des Pyrénées-Orientales; régicide; proscrit; fugitif; exécuté à Bordeaux, 21 octobre 1793, II, 198; III, 21.

BISSY (Jacques-François), 1756; juge au tribunal de Mayenne; député de la Mayenne; des Cinq-Cents, I, 359.

BIZAT, complice de Lacombe à Bordeaux, V, 206.

BLANC-DESISLES, démagogue de l'Ain, III, 214, 247.

BLANQUART (Joseph), ancien avocat au Conseil d'Artois, V, 108.

BLAUX (Nicolas-François), 1730, à Rambervillers; homme de loi, maire de Sarreguemines; dép. de la Moselle; en mission dans la Meurthe, la Moselle et le Bas-Rhin; un des 73; en mission à Amiens; des Anciens, III, 400; IV, 101, 303; V, 347.

BLAVIEL (Antoine-Innocent), né en 1757, administrateur; dép. du Lot; du conseil des Cinq-Cents, V, 323.

BLAVIER, agent dans le Morbihan, II, 25.

BLIESCASTEL (prise de), IV, 188, 278.

BLOIS (comité de), II, 120.

BLUTEL (Charles-Auguste-Esprit-Rose), 29 mars 1757, à Caen; dép. de la Seine-Inférieure; en mission à Rochefort après le 9 thermidor; des Anciens; + 1806, I, 302; V, 319.

BÔ (J.-B.-Jérôme), 1er juillet 1753, médecin; dép. de l'Aveyron à la Lég. et à la Conv.; régicide; nombreuses missions (Tarn et Aveyron, Cantal, Aube, Marne; aux armées de l'Ouest, du Nord et des Ardennes); décrété d'arrestation en thermidor an III, amnistié; chef du bureau des émigrés au ministère de la police sous Merlin jusqu'au 18 brumaire; médecin à Fontainebleau; + 1811, I, 291; II, 310-313, 325, 326; III, 10, 226, 228, 357, 358, 359, 365, 367, 412; IV, 171; V, 26, 39, 322, 323, 324.

BOCAGE (le), Vendée, I, 3.

BODIN (Pierre-Joseph-François), 1747, chirurgien; dép. d'Indre-et-Loire; plus tard, membre du conseil des Cinq-Cents; + 1810, I, 123, 126.

BOISSET (Joseph-Antoine), 1748, à Montélimar, adm. du district; dép. de la Drôme; en mission dans la Drôme, les Bouches-du-Rhône et le Gard, et après le 9 thermidor dans l'Ain; des Anciens; rentré dans la vie privée après le 18 brumaire; + 1813, II, 430, 453; III, 90, 211, 256, 258, 259; V, 254.

BOISSY-D'ANGLAS (François-Antoine), 1756, dans l'Ardèche; procureur gén. syndic du département; député d'Annonay à la Const. et de l'Ardèche à la Conv.; après le 9 thermidor, du Comité de salut public; sa carrière se continue sous le Consulat, l'Empire et la Restauration, tribun, sénateur, pair de France; + 20 octobre 1826, V, 196, 200, 216.

BOLLET (Philippe-Albert), 1755, à Quincy-lez-La-Bassée; adm. de Bapaume; dép. du Pas-de-Calais; régicide; en mission à l'armée du Nord, et après le 9 thermidor en Bretagne; des Cinq-Cents; du Corps législatif; + 1811, IV, 114, 432; V, 359.

BONAPARTE (Napoléon), I, 13; III, 49, 51, 53, 54, 56, 58-64; IV, 159.

BONCHAMP (Arthur DE), 1759, général vendéen; + 18 octobre 1793, I, 3, 9, 10, 203, 207.

BONCHAMP (veuve du général), I, 436.

BONNEFOND (Marguerite), 2e femme du marquis de Löwenstine, V, 130.

BONNET, patriote de l'Ain, III, 247.

Bonnet (Pierre-François-Dominique), 25 mars 1754; maire de Limoux, dép. de Limoux à la Const. et de l'Aude à la Conv.; régicide; en mission à l'armée des Pyrénées-Orientales; des Cinq-Cents, et en 1798 des Anciens, II, 315, 426, 428, 435; III, 20.

Bonnet (Pierre-Louis), 8 juillet 1743; maire de Caen, dép. du Calvados; en mission dans le Calvados et l'Eure, I, 20; II, 81.

Bonnet de Treyches (Joseph-Balthazar), 1757, à Saint-Jeure (Monistrol); juge de paix à Monistrol; dép. du Puy-en-Velay à la Const. et de la Haute-Loire à la Conv.; régicide; proscrit avec les Girondins et rappelé après le 9 thermidor; plus tard, membre du Corps législatif; exilé, puis rappelé par la Restauration, III, 216.

Bonnier d'Alco (Ange-Élisabeth-Louis-Antoine), 1750, à Montpellier, président du district de Montpellier; dép. de l'Hérault à la Lég. et à la Conv.; régicide; en mission dans le Gard et l'Hérault; du conseil des Anciens; un des plénipotentiaires assassiné à Rastadt en avril 1799, II, 424, 434.

Bonnin, général, I, 307.

Bon-Pasteur (religieuses du), à Bordeaux, II, 272.

Bonpère (commission municipale de), I, 269.

Bordas (Pardoux), 14 octobre 1748, à Saint-Yrieix; prés. du trib. de Saint-Yrieix; dép. de la Haute-Vienne à la Lég. et à la Conv.; en mission dans la Haute-Vienne et la Corrèze, puis à Bordeaux après le 9 thermidor; des Cinq-Cents (1795); des Anciens (1797); éliminé après le 18 brumaire, plus tard chef de division au min. de la Justice; juge au tribunal de la Seine; exilé en 1816; se retire en Suisse, II, 151.

Bordeaux, I, 5; missions, II, 191 et suiv.; commission militaire, 194; ses attributions et sa composition, 195; ses jugements, 197 et suiv.; sous le régime du 14 frimaire, 217; maintenu après le 19 floréal, 250; nouveaux jugements, 255; fournées en ventôse et germinal, 481; en messidor, 486; tableau de ses jugements, 293.

Borel, agent à Toulouse, II, 207.

Borie (Jean), né à Saint-Basile-de-Meyssac en 1756, jurisconsulte; administrateur et dép. de la Corrèze; régicide; en mission dans la Corrèze et la Haute-Vienne, aux armées du Rhin et de la Moselle, dans le Gard et la Lozère; après le 18 brumaire, pour peu de mois, juge à Cognac; exilé en 1816, I, 54, 92; II, 151, 323, 431-432, 455, 465; III, 221, 232, 426; IV, 138, 139, 314, 318, 433, 442; V, 26, 190, 214, 217.

Boscus (les frères), prêtres, II, 332; leur interrogatoire, 333-336.

Bouchain (société populaire de), V, 68.

Bouches-du-Rhone. Voy. Marseille.

Boucuotte (J.-B.-Noël), 23 décembre 1754, à Metz; cap. de cavalerie à la révolution; ministre de la Guerre; poursuivi en prairial an III; mis en liberté au bout de treize mois; se retire à Metz où il mourut en 1840, I, 117, 129, 141, 165, 175, 186, 209, 152; II, 348, 369; III, 6, 11, 42, 49, 55; IV, 83, 106, 109, 110, 112, 113, 117, 118, 131, 133, 143, 156, 159, 161, 169, 175, 187, 206, 207, 217, 220, 223, 420; V, 53, 228.

Bourdin (Jacques-Antoine), 1756, président du district de Châteauroux; dép. de l'Indre; après le 9 thermidor, membre du Comité de sûreté générale; député aux Cinq-Cents (1796); démissionnaire (1797), V, 222.

Bourdon, juge de Nîmes, V, 298.

Bouffay (noyades du), I, 349.

Bouillé, agent de Rousselin à Bar-sur-Aube, III, 353.

Bouin (massacres dans l'île), I, 203.

Boulanger, commissaire, I, 335.

Boulard, général, I, 113, 125, 149, 153.

Bourbotte (Pierre), vers 1763, à Vaux, près d'Avallon; député de l'Yonne; régicide; en mission dans la Vendée, à Orléans et aux armées du Rhin et de la Moselle. Son histoire est écrite aux pages suivantes, jusqu'à l'insurrection du 1er prairial et la condamnation qui le frappa 17 juin 1795, I, 126, 128, 136, 137, 143, 150, 151, 169, 175, 187, 188, 208, 220, 289, 291, 306, 308, 309, 313, 311, 359, 427, 433; II, 15, 25, 111; III, 283, 286, 288, 291; V, 205, 206, 208, 210, 212, 217, 232, 234, 250, 251, 263, 269, 270.

Bourbon (Jean-Joseph-Léonard), 6 novembre 1754, instituteur; dép. du Loiret; régicide; adjoint à Barras contre Robespierre le 9 thermidor, ce qui ne le sauva pas de la réaction thermidorienne; du conseil des Cinq-Cents; + 29 mai 1807, II, 111; III, 233, 290, 315; V, 185, 187, 217.

BOURDON de l'Oise (François-Louis), 1759, au Petit-Rouy (Somme); substitut de la commune de Paris; dép. de l'Oise, par une substitution frauduleuse à Léonard Bourdon, élu dans l'Oise et dans le Loiret; en mission dans la Manche et l'Orne, dans la guerre de Vendée; régicide; un des plus violents thermidoriens; déporté le 18 fructidor, + à Sinnamary, I, 126, 128, 148, 150, 377; III, 335; IV, 36; V, 181, 185, 186, 190, 196, 209, 210, 212, 214, 216, 223, 227, 230, 236, 267, 290.

BOURET, député des Basses-Alpes, puis du Conseil des Anciens, I, 100, 387; V, 301.

BOURGOGNE (fédéralisme en), III, 315.

BOURLA (Hyacinthe), ursuline, V, 165.

BOURNAN (exécutions sur les hauteurs de), I, 312.

BOURSAULT (Jean-François), 1752, à Paris, acteur sous le nom de Malherbe; suppléant, puis dép. de Paris; en mission en Normandie et en Bretagne après le 9 thermidor; puis encore directeur de théâtre, adjudicataire des boues de Paris, fermier des jeux, horticulteur de plantes exotiques; + 25 avril 1842, I, 187; V, 219, 228, 288.

BOUSSION (Pierre), 1753, en Suisse; député d'Agen à la Const. et de Lot-et-Garonne à la Conv.; régicide; en mission dans le Lot-et-Garonne, la Dordogne et la Gironde; des Cinq-Cents; exilé en 1816; II, 269.

BOYAVAL (Charles-Louis-Laurent), 1736, à Prisches (Avesnes); admin. et dép. du Nord; régicide; en mission dans le Nord, V, 52, 359.

BRAUN, président du dép. du Bas-Rhin, IV, 301.

BRÉARD (Jean-Jacques DE), né à Marennes, 1751; dép. de la Charente-Inférieure à la Lég. et à la Conv.; ancien président du département; régicide; du Comité de sûreté générale; du Comité de salut public; en mission à Brest; des Anciens; du Corps législatif; + 1840, I, 126; II, 37, 39, 41; IV, 43; V, 229.

BRESSE ET FRANCHE-COMTÉ, missions, III, 232 et suiv.

BRESSUIRE (massacres de), I, 265.

BREST (trib. révol. de), II, 39-41; sa composition, 42; ses jugements, 42-68; son registre, 177; procès de ses juges, V, 299.

BRETAGNE, const. civile du clergé, royalisme, fédéralisme, I, 12.

BREUIL (baron DU), II, 231-235.

BRIEZ (Philippe-Constant-Joseph), procureur syndic du district de Valenciennes; dép. du Nord; régicide; en mission dans le Nord, à Valenciennes, pendant le siège, et après le 9 thermidor en Belgique; + 1793, IV, 76, 77, 87, 105, 428-430; V, 161.

BRILLAT-SAVARIN, ex-constituant, III, 243.

BRIOT, terroriste, V, 303.

BRIQUE (affaire de la), à Auch, II, 110.

BRISSE, patriote de Nancy, V, 12, 17, 18.

BRIVAL (Jacques), 1751, à Tulle; dép. de la Corrèze à la Lég. et à la Conv.; régicide; en mission dans son pays; des Anciens; après le 18 brumaire, juge à la cour d'appel de Limoges jusqu'en 1815; exilé en 1810; + à Constance, I, 40, 92; II, 145, 156; V, 320, 321.

BROGLIE (prince Victor DE), 1758, chef d'état-major de l'armée du Rhin; + sur l'échafaud le 27 juin 1794, IV, 43, 299.

BRUDIEU, greffier du trib. de Rochefort, I, 300.

BRUGES (soumission de), IV, 250.

BRULE (camp de), près de Saint-Amand (Nord), IV, 16.

BULLART. Voy. SILLERY.

BRUNE (G.-M.-A), 1763, à Brives-la-Gaillarde, maréchal de l'Empire; assassiné à Avignon en 1815, II, 191, 285.

BRUNEL (Ignace), maire de Béziers; dép. de l'Hérault; en mission sur les côtes de la Méditerranée; décrété d'accusation pour sa correspondance avec Bordeaux; rappelé après thermidor; tué dans les troubles de Toulon, prairial an III, II, 347; III, 21.

BRUNET (J.-B.), né à Valensoles (Basses-Alpes), général en chef de l'armée d'Italie; + sur l'échafaud 6 novembre 1793, I, 116; III, 5, 8, 23-31, 408.

BRUNIÈRE, juge à Lyon, III, 133.

BRUNSWICK (duc DE), IV, 7, 22, 208.

BRUSLÉ (l'agent), I, 115, 143, 148, 158; III, 40, 411.

BRUTUS (jadis LEROY), agent, III, 40-43; président de la commission militaire de Marseille, III, 79.
BRUTUS MAGNIER (Antoine-Louis Bernard MAGNIER, dit BRUTUS MAGNIER), II, 17; V, 270-288.
BRUTUS-MAGNIER (commission), prorogée par Laignelot, II, 16; ses jugements, II, 18-22; son mode de mise en accusation, 22; tableau de ses opérations, 21.
BRUXELLES, IV, 28, 29, 261. Voy. ARMÉE DU NORD.
BURGER, adm. de Strasbourg, IV, 301, 381, 399.
BUZOT (François-Nicolas-Léonard), 1er mars 1760, à Evreux, avocat; dép. d'Evreux à la Const. et de l'Eure à la Conv.; régicide; proscrit au 31 mai; réfugié à Saint-Emilion; trouvé mort près de Castillon, fin juin 1791, II, 81, 262-266; V, 250; sa maison rasée à Evreux, II, 81.

## C

CABARRUS (Teresa), plus tard Mme TALLIEN, II, 218.
CADROY (Paul), 1751; vice-président du dép. des Landes, député des Landes. Sa mission se rattache à la réaction du Midi après le 9 thermidor; déporté au 18 fructidor; + 1813, maire de Saint-Séver, V, 311.
CAEN, I, 5; II, 92 et suiv.
CAILLEZ, agent, I, 412; III, 110, 112.
CALANDINI, adjudant général à Lille, IV, 122; V, 53.
CALÈS (Georges-Marie), 1757, à Cessales, médecin, dép. de la Haute-Garonne à la Lég. et à la Conv.; régicide; en mission près l'armée des Ardennes, et après le 9 thermidor dans la Côte-d'Or; des Cinq-Cents; exilé en 1816; + à Liége, 1834, III, 328, 345, 346; IV, 432; V, 38.
CALENDRIER RÉPUBLICAIN, I, 29.
CALVADOS, missions, I, 89, 102; II, 88, 479; tribunal criminel, II, 98-100.
CAMBON (Pierre-Joseph), 7 juin 1754, à Montpellier, négociant; dép. de l'Hérault à la Lég. et à la Conv.; régicide; du Comité des finances; décrété d'accusation en prairial; amnistié; de la Chambre des représentants en 1815; exilé en 1816; + à Bruxelles, 15 février 1820, III, 12,

60, 201; IV, 38; V, 186, 217, 225, 328.
CAMBRAY (tribunal révol. de), V, 124, 128 et suiv.
CAMMELER (M. J. DE), gouverneur autrichien de Valenciennes, V, 153 et suiv.
CAMUS (Armand-Gaston), 2 avril 1740, à Paris, avocat; député de Paris à la Const. et de la Haute-Loire à la Conv.; absent au procès de Louis XVI; en mission à l'armée de Belgique; arrêté par Dumouriez; échangé 24 décembre 1795; des Cinq-Cents; membre de l'Institut; + 2 novembre 1804, IV, 39, 42, 70, 73, 115, 117.
CAMPAGNE DE 1793 (missions dans la 2e partie de la), IV, 431 et suiv.
CANCLAUX (J.-B.-Camille), 2 août 1740, à Paris, général; + 1817, I, 5, 6, 8, 111, 135, 140, 153, 157, 159, 162, 458.
CANTAL, missions, III, 224; tribunal criminel, 227-232.
CAPITAIN (M. J.), vice-président de la comm. militaire du 4 prairial an III, V, 286.
CARLENC, général, IV, 161, 176.
CARLIER, juré d'Arras, V, 53, 155.
CARMÉLITES (religieuses) à Bordeaux, II, 273.
CARNOT (Lazare-Nicolas-Marguerite), à Nolay, 13 mai 1753, officier du génie, député du Pas-de-Calais à la Lég. et à la Conv.; vote la mort; en mission à l'armée du Nord; du Comité de salut public où il était chargé de la partie militaire jusqu'en germinal an III; directeur, etc.; exilé en 1816; + 22 août 1823, I, 46, 65, 131, 203; II, 312, 313; III, 53, 56, 181; IV, 10, 13, 70, 75, 76, 77, 93, 98, 106, 108, 122, 126, 127, 130, 132, 134, 138, 139, 141, 144, 147, 148, 162, 164, 165, 172, 173, 178, 187, 189, 193, 207, 208, 210, 213, 216, 218, 222, 223, 228-230, 233-236, 238, 239, 243, 248, 255-258, 260-265, 270-275, 279-284, 289-293, 295, 416, 420-423.
CARNOT-FEULINS ou Carnot le jeune, à Nolay, 15 juillet 1755; député à la Lég.; représentant de Saône-et-Loire pendant les Cent-Jours; + 1836, IV, 11, 31, 37, 107, 412.
CANOS (Cyriaque), substitut de l'accusateur public à Arras, V, 143.
CARPENTIER. Voy. LE CARPENTIER.

CARPENTRAS (victimes de), III, 197.
CARRA (Jean-Louis), 1743, à Pont-de-Veyle, publiciste; dép. de Saône-et-Loire; régicide; en mission dans les Deux-Sèvres et la Vendée; enveloppé dans la proscription des Girondins; + 31 octobre 1793, I, 121; II, 119, 122; IV, 25, 408.
CARRAUT, administrateur du Pas-de-Calais, V, 71.
CARREFOUR (Camille-Abraham), ex-officier d'artillerie; son interrogatoire, I, 321.
CARRIER (Jean-Baptiste), né à Yolay près d'Aurillac, en 1756; député du Cantal; régicide; en mission en Bretagne et surtout à Nantes, condamné à mort 16 décembre 1794, I, 27, 68, 169, 171, 177, 216, 233, 273, 403 et suiv., 425, 428 et suiv., 443, 457, 481, 482; II, 13, 23, 26, 31, 71, 88; III, 204, 229, 375; V, 177, 179.
CARTEAUX, général, III, 25, 31, 36, 37, 47, 51, 407.
CASSANYES (Jacques-Joseph), 1758, au Canet; adm. de Perpignan; dép. des Pyrénées-Orientales; régicide; en mission à l'armée des Pyrénées-Orientales et à l'armée des Alpes; des Cinq-Cents jusqu'en 1797, II, 354, 363, 381.
CASTELLANE (M. DE), ancien évêque de Mende, II, 317.
CASTIAUX (J. B), V, 77.
CATHELINEAU (Jacques), né en 1758, général des Vendéens; + 10 juillet 1793, I, 3, 5.
CATHELINEAU (Joseph), frère du général, I, 300.
CATHOL, chef de bataillon, président de la commission militaire de Valenciennes en septembre 1794, V, 60.
CAUBRIÈRE, accusateur public du trib. révol. de Cambrai, V, 124, 143.
CAVAIGNAC (Jean-Baptiste), 1762, à Gordon (Lot), avocat au parlement de Toulouse, député du Lot, régicide; en mission aux armées des côtes de l'Ouest, des Pyrénées-Occidentales, etc.; des Cinq-Cents; haut fonctionnaire du royaume de Naples sous Joseph Bonaparte et sous Murat; préfet de l'Empire en 1815, exilé en 1816; + 1829, I, 30, 139, 152; II, 12, 27, 54, 358, 359, 377, 406, 409, 417-421; IV, 93; V, 196, 238.

CAZEAUX (Jean); son interrogatoire à Bordeaux, II, 488.
CELLIEZ, agent du ministre de la Guerre Bouchotte, IV, 95, 96, 103, 112, 114, 117, 123, 131, 148, 207, 208, 213, 219, 224, 432, 438.
CENTRE (armée du), IV, 2.
CÉSAR (camp de) sous Bouchain, IV, 98.
CESBRON (veuve); son interrogatoire, I, 324.
CHABOT (François), 1759, à Saint-Geniez dans le Rouergue; élevé chez les capucins de Rodez; capucin lui-même; vicaire épiscopal de Blois; député de Loir-et-Cher à la Lég. et à la Conv.; régicide; en mission dans le Tarn et l'Aveyron; condamné à mort avec Danton et exécuté le 16 germinal (5 avril 1794), II, 296, 313, 325; V, 86.
CHABOT, général, I, 197.
CHAIX D'ESTANGES, curé de Saint-Étienne de Caen, II, 101.
CHALBOS, général, I, 149, 150, 169, 174, 219, 418.
CHÂLES (Pierre-Jacques-Michel), 1754, à Chartres, chanoine de la cathédrale; député d'Eure-et-Loir à la Conv.; régicide; en mission dans Eure-et-Loir, Seine-et-Oise et à l'armée du Nord; arrêté en germinal an III; amnistié en brumaire an IV; admis aux Invalides comme ayant été blessé à Werwick; + 1826 (père de Philarète Châles), IV, 138, 163, 166, 169, 431; V, 57, 60, 61, 63, 181, 187, 217.
CHALIER, démagogue de Lyon, I, 6, 109; III, 19, 26.
CHAMBON (Aubin BIGORRIE), député de la Corrèze; proscrit avec les Girondins; tué à Lubersac le 20 novembre 1793, II, 154.
CHAMBON de la Tour (Jean-Michel), 1749, à Uzès; dép. de Nîmes à la Const. et du Gard à la Conv.; en mission dans le Midi après le 9 thermidor; des Anciens jusqu'en 1799; + vers 1800, II, 154, 309.
CHAMPAGNE (missions en), III, 317, et suiv.
CHAMP DES MARTYRS, à Angers, I, 333.
CHAMPMORIN, officier de l'armée de Custine, IV, 132.
CHANCEL, général, IV, 77, 149, 150, 296.
CHANSONS PATRIOTIQUES, I, 71.
CHANTILLY (château de), III, 382, 384.

CHAPELAIN, maire, I, 266.
CHAPELIER (LE), avocat; député de Rennes à la Constit.; V, 310.
CHARBONIÉ, général, IV, 221, 224, 246.
CHARBONNIER (Joseph), commissaire de la marine à Toulon en 1789; dép. du Var; régicide; compromis dans les troubles de Toulon; acquitté mais détenu; rentré dans l'administration de la marine jusqu'en 1816, III, 43; V, 231.
CHARCOT, patriote de l'Ain, III, 248.
CHARENTE, missions, II, 165; tribunal criminel, 167-172.
CHARENTE - INFÉRIEURE (commission militaire de la), I, 291.
CHARETTE de la Contrie (François-Athanase), 21 avril 1763, général Vendéen, + 29 mars 1796, I, 3, 5, 9, 203, 228, 231, 431, 473.
CHARLEROI, IV, 29, 247.
CHARLIER (Louis-Joseph), 24 septembre 1754, à Châlons, admin. du district; député de la Marne à la Lég. et à la Conv.; régicide; des Anciens; se tue par démence en février 1797, IV, 135.
CHARRIER (Marc-Antoine), ex-constituant; chef de l'insurrection de la Lozère; + 17 août 1793, I, 5; II, 218, 219, 327, 401.
CHATEAUBRIANT (commission militaire de), I, 283.
CHATEAUNEUF - RANDON (Alexandre, comte DE), 18 octobre 1757, à Tarbes, capitaine dans les dragons d'Artois en 1789; député de la noblesse de Mende à la Const. et de la Lozère à la Conv.; régicide; commandant de la place de Mayence en 1798; préfet des Alpes-Maritimes après le 18 brumaire; + dans un état voisin de l'indigence et de la folie, 1816, I, 34, 38, 77; II, 318, 320, 321, 323, 338, 427, 433; III, 33, 37, 102, 208, 209, 223.
CHAUDRON-ROUSSAU (Guillaume), agriculteur; dép. de la Haute-Marne à la Lég. et à la Conv.; régicide; en mission à Toulouse et aux armées des Pyrénées; commissaire du pouvoir exécutif après l'amnistie de brumaire; inspecteur des forêts après le 18 brumaire; exilé en 1816; + quelques années plus tard, I, 57, 58, 59, 70, 138, 144; II, 193, 206, 208, 304, 305, 309, 315, 317, 379, 385, 398, 406; V, 325.
CHAUMETTE, procureur de la Commune de Paris, I, 29, 352.

CHAUVIN Hersault (François-Augustin), 11 août 1756; dép. des Deux-Sèvres, II, 131, 145, 152, 153.
CHAVENOT (Elisabeth); son interrogatoire, I, 324.
CHAVERT (François), ex-noble, I, 388.
CHÉNIER (Marie-Joseph DE), 28 avril 1764, à Constantinople, auteur dramatique; dép. de Seine-et-Oise, régicide; des Cinq-Cents et du Corps législatif; de l'Institut; + 10 janvier 1811, V, 207, 213.
CHEMILLÉ (comm. militaire de), I, 283.
CHÉPY, agent du Conseil exécutif, III, 405; IV, 69.
CHER (mission dans le), III, 291; tribunal criminel, 307; rapports d'agents, 431.
CHERBOURG (armée des côtes de), I, 111.
CHESNEAU (Pierre), officier municipal, I, 315.
CHEVANDIER DE VALDROME, envoyé au trib. révol. de Paris, III, 93.
CHIAPPE (Ange), 1762; adm. du département, député de la Corse, du parti modéré; attaché plus tard à l'armée des Alpes; des Cinq-Cents, V, 309.
CHIRON le jeune, commissaire national à Redon, II, 6.
CHODERLOS-LACLOS, commissaire du Conseil exécutif, IV, 16, 407, 408.
CHOLLET (bataille de), I, 10, 170; — (prisonniers de), 207.
CHOUANS, I, 310, 370, 478, 482; II, 411, 473.
CHOUDIEU (Pierre-René), né à Angers, avocat; accus. public à Augers; dép. à la Lég. et à la Conv.; régicide; en mission dans le Maine-et-Loire, la Sarthe et les armées dirigées contre la Vendée, puis à l'armée du Nord; après la Conv., chef de division au min. de la Guerre; disgracié sous le Consulat; réfugié en Hollande; rentré en France sous l'Empire, banni sous la Restauration; revient après 1830; + 1840, I, 112, 126, 128, 136, 150, 151, 154, 158, 161, 169, 170, 173, 204, 208, 254, 306, 445, 456, 464; II, 111; IV, 213, 220, 224, 225, 233, 240; V, 67, 183, 184, 187, 217.
CIMETIÈRES civils, I, 30.
CIVRAC (Mme DE), I, 313.
CLAIRFAYT, général autrichien, IV, 247, 257, 262, 264, 291, 401.
CLAUZEL (Jean-Baptiste), vers 1755, maire de Lavelanet, dép. de l'Ariège à la Lég. et à la Conv.; régi-

cide; du Comité de sûreté générale après le 9 thermidor; partisan du 18 fructidor, du 18 brumaire; membre du Corps législatif; + 1804, V, 179, 227, 231, 236, 245, 288.

CLAVEL, juge du tribunal de Strasbourg, IV, 240, 251, 323, 365, 366.

CLAVIÈRES, né à Genève, le 27 janvier 1735, ministre des Finances; + 8 décembre 1793, IV, 6.

CLOCHES (question des), I, 30, etc.

COBOURG, IV, 424; V, 65, 80, 156, 217, 264, 283, 363.

COCHON de Lapparent (Charles), 25 janvier 1749; dép. de Poitou à la Const., et des Deux-Sèvres à la Conv.; ex-conseiller au présidial de Fontenay-le-Comte; régicide; en mission aux places fortes et à l'armée du Nord, dans Valenciennes pendant le siège; du Comité de salut public après le 9 thermidor; en mission en Hollande, 1795; remplace Merlin (de Douai) au ministère de la Police générale; proscrit au 18 fructidor; préfet de la Vienne en 1800; des Deux-Nèthes (Anvers) en 1804; sénateur, comte de l'Empire en 1809; exilé en 1816; rappelé en 1817; + 17 juillet 1825, IV, 75, 77, 80, 93, 105, 120, 423, 428-430.

COLLOMBEL, dép. de la Meurthe, IV, 435.

COLLOT D'HERBOIS (Jean-Marie), vers 1750, ancien comédien, auteur de l'*Almanach du père Gérard* et de la mise en scène de l'entrée à Paris des Suisses du régiment de Châteauvieux, libérés des galères; député de Paris; régicide; en mission dans le Loiret et la Nièvre, à Lyon, et il figure en beaucoup trop de pages de ce livre : déporté; + à la Guyane, 1796; III, 108 et suiv; 135 et suiv., 422; IV, 207, 216, 218, 225; V, 179 et suiv., 184, 227.

COLMONT (Br. Cl.), III, 324, 439.

COLONNES INFERNALES, I, 218 et suiv.

COMEYRAS, agent du Conseil exécutif, II, 294, 297.

COMITÉ DE SALUT PUBLIC (voir en général aux titres de ses arrêtés), I, 21, 22, 24, 43, 47, 49, 53, 64, 131, 139, 251, 317; II, 205; III, 104; IV, 93, 135, 289, etc.

COMMISSAIRES DE LA CONVENTION (les 82) du 9 mars, I, 439; près les armées du Nord et du Rhin, IV, 278, 294-296; en général trop nombreux, III, 411.

COMMISSAIRES DES GUERRES, IV, 79, 86.

COMMISSAIRES ORDONNATEURS, I, 111.

COMMISSION MILITAIRE du 4 prairial an III, V, 224 et suiv., 366, 367.

COMPÈRE, secrétaire de l'agent Celliez, IV, 114.

CONDÉ (ville de), IV, 77, 87, 89, 120, 294, 430.

CONDORCET (Marie-Jean-Antoine-Nicolas DE CARITAT, marquis DE), né en Dauphiné, 1743; dép. de Paris à la Lég. et de l'Aisne à la Conv.; du Comité de constitution; proscrit avec les Girondins; se cache d'abord, fuit et arrêté s'empoisonne, nuit du 7 au 8 germinal an II (27-28 mars 1794), IV, 15, 301.

CONSTITUTION DE 1791, I, 16.

CONVENTION NATIONALE (voir aux titres de ses décrets); solidaire des violences commises par ses agents, I, 218, 317; V, 320.

CORMIGNY (Vérité), agent du Conseil exécutif, I, 63; II, 12, 26.

CORDELLIER, lieutenant du général Turreau, I, 226, 230, 271.

CORDELLIER, parent du précédent, IV, 171.

CORNE (Mme), à Arras, V, 32.

CORON (bataille de), I, 7, 110, 160, 455.

CORRÈZE, missions, II, 151; tribunal criminel, 157, 159.

CORSE au commencement de la Révolution, III, 19.

CÔTE-D'OR, missions, III, 345; trib. criminel, 321, 433-444.

CÔTES DE LA ROCHELLE (armée des), I, 449; commissions militaires, I, 307.

CÔTES-DU-NORD, missions, II, 31; trib. criminel, 32, 35.

COUPÉ (Jacques-Michel), 1737, curé de Sarmaise; dép. de l'Oise à la Lég. et à la Conv., régicide; des Anciens; + 1818, V, 39.

COUPIGNY DE NOIRŒUL (vicomte DE), V, 108.

COURBIS, maire de Nîmes, II, 430, 431, 459; V, 191, 298.

COURTOIS (Edme-Bonaventure), 14 juillet 1754, à Arcis-sur-Aube, receveur du district d'Arcis-sur-Aube; dép. de l'Aube à la Lég. et à la Conv.; régicide; chargé de l'examen des papiers de Robespierre; des Anciens; partisan du 18 brumaire; exilé en 1816; + à Bruxelles le 6 décembre de la même année, IV, 93, 96, 98, 110.

COURTRAY, IV, 29, 210.

COUSTARD de Massy (Anne-Pierre), 1741, à Saint-Domingue, lieutenant des maréchaux de France en 1789; commandant de la garde nationale de Nantes; dép. de la Loire-Inférieure à la Lég. et à la Conv.; mis hors la loi comme ami des Girondins; condamné à mort avec le duc d'Orléans, 6 novembre 1793, III, 37; IV, 13, 296.

COUTHON (Georges), vers 1756, à Orcet en Auvergne; prés. du trib. de Clermont; dép. à la Lég. et à la Conv.; régicide; en mission à Lyon, et associé en tout à Robespierre; † 10 thermidor (28 juillet 1794), I, 46, 65; II, 321; III, 33, 36, 37, 63, 102, 181, 208, 211, 212, 333, 410; IV, 396; V, 147.

COUTURIER (Jean-Pierre), 1741, à Porcelette; juge au trib. de Bouzonville; dép. de la Moselle à la Lég. et à la Conv.; absent au jugement de Louis XVI; en mission dans la Meurthe, la Moselle, et le Bas-Rhin; en Seine-et-Oise et dans l'Isère; des Cinq-Cents; † à Issy, 1818. III, 96, 371, 415; IV, 35, 53, 56, 71, 303, 305; IV, 308, 311, 424.

CRASSOUS de Medeuil (Jean-Augustin), dép. de la Martinique à la Conv.; en mission en Seine-et-Oise; décrété d'accusation; amnistié en brumaire, I, 64, 72, 73, 101; 113, 371, 392, 416; V, 186, 187.

CRASSOUS (la jeune); son interrogatoire à Montpellier, II, 113.

CREUSE, missions, II, 160; trib. criminel, 162.

CREUZÉ-PASCAL (Michel), 1756, maire de Poitiers; dép. de la Vienne; en mission dans son département; des Anciens, II, 140, 141.

CUNIN, ex-législateur, V, 14, 21.

CUSSET (Joseph), 1748, à Lyon; juge à Villefranche; dép. de Rhône-et-Loire, régicide; en mission à l'armée de la Moselle; condamné à mort dans l'affaire du camp de Grenelle; † 9 octobre 1796, IV, 47; V, 26, 319.

CUSTINE (Adam-Philippe, comte DE), 1740, à Metz; général; † sur l'échafaud 28 août 1793, I, 17; IV, 2, 13, 21, 31, 32, 35, 37, 44, 45, 48-56, 58, 92, 94, 98-100, 109-112, 122-125, 127, 129, 295, 315, 410, 411, 417, 425; V, 53, 248.

D

DAGOBERT, général, II, 318, 359, 368.

DAILLET, maire d'Arras; présid. des tribunaux révol. d'Arras et de Cambrai, V, 116, 118, 124, 142.

DAMAS, général, commandant de Rennes, I, 192.

DAMBARÈRE, général, I, 235.

DAMERON (Joseph-Charlemagne), dép. de la Nièvre; régicide, I, 126, 128.

DAMPIERRE (Auguste-Henri-Pierre PICOT, marquis DE), 1756, à Paris; général; † 9 mai 1793, IV, 76, 81, 85, 86, 88, 90, 91, 120; V, 32.

DANEL, chirurgien; juré d'Arras, V, 101, 115.

DANGEST, général d'artillerie, IV, 131.

DANICAN, général, V, 304.

DANSE, agent national d'Yssingeau, III, 217.

DANTON (Georges-Jacques), 28 octobre 1759, à Arcis-sur-Aube; ministre de la justice aux journées de septembre; dép. de Paris; régicide; en mission à l'armée de Dumouriez; † sur l'échafaud, 5 avril 1794, III, 20; IV, 15, 39, 62, 68, 71; V, 29; lettre à Kellermann, III, 406; mission en Belgique, IV, 415.

DARDENNES, général IV, 132.

DARTUÉ d'Arras, accusat. public du tribunal révol. d'Arras; juge du tribunal révol. de Cambrai, V, 55, 110, 118, 124, 132, 142.

DARTIGOEYTE (Pierre-Arnaud), vers 1758; dép. des Landes; régicide; en mission à Bordeaux, dans les Landes, le Gers et les Hautes-Pyrénées; disparaît après l'amnistie de brumaire an IV; † vers 1820, I, 30, 36, 37, 94; II, 299, 302, 303, 304, 347, 359, 410; V, 237.

DAUBIGNY, adjoint de Bouchotte, V, 228.

DAUCHEZ, avocat à Arras, V, 115.

DAVAINE ou D'AVAINE, général, IV, 110, 162, 163, 296.

DAVID, général, I, 268.

DAVID (le peintre, Jacques-Louis), 31 août 1748, à Paris; dép. de Paris à la Convention; régicide; membre du Comité de sûreté générale; décrété d'arrestation; amnistié le 4 brumaire an IV; exilé en 1816; † à Bruxelles, 29 décembre 1825, V, 179, 236.

Dax (suspects à), II, 409.
Debary, agent de Rousselin, III, 353, 341.
Desilly, général, I, 192.
De Bry (Jean-Antoine-Joseph), 1760, à Vervins; dép. de l'Aisne à la Lég. et à la Conv.; régicide; en mission aux places fortes du Nord; un des 73; en l'an III, en mission dans les dép. de la Drôme, de l'Ardèche et de Vaucluse; des Cinq-Cents; plénipotentiaire à Rastadt; échappa aux assassins; préfet du Doubs en 1801 et du Bas-Rhin pendant les Cent-Jours; exilé 1816-1830; + à Paris 1834, IV, 62, 63.
Décadis (les), I, 33, 69, 89, 96, 98, 101, 102.
Dechézeaux (Pierre-Charles-Daniel-Gustave), 1790; dép. de la Charente-Inf.; accusé de fédéralisme; traduit au trib. crim. de Rochefort et cond. à mort, 17 janvier 1794, I, 300.
Dechy (Mme), à Arras, V, 129.
Déclaration des droits, I, 4.
Décrets du 15 décembre 1792 sur les pays occupés, IV, 42; de mars 1793, I, 18; du 22 juin contre les déserteurs, I, 128; du 1er août contre la Vendée, I, 152; de frimaire, 112, du 8 prairial (plus de prisonniers anglais ou hanovriens), IV, 239; du 16 messidor, IV, 270.
Defermon des Chapelières (Jacques), 1752; président du tribunal criminel de Rennes; dép. de Rennes à la Const. et d'Ille-et-Vilaine à la Conv.; des Cinq-Cents, du Corps législatif; prés. du Conseil d'État; ministre d'État en 1807; exilé 1815-1822, II, 8, 9; V, 210, 228.
Defrenne, agent, IV, 83, 86, 91, 115-117.
Delacroix de Contaut (Charles, appelé quelquefois Lacroix), avril 1741, dép. de la Marne, chargé de plusieurs missions; thermidorien; des Anciens; min. des Relations extérieures jusqu'à 1797; ambassadeur en Hollande 1798; après le 18 brumaire, préfet des Bouches-du-Rhône, de la Gironde; + 1805, III, 374; V, 41, 47, 49, 51, 220, 222, 351.
Delacroix (Jean-François), d'Eure-et-Loir. Voy. Lacroix.
Delahaye (Jacques-Charles-Gabriel), 1760, avoué à Caudebec; dép. de la Seine-Inférieure; déclaré démissionnaire 25 juillet, rappelé 12 avril 1795; des Anciens, V, 213, 250, 260, 304, 314.
Delattre, président du nouveau tribunal révol. de Strasbourg, IV, 368, 372.
Delaunay, jeune (Pierre-Marie), président du trib. criminel (frère de Joseph Delaunay d'Angers, condamné et exécuté avec Danton le 5 avril 1794); appelé aussi Delaunay d'Angers, vers la fin de la Convention; dép. de Maine-et-Loire, comme son frère; en mission dans les départements insurgés; des Anciens; du tribunal de cassation; prés. du trib. criminel de Maine-et-Loire, et après la réorganisation prés. de chambre à la cour d'Angers, I, 114, 123; V, 327.
Delaunay, général, IV, 182, 183.
Delavant (Jacques), de Verdun, II, 352.
Delbhecq, général, II, 352.
Delbrel (Pierre), 1764, à Moissac, avocat; député du Lot; vote la mort avec sursis; en mission à l'armée du Nord, puis aux Pyrénées-Orientales; prend le commandement à la mort de Dugommier; des Cinq-Cents; opposé au 18 brumaire; député pendant les Cent-Jours; exilé en 1816; + vers 1832, II, 430; IV, 76, 93, 98, 110, 124, 125, 134, 135, 144; V, 80, 356.
Delcambe, jacobin de Strasbourg, IV, 339.
Delcher (Joseph-Etienne), 1750, à Brioude, jurisconsulte; maire de sa commune; dép. de la Haute-Loire à la Lég. et à la Conv.; régicide; en mission en Corse, aux armées du Nord, des Pyrénées-Occidentales; des Anciens; prés. du trib. de Brioude après le 18 brumaire, II, 390; III, 12.
Delecloy (Jean-Baptiste-Joseph), 1748; juge de paix à Doullens; député de la Somme; régicide; des Anciens, V, 185, 206, 210, 234, 236, 263.
Delmas (Jean-François-Bertrand), 1751, à Toulouse; ancien officier de milice, dép. de la Haute-Garonne à la Lég. et à la Conv.; régicide; chargé du commandement de la force armée au 1er prairial an III;

des Anciens; + 1798, IV, 16, 19, 277; V, 196, 223.
DELMASSE, chef du bureau des émigrés dans la Côte-d'Or, III, 329.
DELONG (Alexandre), une des victimes de la commission de Bayonne à Auch, II, 115; V, 238.
DELORME (le mulâtre), capitaine de canonniers dans l'insurrection du 1er prairial, V, 213.
DEMAILLON, agent, III, 72.
DÉMOCRATE ou *Journal de midi* (journal de Brutus-Magnier), V, 272 et suiv.
DEMULIEZ, accusateur public d'Arras, V, 87, 116, 124, 131, 137.
DENIS (Ant.), boulanger, immolé à Toulouse, II, 300.
DENTZEL (George-Frédéric), 25 février 1760, à Durckheim, aumônier du régim. des Deux-Ponts au service de la France; pasteur à Landau, dép. du Bas-Rhin; en mission dans le Bas-Rhin, la Meurthe et la Moselle, et particulièrement à Landau; député contesté, mais à la fin confirmé; il devient militaire sous le Consulat; il est fait officier de la Légion d'honneur et baron par Napoléon, maréchal de camp par Louis XVIII; + vers 1820, IV, 35, 56, 71, 200, 301, 303, 305, 308, 311, 124, 139-144; V, 211.
DEPREZ DE CRASSIER (Etienne-Philibert), né à Crassier (Ain); général, II, 352; IV, 52, 101.
DEREY, accusateur public de la nouvelle commission militaire de Bordeaux, V, 294.
DESACRES-GLESDON (fille); son jugement, II, 481.
DESAIX, général, 1768; + 14 juin 1800 à Marengo, IV, 223, 280.
DESBUREUX, général, IV, 239.
DESCAMPS, imprimeur; cond. à mort, V, 78.
DÉSERTIONS, I, 123; III, 48, 105; IV, 34, 39, 95.
DESGRANGES, agent du Conseil exécutif, II, 201.
DESJARDINS, général, IV, 240, 246.
DESJARDINS (Madeleine), ursuline, V, 165.
DESMARRES, général, I, 150.
DESMAZES, prêtre, II, 328.
DESMESLIERS (Mlle Angélique), I, 340, 363.
DESMOULINS (Benoît-Camille), 2 mars 1760, à Guise; dép. de Paris; régicide; cond. à mort avec Danton, 5 avril 1794, I, 281.
DESPINASSY (Antoine-Joseph-Marie), 1757, à Marseille, capitaine d'artillerie; dép. du Var à la Lég. et à la Conv.; régicide; en mission dans le Var et les Alpes-Maritimes; ami des Girondins; un des 73; rappelé et en mission à Lyon et à Toulon; des Cinq-Cents; exilé 1817, II, 342; + à Lausanne en 1829, III, 27.
DESPRÉS-CRASSIER. Voy. DEPREZ DE CRASSIER.
DEVILLE (Jean-Louis), 1758; admin. et dép. de la Marne; régicide; en mission dans l'Aisne et les Ardennes; défend après le 9 therm. les membres des anciens comités et s'oppose au retour des expulsés; inspecteur des forêts sous l'Empire; exilé en 1816, IV, 84, 89, 93; V, 37.
DEVILLE, membre de la commission du 1 prairial an III, V, 236.
DEVRIGNY, officier général, IV, 132.
DHERBEZ-LATOUR (Pierre-Jacques), 1735, dép. des Basses-Alpes, régicide, I, 33, 90; III, 87, 90.
DIANYÈRE, agent, III, 292, 293.
DICHE, général, IV, 374, 381, 382, 388, 391.
DIEPPE (session du tribunal criminel de la Seine-Inf. à), II, 78-80, 478.
DIETRICH, maire de Strasbourg en 1792, IV, 299, 301, 309, 331.
DIETTMANN, général, IV, 103, 130, 296, 407, 445.
DILLON (Arthur, comte DE), 3 septembre 1750, à Braywick (Irlande), général; dép. de la Martinique à la Const.; + sur l'échafaud le 13 avril 1794, III, 101; IV, 23, 296.
DILLON (Théobald), général, tué à Lille en 1792, IV, 4.
DIMANCHE (proscription du), I, 94, 97, 100, 101, 102.
DINANT (prise de), IV, 243.
DONZÉ-VERTEUIL, accusat. public à Brest, II, 46, 47, 48, 60; V, 391.
DOPPET, général, II, 360; III, 31, 36, 59.
DORDOGNE missions, II, 173; trib. criminel, 175-189.
DORFEUILLE, présid. d'une commission judic. à Lyon, III, 122-124, 127, 137, 172; V, 302.
DORNAC, général, III, 404.
DOUAI (suspects de), V, 69; prisons.

72; la *bouche de fer*, 72; le secret des lettres, 73.

Doubs, missions, III, 233 et suiv.; tribunal criminel, 269; suspects, 263, 270, 272; émigration, 273; prêtres réfractaires, 275.

Doucet, patriote des Ardennes, V, 353.

Douté (commission rép. de), I, 206.

Doulcet (Louis-Gustave de), comte de Pontécoulant, 9 novembre 1764, à Caen; président du département et dép. de Calvados; en mission dans le Nord en 1792 et dans le Midi, commencement de 1793; l'un des députés expulsés et rappelés; des Cinq-Cents; sénateur de l'Empire; pair de France; † 1853, IV, 19, 30, 39; V, 191, 210, 226, 231.

Drôme, missions, III, 13, 90; trib. criminel, 91.

Drouet (Jean-Baptiste), 1763; maître de poste à Ste-Menehould; dép. de la Marne; régicide; en mission à l'armée du Nord; fait prisonnier devant Maubeuge; échangé à Bâle; des Cinq-Cents; impliqué dans la conspiration de Babeuf et plus tard acquitté; sous-préfet de Ste-Menehould; dép. de la Marne pendant les Cent-Jours; exilé en 1816; rentre secrètement, † obscur et repentant en 1824, IV, 146; V, 24.

Droz (Joseph), terroriste, V, 305.

Drut, général, V, 160.

Dubarran (Joseph-Nicolas Barbeau), dép. du Gers; régicide; compromis au 1er prairial; amnistié; exilé, 1816; † la même année, II, 400; V, 236.

Dubois, général, V, 216, 280.

Dubois de Crancé (Edmond-Louis-Alexis), 1747, à Charleville (Marne); mousquetaire de la maison du roi, puis lieutenant des maréchaux de France; adjudant général à l'armée du Midi, député de Vitry à la Const., et des Ardennes à la Conv.; régicide; en mission à l'armée des Alpes, etc.; des Cinq-Cents; inspecteur général des troupes; ambassadeur à Naples 1798; gouverneur de Barcelone 1810; † 1814, I, 6, 8, 233, 251; III, 2, 16, 22, 23, 25, 33, 34-36, 95, 208, 332, 408-410; IV, 39, 180; V, 225, 227.

Dubois-Dubais (Louis-Thibault), vers 1751, dans l'arrond. de Pont-l'Evêque; chevalier de St-Louis et ayant rang de capitaine de cavalerie dans la maison militaire du roi en 1789; dép. du Calvados à la Lég. et à la Conv.; un des 46 votant la mort avec sursis et comptés pour la peine de mort; en mission dans les Deux-Sèvres et la Vendée, à l'armée du Nord; des Cinq-Cents, puis des Anciens; sénateur, comte de l'Empire; exilé en 1816; rappelé en 1818; † 1831, I, 102; III, 235; IV, 16, 75-77, 87.

Dubois-Fournier, notable de Valenciennes, V, 170.

Dubouchet (Pierre), 1737, à Thiers; médecin à Montbrison; dép. de Rhône-et-Loire; régicide; commissaire en Seine-et-Marne; exilé en 1816; † vers 1825, I, 80; III, 350, 375.

Dubreil, adj. génér., II, 318.

Dubrecq (Jean-François), 1719; juge à St-Omer; député du Pas-de-Calais, V, 559.

Ducrisson, agent du Conseil exécutif, IV, 70, 73.

Ducos (Pierre-Roger), 25 juillet 1747; prés. du trib. crim. des Landes; dép. des Landes; régicide; commissaire dans le Nord et l'Aisne, après le 9 thermidor; des Anciens jusqu'au 30 floréal an VI; juge de paix dans les Landes; Directeur en juin 1799 à la place de Merlin de Douai; l'un des trois consuls après le 18 brumaire; comte de l'Empire en 1804, exilé en 1816; † écrasé au printemps de 1816, III, 98.

Decourneau, président temporaire de la commission des Sables-d'Olonne, I, 294.

Ducret (Geneviève), ursuline, V, 165.

Dufour, lieut. de Turreau, I, 271.

Dufrenois, adjudant, IV, 118.

Dufresse, général de l'armée révol. du Nord, IV, 122, 125, 168; V, 53, 59.

Dugommier, général, I, 13; II, 365, 366-368; III, 51, 67; V, 218.

Dugué (Jacques), paysan; son interrogatoire, I, 382.

Duguê d'Assé (Jacques-Claude), 17 mai 1749; admin. et juge; dép. de l'Orne; des Cinq-Cents, V, 240.

Duhautpas, juré d'Arras, V, 145.

Duhem (Pierre-Joseph), 1760, à Lille, médecin; dép. du Nord à la Lég. et à la Conv.; régicide; en mission dans le Nord; décrété d'arrestation en germinal, d'accusation en prairial; amnistié; médecin en chef à Mayence; y meurt en octobre 1807, IV, 30, 76, 77, 93, 121; V, 53, 182, 183, 185, 187, 217.

DUMAS (Alexandre), né en 1752, général, † 1806, II, 337; III, 36; IV, 121.

DUMAS, président du trib. révol. de Paris, IV, 151; V, 176.

DUMAZ (Jacques-Marie), avril 1762, à Chambéry, avocat; député du Mont-Blanc, en mission dans le Mont-Blanc avec Simond, III, 56, 96.

DUMERBION, général de l'armée d'Italie, III, 31, 47, 55, 115.

DUMONT (André), 1764, près d'Abbeville; dép. de la Somme; régicide; en mission dans la Somme, etc.; des Cinq-Cents; après le 18 brumaire sous-préfet d'Abbeville, et aux Cent-Jours, préfet du Pas-de-Calais; exilé en 1816; † 19 octobre 1836, I, 32; III, 385, 387-391, 399, 416; IV, 363; V, 80, 181, 190, 210, 213, 217, 225, 226, 229, 321.

DUMOURIEZ (Charles-François), 25 janvier 1739, à Cambrai; général; † 14 mars 1823, IV, 3, 6, 9, 14, 16, 19, 21, 23, 26, 27, 28, 32, 35, 37, 43, 48, 57, 61, 64, 66, 69, 71, 73, 401, 417, 419; V, 52.

DUNKERQUE, mise en défense, IV, 80; vues des Anglais, 138; siège repris et levé, 139, 141.

DUPIN (André), ex-employé dans les fermes; dép. de l'Aisne; décrété d'arrestation, 23 thermidor an III, V, 322.

DUPLESSIS GRENÉDAN, cap. de vaisseau, II, 10.

DUPONT, général, IV, 142, 162.

DUPORT (Bernard-Jean-Maurice), août 1762, à Faverges, avocat; dép. du Mont-Blanc; en mission à Rouen; des Cinq-Cents, puis en mission en Italie, V, 304.

DUPORTAIL, agent du représentant Duboucher, I, 64.

DUQUESNOY (Ernest-Dominique-François-Joseph), 1748; ancien moine; dép. du Pas-de-Calais à la Lég. et à la Conv., en mission aux armées du Nord, des Ardennes et de la Moselle; une des victimes du 1er prairial; † 17 juin 1795, I, 84, 87, 229; IV, 19, 76, 77, 93, 106, 122, 132, 143, 145, 148, 149, 150, 161, 173, 213, 231, 233, 245, 268, 431, 432; V, 30, 66, 91, 150, 206, 210, 212, 217, 232, 234, 251, 255, 266, 269, 358.

DUQUESNOY (le général), I, 225, 271; IV, 166.

DURAND (maire de Montpellier), II, 427.

DURAND (prêtre), II, 328.

DURAND DE MAILLANE (Pierre-Toussaint), 1729, à St-Remy en Provence, homme de loi; dép. d'Arles à la Const. et des Bouches-du-Rhône à la Conv.; en mission dans le Midi après le 9 thermidor; des Anciens, juge à la cour d'appel d'Aix, après le 18 brumaire; † 1814, III, 66; V, 229, 236.

DURAND DE RAMEFORT, prêtre, son interrogatoire, II, 287.

DURCKHEIM, IV, 292, 436.

DURÈGE, patriote des Ardennes, V, 352.

DUREFORT DE CIVRAC (Mme), II, 168.

DUROY ou DE ROY (Jean-Michel), juge à Bernay; suppléant à la Lég.; dép. à la Conv.; régicide; en mission dans l'Eure et le Calvados; l'une des victimes du 1er prairial, † 17 juin 1795, I, 93, 96; II, 84, 88; III, 367; IV, 93, 163, 236, 423; V, 198, 202, 206, 209, 210, 212, 217, 232, 234, 250, 258, 269.

DUSAULX, dép. de Paris; des Anciens, V, 215.

DUSIRAT, lieutenant de Turreau, I, 240.

DUTARD, agent du ministre de l'Intérieur, I, 294.

DUTRUY, général, I, 139, 232, 280, 451.

DUVAL (Charles), juge au tribunal de Vitré; dép. d'Ille-et-Vilaine; régicide, IV, 332.

DUVAL, général, IV, 21.

DUVIGNEAU, un des proscrits de Bordeaux, II, 286.

E

EDELMANN, de Strasbourg, IV, 304, 315, 323, 324, 380.

EDOUARD, député de la Côte-d'Or, V, 208.

EHRMANN (Jean-François), 1797, juge à Strasbourg; dép. du Bas-Rhin; en mission près les armées du Rhin et de la Moselle; des Cinq-Cents; juge à la cour d'appel de Colmar après le 18 brumaire jusqu'à la Restauration, IV, 151, 158, 181, 323, 326, 332, 345, 433, 434; V, 26.

v. — 25

ELBÉE (GIGOT D'), 1752, à Dresde, général vendéen; fusillé à Noirmoutiers, 8 janvier 1794, I, 3, 10, 290.
ÉLECTEUR PALATIN, IV, 50.
ÉLIE LACOSTE. Voy. LACOSTE.
ÉLYSÉE (frère), III, 284.
ENJUBAULT-LAROCHE (René-Urbain-Pierre-Charles-Félix), I, 365, V, 229.
ENJUBAULT (René-Pierre), fils du précédent; procureur général syndic de la Mayenne, I, 356.
ENLART (Nicolas-François-Marie), 1760, à Montreuil; président du district de Montreuil; dép. du Pas-de-Calais; président du tribunal civil de Montreuil en 1800; de la Chambre des représentants en 1815, V, 359.
ENQUÊTE sur les représentants en mission, V, 359 et suiv.
ENTERREMENTS CIVILS, I, 30; II, 295; V, 229.
ENTRAMES (bataille d'), I, 10, 173, 464.
ÉPINAL (société populaire d'), V, 3.
ÈRE RÉPUBLICAINE, IV, 17.
ERNOUF, général, IV, 207, 283.
ESCALÉS (Pierre D'), V, 325.
ESCUDIER (Jean-François), 1760; juge de paix à Toulon en 1792; dép. du Var; régicide; en mission dans les Bouches-du-Rhône et le Var; opposé à Robespierre et à la réaction qui suivit; exilé en 1816; rappelé en 1818, † 1819; III, 38; V, 230.
ESNUE-LAVALLÉE (François-Joachim), dép. de la Mayenne à la Lég. et à la Conv.; régicide; en mission dans les dép. de l'Ouest; arrêté en prairial; amnistié, I, 96, 187, 213, 359, 366, 369; II, 16; V, 228, 230.
ESPAGNAC (l'abbé D'), V, 38.
ESPAGNE (relations avec l'), II, 344.
ESPERT (Jean), 1759, dép. de l'Ariège; régicide; en mission à l'armée des Pyrénées-Orientales; commissaire du Directoire dans l'Ariège, II, 353, 384.
ÉTANG (baron DE L'), dans la Creuse, II, 161.
EURE, missions; II, 84; tribunal criminel, 85.
EURE-ET-LOIR, missions, III, 381; tribunal criminel, 393.
EXACTIONS et excès, V, 27, 121.

F

FABRE (Claude-Dominique-Côme), dép. de l'Hérault; régicide; en mission à l'armée des Pyrénées-Orientales; tué à l'ennemi (vers le 1er nivôse, 21 décembre 1793), II, 343, 353, 363, 364, 426, 428, 435; III, 20.
FABRE D'ÉGLANTINE (Philippe-François-Nazaire), 1755, à Carcassonne, poète et auteur de comédies; dép. de Paris; régicide; condamné avec Danton, 5 avril 1794, IV, 33.
FABVÉ, prés. du trib. criminel de Nancy, V, 12, 16, 18, 19.
FALLOUX (Michel-Laurent), I, 318.
FAMARS (camp de), IV, 3, 96, 97.
FAURE (Balthasar), 1746, à Yssingeaux; prés. du trib. d'Yssingeaux; dép. de la Haute-Loire; régicide; en mission dans la Haute-Loire, le Cantal, la Meurthe, la Moselle et les Vosges; dép. aux assemblées législatives suivantes jusqu'en 1803; puis greffier de la justice de paix de Toul, du tribunal de 1re instance de Saint-Jean-de-Cosne (Côte-d'Or), où il mourut avant 1820, I, 83, 84; III, 216, 217; V, 3, 4, 23, 345-347.
FAURÈS, gendarme, I, 274.
FAUVETY, prés. de la commission d'Orange, III, 182, 183, 187; V, 296, 298.
FAUVRE-LABRUNERIE (Charles-Benoît), 1751; dép. du Cher; régicide; en mission dans le Cher et l'Allier; des Cinq-Cents, III, 289; V, 252.
FAVART, général, IV, 110, 122, 120.
FAYAU (Joseph-Pierre-Marie), admin. et dép. de la Vendée; régicide; en mission dans l'Ariège et les Pyrénées-Orientales; montagnard violent; décrété d'arrestation en prairial; amnistié en brumaire, I, 157, 158, 169, 244; II, 346, 384; V, 247.
FÉDÉRALISME, I, 4.
FÉLIX, prés. d'une commission militaire à Angers, I, 292, 311, 317-323, 325, 331.
FÉRAUD (Jean), vers 1764; dép. des Hautes-Pyrénées; régicide; en mission près les armées du Nord et des Pyrénées-Orientales et après le 9 therm. à l'armée du Rhin; assassiné dans la Conv. le 1er prairial an III (20 mai 1795), II, 191, 345, 319, 406; V, 197, 216, 224.

Fermon. Voy. Defermon.
Ferney, juge à Lyon, III, 135; V, 297.
Ferniq (les demoiselles), de Mortagne (Nord), servant avec leurs frères dans l'armée de Dumouriez, IV, 23.
Ferrand (Jean-Henri Bécays), 1736, à Montflanquin (Agénois), général; défenseur de Valenciennes; + 1805, IV, 96; V, 428-430.
Ferrand (Jacques), général, 1746, à Ormoy (Franche-Comté); + 30 novembre 1804; IV, 208, 224, 240, 290; V, 86.
Ferrier, général, IV, 153, 154.
Fleury (Claude-Joseph), 1756, professeur de mathématiques à l'école du génie de Mézières; dép. des Ardennes; régicide; en mission en Corse, etc.; après la Conv., professeur à l'école du génie à Metz; examinateur à l'École polytechnique jusqu'en 1811; refuse de signer l'acte additionnel en 1815; + 1er mai 1815, IV, 56, 62, 93, 425.
Finsch, juge au trib. révol. de Strasbourg, IV, 366.
Finistère, missions, II, 36 et suiv.; trib. criminel, 39; trib. révol., 40. Voy. Brest.
Flers (de), général, II, 316, 352, 353.
Fleurus (bataille de), IV, 247, 248.
Flixiaux fils, admin. du Nord, V, 74.
Florent-Guiot. Voy. Guiot.
Fontenay (comité de surveillance révol. de), I, 263; Société des Amis, etc., 273; commission militaire, I, 276, 283, 291, 295.
Forestier (Pierre-Jacques), 1739, à Vichy, avocat; procureur syndic du district de Cusset; dép. de l'Allier; régicide; en mission dans le Cher, l'Allier et la Nièvre; compromis au 1er prairial; condamné à la réclusion; amnistié; exilé en 1816; + 1823, III, 289; V, 205, 230, 232, 234, 252, 267, 269.
Forsanz (Émilie de), II, 65.
Fortet, capitaine, II, 396.
Fouché (Joseph), né (d'après M. Kuscinski, cité par M. Aulard) au Pellerin (Loire-Inférieure), 19 septembre 1754, de l'Oratoire; principal du collège de Nantes; dép. de la Loire-Infér., régicide; en mission dans la Loire-Inférieure et la Mayenne, la Nièvre et à Lyon; hostile à Robespierre au 9 thermidor; décrété d'accusation, le 22 thermidor an III; amnistié. On sait son rôle sous le Directoire, le Consulat, l'Empire et la Restauration; + à Trieste, le 25 décembre 1820, I, 29, 30, 346; II, 5, 7; III, 64, 108, 110, 121, 133, 149, 151, 166, 291, 297, 307, 312, 316, 347, 424, 434; V, 305, 325, 329.

Fouquet, agent de Carrier, I, 110.
Fouquier-Tinville, accus. public du trib. révol. de Paris, III, 31, 78, 330; IV, 366; V, 176, 180, 369, 394.
Fougade, agent du min. des Affaires étrangères, III, 380.
Fourcroy (Antoine-François), à Paris, 15 juin 1755; dép. suppléant de Paris, puis titul. à la Conv.; des Anciens; directeur général de l'Instruction sous le Consulat; comte de l'Empire; + 16 décembre 1809, I, 84.
Fourgier (Antoine), 30 juin 1754, à Charly; dép. de Rhône-et-Loire; messager d'État aux Cinq-Cents, V, 184.
Foussedoire (André), adm. et dép. de Loir-et-Cher; régicide; en mission dans le Haut-Rhin; arrêté en germinal, mis en accusation; amnistié, IV, 372, 398, 450; V, 5, 184, 187, 217.
Francastel (Marie-Pierre-Adrien), adm. du district d'Évreux; dép. de l'Eure, mais seulement après le procès du roi; en mission dans l'Ouest; dénoncé en thermidor an III sans résultat; chef de bureau du min. de l'Intérieur; directeur de la ménagerie à Versailles en 1806, I, 169, 170, 177, 195, 208, 233, 237-242, 276, 286, 296, 308, 312, 316, 347, 321, 427; V, 326, 328.
Francfort (occupation et perte de), IV, 32, 44, 48.
Frecine (Augustin-Lucie), décembre 1751, près. du district de Saint-Aignan (Loir-et-Cher); dép. de Loir-et-Cher, régicide; en mission dans le Nord et en Belgique après le 9 thermidor; après la Conv. commissaire du Directoire exécutif, V, 316.
Fremanger (Jacques), ancien huissier à Senonches; procureur du district de Dreux; dép. d'Eure-et-Loir; régicide; après la Conv., messager d'État aux Anciens, puis au Corps législatif; mort dans ces fonctions en 1807, I, 99; II, 104.
Fréron (Louis-Stanislas), 1755, à Paris, fils de l'homme de lettres, et filleul

du roi de Pologne; membre de la commune du 10 août; dép. de Paris, régicide; en mission dans les Hautes et Basses-Alpes, Alpes-Maritimes, Var, Bouches-du-Rhône, et armée d'Italie; l'un des plus fougueux thermidoriens; après le 18 brumaire, accompagna le général Leclerc dans l'expéd. de Saint-Domingue, où il mourut en 1802, III, 11, 25, 27, 33, 44, 46, 47, 52, 53, 61, 63, 68, 71, 76, 77, 86, 88, 407; V, 183, 211, 220, 236.

FURNES (pillage de), IV, 106-108.

## G

GACHET, maire de Troyes, III, 352.
GADOLLE, agent du min. des Affaires étrangères, IV, 10, 82, 432.
GALLON (Gilbert), son interrogatoire, I, 257.
GAMBON, agent des représentants du peuple dans le Cher, III, 431.
GAMON (François-Joseph), 6 avril 1767, homme de loi; dép. de l'Ardèche; du Comité de salut public après thermidor, V, 234.
GARAT (Dominique-Joseph), 8 septembre 1749, à Ustaritz, prof. d'histoire au lycée; dép. du bailliage de Labour à la Const.; ministre de l'Intérieur en 1793; sénateur et comte sous l'Empire, † 9 décembre 1833, II, 426; III, 6; V, 343.
GARD, missions, II, 426, trib. révolut., 452, 468.
GARNERIN, agent du Comité de salut public, I, 64, 66, 97; IV, 85, 112, 385-387, 432-435.
GARNIER de l'Aube (Antoine-Marie-Charles), 7 septembre 1742, avocat; procureur de la commune de Troyes, régicide; en mission dans l'Aube et l'Yonne; après la Conv. commissaire du Directoire exécutif, près l'admin. départementale de l'Aube; † vers 1812, III, 236, 310, 347.
GARNIER (Antoine-Claude-Xavier), 1748, dép. de la Meuse, V, 301.
GARNIER (Jacques), dit de Saintes, 30 mars 1755 à Saintes, avocat; procureur général syndic; dép. de la Charente-Inférieure; régicide; en mission près l'armée des Côtes de la Rochelle, dans la Manche, la Charente-Infér., la Gironde; des Cinq-Cents; près. du trib. criminel de Saintes en 1806; dép. au Champ de Mai et à la Chambre des représentants en 1815; exilé en 1816; part pour l'Amérique et périt avec son fils, noyé dans l'Ohio, en 1820, I, 20, 13, 42, 121, 177, 178, 181, 197, 252, 287, 301, 312, 353, 359, 366, 374; II, 121, 274, 277, 282, 289; III, 301; V, 197, 233, 243, 293.

GARONNE (Haute-), missions, II, 294; tribunal criminel, 299 et suiv.
GARRAN DE COULON (Jean-Philippe), 1750, à Saint-Maixent; dép. de Paris à la Lég. et du Loiret à la Conv.; des Cinq-Cents; commissaire près le tribunal de cassation; membre de l'Institut, † 19 déc. 1815, V, 227.
GARRAU (Pierre-Anselme), 19 février 1762, à Ste-Foy-sur-Dordogne; dép. de la Gironde; régicide; en mission dans la Gironde et le Lot-et-Garonne et à l'armée des Pyrénées-Occidentales; en vendémiaire an IV, en mission à l'armée de Sambre-et-Meuse; puis aux armées des Alpes et d'Italie; des Cinq-Cents; proscrit d'abord au 18 brumaire, puis nommé sous-inspecteur aux revues par le 1er Consul, et inspecteur sous l'Empire; de la Chambre des représentants en 1815; exilé en 1816; rappelé en 1819, I, 21, 235, 237, 241, 243; II, 191, 312, 313, 319, 359, 370, 390; V, 209.
GASPARIN (Thomas-Augustin DE), 1750, à Orange, capitaine au régiment de Picardie; dép. des Bouches-du-Rhône à la Lég. et à la Conv.; régicide; en mission dans les Deux-Sèvres et la Vendée, à Marseille et à Toulon; † au cours de cette mission dans le dép. de Vaucluse, 11 novembre 1793, I, 148; III, 2, 38, 47; IV, 10, 62, 76, 77, 93, 98, 273.
GASTON (Raymond), 1756, dép. de l'Ariège à la Lég. et à la Conv.; régicide; en mission dans l'Ariège et les Pyrénées-Orientales; partisan de toutes les motions violentes; commissaire du Directoire, puis disparaît, II, 316, 363, 384; III, 99; V, 32, 208.
GATEAU, agent du Conseil exécutif, IV, 112, 123.

GATELIER, geôlier de Rennes, V, 210.
GATTEAU, jacobin de Strasbourg, IV, 351.
GAUDIN (Joseph-Marie-Jacques), 13 janvier 1751, aux Sables-d'Olonne, maire des Sables-d'Olonne; dép. de la Vendée à la Lég. et à la Conv.; en mission dans la Vendée et les Deux-Sèvres; après le 9 thermidor, dans le Midi; des Cinq-Cents, puis des Anciens; et après le 18 brumaire, du Corps législatif, I, 128.
GAUTHIER (Antoine-François), des Orcières, ou de l'Ain, 1753, à Bourg, dép. de Bourg à la Const. et de l'Ain à la Conv.; régicide; en mission à Lyon; des Anciens; après le 18 brumaire, juge au tribunal de 1re instance de Paris; banni en 1816, + vers 1824, III, 16, 18, 20, 34, 332.
GAUTIER (Jacques), ex-accusateur public, I, 324.
GAY-VERNON (Léonard), 6 novembre 1748, à Léonard-sur-Vienne, évêque constitutionnel et dép. de la Haute-Vienne, II, 151; IV, 143.
GEISBERG (combat du), IV, 199.
GÉNÉRAUX (quelques exemples de la manière d'agir à l'égard des), I, 455; III, 61; IV, 110.
GENEVOIS (Louis-Benoit), 1751, à La Mure, prés. du trib. de Grenoble; dép. de l'Isère; régicide; après le 9 therm., en mission dans la Meurthe et la Moselle; du conseil des Cinq-Cents et, sous l'Empire, du tribunal de cassation; exilé en 1816, V, 314, 318.
GENISSIEU (Jean-Joseph-Victor), 29 octobre 1749, à Chabriel (Drôme), avocat à Grenoble; dép. de l'Isère; régicide; des Cinq-Cents; ministre de la Justice pendant 3 mois sous le Directoire; substitut à la cour de Cassation; réélu aux Cinq-Cents, 1798; arrêté au 18 brumaire, puis nommé juge au tribunal d'appel de la Seine, + 1804, V, 216, 226, 300, 322, 325.
GENTIL (Michel), procureur syndic d'Orléans; dép. du Loiret à la Lég. et à la Conv.; des Cinq-Cents, IV, 120; V, 26.
GÉRARD, prêtre, I, 326.
GERS, mission, II, 350, 376; tribunal criminel, 401.
GERST, agent de Schneider, IV, 319.

GESTAS (Hubert), à Bordeaux, II, 225.
GILLES, intendant de la marquise de Monaldy, V, 129.
GILLET (Pierre-Mathurin), 28 juin 1762, à Broons (Côtes-du-Nord), procureur syndic de Vannes; dép. du Morbihan; en mission en Vendée, aux armées de la Moselle et de Sambre-et-Meuse; il y mourut en 1795, I, 25, 132, 433; II, 8, 17; IV, 225, 231, 233, 247, 249-254, 261, 264, 267, 275, 282, 284; V, 223.
GIRARD (Antoine-Marie-Anne), 1 décembre 1752, propriétaire; dép. de l'Aude à la Conv.; régicide; des Anciens, V, 247.
GIRARD, juge de la comm. militaire de Valenciennes, V, 160.
GIRAUD, accusateur public du trib. révol. de Marseille, III, 76, 78, 83, 84, 201.
GIROD DE POUZOL (Jean-Baptiste), 1753; dép. de Riom à la Const. et du Puy-de-Dôme à la Conv.; ex-président du tribunal d'Issoire; en mission dans le Gard et l'Hérault; du Conseil des Anciens, puis des Cinq-Cents; enfin du Corps législatif jusqu'en 1803, V, 310, 324.
GIRONDE, missions, II, 191, justice révol. Voy. BORDEAUX.
GIRONDINS (les), I, 4; II, 261, Voy. GENÈVE, etc.
GLASSIN, patriote de Nancy, V, 12.
GLEIZAL (Claude), 1763, à Génestelle, avocat; juge de paix; dép. de l'Ardèche; régicide; en mission dans l'Ardèche et la Lozère; après la Conv., secrétaire rédacteur des Cinq-Cents et du Corps législatif; exilé en 1816; rappelé en 1818; + 1833, II, 317, 330.
GOBEL, 17 septembre 1727, à Thann, évêque de Lydda; dép. d'Alsace à la Const., puis évêque de Paris; commissaire du Conseil exécutif à Porentruy; + sur l'échafaud, 13 avril 1794, I, 29; III, 239.
GODEFROY (Charles-François-Marie), 1755, à St-Thibaud, adm. de Breteuil; dép. de l'Oise; l'un des commissaires en Seine-et-Marne; + avant la fin de la session, III, 378, 379.
GOHIER, né à Samblançay, en 1746; dép. à la Législative; ministre de la Justice le 20 mars 1793; un des Directeurs; + 1830, I, 285.

Gouchon, président d'une commission militaire, I, 341.
Gouchon, agent du Conseil exécutif, IV, 69.
Gosseau, curé de St-Géry à Valenciennes, V, 359.
Gossuin (Constant-Joseph-César-Eugène), 12 mars 1758, à Avesnes, maire d'Avesnes depuis 1781; adm., dép. du Nord à la Lég. et à la Conv.; commissaire en Belgique lors du jugement de Louis XVI; des Cinq-Cents; plus tard admin. de l'enregistrement, admin. général des eaux et forêts, jusqu'en 1817; † 1827, IV, 15, 39, 62, 67, 70; V, 52, 221, 353.
Goudemand, greffier du juge de paix de Neuville, V, 137.
Gouget (l'abbé), à Angers, I, 327.
Gouget-Deslandes, agent du Conseil exécutif, IV, 64, 69.
Goujon (Jean-Marie-Claude-Alexandre), 13 avril 1766, à Bourg-en-Bresse; assiste à l'âge de 12 ans au combat d'Ouessant; admin., puis procureur gén. syndic de Seine-et-Oise; suppléant, puis dép. de Seine-et-Oise après la mort d'Hérault de Séchelles; en mission aux armées du Rhin et de la Moselle; une des victimes du 1er prairial, † 17 juin 1795, I, 97; IV, 280, 288, 393; V, 204, 211, 217, 232, 234, 251, 255, 259, 262, 269.
Goullart, juré d'Arras, V, 115.
Gouly (Benoît-Louis), 1760, à Bourg (Ain); dép. de l'Ile de France à la Conv.; en mission dans l'Ain, III, 241-246, 249, 259; V, 230.
Goupilleau de Fontenay (Jean-François-Marie), 25 juillet 1753, à Apremont-sur-Vie; secrét. du trib. crim.; dép. de la Vendée à la Lég. et à la Conv.; régicide; en mission dans Indre-et-Loire et Loir-et-Cher, en Vendée, dans le Var; exilé 1816-1818; † 1823, I, 120, 122, 128, 148, 150, 443; II, 119.
Goupilleau de Montaigu (Philippe-Charles-Aimé), 19 novembre 1749, notaire à Montaigu; procureur syndic du district; dép. de la Sénéchaussée de Poitou à la Const. et de la Vendée à la Conv.; régicide; en mission dans les Vosges et dans le Midi; après le 9 thermidor défend Collot, etc.; commissaire dans le dép. de Vaucluse; des Anciens; opposé au 18 brumaire; exclu du Corps législatif; † 1823, III, 178, 203; V, 207.

Gourdan (Claude-Christophe), 1744, à Champlitte; prés. du trib. de Champlitte; dép. de la Haute-Saône; régicide; des Cinq-Cents, puis des Anciens; † 1801, V, 315.

G[...] la Martinière, un des off[...] du général Turreau, I, 276, 290.
Grammont, adjudant général, I, 110.
Grand-Théâtre, à Bordeaux, II, 211 et 227.
Granet (François-Omer), vers 1750; admin., député des Bouches-du-Rhône à la Lég. et à la Conv.; régicide; décrété d'accusation en germinal; amnistié; maire de Marseille sous l'Empire; représentant en 1815; † 1821, V, 187, 217.
Grangeneuve (Jacques-Antoine), vers 1760, à Bordeaux; dép. de la Gironde à la Lég. et à la Conv., proscrit avec les Girondins; fugitif; arrêté et condamné à mort à Bordeaux, 1er nivôse, 21 décembre 1793, II, 220; IV, 8.
Granville (siège de), I, 10, 186, 379, 462; commission militaire, I, 384 et suiv.; 387, 393 et suiv.
Gratien, général, IV, 119.
Grave (de), ministre de la Guerre, IV, 1.
Gravelois, huissier dans la Creuse, II, 161.
Gray (suspects de), I, 103, 101.
Grégoire (Henri), 4 décembre 1750, à Vého, près de Lunéville, curé d'Embermesnil; dép. du clergé de Nancy à la Const.; évêque constitutionnel de Blois; dép. de Loir-et-Cher à la Conv.; en mission à Chambéry lors du procès de Louis XVI, puis dans les Alpes-Maritimes; des Cinq-Cents; du Corps législatif sous le consulat; sénateur en décembre 1801; exclu de l'Institut, interdit de la Chambre des députés sous la Restauration, 1819, † 1831, III, 5, 257; V, 226.
Grenoble (le fédéralisme à), III, 17-19; missions avant et après le 31 mai, III, 104.
Grignon, lieutenant du général Turreau, I, 232, 265, 270.
Grimoard (le comte de), I, 300.
Grouchy, général, I, 162, 437.

GUADET (Marguerite-Élie), avocat; dép. de la Gironde à la Lég. et à la Conv.; régicide; proscrit le 31 mai; fugitif; arrêté à St-Émilion, condamné et exécuté à Bordeaux 19 juin 1794, II, 261-266; IV, 41.

GUADET (père); son interrogatoire, II, 499.

GUADET (famille), II, 277.

GUEDON-DESACRES (Marie-Jeanne); son interrogatoire, II, 107.

GUÉNIN, préposé aux subsistances, V, 55.

GUÉRANDE (commission militaire de), I, 283.

GUÉRIN des Marchais (Pierre), 1759, homme de loi à Gien, dép. du Loiret; après le 9 thermidor, en mission dans le Midi; des Cinq-Cents; du Corps législatif jusqu'en 1807, V, 309.

GUERMEUR (Jacques-Tanguy-Marie), 21 avril 1750, à Quimper; comm. national du trib. de Quimper; dép. du Finistère; régicide; en mission dans le Finistère et le Morbihan; des Anciens; † 1798, I, 23; II, 5, 8, 10, 25.

GUESDON, lieutenant de Turreau, I, 271.

GUEZNO (Mathieu), 1764, marchand à Brest; dép. du Finistère; régicide; en mission dans la Seine-Infér.; des Cinq-Cents; du Corps législatif jusqu'en 1805, I, 91.

GUFFROY (Armand-Joseph), 1740, à Arras, avocat; procureur du district; régicide; en mission dans l'Aude et la Garonne; auteur du *Rougyff*; non réélu aux assemblées suivantes; chef adjoint au ministère de la Justice jusqu'à sa mort en 1800, V, 63, 66, 110, 134, 136, 148, 290, 359.

GUILLAUME, général, I, 277.

GUILLEMARDET (Ferdinand-Pierre-Marie-Dorothée), 1765, à Conches; médecin à Autun; dép. de Saône-et-Loire, régicide; en mission dans les dép. de Seine-et-Marne, Yonne, Nièvre; des Cinq-Cents; un des promoteurs du 18 fructidor; ambassadeur en Espagne sous le Directoire; préfet de la Charente-Inférieure, puis de l'Allier, où il mourut en 1808, frappé d'aliénation mentale, I, 41.

GUILLOT DE FOLLEVILLE (se disant évêque d'Agra), I, 318.

GUILLOTINE (Compte rendu de très haute, très puissante et très expéditive dame), Paris et Lyon, III, 149; personnifiée, 311.

GUILLOTINÉS, sans jugement, à Nantes, I, 123, 124.

GUIMBERTEAU (Jean), 1744; juge au tribunal d'Angoulême; dép. de la Charente à la Lég. et à la Conv.; en mission dans les Deux Charentes, à Orléans, à Blois, à Tours; des Cinq-Cents; juge à Angoulême; exilé en 1816, II, 120, 123, 165.

GUYOT de St-Florent, dit *Florent Guiot*, 1755, à Semur, juge du tribunal de cette ville; député de l'Auxois à la Const. et de la Côte-d'Or à la Conv., régicide; en mission dans le Pas-de-Calais et le Nord; des Anciens jusqu'en 1797; envoyé dans le pays des Grisons, puis à La Haye; ensuite du Conseil des Cinq-Cents et du Corps législatif; exilé en 1816, rappelé en 1819; † 1834, IV, 163, 243, 253-255; IV, 212, 282; V, 59, 61, 62, 66, 75, 98, 258.

GUYARDIN (Louis), 1758, vicaire épiscopal, dép. de Langres à la Const. et de la Haute-Marne à la Conv.; régicide; ex-procureur de la commune de Langres; missions diverses à l'intérieur et aux armées; après le 18 brumaire, prés. du trib. criminel de la Haute-Marne, puis juge d'appel à Dijon; exilé en 1816; † en Suisse quelques mois après, I, 31, 34, 82; II, 338; III, 224, 425; IV, 153, 158, 160, 313, 318, 325, 330, 361, 433, 442; V, 2, 3, 26, 210.

GUYTON-MORVEAU (Louis-Bernard), 4 janvier 1737, à Dijon, chimiste; procureur syndic à Dijon; dép. de la Côte-d'Or à la Lég. et à la Conv.; régicide; commissaire aux armées de Sambre-et-Meuse et du Nord; du conseil des Cinq-Cents; un des fondateurs et professeur de l'École polytechnique; membre de l'Institut; † à Paris, 2 janvier 1816, IV, 211, 216, 261, 264, 269, 272, 274.

## H

HALLUIN, accusateur public de la commission *Proust* à Angers, I, 313.

HAMARD, secrétaire du dép. de la Sarthe, I, 336.

HANRIOT, général de la milice parisienne, I, 128.
HARDI ou LE HARDI (Antoine-François), médecin à Rouen; dép. de la Seine-Inférieure; des Cinq-Cents et du Corps législatif jusqu'en 1803; directeur des droits réunis; redevient médecin, V, 195, 218, 315.
HARDY, agent de Bouchotte, II, 359-363.
HABEMBURE (D'), général, I, 127.
HARISPE, général, II, 369.
HARMAND (Jean-Baptiste), 1753, à Souilly (Meuse), séminariste, étudiant en droit, soldat dans les Indes, avocat, juge de paix; député de la Meuse; après thermidor, du Comité de sûreté générale; des Anciens, puis des Cinq-Cents; favorable au 18 brumaire; préfet du Rhin pour peu de temps; tombé dans la misère; † 24 février 1816, II, 167, 170; IV, 154, 327.
HARVILLE (D'), général, IV, 6.
HASSENFRATZ, membre de la commune de Paris, V, 228.
HAUSSMANN (Nicolas), 8 sept. 1760, à Colmar, négociant à Versailles; dép. de Seine-et-Oise à la Lég. et à la Conv.; en mission à l'armée du Rhin, plus tard dans l'admin. des vivres jusqu'en 1808; † 1816, IV, 16, 52, 93, 103, 425; V, 263.
HAUTPOUL (D'), chef d'escadron, IV, 213.
HAXO, général, I, 176, 218, 231, 232, 429.
HAYE DES BONS HOMMES, à Angers. Voy. CHAMP DES MARTYRS.
HÉBERT (le Père Duchesne), I, 130.
HÉDOUVILLE (D'), général, IV, 183, 185, 296.
HENTZ (Nicolas), vers 1750, à Sierck; juge de paix; député de la Moselle; régicide; en mission aux armées de l'Ouest, du Nord, des Ardennes, et du Rhin; décrété d'arrestation en germinal; amnistié; plus tard directeur de l'enregistrement et des domaines dans le dép. du Nord; exilé en 1816, va en Amérique; † vers 1824, I, 97, 166, 211-213, 276, 286, 287, 407; III, 286; IV, 62, 81, 93, 122, 144, 145, 155, 174, 184, 185, 207, 236, 275, 277, 280, 283, 286, 287, 389, 393, 427, 431, 455; V, 25, 37, 39, 60, 61, 186, 231, 324, 329.
HÉRACLT, missions, II, 426; tribunal criminel, 433-438.

HÉRAULT DE SÉCHELLES (Marie-Jean), 1760, à Paris, avocat du roi au Châtelet, avocat général au Parlement; dép. de Paris à la Lég. et du dép. de Seine-et-Oise à la Conv.; en mission dans le Mont-Blanc, puis dans le Haut-Rhin; du Comité de salut public; condamné avec Danton et Camille Desmoulins; † 5 avril 1794, III, 5, 7, 8, 13; IV, 357-361; IV, 363, 367, 417.
HERBIERS (LES), incendiés, I, 270.
HERING fils, dénonciateur, IV, 388.
HERMAN, prés. du trib. criminel du Pas-de-Calais, puis du trib. révol. de Paris, III, 83; V, 87.
HÉRON, agent du Comité de sûreté générale, V, 228.
HERPIN, procureur à Arras, V, 137.
HESSE (Charles-Constantin, ex-prince de), au service de la France en 1768, lieutenant général, 22 mai 1792; † 1816, II, 112; III, 3; IV, 19, 371.
HESSE-PHILIPSTADT (prince de), IV, 265.
HIDOUX, juré d'Arras, V, 144.
HOCHE (Lazare), général, né à Versailles, le 25 juin 1768; † 18 septembre 1797, I, 8; III, 51, 53; IV, 57 et suiv., 138, 162, 175, 182, 183, 185, 186, 189, 194-197, 201-205, 209, 211, 216, 219, 220, 237, 247, 295, 355, 436; V, 80, 356.
HOHENLOHE, général allemand, IV, 33, 112-114.
HOLLANDE (traité avec la), V, 222, 316.
HONDSCHOOTE (bataille de), IV, 144, 145.
HOOGLEDEN (combat de), près d'Ypres, IV, 241.
HOUCHARD (Jean-Nicolas), général, né en 1740 à Forbach; † sur l'échafaud, 17 novembre 1793, I, 5, 7; IV, 102, 104, 122, 130-133, 138-145, 150, 154, 294, 417.
HUCHET, général, I, 262, 276, 476.
HUGO, capitaine (plus tard général), I, 435.
HUGO, seigneur de Spitzemberg, égorgé à Saint-Dié, V, 2.
HUGUENIN, agent du Conseil exécutif, IV, 84, 85.
HUGUES, accusateur public de Brest, II, 12.
HUGUET (Marc-Antoine), 1757, à Moissac, évêque de la Creuse; dép. de la Creuse à la Lég. et à la Conv.; régicide; décrété d'arrestation en germinal et d'accusation en prairial; amnistié; impliqué dans la

conspiration du camp de Grenelle et fusillé le 6 octobre 1796, V, 182, 184, 217, 328.
HUMEAU (Claude), juge de paix, I, 314.
HUY (prise d'), IV, 283.

## I

ICHON (Pierre), 1757, supérieur de la maison de l'Oratoire à Condom; dép. du Gers à la Lég. et à la Conv.; régicide; en mission dans la Gironde, les Landes, le Gers, le Loiret; sous l'Empire, inspecteur de la loterie à Senlis; exilé en 1816; rentré après 1830; † à Thouars, 5 janvier 1839, II, 373.

ILLE-ET-VILAINE, missions, II, 13; trib. criminel, 15.

INDRE, missions, II, 128; trib. criminel, ibid.

INDRE-ET-LOIRE, missions, II, 122; trib. crimin. 123.

INGRAND (François-Pierre), 9 novembre 1756, à Usseau, avocat; député de la Vienne à la Lég. et à la Conv.; régicide; en mission dans la Vienne et la Vendée; des Cinq-Cents; inspecteur des forêts à Beauvais, puis à Château-Thierry, exilé 1816-1830; † 23 juillet 1831, I, 38, 55; II, 128, 142-147, 160; V, 324.

INGRANDE (comm. militaire d'), I, 283.

ISABEAU. Voy. YSABEAU.

ISÈRE, missions, III, 17, 94; trib. criminel, 96, 120.

ISNARD (Maximin), le 16 février 1758, à Grasse, négociant, dép. du Var à la Lég. et à la Conv.; régicide; en mission à Bayonne; proscrit avec les Girondins; rentré après thermidor; en mission dans les Bouches-du-Rhône; des Cinq-Cents jusqu'en 1797; échappe à l'exil en 1816; † à Grasse en 1830; III, 76, 235; IV, 12.

ISORÉ (Jacques), 1758, à Cauvigny, cultivateur;dép.de l'Oise;régicide; en mission dans les dép. de l'Oise, Seine-et-Oise, Seine-et-Marne, Eure-et-Loir, Aisne, et près l'armée du Nord; après le 9 thermidor, chargé de l'approvisionnement de Paris; commissaire central dans l'Oise jusqu'au 18 brumaire, III, 373, 382, 384; IV, 163-166; V, 57, 60, 75.

ITALIE (armée d'), III, 6, 49, 56, 58, 59.

## J

JACOT (Grégoire-Marie), 1751, juge de paix à Nantua; dép. de l'Ain à la Lég. et à la Conv.; absent au jugement de Louis XVI; en mission en Savoie et dans les Alpes-Maritimes; décrété d'accusation et amnistié; † dans la retraite; III, 5, 257; V, 236.

JARD-PANVILLIER (Louis-Alexandre), 1755, à Niort, médecin; procureur gén. syndic; dép. des Deux-Sèvres à la Lég. et à la Conv.; en mission dans les dép. de l'Ouest; des Cinq-Cents; partisan du 18 brumaire; du tribunat; président de la Cour des Comptes; adhère au retour des Bourbons; député aux Chambres de 1815 et de 1817, I, 120, 122, 204.

JAVOGUES (Claude), 1759, à Bellegarde (Loire); admin. de Montbrison; dép. de Rhône-et-Loire; régicide; en mission à Lyon et dans les départements voisins; frappé en prairial; amnistié; impliqué dans la conspiration du camp de Grenelle; fusillé le 6 octobre 1796, I, 37, 44; III, 33, 37, 120, 151, 210, 211, 332-336, 410; V, 189, 240, 328.

JEANBON (André), dit JEAN-BON SAINT-ANDRÉ, 1749, à Montauban; marin d'abord, puis min. de la religion réformée; dép. du Lot; régicide; en mission dans la Dordogne et le Lot, aux armées du Nord, des Ardennes, de la Moselle et du Rhin, puis dans les dép. de l'Ouest, et notamment à Brest, plus tard à Toulon et à Marseille; frappé en prairial; amnistié, envoyé comme consul à Alger sous le Directoire, puis chargé d'organiser les quatre dép. du Rhin et préfet de Mayence; † 1813; I, 177, 183, 188, 190; II, 12, 37, 39, 42, 46, 52, 173, 308; III, 375; IV, 152; V, 236.

JÉSU (compagnie de), ou de Jésus ou du Soleil, V, 307.

JEMMAPES (bataille de), IV, 28; département, 70.

JORA, général, I, 268.

JOINTE (la), commission exécutive autrichienne à Valenciennes, V, 152, 362

JOINVILLE (commune de), I, 95.

JOUANNE, homme de loi, V, 137.

JOUMESSE, juge de la comm. milit. de Valenciennes, V, 160.

JOURDAIN, adm. de la Mayenne, I, 365.
JOURDAN (Jean-Baptiste), 29 avril 1762, général en chef, maréchal de France; + 23 novembre 1833, IV, 145, 146, 162-165, 170-173, 207, 208, 217-220, 223, 227, 230, 233-236, 239, 240, 246, 248, 251, 259, 262-265, 270, 274, 291.
JOURDAN (Jacques), ex-prêtre, I, 351.
JOURDAN, rédacteur du *Moniteur*, V, 357, 363.
JOURNÉE du 20 juin 1792, IV, 6; du 10 août, I, 2; du 9 mars 1793, IV, 68; du 31 mai, I, 4, etc.; du 9 thermidor, II, 289, V, 150; du 12 germinal, V, 180; du 1ᵉʳ prairial et jours suivants, V, 208, 213.
JUGEMENTS par F à Angers, I, 328-332.
JULIEN (Jean), de Toulouse, admin. et dép. de la Haute-Garonne; régicide; en mission à Orléans; auteur du rapport sur les administrations rebelles; décrété d'arrestation et d'accusation à propos de l'affaire de la Compagnie des Indes, décret annulé après le 9 thermidor; passe en Italie après le 18 brumaire, avocat à Turin, II, 2; V, 3, 8, 9. Voy. *la Révolution du 31 mai et le Fédéralisme en 1793*.
JULLIEN (Marc-Antoine), dép. de la Drôme, II, 89.
JULLIEN (Marc-Antoine), dit *Jullien de Paris*, fils de Jullien de la Drôme, 10 mars 1775; + 4 novembre 1818; I, 432; II, 89, 90, 240 et suiv., 248 et suiv., 251 et suiv., 266, 277, 291, 292.
JUMEL, vicaire épiscopal, I, 40; II, 151.
JUNG, de Strasbourg, IV, 323, 366, 374, 380.
JURA (missions dans le), III, 233 et suiv.; tribunal criminel, 266.
JUSTICE RÉVOLUTIONNAIRE, compte général de ses victimes, V, 366.

## K

KAISERSLAUTERN, place forte, IV, 189, 205, 235, 276, 281, 437.
KELLERMANN (François-Christophe), 30 mai 1735, général, duc de Valmy, maréchal de France; + 12 septembre 1820, II, 5-8, 22-25; III, 20, 32-36, 408; IV, 2, 3, 13, 14, 17, 19, 21, 26, 32, 33, 54, 105, 411-414.
KERSAINT (Armand-Guy-Simon DE COET-NEMPREN, comte DE), 29 juillet 1742, à Paris; officier de marine; dép. de Paris à la Lég. et de Seine-et-Oise à la Conv.; démissionnaire après la condamnation du roi; condamné à mort par le trib. révol. de Paris, 4 décembre 1793, IV, 11.
KERVÉLÉGAN (Augustin-Bernard-François LEGOAZRE DE), 17 septembre 1748; dép. du Finistère à la Constit. et à la Conv.; décrété d'arrestation le 2 juin; s'évade; hors la loi; rappelé en l'an III; des Anciens, puis du Corps législatif; + 20 mars 1815, V, 207.
KILMAINE, général, IV, 104, 123, 133, 296.
KLÉBER (Jean-Baptiste), 1753, à Strasbourg, assassiné en Egypte le 14 juin 1800, I, 10, 11, 17, 160, 166, 168, 169, 170, 183, 188, 192, 200, 201, 339; IV, 233, 249, 262, 271.
KOCK (DE), banquier, IV, 59.
KRIEG, général, IV, 156.

## L

LA BOURDONNAYE (Anne-François-Auguste, comte DE), général, né à Guérande, 27 septembre 1747; à l'armée du Nord et aux côtes de l'Ouest; + à Dax en novembre 1793, II, 352; IV, 28, 29, 59, 131, 409.
LACASSAGNE, volontaire, II, 410, 412.
LACOMBE, président de la Commission militaire de Bordeaux, II, 196 et suiv., 288, 293-296.
LACOMBE ST-MICHEL (Pierre-Jean), 1772; chevalier de St-Louis; dép. du Tarn à la Lég. et à la Conv.; régicide; en mission en Corse, puis à l'armée du Nord; des Anciens; rentre dans l'armée; ambassadeur à Naples; général de brigade, de division, inspecteur général de l'artillerie, prend part aux guerres de l'Empire, + 1812, III, 2, 12-15; IV, 8, 10, 257, 258, 269, 273, 282.
LACOSTE (Élie), médecin à Montagnac; dép. de la Dordogne; régicide; en mission dans la Dordogne et le Lot, et à l'armée du Nord; membre du Comité de sûreté générale; thermidorien et frappé en prairial an III; amnistié en brumaire au IV; revient à la pratique de la médecine, + 1803,

II, 173, 308; III, 266; IV, 135, 141; V, 54, 59, 71.

LACOSTE (Jean-Baptiste), 1753, à Mauriac, avocat; juge de paix à Mauriac; dép. du Cantal; régicide; en mission dans les dép. de la Haute-Loire et du Cantal; aux armées du Rhin et de la Moselle, puis du Nord; accompagne l'armée en Hollande; décrété d'arrestation en prairial; préfet du dép. des Forêts sous le Consulat, de la Sarthe en 1815; banni en 1816; † en Hollande vers 1820, I, 65; III, 216, 217, 373, 398; IV, 153, 157-160, 176, 188, 191, 193, 196-199, 214, 223, 231, 238, 319, 326, 332, 355, 361, 366, 372, 383, 387, 395, 433; V, 15, 18, 20-23, 26, 27, 30, 159, 161, 211, 316, 317, 364.

LACROIX (Charles DE). Voy. DELACROIX.

LACROIX (Jean-François DE), ou DELACROIX, appelé *Lacroix d'Eure-et-Loir*, né en 1756, à Pont-Audemer; dép. d'Eure-et-Loir à la Lég. et à la Conv.; régicide; en mission avec Danton en Belgique; condamné avec lui le 16 germinal (5 avril 1794), II, 72, 73, 81, 87; IV, 11, 39, 43, 62, 67, 68, 415.

LACUÉE (Gérard-Jean), 4 novembre 1752, près d'Agen, général; ancien dép. de Lot-et-Garonne à la Lég.; après le 18 brumaire, ministre de la Guerre, gouverneur de l'École polytechnique, membre de l'Institut; sous l'Empire, conseiller d'État, ministre d'État, ministre de l'administration de la guerre; comte de Cessac; † 14 juin 1841; II, 294, 318, 344.

LAFAYE, prés. de la commission de Feurs, III, 120.

LAFAYETTE (Marie-Jean-Paul-Roch-Yves MOTIER, marquis DE), général, 6 septembre 1757; † 9 mai 1834, IV, 2, 3, 6, 9, 11, 12, 504.

LAFONT, juge militaire, III, 51.

LAGARDE, agent du représentant Taillefer, I, 56.

LAGASQUÉ, agent de Taillefer, I, 56.

LAGREVOLLE, homme de loi, député de la Haute-Loire à la Lég.; en mission dans les dép. de Haute-Loire et de Rhône-et-Loire, IV, 13.

LAHAYE-DESNOUELS, I, 309.

LAIGNELOT (Joseph-François), 1752, à Versailles, auteur dramatique; dép. de Paris; régicide; en mission à l'armée des Côtes; compromis en germinal et prairial; arrêté; amnistié; impliqué dans la conspiration de Babeuf; éloigné de toutes fonctions publiques sous l'Empire; n'est pas atteint par la loi d'exil; † 23 juillet 1829, I, 73, 75, 296, 370; II, 41, 476; V, 196, 230, 233, 234, 319, 326.

LAISNÉ, vicaire épiscopal du Pas-de-Calais, V, 118.

LAJARD (Pierre-Auguste DE), 20 avril 1757, à Montpellier, ministre de la Guerre; † 13 juin 1837, IV, 9.

LAKANAL (Joseph) 14 juillet 1762, à Serres (Ariège); chez les Pères de la doctrine chrétienne; docteur à l'université d'Angers; professeur de rhétorique à Bourges, de philosophie à Moulins; vicaire général; député de l'Ariège; régicide; commissaire en Seine-et-Marne et Oise, en Dordogne; du Comité d'instr. publique; des Cinq-Cents; commissaire du gouvernement près les départements réunis; contraire au 18 brumaire; destitué; censeur au lycée Bonaparte jusqu'en 1809, membre de l'Institut; exilé en 1816; voyage en Amérique; rentré en 1833; réélu à l'Acad. des sciences morales en 1834; † 1845, I, 32; II, 173; III, 375.

LALIGAND-MORILLON, agent du ministre des Affaires étrangères, II, 6.

LALLART (Catherine), sous-directrice de la prison de la Providence à Arras, V, 104.

LALLART de *Berlette*, à Arras, V, 107.

LALLIER, secrétaire greffier de la municipalité de Cambrai, V, 81.

LALOY (Pierre-Antoine), 1748, adm. et dép. de la Haute-Marne à la Lég. et à la Conv.; régicide; des Cinq-Cents, V, 258.

LALYSSE, lieutenant-colonel, V, 77.

LAMARCHE, général, IV, 86, 94, 131.

LAMARLIÈRE, général, IV, 27, 86, 88, 90, 104, 110, 111, 122, 124, 296; V, 53, 61.

LAMARQUE (François), 1753, à 1760; juge à Périgueux; dép. de la Dordogne à la Conv.; régicide; en mission dans la Meurthe et la Moselle et en Belgique; arrêté par Dumouriez; échangé; des Cinq-Cents; préfet du Tarn, 1801-1811; exilé en 1816, II, 342; IV, 10, 12, 73.

LAMBALLE (comm. militaire de), II, 10.
LAMBERTY, agent de Carrier, I, 410, 419.
LA MEILLERAYE (massacre de), I, 271.
LAMETH (Alex. DE), général, IV, 104.
LAMORLIÈRE, général, commandant l'armée du Rhin, IV, 7.
LAMOURETTE (Adrien), 1742, dans le Boulonnais; évêque constitutionnel de Lyon; dép. de Rhône-et-Loire à la Lég.; cond. à mort par le trib. révol. de Paris, 11 janvier 1794; IV, 7.
LANDAU, I, 8; IV, 200, 277, 278.
LANDES (fédéralisme dans les), II, 350; tribunal criminel, 401.
LANDRECIES, IV, 26, 270.
LANDREMONT, général, IV, 155, 160, 161, 175, 296.
LANJUINAIS (Jean-Denis), 1753, en Bretagne; profes. de droit public français; dép. de Rennes à la Const. et d'Ille-et-Vilaine à la Conv.; se soustrait à la proscription des Girondins; remplacé par Trehouart; rappelé; du conseil des Anciens; après le 18 brumaire, membre du Sénat, mars 1800; opposé au Consulat à vie et à l'Empire; comte de l'Empire; pair de France; † 13 janvier 1827, V, 233, 236, 260.
LANOT (Antoine-Joseph), accusateur public à Tulle; dép. de la Corrèze, régicide; accusé d'exactions en 1793; arrêté; amnistié, I, 40; II, 151-158; 308, 309; V, 320, 321.
LAPLANCHE (Jacques-Léonard GOYRE-), ancien bénédictin; dép. de la Nièvre; régicide; en mission dans le Cher et le Loiret, la Nièvre, le Calvados; décrété d'arrestation, 22 therm. an III; amnistié, I, 21, 26, 56, 177, 185, 190, 239, 379, 437; II, 19, 92 et suiv., 111-117, 480, 482; III, 289, 297-300, 307; V, 323.
LA PLANCHE DE RUILLE, ex-constituant, I, 318.
LA PORTE (Marie-François-Sébastien DE), 1757, avoué à Belfort; dép. du Haut-Rhin à la Lég. et à la Conv.; en mission à l'armée de Luckner; dans le Bas-Rhin, la Meurthe et la Moselle, à l'armée des Ardennes et à Lyon; des Cinq-Cents, I, 30; II, 21, 33, 56, 57, 99, 110, 121, 151, 165, 332, 410; IV, 8, 12, 81, 93, 119, 122, 303, 427; V, 25, 37, 195, 226.
LAPOYPE, général, III, 17, 88, 407.

LA REVELLIÈRE-LÉPEAUX (Louis-Marie DE), 23 août 1753, à Montaigu (Vendée); dép. d'Angers à la Const. et de Maine-et-Loire à la Conv.; régicide; démissionnaire et rappelé dans la Convention; des Anciens; membre du Directoire; s'efface après le 18 brumaire; † à Paris, 27 mars 1824, V, 218.
LA RIVIÈRE (Henri-Pierre-François-Joachim), dép. du Calvados à la Lég. et à la Conv.; de la commission des Douze; proscrit avec les Girondins; mis hors la loi; rappelé 18 ventôse an III (8 mars 1795); des Cinq-Cents; proscrit au 18 fructidor; avocat général à la Cour de cassation, 1811 et 1815; conseiller, 1818; refus de serment en 1830; † 3 novembre 1838, V, 215, 235, 315.
LA ROCHE-BERNARD (meurtres à), I, 201.
LA ROCHEJAQUELEIN (Henri DE), général vendéen, I, 3, 10, 11, 187, 199, 203, 228.
LA ROCHELLE (armée des côtes de), I, 115, 140; commission militaire, I, 295.
LA ROER (bataille de), IV, 294.
LA SALLE, ex-noble, II, 405.
LATASTE, président de la nouvelle commission militaire de Bordeaux, V, 294.
LATOUR D'AUVERGNE (Théophile-Malo CORRET DE), 23 novembre 1743, à Carhaix, capitaine de grenadiers; tué à Oberhausen (Bavière), 27 juin 1800, II, 346, 369.
LAUBADÈRE, général, IV, 270, 296.
LAUNAY DE CAUCOURT (comte DE), V, 108.
LAURENT (Claude-Hilaire), 1740, médecin à Strasbourg; dép. du Bas-Rhin; régicide; en mission à Porentruy, aux armées du Nord et de Sambre-et-Meuse; des Cinq-Cents; opposé au 18 brumaire; † 1811, IV, 93, 163, 170, 213, 226, 241, 266, 269, 272, 274, 301, 423, 426, 432; V, 55, 59, 67, 75, 81, 82, 91.
LAURENT, évêque de l'Allier, III, 297.
LAVAL (comité révol. de), I, 370.
LAVALETTE, général, IV, 83, 125, 143, 120; V, 12, 53, 61.
LAVALLÉE. Voy. ESNUE-LAVALLÉE.
LAVAU-GAYON, commissaire de Bordeaux, II, 197, 394.
LAVEAU, journaliste, IV, 300, 311, 313.
LAVIGNE, agent de Maignet, III, 80, 180.

LAVICOMTERIE (Louis-Charles DE), homme de lettres; dép. de Paris à la Conv.; régicide; du Comité de sûreté générale; décrété d'arrestation; amnistié, V, 236.

LAWŒSTINE (le marquis DE), V, 130.

LE BAS (Philippe-François-Joseph), 1765, à Frévent, avocat à St-Pol; dép. du Pas-de-Calais; régicide; du Comité de sûreté générale; en mission avec Duquesnoy, et surtout avec Saint-Just aux armées du Rhin, du Nord et de Sambre-et-Meuse; se tue le 9 thermidor, III, 385; IV, 132, 176, 179, 188, 191, 192, 197, 200, 226, 240, 322-331, 348, 353-357, 363, 385, 396, 431; V, 10, 14, 64, 66, 97, 123.

LE BAS, juge de Brest, V, 301.

LE BATTEUX, agent de Carrier, I, 424, 425, 428, 483, 484.

LE BLOND, du comité de surveillance d'Arras, V, 71, 117, 123, 134, 147.

LE BLOND, adj. général à l'armée du Nord, V, 123, 134.

LE BON (Gratien-François-Joseph), 24 septembre 1765, à Arras, oratorien; professeur à Beaune; curé constitutionnel à Neuville; dép. du Pas-de-Calais; en mission dans la Somme, le Pas-de-Calais et le Nord; + 16 octobre 1795, I, 71; III, 387; IV, 136; V, 33, 61, 82-85, 95, 98, 99, 126, 127, 130, 137, 178, 186, 249, 288-293, 357.

LEBRUN (Pierre-Henri-Hélène TONDU, dit), né à Noyon en 1754; ministre des Affaires étrangères, depuis le 10 août 1792; + sur l'échafaud le 27 décembre 1793, II, 313; IV, 73.

LEBRUN, juge de la comm. militaire de Valenciennes, V, 160.

LE CARPENTIER (Jean-Baptiste), 1760, à Hesloville, près de Cherbourg, huissier à Valognes; dép. de la Manche; en mission dans la Manche et l'Orne, l'Ille-et-Vilaine, les Côtes-du-Nord; compromis en prairial; arrêté; amnistié; exilé en 1816; rentré, condamné à la déportation; transféré au mont-St-Michel (1819), où il meurt (1828), I, 87, 177, 178, 182, 186, 317 et suiv.; 398 et suiv., 400; V, 188, 217.

LÉCHELLE, général, I, 9, 10, 163-169, 173-175, 209.

LECLERC SAINT-PRÉ ou SEMPRÉ, agent du Conseil exécutif, I, 444, 463.

LECOINTE-PUYRAVEAU (Michel-Mathieu), 13 décembre 1750, à St-Maixent; avocat; député des Deux-Sèvres à la Lég. et à la Conv.; régicide; commissaire en Eure-et-Loir; des Cinq-Cents; délégué par le 1er consul dans les dép. de l'Ouest; du tribunal; comm. général de police à Marseille, et après la 1re restauration à Lyon, Grenoble et Marseille; enfermé au château d'If; s'échappe, 11 septembre 1815; + 1825 aux Pays-Bas, I, 204, 377.

LECOINTRE (Laurent), vers 1750, à Versailles; dép. de Seine-et-Oise à la Lég. et à la Conv.; régicide; thermidorien; dénonciateur des membres des Comités; décrété d'arrestation et d'accusation; amnistié; opposé au gouv. consulaire; exilé; + 1805, à Guignes, III, 374; IV, 15; V, 179, 181, 186, 187, 217.

LECOMTE (Pierre), substitut du proc. de la commune de Rouen, dép. de la Seine-Inférieure; en 1801, juge au tribunal d'appel, puis à la cour de Rouen, où il était encore en 1823, V, 328.

LE DALL DE KÉRÉON, enseigne de vaisseau, II, 43.

LEDOUX, huissier de la com. militaire de Valenciennes, V, 162.

LEFEBVRE-DUGRON, d'Arras, V, 55.

LEFEBVRE, dép. d'Eure-et-Loir à la Lég., IV, 15.

LEFETZ (Célestin), admin. d'Arras, IV, 136; V, 71, 103, 131, 133, 144.

LEFETZ (Nicolas), juré à Arras, V, 144.

LEFIOT (Jean-Alban), 1755, à Lorme, bailli du prieuré de St-Pierre-le-Moutier; procureur syndic du district; dép. de la Nièvre; régicide; en mission à l'armée des Pyrénées-Occidentales; dans le Cher et le Loiret; arrêté comme terroriste; retiré à Nevers; admin. du dép.; banni en 1816; rentré en 1830 et pensionné; + 15 février 1839, II, 18; III, 301, 302, 304; V, 321.

LEGENDRE (François-Paul), 1759, maître de forges; dép. de la Nièvre; régicide; en mission dans la Nièvre et dans le Cher; des Cinq-Cents, III, 301, 302, 304.

LEGENDRE (Louis), 1755, à Versailles, boucher; dép. de Paris; ami de Danton; en mission à Lyon; avec Tallien et Fréron au 9 thermidor; contre les insurgés en germinal et prairial an III et vendémiaire an IV; des Cinq-Cents; + 13 décembre 1797. II, 72, 84, 87; III, 6, 20; V, 21, 206, 207, 202, 213, 219, 230, 236, 314, 323.

LEGRAND, lieutenant de gendarmerie, V, 244.

LE HARDI. Voy. HARDI.

LEHODEY, agent du Conseil exécutif, II, 400.

LEICONVER, général, I, 110, 112, 207, 418.

LEJEUNE (Silvain-Phalier), 1758, à Issoudun, adm. du district; député de l'Indre; régicide; en mission dans l'Indre et la Vienne, les Ardennes, l'Oise et l'Aisne, le Doubs et le Jura; arrêté en prairial, amnistié; exilé en 1816, + 1820, I, 70, 90, 91; II, 128, 129; III, 254 et suiv., 267, 286, 287, 382, 429, 430; IV, 170; V, 242.

LEJOSNE, officier municipal de Douai, V, 71.

LELOUP, général, IV, 262.

LEMAIRE, agent, I, 145.

LEMAIRE (veuve), directrice de la prison de la Providence à Arras, V, 104.

LEMALLIAUD (Joseph-François), 1749, procureur général syndic du Morbihan; dép. du Morbihan à la Lég. et à la Conv.; en mission dans le Finistère et le Morbihan; des Cinq-Cents; du Corps législatif d'où il sortit en 1803, I, 25; II, 6, 8.

LÉMANE (Antoine), 1749, à Porentruy; dép. par la Rauracie à la Conv. pour solliciter la réunion du pays; dép. du Mont-Terrible après la réunion; en mission dans les départements du Rhin; des Cinq-Cents, IV, 180, 204, 209, 210, 334, 364; V, 26.

LENOBLE, agent, III, 33, 112.

LENOIR, agent, I, 145.

LENOIR, général, I, 180.

LÉON (Mathurin), prêtre, II, 30.

LE PETIT, chef d'une troupe qui massacre en route les prisonniers confiés à sa garde, II, 127.

LE QUESNOY, IV, 142, 231.

LEQUINIO (Joseph-Marie), 1740, à Sarzeau (Morbihan), juge au tribunal de Vannes, dép. du Morbihan à la Lég. et à la Conv.; en mission aux places fortes et à l'armée du Nord; dans l'Aisne et l'Oise, à Lorient, à Brest, à la Rochelle et en Vendée; en arrestation le 21 thermidor an III; amnistié; des Cinq-Cents; inspecteur forestier à Valenciennes, sous-commissaire des relations commerciales à Newport (États-Unis) sous le consulat; + 1813, I, 107, 249, 234 et suiv., 274, 294; II, 41; III, 382; IV, 62, 68, 75, 77, 93, 170, 420; V, 319, 320.

LE ROY, dép. à l'Assemblée législative, I, 127.

LE ROY, dit Brutus. Voy. BRUTUS.

LE ROY, dit Zénobie, III, 365.

LESAGE (Denis-Toussaint), 1749, à Nogent-le-Rotrou; prés. du trib. de Chartres; dép. d'Eure-et-Loir; régicide; proscrit avec les Girondins; hors la loi; rappelé, 18 ventôse an III; des Cinq-Cents; + 9 juin 1796, V, 236.

LESAGE-SENAULT (Gaspard-Jean-Joseph), 1740, à Lille; dép. du Nord; régicide; en mission à l'armée du Nord; après thermidor, du Comité de sûreté générale; des Cinq-Cents; opposé au 18 brumaire; exilé alors et de nouveau en 1816; + 1823, à Tournay, IV, 70, 73, 93, 98; V, 53, 108.

LESCURE (Louis-Marie, marquis DE), 13 octobre 1765, général vendéen; + 3 novembre 1793, I, 3, 203.

LESCUYER, général, IV, 73.

LESPINASSE, général, II, 369.

LESSUS (dom), chartreux, III, 278.

LESTRADE (Pierre), boucher à Toulouse, II, 301.

LE TOURNEUR (Emmanuel-Pierre), 1753, drapier; dép. de la Sarthe; régicide; en mission à l'armée du Nord, IV, 124, 125, 135; V, 80, 356.

LE TOURNEUR (Étienne-François-Louis-Honoré), 1751, à Granville, capitaine du génie; dép. de la Manche à la Lég. et à la Conv.; régicide; commissaire aux côtes de la Méditerranée, et aux Pyrénées-Orientales; un des Directeurs sous la constitution de l'an III, puis inspecteur général de l'artillerie; après le 18 brumaire, préfet de la Loire-Inférieure; exilé; mort à Lacken en 1817, I, 180, 181, 357; II, 317.

LEVAL, général, IV, 262, 264.

LE VASSEUR (Antoine-Louis), 1746, à Sarrebourg; ancien membre de l'admin. des Trois-Évêchés; procureur syndic de Toul; dép. de la Meurthe à la Lég. et à la Conv.;

en mission dans la Meurthe et la Moselle en mars 1793, régicide; des Cinq-Cents et du Corps législatif; exilé, 1816; † à Bruxelles, 1826, IV, 102, 120, 126; V, 25.

LEVASSEUR (René), dép. de la Sarthe; régicide; en mission aux armées du Nord, des Ardennes et de la Moselle, décrété d'arrestation en germinal et d'accusation en prairial; amnistié, I, 32, 218; III, 383, 384; IV, 121, 125, 135, 141-145, 151, 188, 231, 233, 241, 246; V, 10, 43, 44, 46, 49, 50, 51, 54, 187, 217, 231, 324.

LEVÉE des 300 000 hommes, I, 3; en masse, 5, 22.

LEVENEUR, général, IV, 110, 131, 296.

LEVRAY, général, III, 93.

LEYRIS (Augustin-Jacques), 1762, à Alais; vice-président du district d'Alais; dép. du Gard; régicide; en mission à l'armée des Pyrénées-Orientales; des Cinq-Cents, II, 297, 315, 317.

LIBOURNE (la commission milit. de Bordeaux à), II, 209.

LIDON (Bernard-François), négociant; président du dép. et dép. de la Corrèze; régicide avec réserve; en mission dans les Seine-et-Oise, etc.; mis hors la loi, le 3 octobre 1793; se tue le 8 novembre, II, 154.

LIÉBARD, agent du Conseil exécutif, IV, 64.

LIÈGE, IV, 29, 39, 60, 293.

LIGNE (troupes de), IV, 79, 83, 97.

LIGNIVILLE (DE), général, IV, 101, 102, 296.

LILLE (siège de), IV, 27, 109.

LIMOGES (suspects de), II, 132; comité révol., 133.

LINDET (J.-B.-Robert), vers 1715, à Bernay, homme de loi; dép. de l'Eure à la Lég. et à la Conv.; régicide; du Comité de salut public; en mission à l'armée des Alpes, après la journée du 29 mai à Lyon; dans l'Eure et dans le Calvados, après l'échec du fédéralisme. Enveloppé dans les attaques dirigées contre les membres des anciens Comités, il fut décrété d'arrestation le 9 prairial; amnistié; impliqué ensuite dans l'affaire de Babeuf, déclaré coutumace, mais acquitté; en 1799, ministre des finances jusqu'au 18 brumaire; refuse dès

lors tout emploi, I, 177, 185, 131; II, 84, 88, 89; V, 219, 236.

LINDET (Robert-Thomas), vers 1743, à Bernay, frère du précédent, curé de Bernay; dép. d'Évreux à la Const.; évêque de l'Eure et dép. de l'Eure à la Conv.; défend son frère le 1er prairial; des Anciens, II, 83; V, 213.

LOFFICIAL (Louis-Prosper), 1751, juge à Parthenay; dép. du Poitou à la Const. et des Deux-Sèvres à la Conv.; en mission dans l'Ouest après thermidor, V, 326.

LOIRE (passage de la) par les Vendéens, I, 170.

LOIR-ET-CHER, missions, II, 119; trib. criminel, 120.

LOIRE (HAUTE-), missions, III, 215; trib. crim., 221.

LOIRE-INFÉRIEURE, missions, I, 103.

LOIRET, missions, II, 110; trib. crim., 117.

LOISEAU (Jean-François), 1750, à Châteauneuf, aubergiste et maître de poste; dép. d'Eure-et-Loir; régicide; après la Convention, commissaire du pouvoir exécutif en Eure-et-Loir; † 1822, III, 373.

LOMBARD-LACHAUX (Pierre), 1744, ministre protestant; maire d'Orléans: dép. du Loiret; régicide; après la Conv., commissaire du directoire; † 1820, II, 296.

LONGWY (prise de), IV, 11.

L'ORION (équipage de), II, 11.

LOT, missions, II, 308; trib. crim., 308, 309.

LOT-ET-GARONNE, missions, II, 305; trib. crim., 306.

LOUCHET (Louis), 20 janvier 1753, à Longpré-sur-Somme; professeur à Rodez; dép. de l'Aveyron; régicide; en mission dans la Somme et la Seine-Inférieure; thermidorien; après la Conv., commissaire du pouvoir exécutif; receveur général de la Somme depuis le Consulat jusqu'en 1811; † en 1813, II, 72, 87; III, 313.

LOUIS (Jean-Antoine), dit du Bas-Rhin, 10 mars 1742, à Bar-le-Duc; dép. du Bas-Rhin; régicide; en mission dans les dép. du Rhin; du Comité de sûreté générale; † 19 août 1796, I, 111; IV, 93, 99, 120, 125; V, 236.

LOUVET de Couvray (Jean-Baptiste), 1760, homme de lettres, dép. du Loiret; régicide avec réserve; proscrit; rappelé; des Cinq-Cents, II, 111; V, 215, 242.

Loyez, procureur syndic de Troyes, III, 334 et suiv.

Lozère (troubles de la), I, 93; II, 317-321.

Luckner (Nicolas, baron de), 1722, à Campen (Bavière), maréchal de France; † sur l'échafaud le 4 janvier 1794, IV, 2, 3, 5, 12, 14, 19, 283, 404-408.

Lusignan, lieutenant de Turreau, I, 273.

Lyon, I, 5, 6, 8; le 29 mai; Lyon proscrit, 23; siège, III, 20, 23, 32 et suiv., 408; après le siège, 102 et suiv., 104; commission temporaire de surveillance, 111; ses instructions, 111-116; premières commissions judiciaires, 117; comm. de justice milit., 110, de justice populaire, 118-120; prisons, 123, 138; comm. Dorfeuille, 122; comm. Parein, 131; comm. révol., 135 et suiv.; mitraillades, 137; état de la ville après les démolitions et les exécutions, 168 et suiv.

## M

Mac-Donald, général, IV, 142, 162, 163.

Machecoul (massacres à), I, 202; commission militaire, I, 283.

Mâcon (comité révol. de), III, 339.

Magen, prés. du trib. du Gard, III, 453.

Maestricht, IV, 273.

Magnan, secrétaire de Rovère, III, 86.

Magnier. Voy. Brutus Magnier.

Magnier, juge de paix de Neuville-Vitasse, V, 137.

Maignet (Étienne-Christophe), 9 juillet 1758, à Ambert en Auxois, avocat, adm. du départ. du Puy-de-Dôme en 1790; dép. du même départ. à la Lég. et à la Conv.; en mission à Lyon, à Marseille; fameux par l'incendie de Bedoin et la commission d'Orange; décrété d'arrestation en germinal; amnistié; puis maire d'Ambert; dép. à la Chambre des représentants en 1815; exilé en 1816; rentre en 1830; reprend place au barreau jusqu'à sa mort, 15 octobre 1831, I, 31; II, 321, 331; III, 33, 36, 37, 79 et suiv.,
106, 174, 179, 181, 184, 197, 200, 204, 208, 211, 212, 424, 426; IV, 93, 120; V, 26, 186, 296, 297, 328.

Mailhe (Jean-Baptiste), 1754, avocat à Toulouse; procureur général syndic du département; dép. de la Haute-Garonne à la Lég. et à la Conv.; appelé le 1er à voter dans le 3e appel nominal du jugement de Louis XVI, vote la mort avec sursis, et même sans sursis; en mission dans l'Aude et la Haute-Garonne; des Cinq-Cents; proscrit en fructidor; échappe à la déportation; exilé en 1816, † 1839, II, 296, 314, 347.

Maillet, prés. du trib. révol. de Marseille, III, 76, 78, 83, 84.

Maine-et-Loire (le dép. de), dans la guerre de Vendée, I, 305.

Mainoni, agent national de Strasbourg, IV, 374, 375, 390.

Maiout de Sus-St-Léger et ses deux filles, V, 133.

Maisoncelle, agent du conseil exécutif, I, 64.

Malhes (Pierre), négociant; dép. du Cantal; en mission dans la Lozère; démissionnaire et remplacé le 6 octobre 1793, II, 318, 320, 427.

Mallarmé (François-René-Auguste), vers 1756; procureur syndic du district de Pont-à-Mousson; dép. à la Lég. et à la Conv.; régicide; en mission aux armées du Rhin et de la Moselle; décrété d'arrestation et amnistié; commissaire du Directoire exécutif; sous l'Empire, receveur principal des droits réunis à Nancy; sous-préfet d'Avesnes pendant les Cent-Jours; prisonnier en Allemagne après la bataille de Waterloo; mis en liberté; ne peut rentrer en France qu'après 1830; † 1835, I, 22, 58, 74, 81, 94; III, 368; IV, 176, 307, 314, 325, 442; V, 44, 26, 27, 30-35, 240, 241, 319, 347.

Mally (le jeune), V, 216.

Malus, ordonnateur, IV, 38.

Manche, missions, I, 89, 377; exécutions, I, 388, 479.

Mandeville (marquis de), IV, 149.

Mans (affaire du), I, 12, 198, 326, 467; commission militaire, 304, 344; sociétés populaires, 352.

Manstein, aide de camp du roi de Prusse, IV, 20.

Marais (le), Vendée, I, 3.

MARAT (Jean-Paul), 24 mai 1744, à Boudry (canton de Neufchâtel), dép. de Paris; + 13 juillet 1793, I, 6; III, 12; IV, 85.

MANCE, général, I, 118.

MARCEAU (François-Séverin DESGRAVIERS), général, né à Chartres le 1er mars 1769, tué à Altenkirchen le 20 septembre 1796, I, 9, 10, 11, 160, 188, 192, 200, 201, 213-218, 340, 363; IV, 233; V, 31.

MAREC (Pierre), Brest, le 31 mars 1759, secrétaire général du départ., député du Finistère; des Cinq-Cents; inspecteur du port de Gênes sous l'Empire; + 23 janvier 1828, V, 214, 218.

MARESCOT, officier du génie, IV, 246, 247, 250.

MARIAGES républicains à Nantes, I, 421.

MARIBON-MONTAUT (Louis), ex-mousquetaire; dép. du Gers à la Lég. et à la Conv.; régicide; décrété d'accusation en prairial et amnistié, IV, 93, 99, 120, 125, 126; V, 21, 25, 217.

MARIGNY (Bernard DE), général vendéen, I, 203.

MARINO, prés. de la comm. temporaire de Lyon, III, 111.

MARION, accusateur public de Vannes, II, 29.

MARLES (le comte DE), V, 108.

MARNE, missions, III, 363; tribunal criminel, 368.

MARNE (HAUTE-), missions, III, 365, 367; trib. criminel, III, 368.

MARSEILLE, missions, I, 5, 6, 31, 37; trib. révol., III, 38, 44; après la prise de Toulon, 72-77; trib. révol. 82-84; les représentants à Marseille avant et après le 31 mai, III, 103; campagne contre Marseille, 107.

MARTIN, agent, I, 64.

MARTIN ET MARTINE, au beffroi de Cambrai, V, 125.

MASSÉ, patriote de l'Ain, III, 218.

MASSÉ, patriote de Strasbourg, IV, 366, 374, 396, 399.

MASSÉNA (André), Nice, le 8 mai 1758; chef de bataillon, puis général à l'armée d'Italie, 1792-1793; maréchal, duc de Rivoli; + 4 avril 1817, III, 54, 55.

MASSIEU (Jean-Baptiste), vers 1745, à Vernon; évêque constitutionnel de l'Oise; député de Senlis à la Const.

et de l'Oise à la Conv.; régicide; en mission dans les Ardennes et l'Oise; décrété d'arrestation et amnistié; archiviste de la guerre, puis professeur à l'École centrale en 1797; + à Bruxelles en 1818, V, 38, 40, 42, 49, 50, 258, 324.

MATHIEU de Mirampal (J.-B.-Charles, 1764, juge à Paris; dép. de l'Oise; régicide; en mission dans la Sarthe, à Orléans, dans la Gironde et départements voisins; exilé 1816-1830; + 31 octobre 1833, II, 174, 306.

MATHIEU (Michel), procureur de la commune de Strasbourg, IV, 304.

MAUDUYT (François-Pierre-Ange), 23 mars 1760, homme de loi; dép. de Seine-et-Marne; régicide; commissaire dans l'Oise et Seine-et-Marne; exilé en 1816, III, 313.

MAUGER, agent du conseil exécutif, V, 7, 8, 11-15, 17, 19; V, 313.

MAULDE (camp de), IV, 76.

MAURE (Aimé-Nicolas), épicier à Auxerre; dép. de l'Yonne; régicide; en mission dans l'Eure-et-Loir, en Seine-et-Oise et dans l'Yonne; incriminé en prairial, se brûle la cervelle, 4 juin 1795, I, 57; II, 42; III, 340, 344, 375, 378; V, 239.

MAURICE DE SAXE, IV, 160.

MAYENCE, I, 5, 7, 21; IV, 120, 153, 111; capitulation, IV, 123; armée de Mayence, I, 151, 153, 208, 231.

MAYENNE, missions, I, 336, 477; justice révolut., 359.

MAZADE (Julien-Bernard-Dorothée PERCIN DE), Montech (Tarn-et-Garonne), le 28 mars 1750; commissaire près le trib. de Castel-Sarrasin; dép. de la Haute-Garonne; en mission sur les côtes de l'Océan, de Lorient, à Bayonne; dans la Meurthe et la Moselle; des Anciens; + à Castel-Sarrasin, le 23 mai 1823, I, 445; II, 311, 379.

MAZAMET (société populaire de), II, 313.

MÉAULLE (Jean-Nicolas), 1757; dép. de la Loire-Inférieure; régicide; en mission à Lyon et dans la Vendée, etc.; des Cinq-Cents; du tribunal de cassation; puis procureur impérial à Gand; substitut du procureur général à Bruxelles; exilé en 1816; + à Gand en 1826, I, 98, 136, 152; III, 121, 163, 250 et suiv., 122.

v. — 26

MEILLERET, juge de la comm. d'Orange, V, 298.
MELLINET (François), négociant, dép. de la Loire-Inférieure, I, 202.
MENDE (évêque de), I, 38.
MENIN, I, 5; IV, 29, 112.
MENNECY (habitants de), I, 29.
MENOU, général, I, 121, 136, 149.
MÉRANVLLE, général, IV, 150.
MERLES, ex-constituant, III, 141.
MERLIN de Douai (Philippe-Antoine), 1754, à Arleux; dép. de Douai à la Const. et du Nord à la Conv.; régicide; commissaire en Bretagne; ministre de la justice; un des Directeurs; en 1801, commissaire du gouvern. à la cour de cassation; sous l'Empire, comte, conseiller d'État, ministre d'État au retour de l'île d'Elbe; banni, 24 juillet 1815; rentre en 1830; † 26 décembre 1838, I, 41, 131, 139, 153; II, 8, 47; IV, 62, 69, 70, 115; V, 33, 60, 179, 267, 290, 315.
MERLIN, de Thionville (Antoine-Christophe), 13 septembre 1762, à Thionville, avocat au parlement de Metz; dép. de la Moselle à la Lég. et à la Conv.; à Mayence pendant le siège; en mission dans la Vendée; thermidorien ardent; chargé d'une nouvelle mission à l'armée du Rhin; adjoint à Pichegru pour réprimer l'insurrection du 12 germinal; des Cinq-Cents; commissaire ordonnateur à l'armée d'Italie; opposé au Consulat à vie; se retire; † à Paris le 14 septembre 1833, I, 153, 173, 208, 458; IV, 46, 52, 56, 72, 93, 120; V, 185.
MERLIN (Joseph), greffier du Quesnoy, V, 72.
MERLINO (Jean-Marie-François), 1738, à Lyon; juge à Trévoux; dép. de Rhône-et-Loire; régicide; en mission avec Amar à Lyon; des Anciens, puis des Cinq-Cents, jusqu'au 18 brumaire; † 1805, III, 17, 18, 233.
MÉROVINGIEN (régime) appliqué à la France, I, 51.
MERY, juge à Angers, I, 313.
MÉTIER, président du dép. de Seine-et-Marne, III, 376.
MÉTOYEN, prés. de la comm. milit. de Granville, I, 381.
MEUNIER, général, IV, 161.
MEURTHE, missions, IV, 121; V, 7; tribunal criminel, 22 et 317.
MEUSE, missions, V, 23, 21; jury militaire, 33; trib. criminel, 33-35; intrigants, 331.
MEYRAND, juge à Lyon, III, 120.
MIACZINSKI, général, IV, 75.
MICAULT, ex-président du Parlement de Dijon, III, 318, 321-323, 435.
MICHAUD (Jean-Baptiste), en 1759, à Pontarlier, homme de loi; dép. du Doubs à la Lég. et à la Conv.; régicide; en mission dans la Haute-Saône et le Doubs et près l'armée des Pyrénées-Orientales; des Cinq-Cents, puis des Anciens jusqu'au 18 brumaire; exilé en 1816; † à Lausanne en 1819, I, 33, 69, 70, 90; III, 233, 268, 301; V, 5.
MICHAUD, général, IV, 208, 209, 221, 231, 235, 239, 275, 277, 280, 281, 286, 290-291.
MICHEL, prêtre, et les filles Devèze, II, 439.
MILHAUD (Jean-Baptiste), 1765, à Arpajon, sous-lieutenant au régiment des colonies; commandant des gardes nationales d'Arpajon; dép. du Cantal; régicide; en mission aux armées des Ardennes et du Rhin, à l'armée des Pyrénées-Orientales, rentre dans l'armée après la Convention; général de brigade après le 18 brumaire; de division en 1806; se distingue dans les campagnes d'Allemagne et de France; inspecteur général de la cavalerie et chevalier de St-Louis en 1814; fait avec Napoléon la campagne de Belgique en 1815; exilé en 1816, I, 31; II, 365, 389, 391, 395, 398, 428; IV, 93, 158-160, 313, 317, 318, 325, 327, 330, 361, 433, 442; V, 3, 37, 210, 248.
MIRABEL, général, II, 368.
MIRANDA, général, IV, 30, 60, 66.
MISSIONS des représentants; époques principales, I, 45, 17; renouvelées aux armées, IV, 131; jugées par Babeuf, I, 51; par Barère, I, 52 (voir aux noms des représentants commissaires).
MODÈNE (Mme DE), sœur du comte de Béthune, V, 106.
MOGUE, patriote de la Meuse, V, 351, 353.
MOGUÉ, agent du gouv., II, 121.
MOGUES, patriote de Mézières, V, 38.
MOLTEDO (Antoine), 1751, grand vicaire de l'évêque; député de la Corse; plus tard des Cinq-Cents, III, 70, 72.
MOMORO, montagnard de Paris; en

mission en Vendée, I, 120, 135, 142, 143, 400; V, 63.

MONALDY (la marquise DE), V, 129.

MONCEY (Bon-Adrien-Jeannot), à Besançon, le 31 juillet 1754; général à l'armée des Pyrénées-Occidentales; maréchal de France; duc de Conegliano; + 20 avril 1842, II, 369, 371.

MONESTIER du Puy-de-Dôme (J.-B.-Benoît), 1745, à La Sauvetat; chanoine à St-Pierre de Clermont-Ferrand; dép. du Puy-de-Dôme; régicide; en mission dans la Creuse et le Puy-de-Dôme, dans les Hautes-Pyrénées et départements voisins; défenseur des terroristes après thermidor; décrété d'arrestation en prairial; amnistié; prés. du tribunal d'Issoire en 1800; exilé en 1816, rappelé; + à Clermont en 1819, I, 31, 35, 36, 79; II, 60, 358, 373, 381, 403; V, 241.

MONESTIER de la Lozère (Pierre-Laurent), 25 septembre 1755, à Manassac (Gévaudan), homme de loi; dép. de la Lozère à la Lég. et à la Conv.; régicide; commissaire du Directoire dans la Lozère; disparaît après le 18 brumaire, I, 54, 79; II, 11, 307, 373, 422.

MONET, maire de Strasbourg, IV, 306, 311, 313, 318, 319, 323, 361, 364, 374, 379, 395, 398.

MONET, prêtre, IV, 380.

MONS, IV, 29, 249.

MONSIEUR, frère de Louis XVI, IV, 23.

MONTAGNE (île de la). Voy. NOIRMOUTIERS.

MONTAIGU, général, IV, 262, 265.

MONTAUBAN, II, 308. Voy. LOT.

MONTAULT, évêque constitutionnel de la Vienne, II, 134.

MONTAUT. Voy. MARIBON-MONTAUT.

MONTBÉLIARD, III, 237, 318.

MONT-BLANC missions, III, 5, 15, 16, 96; tribunal criminel, 100; comm. militaire, 101.

MONTBRISÉ, nom infligé à Montbrison, III, 119, 331.

MONTECLER (Louis), élève de marine, II, 43, 45.

MONTESQUIOU-FEZENSAC (Anne-Pierre, marquis DE), Paris, le 17 octobre 1739; ex-constituant; général en chef de l'armée du Midi; + 1798, III, 2-4.

MONTGON (le comte DE), V, 107.

MONT-MARAT, nom du Havre-de-Grâce, I, 37.

MONT-TERRIBLE, missions, III, 239; justice révol., 283.

MORARD DE GALLE, amiral, II, 40.

MORBIHAN missions, II, 24; tribunal criminel, 28-30.

MORCRETTE, courtier de toilette à Valenciennes, V, 172.

MOREAU (Gabriel-Louis), père du général, II, 66.

MOREAU (Jacques), ex-juge des gabelles, I, 326.

MOREAU (J.-B.), prétendu émigré de Dijon, III, 324, 337.

MOREAU (Jean-Victor), 11 août 1763, à Morlaix, + 2 septembre 1813; général à l'armée du Nord, sous Pichegru, IV, 162, 221, 233, 241, 269, 284.

MOREAU (Joseph), prêtre; son interrogatoire, I, 325.

MOREAUX (Jean-René), 14 mars 1758, à Rocroi; général en chef de l'armée de la Moselle, + 11 février 1795, IV, 233, 238, 239, 275, 280, 281, 286, 290, 291.

MORIN, un des juges d'Angers, I, 313, 328.

MORIS, secrétaire de la comm. militaire de Valenciennes, V, 160.

MORISSON (Charles-François-Gabriel), 16 octobre 1751, à Voulgézac; dép. de la Vendée; des Anciens, III, 379.

MOSELLE, missions, V, 23-30 et 421; tribunal criminel, 32-33, 350.

MOUGEAT, patriote de Strasbourg, IV, 321.

MOULIN, lieutenant de Turreau, I, 229, 233.

MOULINS (les trente-deux suspects de) envoyés à Lyon, III, 152, 312-314.

MOUREAU (Agricol), prés. de la société populaire d'Avignon, III, 178, 182, 185, 193.

MOUTON, ex-vicaire épiscopal de la Meuse, V, 31.

MULLER, général, II, 352.

MULOT, juge au trib. révol. de Strasbourg, IV, 368.

MUSCAR, lieutenant de Turreau, I, 271.

MUSSET (Joseph-Mathurin), 1754, curé const. de Falleron; dép. de la Vendée; régicide; des Anciens; préfet de la Creuse au 18 brumaire; du Corps législatif; exilé en 1816; + en Belgique en 1829, II, 84; III, 371.

## N

NAMUR (capitul. de), IV, 271.
NANCY, comm. extraord., V, 19; sociétés popul., V, 8-10, 17, 22.
NANTES, I, 5; attaquée par les Vendéens, 135 et 150; noyades, 417-421 et suiv.; fédéralisme à Nantes, 480; tribunal et comité révol., 483.
NAPPIER, huissier de la comm. d'Orange, V, 208.
NÉDONCHEL (Mme DE), V, 130.
NERWINDE (bat. de), IV, 69; ses suites, 70-73.
NESTLIN, juge au trib. révol. de Strasbourg, IV, 323, 365.
NEUMANN, juge au trib. révol. de Strasbourg, IV, 324, 368.
NEVEU (Étienne), juge au trib. de Mauléon; dép. des Basses-Pyrénées; en mission dans les Hautes et Basses-Pyrénées; près les armées de la Moselle et du Rhin; des Cinq-Cents; sous le Directoire, consul de France à Santander, IV, 290.
NICOLAS, général, III, 37.
NIEUPORT (garnison de), IV, 269, 270.
NIÈVRE, missions, III, 290; trib. crim., III, 307.
NIMES, missions, II, 424; tribun. révol., II, 452, 497; V, 298.
NIOCHE (Pierre-Claude), 25 janvier 1751, à Azai-le-Féron (Indre), juge au tribunal de Loches; dép. de Tours à la Const. et d'Indre-et-Loire à la Conv.; en mission à l'armée des Alpes et dans le Midi, III, 16, 18, 20.
NIORT, trib. révolut., I, 284; commission militaire, 295.
NIOU (Joseph), 1751, à Rochefort, ingénieur de la marine; maire de Rochefort; dép. de la Charente-Inférieure, régicide; en mission principalement dans les ports, de Lorient à Bayonne; des Anciens; du conseil des prises jusqu'en 1815; exilé; rentré en 1818; † 1828, I, 415, 416; IV, 15, 314, 318, 434, 442.
ISSE (Christophe), ancien religieux, V, 83.
NOBLES (les) aux armées, IV, 130, 131, 145, 155-157, 191, 213; en arrestation par arrêté de Saint-Just et Le Bas, V, 197.

NODIER, présid. du trib. criminel du Doubs, IV, 309.
NODIER (Charles), IV, 356.
NOËL-POINTE, 1754, à Saint-Étienne, ouvrier armurier; dép. de Rhône-et-Loire; régicide; en mission dans la Nièvre et le Cher; dénoncé 22 thermidor an III; mais non arrêté; un des commissaires du Directoire exécutif; † 10 avril 1825; III, 301, 303; V, 326, 328.
NOIRMOUTIERS, I, 9, 218; massacres, I, 203; comm. milit., I, 286, 289.
NOISETTE, IV, 303, 399.
NORD, missions, V, 52; trib. crim., V, 76-83, 355.
NORD (armée du), IV, 2, 18, 28, 31, 57, 71, 103, 121, 129, 146, 162, 200, 219; a bien mérité de la patrie, IV, 224; en Belgique, 239, 248, 261, 381, 391; commissaires en avril 1793, IV, 420-422; en mai 1793, 423-424; juin et juillet, 426-427; tribunal près l'armée du Nord, III, 386; bataillons qu'on en tire pour la Vendée, IV, 90, 93.
NORMANDIE, missions, II, 69 et suiv.

## O

OBENHEIM, officier du génie, I, 186.
OFFENSTEIN, général, IV, 238.
OHLMANN, comm. de la garde nat. de Strasbourg.
OISE, missions, III, 381; trib. crim., 394.
O'MORAN, général, né en 1715; † sur l'échafaud, 6 mars 1794, IV, 69, 122, 132, 138, 150, 296, 423.
ORANGE (commission d'), III, 181; instructions, 181; composition, 182, 186; prisons, 184; jugements, 189; jugement de ses juges, V, 296.
ORANGE (prince d'), IV, 263.
ORLÉANAIS (les neuf), II, 112-114.
ORLÉANS (formation d'), bataillons mixtes, I, 115.
ORNE, missions, I, 371-375; trib., crim., 373 et suiv.
OSTENDE (diversion sur), IV, 105; (prise d'), 253; (port d'), 271, 274.
OUDOT (Charles-François), 4 avril 1755, à Nuits, commissaire du roi au tribunal de Beaune; dép. de la Côte-d'Or à la Lég. et à la Conv.; régicide; en mission dans l'Eure et le Calvados; des Cinq-Cents;

du tribunal de cassation après le 18 brumaire jusqu'en 1811; exilé en 1816; rentré en 1830; + 12 avril 1811, II, 91.

OUEST (armée de l'), I, 162, 459.

OURTHE (bat. de l'), IV, 291.

## P

PACHE (Jean-Nicolas), ministre de la guerre, puis maire de Paris; + 1823, II, 313; III, 6; IV, 22, 31, 45, 131, 116, 121; V, 228.

PAGANEL (Pierre), 1715, à Villeneuve-d'Agen; prêtre; professeur de rhétorique à Agen, puis curé; dép. du Lot-et-Garonne à la Lég. et à la Conv.; régicide; en mission dans la Gironde, le Lot-et-Garonne, le Lot, la Haute-Garonne, le Tarn, l'Aveyron. Après la Convention, secrétaire général du ministre des affaires extérieures; sous l'Empire, chef de division à la Légion d'honneur; exilé en 1816; + à Liège en 1826, I, 30, 31, 69, 91; II, 191, 299, 301, 306, 309, 316, 326.

PAILLOT (Clotilde), supérieure des Ursulines de Valenciennes, V, 163, 166.

PAIMBŒUF, comm. milit., I, 283.

PALANGIÉ, prêtre, II, 330.

PALIS, juge du trib. de Brest, II, 65; V, 301.

PALLEJAY, présid. du trib. révol. de Nîmes, V, 299.

PANETIER, grand carme, et les deux femmes qui l'ont recelé, II, 279.

PANIS (Étienne-Jean), 1757, dans le Périgord, beau-frère de Santerre; compromis dans les journées de septembre; dép. de Paris; régicide; thermidorien; décrété d'accusation en prairial; amnistié; employé dans les hospices de Paris; exilé 1816-1830; + à Marly-le-Roi, 22 août 1833, V, 230, 233, 234.

PAOLI, général corse, III, 12, 14.

PAREIN, prés. de la comm. révol. de Lyon, I, 307; III, 131, 135, 151 et suiv., 172; V, 302.

PARIS (département de), III, 370; bataillons de, I, 115, 122, 123, 143, 144; Commune de, I, 29, 128; environs de, III, 143.

PARQUET, greffier de la comm. Proust, I, 313.

PAS-DE-CALAIS, missions, V, 52 et suiv.; justice révol. Voy. ARRAS, LE BON.

PATRIN (Eugène-Melchior-Louis), 3 avril 1742, à Mornant, près de Lyon, naturaliste; député de Rhône-et-Loire, se soustrait à un décret qui le frappe comme complice du soulèvement à Lyon; rentre à la Conv.; bibliothécaire de l'école des mines; + 15 août 1815.

PAUTRIZEL (Louis-Jean-Baptiste), député de la Guadeloupe; décrété d'arrestation, 6 prairial an III; amnistié, V, 230.

PAUZE, porteur d'eau, à Bordeaux, II, 189.

PAYAN (les frères), III, 181, 188.

PAYEN, ancien maire de Neuville, V, 137.

PAYSANNE (la) et son enfant à Arras, V, 116.

PEAU humaine tannée et taillée en culotte, I, 66, 313.

PELET D'ANGLADE, ancien parlementaire, à Bordeaux, II, 221.

PÉLISSIER, juge suppléant de Nîmes, V, 299.

PELLETIER (Jacques), 1739, à Bourges; député du Cher; régicide; en mission dans le Languedoc, après le 9 thermidor; commissaire du Directoire dans son département; exilé en 1816; rappelé en 1819; + 1839, V, 305.

PELLETIER, commiss. national à Lyon, III, 144.

PELTIER, substitut de l'accusateur public d'Arras, V, 116.

PÉNIÈRES (Jean-Augustin), né en 1762, garde du corps; maire de Saint-Julien d'Arbois; dép. de la Corrèze à la Lég. et à la Conv.; régicide; hostile aux terroristes après thermidor; des Cinq-Cents; du tribunat; exilé en 1816; + aux États-Unis, en 1820, V, 323.

PÉRALDI, député de la Corse à la Lég. et à la Conv.; commissaire à l'armée du Centre, IV, 11.

PÉRÈS (Joachim), 1759, à Mirande, avocat; dép. d'Auch à la Const.; suppléant pour le Gers à la Conv. où il n'entra que le 5 floréal an III; des Cinq-Cents; après le 18 brumaire, du conseil de préfecture du Gers; + vers 1832, V, 237.

PÉRÈS de Lagesse (Emmanuel), né en 1752, avocat; suppl. à la Const.;

dép. de la Haute-Garonne à la Conv.; en 1795 en mission à l'armée de Sambre-et-Meuse; du conseil des Cinq-Cents; coopère au 18 brumaire; préfet de Sambre-et-Meuse et baron de l'Empire, + juillet 1833, V, 169.

PEREYRA, agent du Conseil exécutif, IV, 70, 73, 361.

PERIGNON, général, II, 368.

PÉRIN, ex-direct. de la poste, V, 31.

PERNET et PERRET, de Dijon, III, 321, 438.

PÉRONNE, IV, 137, 170.

PERRIN (Jean-Baptiste), 1754, à Epinal, négociant; dép. des Vosges; régicide; en mission dans les Vosges et la Haute-Marne, les Ardennes, le Nord, le Pas-de-Calais, le Gard, l'Hérault, Vaucluse; du Comité de sûreté générale après thermidor; des Cinq-Cents et, en 1798, des Anciens; partisan du 18 brumaire; président du Corps législatif; en 1814, organisateur du corps franc des Vosges; + 1815, IV, 145, 432; V, 38, 40, 191, 2'6, 351.

PERROQUET (procès du), à Arras, V, 118-120.

PERSÉCUTION religieuse, I, 26, 66 et suiv.

PESTEL (abbé), I, 389.

PETAIN (François), concierge de la prison de Saint-Pol, V, 113.

PÉTION de Villeneuve (Jérôme), 1753, à Chartres, avocat; dép. de Chartres à la Const. et d'Eure-et-Loir à la Conv.; régicide; décrété d'arrestation; fugitif; déclaré traitre; se tue avec Buzot (fin juin 1794), II, 262-266; IV, 390.

PETIT-JEAN (Claude-Lazare), dép. de l'Allier; régicide; missions dans la Creuse et le Puy-de-Dôme, II, 160.

PETIT-JEAN, payeur général, IV, 38, 120.

PEYRONNET, une des victimes de Bordeaux, II, 269.

PEYSSARD (Jean-Charles), 1710, dans le Périgord, garde du corps du roi, chevalier de Saint-Louis; dép. de la Dordogne, régicide; en mission à l'armée du Nord; compromis le 1er prairial; condamné à la déportation; amnistié; après le 18 fructidor, admin. de la Dordogne; + 1804, IV, 135, 141, 145, 132; V, 54, 59, 208, 209, 217, 234, 252, 266, 269.

PFLIEGER (Jean-Adam), 21 janv. 1744, cultivateur; dép. de Belfort à la Const. et du Haut-Rhin à la Conv.;

régicide; en mission aux armées du Rhin et des Ardennes; du conseil des Cinq-Cents jusqu'en 1798, I, 55, 67, 111; III, 65, 367; IV, 93, 99, 120, 233, 125, 126; V, 41, 317, 318.

PHELIPPES TRONJOLLY, président du trib. révol. de Nantes, I, 133.

PHILIP (le sans-culotte), V, 8, 12, 15, 17, 18.

PHILIPPEAUX (Pierre), 1759, à Ferrière-aux-Etangs (Orne); juge du district du Mans; député de la Sarthe; régicide; en mission dans l'Ouest; immolé avec Danton, 5 avril 1794, I, 111, 144, 152, 156, 161, 210, 254, 335; III, 38.

PIANO (procès du), à Arras, V, 135.

PICHEGRU (Henri), né à Arbois en 1761; général dans l'armée du Rhin, puis en chef de l'armée du Nord; entre dans la conspiration de Cadoudal; trouvé étranglé dans sa prison, 5 avril 1804, IV, 175, 181, 182, 186, 195, 196, 202, 204, 206, 208, 219, 220, 221, 236, 239, 240, 243, 250, 251, 258, 264, 269, 274, 281, 294, 335, 137; V, 122.

PIERRET (Jean-Nicolas), 15 mars 1758; adm. de Bar-sur-Aube; député de l'Aube; du conseil des Cinq-Cents, III, 215, 216, 218, 223; V, 209.

PILLAIN-DESMARETZ, à Arras, V, 121.

PILNITZ (déclarat. de), IV, 2.

PINET ainé (Jacques), régicide; dép. de la Dordogne; régicide; en mission aux armées de l'Ouest et des Pyrénées-Occidentales; décrété d'arrestation en germinal, et d'accusation en prairial; amnistié, I, 169; II, 358, 359, 373, 391, 406, 409, 417-421; V, 190, 217, 238, 241.

PINOT (l'abbé), curé de Louroux, I, 326.

PIORRY (Pierre-François), 1761, à Poitiers, avocat; dép. de la Vienne à la Lég. et à la Conv.; régicide; en mission dans l'Indre et la Vienne; arrêté en prairial; amnistié en brumaire; après la Convention, reste au barreau; conseiller à la cour de Liège sous l'Empire, jusqu'en 1814; exilé 1816-1830; + 1840, II, 128, 132-138; V, 321.

PIRMASENS (combat de), IV, 159.

PLANCON (Marie-Catherine-Thomasse); son interrogatoire, I, 383.

PLUNKETTE (Mlle), à Cambrai, V, 138.

PLUVIER (LE), équipage mis en jugement, I, 209.

POCHOLLE (Pierre-Pomponne-Amédée), 1764, à Dieppe; entre dans l'Oratoire; maire de Dieppe et suppléant de la Seine-Inférieure à la Lég.; dép. à la Conv.; régicide; en mission dans la Somme et la Seine-Inférieure, à Lyon, en Touraine, en Bretagne; des Cinq-Cents; en mission à l'armée d'Italie (1797), dans les îles Ioniennes; sous-préfet à Neufchâtel en 1801; destitué en 1814; exilé, 1816; † 1832, I, 27, 187; II, 74.

POINTE (Noël). Voy. NOËL POINTE.

POITIERS. Voy. VIENNE.

POMME l'*Américain* (André), 1753; dép. de la Guyane; admis le 10 avril 1793; après thermidor, envoyé dans les dép. de l'Ouest; des Cinq-Cents jusqu'en 1798, I, 43, 100.

PONS *de Verdun* (Philippe-Laurent), 1749 à Verdun, avocat au parl. de Paris; à la Révolution, accusat. public de la Meuse; dép. de la Meuse; régicide; en mission dans la Marne et la Meuse; des Cinq-Cents; applaudit au 18 brumaire; avocat gén. à la Cour de cassation; exilé, 1816-1819; † 1844, V, 24.

PONSART, de Valenciennes, V, 172.

PONTS-DE-CÉ (massacres aux), I, 314.

PORCHER *de Lissonay* (Gilles), 22 mars 1752, à la Châtre, comm. nat. au trib. de la Châtre; député de l'Indre à la Lég. et à la Conv.; en mission dans l'Ouest; des Anciens; favorable au 18 brumaire; sénateur et comte de l'Empire; pair de France; † 12 avril 1824.

PORENTRUY, III, 239, 240.

PORT-LA-MONTAGNE, nouveau nom de Toulon, III, 65.

PORT-MALO. Voy. SAINT-MALO.

PORTIEZ *de l'Oise* (Louis-François), 1er mars 1765, à Beauvais, homme de loi, dép. de l'Oise, régicide; après le 9 thermidor, en mission en Belgique; des Cinq-Cents; du tribunal; puis professeur et directeur des écoles de droit de Paris; † 1810.

POTIN, agent de Baudot, IV, 380.

POULLAIN DE GRANDPREY (Joseph-Clément), 23 décembre 1716, à Lignéville (Vosges), avocat à Mirecourt; prévôt à Bulgnéville; dép. des Vosges; échappe à la proscription des Girondins; en mission à Lyon après thermidor; des Anciens, puis des Cinq-Cents; partisan du 18 fructidor; opposé au 18 brumaire; dép. à la Chambre des représentants en 1815; dép. à la Chambre de 1824; † 6 février 1826.

POULTIER *d'Elmotte* (François-Martin), 1er décembre 1753, à Montreuil-sur-Mer, sous-lieut. au régiment de Flandre en 1770, professeur, bénédictin, capitaine en 1792, publiciste et auteur dramatique; député du Nord à la Convention; régicide; en mission à Toulon après thermidor; et après le 13 vendémiaire (1795), dans le Cantal, l'Ardèche et la Haute-Loire; des Cinq-Cents; du Corps législatif; exilé en 1816; † à Tournay le 16 février 1826, I, 24, 61; II, 129, 452.

PRESSAVIN (Jean-Baptiste), 1735, à Lyon, chirurgien; dép. de Rhône-et-Loire; régicide; non réélu en sortant de la Convention; des Cinq-Cents en 1798 jusqu'au 18 brumaire, III, 19.

PRESTON (Mme), à Cambrai, V, 130.

PRÊTRES constitutionnels, I, 23, etc.

PRÊTRES réfractaires, I, 26, etc.

PRÉVIGNAND, offic. en Vendée, I, 263.

PRIEUR, agent du min. de la Guerre, III, 41-43, 94, 115; IV, 498.

PRIEUR-DUVERNOIS *de la Côte-d'Or* (Claude-Antoine), en 1763, à Auxonne, officier du génie; dép. de la Côte-d'Or à la Lég. et à la Conv.; régicide; du Comité de salut public; en mission dans le Doubs, le Jura et l'Ain en 1792, dans le Calvados au 31 mai 1793; un des fondateurs de l'École polytechnique; des Cinq-Cents; † à Dijon le 11 août 1832, I, 46, 65, 69, 377; II, 8, 9, 88; IV, 13, 166, 207, 218, 225, 407; V, 61, 62, 236, 249.

PRIEUR *de la Marne* (Pierre-Louis), vers 1760; dép. de Châlons-sur-Marne à la Const. et de la Marne à la Conv.; régicide; en mission en Belgique, à Orléans, en Champagne, et aux armées du Nord, des Ardennes, de la Moselle et du Rhin, dans les dép. de l'Ouest; du Comité de salut public; compromis au 12 germ. et au 1er prairial; n'est point arrêté; après l'amnistie, avocat; exilé en 1816; † à Bruxelles, mai 1827; dans la guerre de Vendée, I, 166, 183, 188, 189, 190, 200, 213, 249, 289, 313, 344, 377, 427, 432, 433; II, 12, 14, 15, 16; dans le

Morbihan, 21-27; dans les Côtes-du-Nord, 35; dans le Finistère, 36, 37, 39, 53, 66; en Normandie, 71; à Orléans, 111; aux armées, IV, 18, 23, 152; en germinal et prairial, V, 183, 200, 207, 210, 217, 233, 234, 247, 270, 328.

Prignet, imprimeur à Valenciennes, IV, 418.

Prix (Henriette), ursuline, V, 185.

Prisonniers, ménagés par les Vendéens, I, 203, 207.

Projean (Joseph-Etienne), 1757, à Carbonne, homme de loi; dép. de la Haute-Garonne; régicide; en mission à l'armée des Pyrénées-Orientales; messager d'Etat aux Cinq-Cents et après le 18 brumaire au Corps législatif, II, 345, 347, 379.

Proly, agent, IV, 70, 73, 364.

Propagande (la), à Strasbourg, IV, 329-332.

Prost (Claude-Charles), 10 octobre 1742, à Dôle, juge de paix; dép. du Jura; régicide; en mission avec Bassal dans l'Est; puis dans les Bouches-du-Rhône; des Cinq-Cents; † décembre 1804, III, 233, 236, 255, 315, 429.

Proust, prés. d'une comm. milit. à Angers, I, 313, 334; actes de la commission, I, 327, 344, 359.

Provins (agents à), I, 60.

Prusse (traité de paix avec la), 16 germinal an III; complété le 27 floréal, V, 222, 316.

Puget de Barbantane, général, II, 354.

Puy-de-Dôme, missions, III, 208; trib. crim., III, 209-213.

Pyrénées (Basses-), missions, II, 350, 379; trib. crim., II, 403; comm. mil., ibid.

Pyrénées (Hautes-), missions, II, 350, 381; trib. crim., II, 402.

Pyrénées-Occidentales (armée des), II, 354 et suiv.

Pyrénées-Orientales, missions, II, 350, 384; armée, 352 et suiv.; trib. crim., II, 394; comm. milit., II, 495.

## Q

Quesnoy. Voy. Le Quesnoy.

Quétineau, I, 112, 113, 121, 418.

Quinette (Nicolas-Marie), septembre 1762, à Paris; admin. du dép. de l'Aisne en 1790; dép. de l'Aisne à la Lég. et à la Conv.; régicide; un des quatre envoyés à Dumouriez et arrêtés par lui; des Cinq-Cents; ministre de l'Intér. sous le Directoire; préfet et conseiller d'Etat sous l'Empire; baron de Rochemont; à la Chambre des Pairs pendant les Cent-Jours; exilé en 1816; † à Bruxelles le 11 juin 1821.

Quirot (J.-B.), 1757, à Besançon; accusateur public, à Besançon; dép. du Doubs; des Cinq-Cents; après le 18 brumaire, exclu du Corps législatif par la loi du 19 de ce mois; sous-intendant militaire en 1813; † 1830, V, 315.

## R

Rabaut-Pommier (Jacques-Antoine), 21 octobre 1744, à Nîmes, ministre protestant, frère de Rabaut-Saint-Etienne; dép. du Gard; un des 73; des Anciens; exilé, 1815-1817; † à Paris en 1820, V, 220.

Raby (Thomas-Marie), de Quimper, II, 59.

Raffet, commandant la force armée de Paris, V, 207.

Raffron du Trouillet (Nicolas), 1723, à Paris; ancien chargé d'affaires en Toscane; dép. de Paris; régicide; dép. du Nord aux Cinq-Cents, V, 289.

Ragmey, président du tribunal révol. de Brest, II, 46; V, 299, 301.

Ragot, juge de la comm. d'Orange, V, 298.

Raismes (combat de), 8 mai, IV, 92.

Raison (culte de la), I, 29.

Rambour, terroriste du Doubs, V, 305.

Rame, sans-culotte de Nîmes, V, 191.

Raoul, président du tribunal criminel du Morbihan, II, 29.

Rafixat, président du tribunal révol. du Haut-Rhin, IV, 362.

Ravault, agent, III, 412.

Réaction après le 9 thermidor dans la Convention, V, 176 et suiv.; dans les départements, 303; en Normandie, 304; en Lorraine, ibid.; en Auvergne, 305; dans le Doubs, ibid.; dans le Midi : à Lyon, à Marseille, à Toulon, à Tarascon, 307 et suiv.

Regnauld (J.-J.), patriote de la Meuse, V, 352.

Regnier (Louis), commandant de Granville, I, 379, 383.

Reichsnoffen (combat de), IV, 197.

RELIGIEUSES (persécutions contre les), I, 27.
RENNES (suspects à), II, 13, 14.
REPRÉSAILLES, en Vendée, I, 204 et suiv.
REPRÉSENTANTS EN MISSION : trois grandes époques, I, 13 et 17; pouvoirs, 19; nouvelles délégations, 20, 21; leurs excès dépassés par les Sociétés populaires, V, 68. Enquête sur leurs actes, 220, 313 et suiv.
RÉSISTANCE RELIGIEUSE, I, 92 et suiv.
REUBELL (Jean-François), 1747, à Colmar; dép. de Colmar à la Const. et du Haut-Rhin à la Convention; ex-procureur général syndic; absent au jugement de Louis XVI; en mission aux armées; à Mayence, pendant le siège; avec les Mayençais à l'armée de l'Ouest; aux armées de la Moselle et du Rhin; des Cinq-Cents; membre du Directoire; des Anciens; + à Colmar, 28 novembre 1807, I, 153, 154, 155, 209; IV, 50, 52, 56, 72, 93, 120.
REUXIS, agent, IV, 205, 209, 223, 438.
REVERCHON (Jacques), 1746, à Lyon, propriétaire, négociant en vins; dép. de Saône-et-Loire à la Lég. et à la Conv.; régicide; en mission dans l'Ain, l'Isère, le Rhône, et Saône-et-Loire; envoyé une 2º fois à Lyon après thermidor; des Cinq Cents, puis des Anciens; opposé au 18 brumaire; sans emploi sous l'Empire; exilé 1816-1830, + juillet 1839, I, 90; III, 19, 24, 33, 169, 332, 423.
REWBELL. Voy. REUBELL.
REY, complice de Lacombe à Bordeaux, V, 296.
REYNAUD (Claude-André-Benoît), 1749, au Puy; maire du Puy, député de la Haute-Loire à la Lég. et à la Conv.; régicide; en mission dans son département; des Anciens; +1796, I, 30, 84, 83; III, 219, 223, 424.
RHIN (armée du), IV, 2, 34, 44, 51, 98, 120, 152, 175, 190, 202, 219, 275, 286, 289.
RHIN (Bas-), I, 96; missions, IV, 424; justice révol., IV, 442.
RHIN (Haut-), I, 96; tribunal révol. IV, 359, 362, 448; suspects, 374, 449.
RHÔNE-ET-LOIRE (fédéralisme dans le département de), III, 19. Voy. LYON.
RIBEAUCOURT (François), égorgé à Saint-Dié, V, 2.

RIBLIER (Jacques), prêtre réfractaire, II, 103; son jugement, 484.
RICHARD (Joseph-Étienne), 1761, avoué à La Flèche; dép. de la Sarthe à la Lég. et à la Conv., régicide; en mission dans la Sarthe et le Maine-et-Loire, puis à l'armée du Nord; du Comité de salut public après thermidor; envoyé de nouveau à l'armée du Nord; négocie avec le gouvernement batave; des Cinq-Cents; préfet de la Haute-Garonne en 1800; de la Charente-Inférieure en 1806, + 17 août 1834, I, 112, 136, 143, 150, 151, 154, 161, 204, 308, 415, 456; II, 125, 141; IV, 15, 213, 220, 221, 226, 233, 240, 252, 255, 260, 268, 269, 271, 274, 284; V, 10, 67, 316.
RICHARDOT, général, IV, 132, 150.
RICHAUD (Hyacinthe), 31 décembre 1757, à Faucon (Barcelonnette); maire de Versailles; dép. de Seine-et-Oise à la Conv.; en mission à l'armée de la Moselle; des Cinq-Cents, IV, 151, 158, 183, 188, 192, 434; V, 26.
RICORD (Jean-François), vers 1760, avocat; maire de Grasse; dép. du Var; régicide; en mission à Marseille et à Toulon; impliqué dans le procès de Babeuf et acquitté; de la Chambre des représentants en 1815; exilé en 1816, III, 32, 44, 46, 53, 56, 60, 63, 67, 86; V, 230.
RIPET (Jean), exécuteur à Lyon, III, 167.
RITTER (François-Joseph), 1760, à Huningue, juge à Altkirch; dép. du Haut-Rhin à la Lég. et à la Conv.; régicide; en mission à Porentruy et à l'armée du Rhin; des Cinq-Cents jusqu'en 1798; conseiller à la Cour de cassation jusqu'à sa mort (1811), IV, 13, 93, 103, 425.
ROBERT, commissaire du Conseil exécutif, IV, 64, 69.
ROBERT (le vicaire), III, 276.
ROBESPIERRE (Maximilien-Marie-Isidore DE), 6 mai 1758, à Arras, avocat au parlement d'Artois; député d'Arras à la Const. et de Paris à la Convention; du Comité de salut public; renversé le 9 thermidor, I, 46, 48, 65, 74, 131, 209, 278, 279; II, 170; III, 101, 193, 339, 380; IV, 207, 225, 356, 365, 396; V, 99, 117.
ROBESPIERRE (Augustin-Bon-Joseph DE) ou Robespierre jeune, 1764, à Arras; dép. du Pas-de-Calais; en mission à l'armée d'Italie et

dans la Haute-Saône; périt avec son frère le 10 thermidor, I, 103, 104; III, 32, 46, 50, 53, 58, 61, 65, 86.

ROBIN, chef d'une compagnie du Soleil, V, 310.

ROBINOT-GARNIER, terroriste de la Meuse, V, 304.

ROCH, vicaire dans le Doubs, III, 279.

ROCH (Augustin), vicaire dans le Doubs, III, 283.

ROCHAMBEAU (Jean-Baptiste-Donatien DE VIMEUR, comte DE), 1750, à Vendôme, maréchal de France; + 10 mai 1807, IV, 2, 3, 5.

ROCHE, pilote de la corvette *la Brune*, II, 437.

ROCHEFORT (tribunal révolutionnaire de), I, 297.

ROCHEGUDE (Henri-Pascal, marquis DE), 1742, à Alby; député du Tarn en mission sur les côtes, de Lorient à Dunkerque, II, 8, 9.

RODRIGUEZ fils, V, 173.

ROEBEL (l'ordonnateur), I, 224.

ROËR (bat. de la), IV, 291.

ROFFIN, huissier de Brest, V, 299.

ROGER-DUCOS. Voy. DUCOS.

ROLAND de la Platrière (Jean-Marie), 8 février 1734, à Thésy (Beaujolais); ministre de l'Intérieur; proscrit; se tue en apprenant le supplice de sa femme, IV, 3, 6.

ROLLAND, prés. du trib. de Faulquemont; dép. de la Moselle à la Lég.; en mission dans les dép. de Haute-Loire et Rhône-et-Loire, IV, 15.

ROLLAND, agent du Conseil exécutif, IV, 40.

ROLLET, dit *Marat*, agent national dans l'Ain, III, 244.

ROMAN-FONROSA, juge de la comm. d'Orange, III, 188; V, 298.

ROMANET (le général), prés. de la commission militaire du 4 prairial an III, V, 286.

ROMME (Charles-Gilbert), ancien professeur; dép. du Puy-de-Dôme à la Lég. et à la Conv., régicide; en mission dans le Calvados et dans la Dordogne; une des victimes du 1er prairial; + 17 juin 1795; II, 175, 185; V, 198, 202, 211, 212, 217, 232, 234, 249, 255, 257, 260.

RONDOT fils, agent de Rousselin à Bar-sur-Seine, III, 353, 361.

RONSIN (Charles), auteur dramatique; commissaire ordonnateur sous Dumouriez; improvisé général et adjoint du min. de la Guerre, I, 6, 120, 121, 132, 134-136, 147, 148, 153, 158, 161, 162, 211; III, 131, 382; IV, 131, 408, 416.

ROSSI (Antoine), général, III, 105.

ROSSI (Camille), général, III, 105.

ROSSIGNOL, 1759, à Paris, orfèvre, général; + 1802, I, 7, 61, 121, 131, 133, 134, 136, 146, 155, 158, 161, 165, 175, 184, 188, 189, 191, 212, 167; II, 171; V, 228.

ROUHAUD (Jean-Louis), 1711, médecin; dép. du Var; régicide; en mission dans le Var et les Alpes-Maritimes; exilé en 1816.

ROUGEMONT (Ignace), 1761, à Porentruy; dép. du Mont-Terrible; en mission à l'armée du Rhin, IV, 236, 277, 283.

ROUGET DE L'ISLE, 1760, officier du génie, ] *teur de la Marseillaise; + 1833, , 111, 299.

ROUHIÈRE, secrétaire de la commission du 4 prairial an III, V, 287.

ROUILLON, de la commission de justice populaire à Lyon, III, 212.

ROUSSELIN, de Saint-Albin, agent du Conseil exécutif, I, 61; III, 319-362, 411.

ROUSSEVILLE, agent de Lacoste, IV, 380.

ROUX (Louis-Félix), 1753, à Vichy, vicaire épiscopal; dép. de la Haute-Marne; régicide; en mission dans les Vosges, la Haute-Marne, la Marne, l'Oise, les Ardennes; puis des Anciens et du Corps législatif, archiviste au ministère de la Police sous Fouché; dép. de Laon au Champ de Mai en 1815; exilé en 1816; + à Huy en 1817, III, 383; IV, 170, 431; V, 1, 42.

ROUX DE FAZILLAC (Pierre), 1746, à Excideuil, chevalier de Saint-Louis; de la campagne d'Amérique; dép. de la Dordogne à la Lég. et à la Conv.; régicide; après la Conv., administrateur de son département, puis chef de division au ministère de l'Intérieur jusqu'au 18 brumaire; exilé 1816-1830; + 1833, I, 33, 39; II, 158, 167, 174, 182; IV, 76.

ROUYER, adj. général, I, 192, 205; son avis sur l'armée, 463.

ROUYER (Jean-Pascal), dép. de l'Hérault à la Lég. et à la Conv.; régicide; en mission à Lyon et dans la région des Pyrénées; sur les côtes de la Méditerranée; des Cinq-Cents, II, 318; III, 24; V, 194, 218.

ROUZET (Jean-Marie), 23 mai 1743, à Toulouse, professeur de droit, procureur syndic du district; dép. de la Haute-Garonne; des Cinq-Cents, V, 327.

ROVÈRE (Stanislas-Joseph-François-Xavier), 16 juillet 1748, fils d'aubergiste; se prétendant issu des *della Rovere*, marquis de Fonvielle, etc.; en 1789 ne peut se faire nommer aux États généraux; se jette parmi les patriotes de l'espèce de Jourdan Coupe-tête; dép. des Bouches-du-Rhône à la Conv.; régicide; en mission à Lyon et dans le Midi; adjoint à Barras le 9 thermidor; des Anciens; proscrit le 18 fructidor; † à Sinnamari, 1798, I, 21, 61; II, 429, 452; III, 4, 6, 19, 86, 193; V, 236.

RUAMPS (Pierre-Charles), administrat. et dép. de la Charente à la Lég. et à la Conv.; régicide; en mission à Rochefort, en Bretagne et à l'armée du Rhin; frappé en germinal; amnistié, II, 471; IV, 15, 93, 99, 103, 158, 159, 314, 318, 425, 433, 442; V, 26, 182, 185, 187, 217, 241, 248.

RUAULT (Alexandre-Jean), 1748, curé d'Yvetot; suppléant de la Seine-Inférieure à la Lég. et dép. à la Conv; un des 73; en mission dans l'Hérault en l'an III; des Anciens jusqu'en 1797 et meurt peu après.

RUAULT, général, IV, 28, 409.

RUELLE, dép. d'Indre-et-Loire; régicide sous réserve; en mission dans l'Ouest, des Cinq-Cents, I, 25, 126, 443, 152.

RÜHL (Philippe), ministre luthérien; dép. du Bas-Rhin à la Lég. et à la Conv.; en mission dans la Marne et la Haute-Marne; dans la Moselle et le Bas-Rhin à l'époque du procès du roi; accusé en prairial, il se poignarde, 30 mai 1795, III, 364; IV, 35, 301, 303, 305, 308, 424; V, 217, 232, 234, 236.

## S

SABATIER-LIBRE, général, ancien guichetier, I, 291.

SABLÉ (la comm. mil. de), I, 337, 341.

SABLES D'OLONNE (comm. des), I, 291.

SAIGE, maire de Bordeaux, II, 200, 202.

SAILLANT (comte DU), II, 317, 337, 339.

SAINT-ANDRÉ (JEAN-BON). Voy. JEANBON.

SAINT-AUBIN-DU-PLAIN (massacre de la municipalité de), I, 263.

SAINT-CYR, général, IV, 239, 280.

SAINT-DIÉ, massacre des prisons, V, 2.

SAINT-HILAIRE (marquis DE), IV, 321, 364.

SAINT-JUST (Antoine-Louis-Léon DE), 25 août 1767, à Décize (Nivernais); dép. de l'Aisne; régicide; en mission aux armées du Nord, de la Moselle et du Rhin, de Sambre-et-Meuse; suivit la politique et partagea en tout la fortune de Robespierre, I, 65; dans l'Oise et l'Aisne, III, 385; en Alsace, IV, 176, 178, 179, 191, 192, 197, 200; à l'armée du Nord, 210-212, 215, 216, 218, 225, 226, 228, 231, 240, 247, 295; à Strasbourg, 322-331, 348, 352, 354, 363, 379, 385, 396; V, 10, 14; à l'armée du Nord, V, 61, 67, 97, 123, 235.

SAINT-LAMBERT (comm. mil. de), I, 283.

SAINT-MALO (commission de), II, 15, 473.

SAINT-PRIX-SOUBEYRAN (Hector), dép. de l'Ardèche; régicide avec sursis; un des 73; des Cinq-Cents, II, 338.

SAINT-QUENTIN, IV, 138, 170, 205.

SALADE (têtes de), affaire capitale, III, 309.

SALADIN (Jean-Baptiste-Michel), 1752, avocat, puis juge à Amiens; dép. de la Somme à la Lég. et à la Conv.; régicide; en mission dans la Somme et la Seine-Inférieure; un des 73; membre de la comm. des Vingt et Un dans l'affaire de Collot d'Herbois et consorts; des Cinq-Cents; échappe à la déportation le 18 fructidor; avocat à la Cour de cassation; † à Paris à la fin de 1813, III, 399; V, 180, 300.

SALICETI (Christophe), 15 juin 1756, au Saliceto (Corse); avocat au tribunal de la Porta; procureur général syndic de la Corse; dép. aux États généraux et à la Conv.; en mission à l'armée d'Italie; des Cinq-Cents; après le 18 brumaire, de l'ambassade qui amena la réunion de Gênes à la France; ministre de la Police à Naples sous Joseph Bonaparte; † à Naples le 23 décembre 1809, III, 12, 38, 47, 53, 55, 58, 65; lettre sur le siège de Toulon, 412; V, 230.

SALLENGROS (Albert-Boniface-François), 1710, à Maubeuge; dép. du

Nord; régicide; en mission dans son département, II, 63; V, 261.

SALLES (Jean-Baptiste), vers 1760, médecin; dép. de Nancy à la Const. et de la Meurthe à la Conv.; proscrit avec les Girondins; exécuté avec Guadet à Bordeaux, 19 juin 1794, II, 264.

SAMBRE-ET-MEUSE (armée de), IV, 239, 248, 281, 294.

SANS-CULOTTERIE (la), IV, 156, 276.

SANS-NOM (nom provisoire de Marseille), III, 73.

SANTERRE, général, 16 mars 1752; † 6 février 1809, I, 128, 131, 134, 138, 147, 150, 181, 185, 455.

SANTERRE (un sosie de), III, 415.

SANTERRE (Jacques), prêtre, II, 31.

SAÔNE-ET-LOIRE, missions, III, 331; commission pop., 332; trib. crim., 331; envois à Paris, 339.

SAÔNE (HAUTE-), missions, I, 103; III, 233 et suiv.; trib. criminel, 286.

SAORGIO (prise de), III, 56.

SARRELIBRE (13 hab. de), envoyés au trib. révol. de Paris, V, 20.

SARTHE, missions, I, 335.

SAUMUR, I, 120, 123, 124, 157, 449.

SAUVAGEOT, maire de Dijon, III, 319.

SAVARY (Louis-Jacques), comm. nat. près le trib. crim. de l'Eure; dép. de l'Eure à la Conv.; décrété d'accusation et mis hors la loi; rappelé le 18 vent. an III et en mission en Belgique; des Cinq-Cents et du Corps législatif, I, 168, 206, 207, 235, 236, 339.

SAVENAY (bat. de), I, 13, 200, 469.

SAVOIE (conquête de la), III, 2.

SAXE-TESCHEN (le duc de), IV, 27, 409.

SCHAUENBOURG, général, IV, 154, 158, 160, 161, 296.

SCHERER, général, IV, 270, 272, 291; V, 287.

SCHMIDT (Guillaume), V, 36.

SCHNEIDER (Euloge), 1756, près de Wurtzbourg, vicaire général, puis accusateur public à Strasbourg, † sur l'échafaud, 1er mai 1794, IV, 298, 300, 306, 311, 315, 317, 321, 323, 340, 348, 351, 353, 361, 365, 375-379, 415.

SCHWARZ, jacobin de Strasbourg, IV, 371.

SEDAN, missions, IV, 11, 12, 16; adm. du district, V, 41, 51; municipalité, V, 41; société popul., V, 41, 43, 48, 51; trib. milit., V, 41.

SEGRÉ (comm. milit. de), I, 283.

SEINE. Voy. PARIS.

SEINE-ET-MARNE, missions, I, 102; III, 375; trib. crim., III, 393.

SEINE-ET-OISE, missions, III, 371; trib. crim., III, 391.

SEINE-INFÉRIEURE, missions, II, 71; admin. départ., 74; trib. criminel, 75.

SÉMONVILLE, envoyé de France à Turin, III, 1.

SEMUR (agent national de), I, 71.

SÉNART, procureur de la commune de Tours, II, 122, 123.

SÉPHER, général, I, 185, 190.

SERGENT (Antoine-François), 9 septembre 1751, à Chartres, graveur; officier municipal aux journées de septembre; dép. de Paris; régicide; décrété d'arrestation en prairial; amnistié; épousa la sœur de Marceau; vécut en Italie; après 1830, pensionné; † à Nice en 1847, V, 192, 238.

SERRES (Jean-Jacques), 11 janvier 1755, à Alais (Gard), dép. de l'Ile de France; en mission dans le Midi après thermidor, V, 210.

SERVAN de Gerbey (Joseph), 14 février 1741, à Romans; général; ministre de la guerre; † 10 mai 1808, II, 291, 316, 351, 352; IV, 3, 5, 6, 13, 20, 401-408.

SERVIÈRE (Laurent), 1759, au Pont-de-Monvert, juge de paix; dép. de la Lozère; régicide; en mission dans l'Ardèche et la Lozère; après thermidor, en mission dans le Var; † 1799, II, 317; III, 43; IV, 134.

SÉVELAT, agent du min. des Affaires étrangères, I, 140, 203.

SEVESTRE (Joseph), 1753, à Rennes, employé aux Etats de Bretagne; greffier au tribunal de Rennes; dép. d'Ille-et-Vilaine; régicide; en mission dans les Côtes-du-Nord et l'Ille-et-Vilaine; hostile à Robespierre au 9 thermidor et aux montagnards; messager d'État aux Cinq-Cents et au Corps législatif jusqu'en 1815; exilé 1814-1830; † 6 avril 1846, II, 6, 10, 12; V, 245, 305.

SÈVRES (DEUX-), I, 108 et suiv. Voy. NIORT, VENDÉE.

SIBLOT (Claude-François-Bruno), 1751, médecin; dép. de la Haute-Saône à la Lég. et à la Conv.; régicide; en mission dans la Haute-Saône et le Doubs, I, 90, 98; II, 77, 88; III, 233, 268.

SIGRIST (François-Joseph), IV, 316.

SILLERY (Charles-Alexis BRULART, comte DE GENLIS, marquis DE), à Paris, en 1737, brigadier; dép. de Champagne à la Const. et de la Somme à la Conv.; renvoyé au tribunal révol. de Paris; † 31 octobre 1793, IV, 18, 23, 408.

SIMOND (Philibert), à Rumilly en Savoie, vicaire épiscopal; dép. du Bas-Rhin; absent au procès du roi; en mission dans le Mont-Blanc; dénoncé comme conspirateur; envoyé au trib. revol.; † 13 avril 1794, III, 5, 7, 8, 36, 96, 101, 117; IV, 301.

SOMME, missions, III, 387; trib. crim., 399.

SOUBRANY (Pierre-Amable DE), 1750, à Riom, capitaine au rég. de Royal-Dragon en 1789; maire de Riom; dép. du Puy-de-Dôme; régicide; en mission à l'armée de la Moselle, puis des Pyrénées-Orientales; une des victimes du 1er prairial; † 17 juin 1795, II, 365, 387, 391, 395, 398, 428; IV, 93, 99, 120, 151, 158, 183, 188, 192, 426, 433; V, 10, 23, 26, 207, 209, 211, 217, 233, 234, 247, 263, 269.

SOUCEU (chef de bande vendéen), I, 202.

SOUHAM (Joseph), 30 avril 1760, à Lubersac, général, comte de l'Empire, † 28 avril 1837, IV, 138, 162, 163, 170, 173, 241, 243.

SOURDILLE-LAVALETTE, procureur syndic de Laval, I, 356.

SPIRE (occupation de), IV, 31.

STENGEL, général, IV, 69, 110.

STOFFLET, général vendéen, I, 3, 199, 228.

STRASBOURG (députation de), IV, 307, 308; comité de surveillance, IV, 380; trib. révol., IV, 321, 310 et suiv.; 361-370.; société popul., IV, 334, 338; suspects, IV, 383, 384.

SUSPECTS (loi des), I, 7.

T

TACQUE (Martin), un des complices de l'assassinat de Féraud, V, 287.

TAFFIN, prés. du tribunal révolut. de Strasbourg, IV, 323, 340, 365.

TAFFIN-BRUYANT, de Cambrai, V, 135.

TAILHAND, juge à Lyon, III, 120.

TAILLEFER (Jean-Guillaume), vers 1764, à Domme (Sarlat), médecin; dép. de la Dordogne à la Lég. et à la Conv.; régicide; en mission dans le Tarn, l'Ardèche et la Lozère; après la Conv., médecin dans son village; dép. au Champ de Mai en 1815; exilé en 1816; † 1829, I, 56; II, 171, 308, 322, 325, 195; V, 222.

TALLIEN (Jean-Lambert), 23 janvier 1767, à Paris, journaliste, secrétaire général de la commune de Paris, dans la nuit du 9 au 10 août; dép. de Paris; régicide; en mission dans Indre-et-Loire et Loir-et-Cher, Lot-et-Garonne et Gironde; un des principaux thermidoriens; des Cinq-Cents; accompagne Bonaparte en Égypte; prisonnier au retour; rentré en France; consul à Alicante; excepté de la loi d'exil de 1816; † à Paris, 1820, I, 113, 136, 151, 306, 443; II, 119, 122, 125, 174, 197, 206, 229, 238, 289, 292, 306; V, 186, 211, 212, 213, 214, 290, 294.

TALMET, membre de la commission du 4 prairial an III, V, 286.

TALMONT (le prince DE), I, 306.

TARDIVEAU (François-Alexandre), homme de loi; dép. d'Ille-et-Vilaine à la Lég., IV, 8.

TARN, missions, II, 313; tribunal criminel, II, 315, 316.

TARN-ET-GARONNE, II, 308. Voy. MONTAUBAN et LOT.

TELL-GOYET, adm. de la Sarthe, I, 337.

TERREUR BLANCHE (la), V, 212 et suiv.

TESSON (René), une des victimes de la Manche, I, 384.

TETEREL, patriote de Strasbourg, IV, 304, 308, 323, 324, 371.

THELLIER DE PONCHEVILLE (B.-F.-G.), de Saint-Pol (Pas-de-Calais), V, 112; sa famille, 112-116.

THELLIER DE PONCHEVILLE (J.-B.-Bernard), fils du précédent, V, 112, 113, 155, 170.

THIBAUDEAU (Antoine-Claire), 23 mars 1765, à Poitiers, procureur syndic de Poitiers; dép. de la Vienne; régicide; en mission dans la Vienne et dép. voisins; près l'armée des côtes de la Rochelle; menacé quand éclata le 9 thermidor; défend la Conv. en prairial an III, en vendém. an IV; des Cinq-Cents; après le 18 brumaire, appelé au Conseil d'État; préfet de la Gironde, comte de l'Empire; exilé en 1816; † 1823, II, 110; V, 209, 217, 218, 242.

THIBAULT (Anne-Alexandre-Marie), 1747, à Ervy, curé de Soupes; député du clergé à la Constit., évêque constitutionnel et dép. du Cantal à la Conv.; des Cinq-Cents; † 1813, III, 382; V, 290, 327, 328.

THIERRY, agent de Garat, ministre de l'intérieur, V, 343.

THIEULLAINE (Mme de), V, 108.

THIRION (Didier), 17 février 1763, à Thionville, professeur au collège de Metz, député de la Moselle; régicide; commissaire en Vendée, décrété d'arrestation et amnistié; sous le Directoire, commissaire près le tribunal de Bruges; et après le 18 brumaire, professeur à Mayence, à Douai; frappé par la loi d'exil de 1816, il s'empoisonne, I, 179, 198, 335, 337, 356; III, 380; V, 205, 233, 234.

THOMAS (Joseph), prêtre du Haut-Rhin, IV, 362.

THOMAS (Barbe), sœur du précédent, IV, 362.

THOROMBERT, patriote de l'Ain, III, 217.

THOUARS (prise de), I, 113.

TUCHOT de la Rosière (Jacques-Alexis), avocat à Reims, en 1790; juge à Sézanne; dép. de la Marne à la Lég. et à la Conv.; régicide; en mission dans la Marne et dans la Meuse, à Orléans, etc.; compromis en germinal et prairial; sous le Directoire, juge au tribunal de la Seine; exilé en 1816; † à Liége, 29 juin 1829, II, 337; III, 363; IV, 292; V, 186, 217, 225, 328.

TINEL, l'un des assassins de Féraud, V, 223, 244.

TONDU, Voy. LE BRUN.

TONGRES (entrée à), IV, 283.

TOPIN (femme), immolée pour sa foi; vengée par son mari, II, 33, 34.

TOPINO-LEBRUN, agent du Conseil exécutif, plus tard juré du trib. révol. de Paris, III, 40.

TOPSENT (Jean-Baptiste-Nicolas), 10 juin 1755, à Quillebeuf, capitaine de vaisseau retraité, dép. de l'Eure, malade pendant le procès de Louis XVI; en mission dans différents ports; des Anciens jusqu'en 1798; alors capitaine de vaisseau, officier de la Légion d'honneur; en 1814, chevalier de Saint-Louis, I, 91.

TORDEIX, entrepreneur des démolitions de Lyon, III, 172.

TORNÉ (Pierre-Anastase), évêque const. et dép. du Cher à la Lég. et à la Conv.; n'a pas siégé à la Conv., I, 91.

TOULON, I, 6, 13; cour martiale, III, 10; siège, III, 44, 47, 52; justice révol., III, 63, 65; démolitions et fusillades, III, 66, 69.

TOULONGE (abbé), dans la Manche, I, 396.

TOULOUSE, II, 291, 296, 303, 305; justice révol., 492; parlementaires de Toulouse, II, 302.

TOURNAY, IV, 29, 257.

TOURS, commission centrale, I, 122, 126, 128; camp, 142.

TOURVILLE, commandant de Maubeuge, IV, 104, 116.

TRAITÉ DE PAIX avec la Hollande et complément du traité avec la Prusse, V, 222.

TRÉHOUART (Bernard-Thomas), 1753, à Saint-Malo; maire de Saint-Malo; dép. d'Ille-et-Vilaine (en remplacement de Lanjuinais); en mission à Brest et à Lorient, I, 73, 425; II, 25, 37.

TREILHARD (Jean-Baptiste), 3 janvier 1742, à Brives, avoué, député de Paris à la Const.; de Seine-et-Oise à la Conv.; en mission en Belgique, dans la Gironde et la Dordogne, etc.; des Cinq-Cents; chargé de plusieurs missions diplomatiques et de fonctions judiciaires; appelé par Napoléon au Conseil d'État; comte de l'Empire; † le 1er septembre 1810, I, 445, 446; II, 174, 269, 306; IV, 62, 65, 69, 70, 116.

TRÈVES, IV, 208, 209, 215, 279, 281, 286, 287.

TRIBOUT, général, I, 188, 463.

TRIBUNAL RÉVOL. DE PARIS, I, 15; renvoi devant ce tribunal (voy. aux trib. criminels de chaque département).

TRULLARD (Narcisse), 1738, officier du génie; dép. de la Côte-d'Or; régicide; en mission avec Niou et Mazade, sur les côtes de l'Océan, de Lorient à Bayonne; avec Berlier à l'armée du Nord; commissaire du Directoire, IV, 134, 144, 146, 163.

TUNCK, général, I, 6, 453.

TURBAT (Pierre), ex-moine, sans-culotte du Mans, I, 351.

TURCKHEIM, Voy. DURCKHEIM.

TURREAU (Louis), 1760, à Orbec, avocat; dép. suppléant à la Lég.; dép.

de l'Yonne à la Conv., régicide; en mission dans l'Yonne et l'Aube et dans l'Ouest pendant la guerre de Vendée; après le 9 therm., comm. près l'armée d'Italie; + en Italie en 1796, I, 126, 136, 137, 151, 152, 169, 173, 175, 187, 190, 200, 201, 208, 220, 249, 289, 308, 319, 341, 427; II, 15, 16, 25, 340, 347.

TURREAU, général, 1756, à Évreux; + 1816, I, 136, 189, 199, 215 et suiv., 220, 228, 242 et suiv., 261, 270, 355-357, 470, 473.

## V

VACHERON, membre d'une commission milit. à Angers, I, 313, 328.

VADIER (Marc-Guillaume-Alexis), 1736, juge au tribunal de Mirepoix; dép. de Pamiers à la Const. et de l'Ariège à la Conv.; régicide; du Comité de sûreté générale; après le 9 thermidor, décrété d'accusation, et condamné à la déportation avec Collot d'Herbois; se cache; compromis dans la conspiration de Babeuf; acquitté; exilé en 1816; + à Bruxelles en 1828, II, 386, 400; V, 179, 180, 181, 227.

VALADY (Jacques-Godefroi-Charles-Sébastien-Jean-Joseph YSARN, dit), ex-officier aux gardes françaises; dép. de l'Aveyron; l'un des Girondins proscrits; exécuté à Périgueux 5 décembre 1793, II, 284.

VALENCE, général, IV, 28, 48, 51, 61.

VALENCIENNES, I, 5, 21, 152; IV, 75 et suiv.; 89, 95 et suiv.; avant le siège de 1793, V, 359; siège de Valenciennes, IV, 98, 105, 118 et suiv.; 427-431; capitulation, 125; garnison de Valenciennes, I, 151; IV, 152; Val. pendant l'occupation autrichienne, V, 152 et suiv. et 362; reconquise, IV, 291; capitulation de la garnison autrichienne, V, 360; articles proposés et non acceptés, 361; commission militaire, V, 161; les Ursulines devant la commission, 163; les détenus devant la 2e section du trib. criminel du Nord, 361.

VALLET (Pierre), chanoine de Cambrai, V, 168.

VALMY (bat. de), IV, 17, 408.

VALRÉAS (victimes de), devant la commission d'Orange, III, 198.

VANDAMME, général, IV, 103, 182.

VAN HELDEN, général, IV, 48.

VANNES (suspects de), II, 25, 27.

VAN STABEL, contre-amiral, IV, 257.

VAR, missions, III, 11, 69; trib. criminel, 69-71, 418.

VARIN, agent du Conseil exécutif, IV, 96, 103, 112, 131, 138.

VARLET (Charles-Zachée-Joseph), dép. du Pas-de-Calais; en mission aux frontières du Nord; un des 73, IV, 62.

VANNIER, adm. du district d'Arras, V, 134.

VASSAN, patriote des Ardennes, V, 351, 352.

VAST (Jean), ex-vicaire, V, 33.

VAUBET, ancien capitaine, V, 172.

VAUCLUSE, III, 173; trib. criminel, 423. — Voy. BOUCHES-DU-RHÔNE et MARSEILLE.

VAUGEOIS (Gabriel), président d'une commission militaire, II, 15.

VAUGEOIS, accusateur public de la commission Bignon, I, 420, 437.

VENDÉE, I, 107, 116, 170, 219, 338, 415, 418, 474, 475. Voy. la table du 1er volume.

VERD, procureur près la comm. temporaire de Lyon, III, 312.

VERDELIN, chevalier de Saint-Louis, V, 136.

VERDIER (Henri) de la Sorinière, I, 308.

VERDIER de la Sorinière (Miles), I, 333.

VERDUN (prise de), IV, 11.

VERGES (DE), chef d'état-major, II, 361, 362.

VERGNE, chef d'état-major, I, 141, 149.

VERGNIAUD (Pierre-Victurnien), 1759, à Limoges, avocat; dép. de la Gironde; régicide; + 31 octobre 1793, IV, 14.

VERJADE, agent du Conseil exécutif, III, 49, 411.

VERNEREY (Charles-Baptiste-François), 1749, homme de loi; dép. du Doubs; régicide, II, 262; V, 252.

VERNEUIL (suspects à), II, 97.

VERNIER (Théodore), 28 juillet 1731, à Lons-le-Saunier; prés. du trib. de cette ville; dép. de Franche-Comté à la Const. et du Jura à la Conv.; président au 1er prairial an III; des Anciens; comte de l'Empire; pair de France en 1814; + 1818, V, 190, 193, 201, 202, 206, 210, 221, 258, 259.

# 416  TABLE GÉNÉRALE DES CINQ VOLUMES

Victor (Claude Perrin, dit), 7 décembre 1764, à la Marche (Vosges); général de brigade après la prise de Toulon; maréchal de France; duc de Bellune; ministre de la Guerre sous la Restauration; † 1er mars 1841, II, 368; III, 49.

Vidalin (Étienne), imprimeur à Moulins, dép. de l'Allier; régicide, I, 39; IV, 432.

Viefville (L.-A. de la) et sa fille, V, 118.

Vielfort (M. de), à Arras, V, 120.

Vienne, missions, II, 130; trib. criminel, 135-139, 147-150, 183.

Vienne (Haute-), missions, II, 92, 151; trib. criminel, 151.

Viennet, banquier à Arras, V, 120.

Vimiers (défaite de), I, 136, 454.

V. Meux, général, I, 232, 254.

Viot, accusateur public de la commission d'Orange, III, 182, 199, 201; V, 297, 298.

Volcler (commission), I, 362, 369.

Vollore (troubles de), III, 209.

Volontaires, en Vendée, I, 110-120; à l'armée des Pyrénées, II, 475; à l'armée du Nord, IV, 39-42, 78-80; à l'armée de la Moselle, IV, 44.

Vosges, missions, V, 1, 2; trib. criminel, 5, 6.

Vouland (Jean-Henri), 1750, à Uzès, avocat à Nîmes; dép. du Languedoc à la Const. et du Gard à la Conv.; régicide; en mission dans le Gard et l'Hérault; du Comité de sûreté générale (14 septembre 1793-1er septembre 1794); décrété d'arrestation en prairial; amnistié; † 1800, II, 434; V, 179, 236.

## W

Wacrenier, prés. du Comité révol. de Lille, V, 62.

Wadgasse (abbaye de), V, 36.

Wasservas d'Aplincourt (le baron), V, 108.

Wattignies (bat. de), I, 7; IV, 118.

Weiss, greffier du trib. révol. de Strasbourg, IV, 340, 350-352.

Werwick (prise de), IV, 142.

Westermann, général, 5 septembre 1751, à Molsheim (Alsace); † le 5 avril 1794 sur l'échafaud, I, 12, 13, 133, 185, 187, 192, 198, 199; IV, 38, 91.

Wimpffen (Félix), 1744, à Minfeld (Bas-Rhin); dép. de la noblesse de Caen à la Const.; lieutenant général en 1792; chef de l'armée fédéraliste en Normandie; baron de l'Empire, 1809; † 1814, I, 114.

Wissembourg (lignes de) perdues et reprises, IV, 152 et 190.

Wœrth (combat de), IV, 197.

Wolff, juge du trib. révol. de Strasbourg, IV, 340, 343.

Worms, IV, 31.

## Y

Yonne, missions, III, 340; trib. criminel, 342.

York (duc d'), IV, 86, 217, 429, 435.

Ypres, IV, 243, 244; prêtres et religieuses déportés, devant le trib. d'Arras, V, 140.

Ysabeau (Claude-Alexandre), 11 juillet 1754, à Gien, prêtre de l'Oratoire; curé de Saint-Martin; grand vicaire de l'évêque const. de Tours; dép. d'Indre-et-Loire; régicide; en mission dans les Hautes et Basses-Pyrénées et à Bordeaux à plusieurs reprises; des Anciens; favorable au 18 fructidor; en 1798, envoyé comme substitut du commissaire du Directoire près l'administration des postes pour les 22 dép. de l'Ouest; puis chargé d'un modeste emploi dans les bureaux des postes; exilé, 1816-1830; † à Paris, 30 mars 1831, II, 171, 197, 238, 241, 253, 293, 306, 315, 352, 379, 380; V, 194, 291, 296.

Ysabeau, jeune, II, 226.

Ysarn, Voy. Valady.

Zélande (expéd. de), IV, 268.

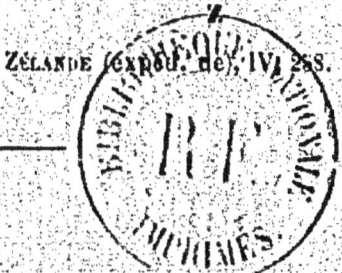

# TABLE DES MATIÈRES

## DU TOME CINQUIÈME

**CHAPITRE XXXIII.** — Les départements de la Lorraine et les Ardennes................................................. 1
   I. — Vosges................................................. 1
   II. — Meurthe................................................. 7
   III. — Moselle et Meuse................................................. 23
   IV. — Tribunaux criminels de la Meuse et de la Moselle jugeant révolutionnairement................................................. 32
   V. — Missions dans les Ardennes................................................. 37

**CHAPITRE XXXIV.** — Le Nord et le Pas-de-Calais................................................. 52
   I. — Mission des représentants. — Actes politiques................................................. 52
   II. — Suspects et détenus................................................. 69
   III. — Tribunal criminel du Nord................................................. 76

**CHAPITRE XXXV.** — Joseph Le Bon à Arras................................................. 81
   I. — Antécédents de Joseph Le Bon................................................. 81
   II. — Mission de Le Bon dans le Pas-de-Calais................................................. 87
   III. — Nouvelle mission de Le Bon................................................. 99
   IV. — Le tribunal révolutionnaire d'Arras................................................. 103
   V. — Extension du tribunal révolutionnaire d'Arras................................................. 109

**CHAPITRE XXXVI.** — Joseph Le Bon à Cambrai................................................. 122
   I. — Arrivée de Le Bon à Cambrai................................................. 122
   II. — Jugements du tribunal révolutionnaire établi à Cambrai................................................. 129
   III. — Suite des jugements du tribunal révolutionnaire d'Arras................................................. 132
   IV. — La loi du 22 prairial à Arras et à Cambrai................................................. 137
   V. — Les membres et les acolytes du tribunal révolutionnaire d'Arras................................................. 142
   VI. — Fin de la mission de Joseph Le Bon................................................. 147

**CHAPITRE XXXVII.** — Valenciennes, Condé, Le Quesnoy, Landrecies. 152
   I. — Valenciennes pendant l'occupation des Autrichiens................................................. 152
   II. — Valenciennes après la rentrée des Français................................................. 159
   III. — Fin de la Terreur dans le Nord. La deuxième section du tribunal de Douai................................................. 169

**CHAPITRE XXXVIII.** — Les châtiments, journées de germinal et de prairial .................................................. 176
 I. — Réaction contre les terroristes. — Journée du 12 germinal. 176
 II. — Journée du 1ᵉʳ prairial. — Invasion de l'Assemblée....... 192
 III. — Journée du 1ᵉʳ prairial. — Les arrestations............... 208
 IV. — Journées des 2, 3 et 4 prairial........................... 213
 V. — Enquête sur les actes des représentants en mission....... 229

**CHAPITRE XXXIX.** — Procès des terroristes...................... 243
 I. — La commission militaire du 4 prairial. — Procès des députés.......................................................... 243
 II. — Brutus Magnier. — Fin de la commission militaire........ 270
 III. — Procès de Joseph Le Bon................................ 288
 IV. — Procès de Lacombe à Bordeaux........................... 293
 V. — La commission d'Orange, les tribunaux révolutionnaires de Nimes et de Brest........................................ 296

**CHAPITRE XL.** — Réaction générale. — La Terreur blanche. — Dernières poursuites. — Amnistie................................ 303
 I. — Réaction générale........................................ 303
 II. — Réaction dans le Midi. — La Terreur blanche............. 307
 III. — Enquête sur les détenus et les nouveaux suspects....... 313
 IV. — Rapport sur les représentants dénoncés. — La Convention jugée par elle-même......................................... 318

Conclusion........................................................ 330

Appendices....................................................... 343

Table générale des matières contenues dans les cinq volumes...... 369

# ERRATA

## TOME PREMIER

Page 21, note 1, ligne 3 : Garran, *lisez* : Garrau.
— 31, note, ligne 4 : ses, *lisez* : ces.
— 53, ligne 18 : frimare, *lisez* : frimaire.
— — — 20 : mars, *lisez* : février.
— 57, — 11 : mars, *lisez* : février.
— 75, — 11 : antérieurs, *lisez* : extérieurs.
— 95, note 1, AF II, pièce 18, *lisez* : AF II, 83, pièce 18.
— 100, ligne 6 : arrêt, *lisez* : arrêté.
— 111, note 3 : IX, *lisez* : VIII.
— 114, — 3, ligne 4 : Lecointre-Puyraveau, *lisez* : Lecointe-Puyraveau.
— 137, ligne 20 : Bouchotte, *lisez* : Bourbotte.
— 159, — 2 : Chatonay, *lisez* : Chantonay.
— 170, — 11 : les vainqueurs, *lisez* : le vainqueur.
— 175, — 28 : croyons, *lisez* : voyons.
— 199, — 22 : gauche, *lisez* : droite.
— 204, — 12 : Lecointre-Puyraveau, *lisez* : Lecointe-Puyraveau.
— 205, note 2, ligne dernière : Roynard, *lisez* : Royrand.
— 261, — 1, — 4 : formée, *lisez* : fermée.
— 268, ligne 31 : que, *lisez* : qui.
— 269, — 3 : parlant, *lisez* : partant.
— 274, — 6 : 25 ventôse, *lisez* : 28 ventôse.
— 297, — 10 : sur ces huit cents prisonniers. Il en périt, *lisez* : Sur ces huit cents prisonniers, il en périt.
— 322, — 19 : par l'armée de l'Ouest, *lisez* : près l'armée de l'Ouest.
— 372, — 30 : Belesmes, *lisez* : Bellesme.
— 376, — 16 : ils avaient, *lisez* : il avait.
— 399, — 29 : il lui destinait, *lisez* : il y destinait.
— 428, — 22 : ces, *lisez* : ses.
— 439, — 20 : Delbret, *lisez* : Delbrel.
— 440, — 2 : Ferrand, *lisez* : Féraud.
— 483, — 11, etc., Tréhouard, *lisez* : Tréhouart.

# ERRATA

## TOME II

Page 8, lignes 4 et 29 : Lemailliaud, *lisez* : Lemalliaud.
— — ligne 29 : Prieur (de la Marne), *lisez* : Prieur (de la Côte-d'Or).
— 9, note 2, ligne 2 : *même correction*.
— 15, — 3 : *ajoutez* : voy. la note I aux Appendices.
— 22, ligne 4 : deux autres gibiers, *lisez* : deux ou trois gibiers.
— 36, — 18 : c'étaient, *lisez* : c'était.
— 51, note 3, ligne 6 : fer, *lisez* : fers.
— 63, — 21 : aninadversion, *lisez* : animadversion.
— 65, notes 1, 2 et 3 : dossier 542, *lisez* : carton 542, dossier Mével.
— 71, ligne 16 : Prêtres réfractaires, *ajoutez en note* : voy. les cas de Jean Richard, prêtre de Cany (30 novembre 1792 et 13 janvier 1793), et de Georges-François-Auguste Samson, prêtre habitué de Saint-Étienne, 30 mars 1793. (Archives dép. de Rouen, reg. V et VI, aux dates.)
— 78, ligne 18 : de transporter, *lisez* : de se transporter.
— 81, — 2 : suspect, *lisez* : suspects.
— 87, note 2, ligne 1 : brumaire, *lisez* : frimaire.
— 117, — 2 : *ajoutez* : Arch. nat., BB³, carton 11.
— 130, ligne 12 : de Blanc, *lisez* : du Blanc.
— 193, note 2, ligne dernière : *rétablissez ainsi les chiffres* : 23 du 1ᵉʳ mois (14 octobre), *Moniteur* du 25 (16 octobre), *ibid.*, p. 121.
— 197, ligne 21 : Pus, *lisez* : Plus.
— 250, — 24 : nécesaires, *lisez* : nécessaires.
— 270, — 10 : 19 juin, *lisez* : 29 juin.
— 293, — 14 : durant, *lisez* : devant.
— — note 4, dernière ligne : Scisse, *lisez* : Seisses.
— 296, ligne 11 : Malhes, *lisez* : Mailhe.
— 318, note 3, ligne 2 : Malhes, député de la Haute-Garonne, etc., *lisez* : Malhes, député du Cantal à la Convention.
— 341, note 4, dernière ligne : Malhes, *lisez* : Mailhe.
— 347, ligne 4 : *même correction*.
— 352, — 25 : Deprez-Cassier, *lisez* : Deprez-Crassier.
— — — 31 : ses, *lisez* : des.
— 361, — 14 : de tomber sur, *lisez* : d'incriminer.
— 364, — 28 : 23 décembre, *lisez* : 22 décembre.
— 365, ligne 13 : de ce même jour 2, nivôse, *lisez* : du 2 nivôse.
— 372, note 1 : *à supprimer*.
— 379, ligne 9 : sertitude, *lisez* : servitude.
— 399, note 3 : *ajoutez* : *Ibid.*, et Berriat, p. 311.
— 405, — 1 : Ducasse-Couteau, *lisez* : Ducasse-Couteu.
— — — AF II, 135, *lisez* : AF II, 134.
— 465, ligne 14 : ainsi que l'arrêté, *lisez* : ainsi que de l'arrêté.

## TOME III

Page 2, ligne 28 : le général Anselme, *lisez* : le général d'Anselme.
— 11, — 8, 21 et note 3 : Bayle, *lisez* : Baille.
— 12, — 9 : Salicetti, *lisez* : Saliceti.

# ERRATA

Page 27, lignes 10 et 18 : Bayle, *lisez :* Baille.
— 30, note 1, ligne 15 : Sigues, *lisez :* Signes.
— 78, ligne 1 : fait, *lisez :* a fait.
— 83, note, ligne 1 : 12 juin, *lisez :* 9 juin.
— 85, ligne 18 : la peur, *lisez :* de peur.
— 86, — 22 : les représentants Rovère et Magnan, *lisez :* le représentant Rovère [Magnan ne signe que comme secrétaire de la commission].
— 133, — 3 : 21 décembre, *lisez :* 2 décembre.
— 171, — 25 : On déchire les tableaux volés, les médailles, *lisez :* On déchire les tableaux, [on] vole les médailles.
— 175, note 1 : 2 et 3 mai, *lisez :* 3 et 4 mai.
— 182, ligne 8 : Roman-Fontana, *lisez :* Roman-Fonrosa.
— 188, — 3 avant la fin : ne faisaient guère que passer, *lisez :* ne faisaient que passer.
— 190, — 21 : lui avoir, *lisez :* leur avoir.
— 223, — 1 : suspect, *lisez :* suspects.
— 251, — 6 : débats, *lisez :* débuts.
— 260, — 17 : et de faire, *lisez :* et à faire.
— 263, — 25 : et de les garder, *lisez :* et à les garder.
— 275, — 14 : en règle et célébrait, *lisez :* en règle; et il célébrait.
— 285, note 2, ligne 13 : 25 avril, *lisez :* 21 avril.
— 289, lignes 12 et 17 : Faure-Labrunerie, *lisez :* Fauvre-Labrunerie.
— 309, — 2 : qui était, *lisez :* ce qui était.
— 322, — 4 : tous ses biens, *lisez :* tout ce qu'il possédait.
— note 2, ligne 5 : 1773, *lisez :* 1793.
— 331, note 2 : XXVII, *lisez :* XXVIII.
— 430, ligne 31 : Lons-le-Laulnier, *lisez :* Lons-le-Saulnier.
— 432, ligne 32 : Les cloche, *lisez :* Les cloches.

## TOME IV

Page 11, note 1 : Eure-et-Loire, *lisez :* Eure-et-Loir.
— 12, — 1, ligne 4 : c'étaient, *lisez :* c'était.
— 13, ligne 19 : Prieur (de la Marne), *lisez :* Prieur (de la Côte-d'Or).
— 15, note 2, ligne 1 : c'étaient, *lisez :* c'était.
— — — : Malhe, *lisez :* Mailhe.
— — 2, ligne 2 : Lecointre-Puyraveau, *lisez :* Lecointe-Puyraveau.
— 52, lignes de la fin et note 3 : Després-Crassier *lisez :* Deprez-Crassier.
— 56, ligne dernière : dans Landau, *lisez :* à Landau.
— 121, — 7 : ses applaudissements, *lisez :* des applaudissements.
— 137, — antépén. : canonier, *lisez :* canonnier.
— 181, note 1, ligne 4 : Hermann, *lisez :* Ehrmann.
— 206, — 2, — 4 : XVIII, *lisez :* XVII.
— 210, ligne 20 : 13 février, *lisez :* 12 février.
— 211, ligne avant-dernière : à effet, *ajoutez :* de Saint-Just.
— 212, — 16 : ils se sont servis, *lisez :* il usait aussi.
— 223, — 21 : le général, *ajoutez :* de l'armée du Rhin.
— 230, — 15 : la gauche, *lisez :* la droite.
— 232, — 10 : dit, *lisez :* dis.
— 236, — 15 : la droite, *lisez :* la gauche.
— 238, — 10 : tout entier, *lisez :* tout entière.

# ERRATA

Page 259, ligne 21 : en possession, *lisez :* en la possession.
— 271, — 27 : *supprimez* au moins.
— 309, — 25 : lui, *lisez :* leur.
— 391, note 1, ligne 9 : mère toi, *lisez :* mère que toi.
— 437, ligne 6 : Murgenthal, *lisez :* Murg.
— 440, — 15 : où il fait, *lisez :* et il fait.
— 444, — 43 : 28 novembre, *lisez :* 22 novembre.
— 448, — 21 : à Nancy, *lisez :* de Nancy.
— 453, — 19 : pièce 59, *lisez :* dossier 16, pièce 59.

## TOME V

Page 20, note 1, ligne 1 : l'arrêt, *lisez :* l'arrêté.
— 21, — 2 : 7 ventôse (25 février), *lisez :* 8 ventôse (26 février).
— 52, ligne 12 : et comment, *lisez :* et dit comment.
— 61, — 5, et 62, ligne 17 : Prieur (de la Marne), *lisez :* Prieur (de la Côte-d'Or).
— 76, note 1, ligne 2 : celui de l'Est, *lisez :* ceux de l'Est.
— 92, ligne 5 : notre collègue, *lisez :* nos collègues.
— 93, note 1, ligne 2 : 26 janvier, *lisez :* 25 janvier.
— 117, — 2, — 1 : 21 avril, *lisez :* 22 avril.
— 124, ligne 15 : accusateur public, *lisez :* accusateurs publics.
— 151, — 10 : Beslier (de l'Oise), *lisez :* Berlier.
— — — dernière : t. I, *lisez :* t. XI.
— 152, — 10 : ses forces, *lisez :* les forces.
— 170, — 22 : Clausel, *lisez :* Clauzel.
— 233, — 18 : assassiné, *lisez :* assassinés.
— 241, — 26 : qu'il voulait dire, *lisez :* qu'ils voulaient dire.
— 246, — 4 : ont, *lisez :* a.
— 252, — 15 : Faure-Labrunerie, *lisez :* Fauvre-Labrunerie.
— 261, — dernière : Delcloix, *lisez :* Delecloy.
— 282, — 16 : le 24 messidor, *lisez :* le 21 messidor.
— 294, — 2 : du 30 juillet au 1ᵉʳ août, *lisez :* du 1ᵉʳ au 2 août.
— 307, — antépén. : l'arbitraire, *lisez :* arbitraire.
— 309, — 20 : fait prisonniers, *lisez :* faits prisonniers.
— 336, — 4 : arrête, *lisez :* arrêta.

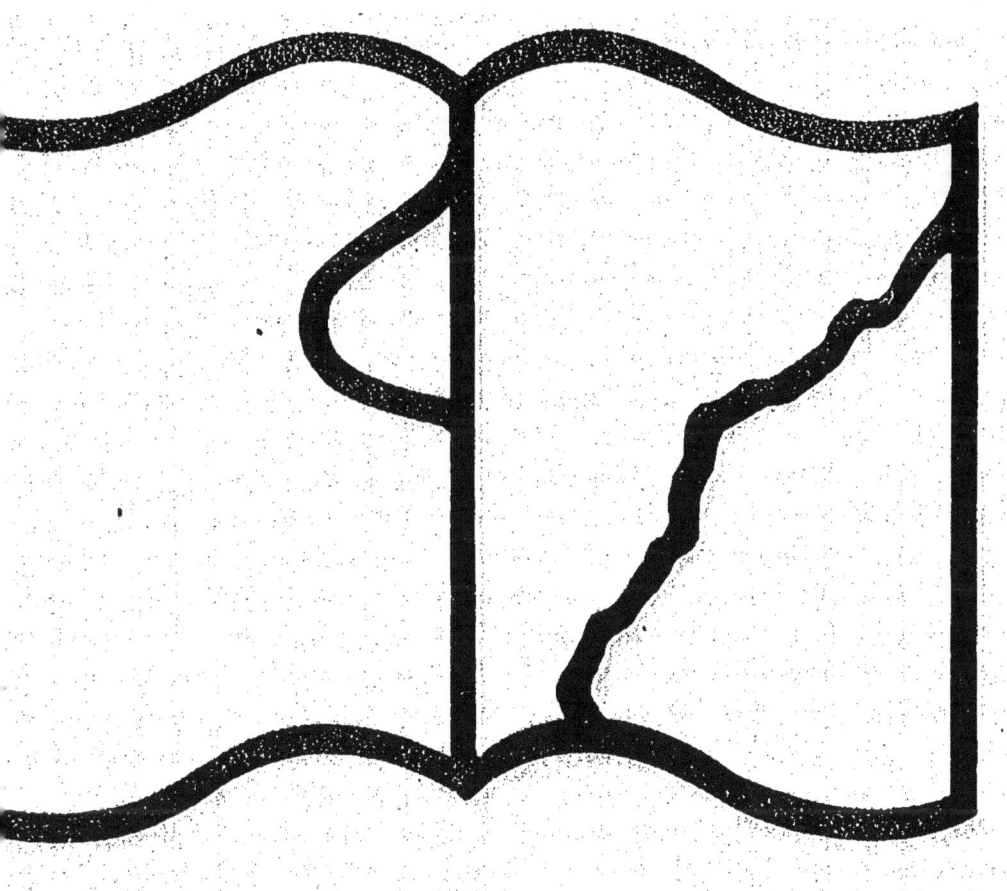

Texte détérioré — reliure défectueuse
NF Z 43-120-11

www.ingramcontent.com/pod-product-compliance
Lightning Source LLC
Chambersburg PA
CBHW050917230426
43666CB00010B/2210